L'HOMME

AUX QUARANTE ÉCUS.

1768[1].

---

[1] Voyez ma préface en tête du tome XXXIII. B.

AVERTISSEMENT

DES ÉDITEURS DE L'ÉDITION DE KEHL.

Après la paix de 1748, les esprits parurent se porter, en France, vers l'agriculture et l'économie politique, et on publia beaucoup d'ouvrages sur ces deux objets. M. de Voltaire vit avec peine que, sur des matières qui touchaient de si près au bonheur des hommes, l'esprit de système vînt se mêler aux observations et aux discussions utiles. C'est dans un moment d'humeur contre ces systèmes qu'il s'amusa à faire ce roman. On venait de proposer des moyens de s'enrichir par l'agriculture, dont les uns demandaient des avances supérieures aux moyens des cultivateurs les plus riches, tandis que les autres offraient des profits chimériques. On avait employé dans un grand nombre d'ouvrages des expressions bizarres, comme celle de *despotisme légal*, pour exprimer le gouvernement d'un souverain absolu qui conformerait toutes ses volontés aux principes démontrés de l'économie politique; comme celle qui fesait la puissance législative *copropriétaire de toutes les possessions*, pour dire que chaque homme, étant intéressé aux lois qui lui assurent la libre jouissance de sa propriété, devait payer proportionnellement sur son revenu pour les dépenses que nécessite le maintien de ces lois et de la sûreté publique.

Ces expressions nuisirent à des vérités d'ailleurs utiles.

Ceux qui ont dit les premiers que les principes de l'administration des états étaient dictés par la raison et par la nature; qu'ils devaient être les mêmes dans les monarchies et dans les républiques ; que c'était du rétablissement de ces principes que dépendaient la vraie richesse, la force, le bonheur des nations, et même la jouissance des droits des hommes les plus importants; que le droit de propriété pris dans toute son étendue, celui de faire de son industrie, de ses denrées, un usage absolument libre, étaient des droits aussi naturels, et surtout bien plus importants pour les quatre-vingt-dix-neuf centièmes des hommes, que celui de faire partie pour un dix-millionième de la puissance législative : ceux qui ont ajouté que la conservation de la sûreté, de la liberté personnelle, est moins liée qu'on ne croit avec la liberté de la constitution ; que, sur tous ces points, les lois qui sont conformes à la justice et à la raison sont les meilleures en politique, et même les seules bonnes dans toutes les formes de gouvernement; qu'enfin, tant que les lois ou l'administration sont mauvaises, le gouvernement le plus à desirer est celui où l'on peut espérer la réforme de ces lois la plus prompte et la plus entière : tous ceux qui ont dit ces vérités ont été utiles aux hommes, en leur apprenant que le bonheur était plus près d'eux qu'ils ne pensaient; et que ce n'est point en bouleversant le monde, mais en l'éclairant, qu'ils peuvent espérer de trouver le bien-être et la liberté.

L'idée que la félicité humaine dépend d'une connaissance plus entière, plus parfaite de la vérité, et par conséquent des progrès de la raison, est la plus consolante qu'on puisse nous offrir; car les progrès de la raison sont dans l'homme la seule chose qui n'ait point de bornes, et la connaissance de la vérité la seule qui puisse être éternelle.

L'impôt sur le produit des terres est le plus utile à celui qui lève l'impôt, le moins onéreux à celui qui le paie, le seul juste, parcequ'il est le seul où chacun paie à mesure de ce qu'il possède, de l'intérêt qu'il a au maintien de la société.

Cette vérité a été encore établie par les mêmes écrivains, et c'est une de celles qui ont sur le bonheur des hommes une influence plus puissante et plus directe. Mais si des hommes, d'ailleurs éclairés et de bonne foi, ont nié cette vérité, c'est en grande partie la faute de ceux qui ont cherché à la prouver. Nous disons en partie, parceque nous connaissons peu de circonstances où la faute soit tout entière d'un seul côté. Si les partisans de cette opinion l'avaient développée d'une manière plus analytique et avec plus de clarté; si ceux qui l'ont rejetée avaient voulu l'examiner avec plus de soin, les opinions auraient été bien moins partagées; du moins les objections que les derniers ont faites semblent le prouver. Ils auraient senti que les impôts annuels, de quelque manière qu'ils soient imposés, sont levés sur le produit de la terre; qu'un impôt territorial ne diffère d'un autre que parcequ'il est levé avec moins de frais, ne met aucune entrave dans le commerce, ne porte la mort dans aucune branche d'industrie, n'occasione aucune vexation, parcequ'il peut être distribué avec égalité sur les différentes productions, proportionnellement au produit net que chaque terre rapporte à son propriétaire.

Nous avons combattu dans les notes quelques unes des opinions de M. de Voltaire, qui sont contraires à ce principe, parcequ'elles ont pour objet des questions très importantes au bonheur public, et que son ouvrage était destiné à être lu par les hommes de tous les états dans l'Europe entière. Nous avons cru qu'il était de notre devoir d'exposer la vérité, ou du moins ce que nous croyons la vérité.

L'HOMME
AUX QUARANTE ÉCUS.

Un vieillard, qui toujours plaint le présent et vante le passé, me disait : Mon ami, la France n'est pas aussi riche qu'elle l'a été sous Henri IV. Pourquoi ? C'est que les terres ne sont pas si bien cultivées ; c'est que les hommes manquent à la terre, et que le journalier ayant enchéri son travail, plusieurs colons laissent leurs héritages en friche.

D'où vient cette disette de manœuvres ? — De ce que quiconque s'est senti un peu d'industrie a embrassé les métiers de brodeur, de ciseleur, d'horloger, d'ouvrier en soie, de procureur, ou de théologien. C'est que la révocation de l'édit de Nantes a laissé un très grand vide dans le royaume ; que les religieuses et les mendiants se sont multipliés, et qu'enfin chacun a fui, autant qu'il a pu, le travail pénible de la culture, pour laquelle Dieu nous a fait naître, et que nous avons rendue ignominieuse, tant nous sommes sensés !

Une autre cause de notre pauvreté est dans nos besoins nouveaux. Il faut payer à nos voisins quatre millions d'un article, et cinq ou six d'un autre, pour mettre dans notre nez une poudre puante venue de l'Amérique : le café, le thé, le chocolat, la cochenille, l'indigo, les épiceries, nous coûtent plus de soixante millions par an. Tout cela était inconnu du temps de Henri IV, aux épiceries près, dont la consommation était bien moins grande. Nous brûlons cent fois plus de bougie, et nous tirons plus de la moitié de notre cire de l'étranger, parceque nous négligeons les ruches. Nous voyons cent fois plus de diamants aux oreilles, au cou, aux mains de nos citoyennes de Paris et de nos grandes villes, qu'il n'y en avait chez toutes les dames de la cour de Henri IV, en comptant la reine. Il a fallu payer presque toutes ces superfluités argent comptant.

Observez surtout que nous payons plus de quinze millions de rentes sur l'hôtel-de-ville aux étrangers, et que Henri IV, à son avènement, en ayant trouvé pour deux millions en tout sur cet hôtel imaginaire, en remboursa sagement une partie pour délivrer l'état de ce fardeau.

Considérez que nos guerres civiles avaient fait verser en France les trésors du Mexique, lorsque don *Felipe el discreto* voulait acheter la France, et que depuis ce temps-là les guerres étrangères nous ont débarrassés de la moitié de notre argent.

Voilà en partie les causes de notre pauvreté. Nous la cachons sous des lambris vernis, et par l'artifice des marchandes de modes : nous sommes pauvres avec goût. Il y a des financiers, des entrepreneurs, des négociants très riches : leurs enfants, leurs gendres, sont très riches : en général la nation ne l'est pas.

Le raisonnement de ce vieillard, bon ou mauvais,

fit sur moi une impression profonde; car le curé de ma paroisse, qui a toujours eu de l'amitié pour moi, m'a enseigné un peu de géométrie et d'histoire, et je commence à réfléchir, ce qui est très rare dans ma province. Je ne sais s'il avait raison en tout; mais, étant fort pauvre, je n'eus pas grand'peine à croire que j'avais beaucoup de compagnons [a].

I. Désastre de l'homme aux quarante écus.

Je suis bien aise d'apprendre à l'univers [1] que j'ai une terre qui me vaudrait net quarante écus de rente, n'était la taxe à laquelle elle est imposée.

Il parut plusieurs édits de quelques personnes qui,

---

[a] Madame de Maintenon, qui en tout genre était une femme fort entendue, excepté dans celui sur lequel elle consultait le trigaud et processif abbé Gobelin, son confesseur; madame de Maintenon, dis-je, dans une de ses lettres, fait le compte du ménage de son frère et de sa femme, en 1680. Le mari et la femme avaient à payer le loyer d'une maison agréable; leurs domestiques étaient au nombre de dix: ils avaient quatre chevaux et deux cochers, un bon dîner tous les jours. Madame de Maintenon évalue le tout à neuf mille francs par an, et met trois mille livres pour le jeu, les spectacles, les fantaisies, et les magnificences de monsieur et de madame.

Il faudrait à présent environ quarante mille livres pour mener une telle vie dans Paris: il n'en eût fallu que six mille du temps de Henri IV. Cet exemple prouve assez que le vieux bon-homme ne radote pas absolument.

— La question doit se réduire à savoir si le produit réel des terres (les frais de culture prélevés) a augmenté ou diminué depuis le temps de Henri IV, ou depuis celui de Louis XIV; et il paraît que l'augmentation est incontestable. La nation est donc réellement plus riche qu'elle ne l'était alors. K.— Pour le compte fait par madame de Maintenon, et rapporté par Voltaire, voyez tome XXVIII, page 509. B.

[1] Dans un *Mémoire présenté au roi*, en 1760, Lefranc de Pompignan avait dit: « Il faut que tout l'univers sache, etc. » Voyez dans les *Mélanges*, année 1760, une de mes notes sur le premier des *Dialogues chrétiens*. B.

se trouvant de loisir, gouvernent l'état au coin de leur feu. Le préambule de ces édits était que la puissance *législatrice et exécutrice est née de droit divin copropriétaire de ma terre*, et que je lui dois au moins la moitié de ce que je mange. L'énormité de l'estomac de la puissance législatrice et exécutrice me fit faire un grand signe de croix. Que serait-ce si cette puissance, qui préside à *l'ordre essentiel des sociétés*, avait ma terre en entier! L'un est encore plus divin que l'autre.

Monsieur le contrôleur-général sait que je ne payais en tout que douze livres; que c'était un fardeau très pesant pour moi, et que j'y aurais succombé, si Dieu ne m'avait donné le génie de faire des paniers d'osier, qui m'aidaient à supporter ma misère. Comment donc pourrai-je tout d'un coup donner au roi vingt écus?

Les nouveaux ministres disaient encore dans leur préambule qu'on ne doit taxer que les terres, parceque tout vient de la terre jusqu'à la pluie, et que par conséquent il n'y a que les fruits de la terre qui doivent l'impôt.

Un de leurs huissiers vint chez moi dans la dernière guerre; il me demanda pour ma quote-part trois setiers de blé et un sac de fèves, le tout valant vingt écus, pour soutenir la guerre qu'on fesait, et dont je n'ai jamais su la raison, ayant seulement entendu dire que, dans cette guerre, il n'y avait rien à gagner du tout pour mon pays, et beaucoup à perdre. Comme je n'avais alors ni blé, ni fèves, ni argent, la puissance législatrice et exécutrice me fit traîner en prison, et on fit la guerre comme on put.

En sortant de mon cachot, n'ayant que la peau sur les os, je rencontrai un homme joufflu et vermeil dans un carrosse à six chevaux; il avait six laquais, et donnait à chacun d'eux pour gages le double de mon revenu. Son maître d'hôtel, aussi vermeil que lui, avait deux mille francs d'appointements, et lui en volait par an vingt mille. Sa maîtresse lui coûtait quarante mille écus en six mois : je l'avais connu autrefois dans le temps qu'il était moins riche que moi : il m'avoua, pour me consoler, qu'il jouissait de quatre cent mille livres de rente. Vous en payez donc deux cent mille à l'état, lui dis-je, pour soutenir la guerre avantageuse que nous avons; car moi, qui n'ai juste que mes cent vingt livres, il faut que j'en paie la moitié?

Moi, dit-il, que je contribue aux besoins de l'état! Vous voulez rire, mon ami : j'ai hérité d'un oncle qui avait gagné huit millions à Cadix et à Surate; je n'ai pas un pouce de terre, tout mon bien est en contrats, en billets sur la place : je ne dois rien à l'état; c'est à vous de donner la moitié de votre subsistance, vous qui êtes un seigneur terrien. Ne voyez-vous pas que, si le ministre des finances exigeait de moi quelques secours pour la patrie, il serait un imbécile qui ne saurait pas calculer? car tout vient de la terre; l'argent et les billets ne sont que des gages d'échange : au lieu de mettre sur une carte au pharaon cent setiers de blé, cent bœufs, mille moutons, et deux cents sacs d'avoine, je joue des rouleaux d'or qui représentent ces denrées dégoûtantes. Si, après avoir mis l'impôt unique sur ces denrées, on venait encore me demander de l'argent, ne voyez-vous pas que ce serait un double emploi ? que ce serait demander deux fois la même chose ? Mon oncle vendit à Cadix pour deux millions de votre blé, et pour deux millions d'étoffes fabriquées avec votre laine; il gagna plus de cent pour cent dans ces deux affaires. Vous concevez bien que ce profit fut fait sur des terres déjà taxées : ce que mon oncle achetait dix sous de vous, il le revendait plus de cinquante francs au Mexique; et, tous frais faits, il est revenu avec huit millions.

Vous sentez bien qu'il serait d'une horrible injustice de lui redemander quelques oboles sur les dix sous qu'il vous donna. Si vingt neveux comme moi, dont les oncles auraient gagné dans le bon temps chacun huit millions au Mexique, à Buénos-Ayres, à Lima, à Surate, ou à Pondichéri, prêtaient seulement à l'état chacun deux cent mille francs, dans les besoins urgents de la patrie, cela produirait quatre millions : quelle horreur ! Payez, mon ami, vous qui jouissez en paix d'un revenu clair et net de quarante écus; servez bien la patrie, et venez quelquefois dîner avec ma livrée [1].

[1] Ce chapitre renferme deux objections contre l'établissement d'un impôt unique : l'une que si l'impôt était établi sur les terres seules, le citoyen dont le revenu est en contrats en serait exempt; la seconde que celui qui s'enrichit par le commerce étranger en serait également exempt. Mais, 1° supposons que le propriétaire d'un capital en argent en retire un intérêt de cinq pour cent, et qu'il soit assujetti à un impôt d'un cinquième; il est clair que c'est seulement quatre pour cent qu'il retire ; si l'impôt est ôté pour être levé d'une autre manière, il aura cinq pour cent; mais la concurrence entre les prêteurs fesait trouver de l'argent réellement à quatre pour cent, quoiqu'on l'appelât à cinq pour cent: la même concurrence fera donc baisser le taux nominal de l'intérêt à quatre pour cent. Supposons encore que l'on ajoute un nouvel impôt sur les terres, tout restant d'ailleurs le même, l'in-

Ce discours plausible me fit beaucoup réfléchir, et ne me consola guère.

II. Entretien avec un géomètre.

Il arrive quelquefois qu'on ne peut rien répondre, et qu'on n'est pas persuadé. On est atterré sans pouvoir être convaincu. On sent dans le fond de son ame un scrupule, une répugnance qui nous empêche de croire ce qu'on nous a prouvé. Un géomètre vous démontre qu'entre un cercle et une tangente vous pouvez faire passer une infinité de lignes courbes, et que vous n'en pouvez faire passer une droite : vos yeux, votre raison, vous disent le contraire. Le géomètre vous répond gravement que c'est là un infini du second ordre. Vous vous taisez, et vous vous en retournez tout stupéfait, sans avoir aucune idée nette, sans rien comprendre, et sans rien répliquer.

térêt de l'argent ne changera point ; mais si vous mettez une partie de l'impôt sur les capitalistes, il augmentera. Les capitalistes paieront donc l'impôt de même, soit qu'il tombe en partie immédiatement sur eux, soit qu'on les en exempte. A la vérité, dans le cas où l'on changerait en impôt territorial un impôt sur les capitalistes, ceux à qui l'on n'offrirait pas le remboursement de leur capital aliéné à perpétuité, ceux dont le capital n'est aliéné que pour un temps y gagneraient pendant quelques années ; mais les propriétaires y gagneraient encore plus par la destruction des abus qu'entraine toute autre méthode d'imposition.

2° Supposons qu'un négociant paie un droit de sortie pour une marchandise exportée, et que ce droit soit changé en impôt territorial, alors son profit paraîtra augmenter ; mais, comme il se contentait d'un moindre profit, la concurrence entre les négociants le fera tomber au même taux, en augmentant à proportion le prix d'achat des denrées exportées. Si, au contraire, payant un droit pour les marchandises importées, ce droit est supprimé, la concurrence fera tomber ces marchandises à proportion ; ainsi, dans tous les cas, le profit de ce marchand sera le même, et dans aucun il ne paiera réellement l'impôt. K.

Vous consultez un géomètre de meilleure foi, qui vous explique le mystère. Nous supposons, dit-il, ce qui ne peut être dans la nature, des lignes qui ont de la longueur sans largeur : il est impossible, physiquement parlant, qu'une ligne réelle en pénètre une autre. Nulle courbe, ni nulle droite réelle ne peut passer entre deux lignes réelles qui se touchent; ce ne sont là que des jeux de l'entendement, des chimères idéales; et la véritable géométrie est l'art de mesurer les choses existantes.

Je fus très content de l'aveu de ce sage mathématicien, et je me mis à rire, dans mon malheur, d'apprendre qu'il y avait de la charlatanerie jusque dans la science qu'on appelle la *haute science* [1].

Mon géomètre était un citoyen philosophe qui avait daigné quelquefois causer avec moi dans ma chaumière. Je lui dis : Monsieur, vous avez tâché d'éclairer les badauds de Paris sur le plus grand intérêt des hommes, la durée de la vie humaine. Le ministère a connu par vous seul ce qu'il doit donner aux rentiers viagers, selon leurs différents âges. Vous avez proposé de donner aux maisons de la ville l'eau qui leur manque, et de nous sauver enfin de l'opprobre et du ridicule d'entendre toujours crier *à l'eau*, et de voir

---

[1] Il y a ici une équivoque : quand on dit qu'une ligne courbe passe entre le cercle et sa tangente, on entend que cette ligne courbe se trouve entre le cercle et sa tangente au-delà du point de contact et en-deçà; car, à ce point, elle se confond avec ces deux lignes. Les lignes sont la limite des surfaces, comme les surfaces sont la limite des corps, et ces limites doivent être supposées sans largeur : il n'y a point de charlatanerie là-dedans. La mesure de l'étendue abstraite est l'objet de la géométrie; celle des choses existantes en est l'application. K.

des femmes enfermées dans un cerceau oblong porter deux seaux d'eau, pesant ensemble trente livres, à un quatrième étage auprès d'un privé [1]. Faites-moi, je vous prie, l'amitié de me dire combien il y a d'animaux à deux mains et à deux pieds en France.

LE GÉOMÈTRE.

On prétend qu'il y en a environ vingt millions, et je veux bien adopter ce calcul très probable[a], en attendant qu'on le vérifie ; ce qui serait très aisé, et qu'on n'a pas encore fait, parcequ'*on ne s'avise jamais de tout.*

L'HOMME AUX QUARANTE ÉCUS.

Combien croyez-vous que le territoire de France contienne d'arpents?

LE GÉOMÈTRE.

Cent trente millions, dont presque la moitié est en chemins, en villes, villages, landes, bruyères, marais, sables, terres stériles, couvents inutiles, jardins de plaisance plus agréables qu'utiles, terrains incultes, mauvais terrains mal cultivés. On pourrait réduire les terres d'un bon rapport à soixante et quinze millions d'arpents carrés ; mais comptons-en quatre-vingts millions : on ne saurait trop faire pour sa patrie.

---

[1] Ce géomètre est feu M. de Parcieux, de l'académie des sciences. Il a donné l'*Essai sur la probabilité de la vie humaine*, et un projet pour amener à Paris l'eau de la rivière d'Yvette. C'était un excellent citoyen qui avait du talent pour la mécanique pratique, mais il n'était pas géomètre. Le célèbre Halley s'était occupé avant lui des probabilités de la vie humaine. K.

[a] Cela est prouvé par les mémoires des intendants, faits à la fin du dix-septième siècle, combinés avec le dénombrement par feux, composé en 1753 par ordre de M. le comte d'Argenson, et surtout avec l'ouvrage très exact de M. de Messance, fait sous les yeux de M. l'intendant de La Michaudière, l'un des hommes les plus éclairés.

L'HOMME AUX QUARANTE ÉCUS.

Combien croyez-vous que chaque arpent rapporte l'un dans l'autre, année commune, en blés, en semences de toute espèce, vins, étangs, bois, métaux, bestiaux, fruits, laines, soies, lait, huiles; tous frais faits, sans compter l'impôt?

LE GÉOMÈTRE.

Mais, s'ils produisent chacun vingt-cinq livres, c'est beaucoup; cependant mettons trente livres, pour ne pas décourager nos concitoyens. Il y a des arpents qui produisent des valeurs renaissantes estimées trois cents livres; il y en a qui produisent trois livres. La moyenne proportionnelle entre trois et trois cents est trente; car vous voyez bien que trois est à trente comme trente est à trois cents. Il est vrai que, s'il y avait beaucoup d'arpents à trois livres, et très peu à trois cents livres, notre compte ne s'y trouverait pas; mais, encore une fois, je ne veux point chicaner.

L'HOMME AUX QUARANTE ÉCUS.

Eh bien! monsieur, combien les quatre-vingt millions d'arpents donneront-ils de revenu, estimé en argent?

LE GÉOMÈTRE.

Le compte est tout fait : cela produit par an deux milliards quatre cent millions de livres numéraires, au cours de ce jour.

L'HOMME AUX QUARANTE ÉCUS.

J'ai lu que Salomon possédait lui seul vingt-cinq milliards d'argent comptant; et certainement il n'y a pas deux milliards quatre cents millions d'espèces circulantes dans la France, qu'on m'a dit être beaucoup plus grande et plus riche que le pays de Salomon.

LE GÉOMÈTRE.

C'est là le mystère : il y a peut-être à présent environ neuf cent millions d'argent circulant dans le royaume, et cet argent passant de main en main suffit pour payer toutes les denrées et tous les travaux : le même écu peut passer mille fois de la poche du cultivateur dans celle du cabaretier et du commis des aides.

L'HOMME AUX QUARANTE ÉCUS.

J'entends. Mais vous m'avez dit que nous sommes vingt millions d'habitants, hommes et femmes, vieillards et enfants : combien pour chacun, s'il vous plaît?

LE GÉOMÈTRE.

Cent vingt livres, ou quarante écus.

L'HOMME AUX QUARANTE ÉCUS.

Vous avez deviné tout juste mon revenu : j'ai quatre arpents qui, en comptant les années de repos mêlées avec les années de produit, me valent cent vingt livres; c'est peu de chose.

Quoi! si chacun avait une portion égale, comme dans l'âge d'or, chacun n'aurait que cinq louis d'or par an ?

LE GÉOMÈTRE.

Pas davantage, suivant notre calcul, que j'ai un peu enflé. Tel est l'état de la nature humaine. La vie et la fortune sont bien bornées; on ne vit à Paris, l'un portant l'autre, que vingt-deux à vingt-trois ans; et l'un portant l'autre, on n'a tout au plus que cent vingt livres par an à dépenser; c'est-à-dire que votre nourriture, votre vêtement, votre logement, vos meubles, sont représentés par la somme de cent vingt livres.

L'HOMME AUX QUARANTE ÉCUS.

Hélas! que vous ai-je fait pour m'ôter ainsi la fortune et la vie? Est-il vrai que je n'aie que vingt-trois ans à vivre, à moins que je ne vole la part de mes camarades?

LE GÉOMÈTRE.

Cela est incontestable dans la bonne ville de Paris; mais de ces vingt-trois ans il en faut retrancher au moins dix de votre enfance; car l'enfance n'est pas une jouissance de la vie, c'est une préparation, c'est le vestibule de l'édifice, c'est l'arbre qui n'a pas encore donné de fruits, c'est le crépuscule d'un jour. Retranchez des treize années qui vous restent le temps du sommeil et celui de l'ennui, c'est au moins la moitié; reste six ans et demi que vous passez dans le chagrin, les douleurs, quelques plaisirs, et l'espérance[1].

L'HOMME AUX QUARANTE ÉCUS.

Miséricorde! votre compte ne va pas à trois ans d'une existence supportable.

---

[1] S'il est question de la vie physique et individuelle de l'homme considéré comme un être doué de raison, ayant des idées, de la mémoire, des affections morales, elle doit commencer avant dix ans. S'il est question de la vie considérée par rapport à la société, on doit la commencer plus tard. D'ailleurs, pour évaluer la durée de la vie prise dans un de ces deux sens, il faudrait prendre une autre méthode : évaluer la durée de la vie réelle par toutes les durées de la vie physique, et en former ensuite une vie mitoyenne; on aurait un résultat différent, mais qui conduirait aux mêmes réflexions. Le temps où la jouissance entière de nos facultés nous permet de prétendre au bonheur, se réduirait toujours à un bien petit nombre d'années. K.

LE GÉOMÈTRE.

Ce n'est pas ma faute. La nature se soucie fort peu des individus. Il y a d'autres insectes qui ne vivent qu'un jour, mais dont l'espèce dure à jamais. La nature est comme ces grands princes qui comptent pour rien la perte de quatre cent mille hommes, pourvu qu'ils viennent à bout de leurs augustes desseins.

L'HOMME AUX QUARANTE ÉCUS.

Quarante écus et trois ans à vivre! quelle ressource imagineriez-vous contre ces deux malédictions?

LE GÉOMÈTRE.

Pour la vie, il faudrait rendre dans Paris l'air plus pur, que les hommes mangeassent moins, qu'ils fissent plus d'exercice, que les mères allaitassent leurs enfants, qu'on ne fût plus assez malavisé pour craindre l'inoculation; c'est ce que j'ai dit[1] : et pour la fortune, il n'y a qu'à se marier, faire des garçons et des filles.

L'HOMME AUX QUARANTE ÉCUS.

Quoi! le moyen de vivre commodément est d'associer ma misère à celle d'un autre?

LE GÉOMÈTRE.

Cinq ou six misères ensemble font un établissement très tolérable. Ayez une brave femme, deux garçons et deux filles seulement, cela fait sept cent vingt livres pour votre petit ménage, supposé que justice soit faite, et que chaque individu ait cent vingt livres de rente.

Vos enfants en bas âge ne vous coûtent presque rien; devenus grands, ils vous soulagent; leurs secours

---

[1] Voltaire a, presque le premier en France, parlé de l'inoculation : voyez, dans les *Mélanges*, année 1734, la onzième des *Lettres philosophiques*. B.

mutuels vous sauvent presque toutes les dépenses, et vous vivez très heureusement en philosophe, pourvu que ces messieurs qui gouvernent l'état n'aient pas la barbarie de vous extorquer à chacun vingt écus par an [1]; mais le malheur est que nous ne sommes plus dans l'âge d'or, où les hommes nés tous égaux avaient également part aux productions succulentes d'une terre non cultivée. Il s'en faut beaucoup aujourd'hui que chaque être à deux mains et à deux pieds possède un fonds de cent vingt livres de revenu.

L'HOMME AUX QUARANTE ÉCUS.

Ah! vous nous ruinez. Vous nous disiez tout-à-l'heure que dans un pays où il y a quatre-vingt millions d'arpents de terre assez bonne, et vingt millions d'habitants, chacun doit jouir de cent vingt livres de rente, et vous nous les ôtez.

LE GÉOMÈTRE.

Je comptais suivant les registres du siècle d'or, et il faut compter suivant le siècle de fer. Il y a beaucoup d'habitants qui n'ont que la valeur de dix écus de rente, d'autres qui n'en ont que quatre ou cinq, et plus de six millions d'hommes qui n'ont absolument rien.

L'HOMME AUX QUARANTE ÉCUS.

Mais ils mourraient de faim au bout de trois jours.

LE GÉOMÈTRE.

Point du tout : les autres qui possèdent leurs portions les font travailler, et partagent avec eux; c'est ce

---

[1] C'est une plaisanterie. Ceux qui ont dit que la puissance législatrice et exécutrice était copropriétaire de tous les biens, n'ont pas prétendu qu'elle eût le droit d'en prendre la moitié, mais seulement la portion nécessaire pour défendre l'état et le bien gouverner. Il n'y a que l'expression qui soit ridicule. K.

qui paie le théologien, le confiturier, l'apothicaire, le prédicateur, le comédien, le procureur, et le fiacre. Vous vous êtes cru à plaindre de n'avoir que cent vingt livres à dépenser par an, réduites à cent huit livres à cause de votre taxe de douze francs; mais regardez les soldats qui donnent leur sang pour la patrie; ils ne disposent, à quatre sous par jour, que de soixante et treize livres, et ils vivent gaîment en s'associant par chambrées.

L'HOMME AUX QUARANTE ÉCUS.

Ainsi donc un ex-jésuite a plus de cinq fois la paie d'un soldat. Cependant les soldats ont rendu plus de services à l'état sous les yeux du roi à Fontenoy, à Laufelt, au siége de Fribourg, que n'en a jamais rendu le révérend P. La Valette.

LE GÉOMÈTRE.

Rien n'est plus vrai; et même chaque jésuite devenu libre a plus à dépenser qu'il ne coûtait à son couvent : il y en a même qui ont gagné beaucoup d'argent à faire des brochures contre les parlements, comme le révérend P. Patouillet et le révérend P. Nonotte. Chacun s'ingénie dans ce monde : l'un est à la tête d'une manufacture d'étoffes; l'autre, de porcelaine; un autre entreprend l'opéra; celui-ci fait la gazette ecclésiastique; cet autre une tragédie bourgeoise, ou un roman dans le goût anglais; il entretient le papetier, le marchand d'encre, le libraire, le colporteur, qui sans lui demanderaient l'aumône. Ce n'est enfin que la restitution de cent vingt livres à ceux qui n'ont rien qui fait fleurir l'état.

L'HOMME AUX QUARANTE ÉCUS.

Plaisante manière de fleurir!

LE GÉOMÈTRE.

Il n'y en a point d'autre : par tout pays le riche fait vivre le pauvre. Voilà l'unique source de l'industrie du commerce. Plus la nation est industrieuse, plus elle gagne sur l'étranger. Si nous attrapions de l'étranger dix millions par an pour la balance du commerce, il y aurait dans vingt ans deux cents millions de plus dans l'état; ce serait dix francs de plus à répartir loyalement sur chaque tête, c'est-à-dire que les négociants feraient gagner à chaque pauvre dix francs de plus, dans l'espérance de faire des gains encore plus considérables; mais le commerce a ses bornes, comme la fertilité de la terre; autrement la progression irait à l'infini; et puis il n'est pas sûr que la balance de notre commerce nous soit toujours favorable; il y a des temps où nous perdons.

L'HOMME AUX QUARANTE ÉCUS.

J'ai entendu parler beaucoup de population. Si nous nous avisions de faire le double d'enfants de ce que nous en fesons; si notre patrie était peuplée du double; si nous avions quarante millions d'habitants au lieu de vingt, qu'arriverait-il?

LE GÉOMÈTRE.

Il arriverait que chacun n'aurait à dépenser que vingt écus, l'un portant l'autre, ou qu'il faudrait que la terre rendît le double de ce qu'elle rend, ou qu'il y aurait le double de pauvres, ou qu'il faudrait avoir le double d'industrie, et gagner le double sur l'étranger, ou envoyer la moitié de la nation en Amérique, ou que la moitié de la nation mangeât l'autre.

L'HOMME AUX QUARANTE ÉCUS.

Contentons-nous donc de nos vingt millions d'hommes, et de nos cent vingt livres par tête, réparties comme il plaît à Dieu; mais cette situation est triste, et votre siècle de fer est bien dur.

LE GÉOMÈTRE.

Il n'y a aucune nation qui soit mieux, et il en est beaucoup qui sont plus mal. Croyez-vous qu'il y ait dans le Nord de quoi donner la valeur de cent vingt livres à chaque habitant? S'ils avaient eu l'équivalent, les Huns, les Goths, les Vandales, et les Francs, n'auraient pas déserté leur patrie pour aller s'établir ailleurs, le fer et la flamme à la main.

L'HOMME AUX QUARANTE ÉCUS.

Si je vous laissais dire, vous me persuaderiez bientôt que je suis heureux avec mes cent vingt francs.

LE GÉOMÈTRE.

Si vous pensiez être heureux, en ce cas vous le seriez.

L'HOMME AUX QUARANTE ÉCUS.

On ne peut s'imaginer être ce qu'on n'est pas, à moins qu'on ne soit fou.

LE GÉOMÈTRE.

Je vous ai déjà dit que, pour être plus à votre aise et plus heureux que vous n'êtes, il faut que vous preniez une femme; mais j'ajouterai qu'elle doit avoir comme vous cent vingt livres de rente, c'est-à-dire quatre arpents à dix écus l'arpent. Les anciens Romains n'en avaient chacun que trois. Si vos enfants sont industrieux, ils pourront en gagner chacun autant en travaillant pour les autres.

L'HOMME AUX QUARANTE ÉCUS.

Ainsi ils ne pourront avoir de l'argent sans que d'autres en perdent.

LE GÉOMÈTRE.

C'est la loi de toutes les nations; on ne respire qu'à ce prix.

L'HOMME AUX QUARANTE ÉCUS.

Et il faudra que ma femme et moi nous donnions chacun la moitié de notre récolte à la puissance législatrice et exécutrice, et que les nouveaux ministres d'état nous enlèvent la moitié du prix de nos sueurs et de la substance de nos pauvres enfants avant qu'ils puissent gagner leur vie! Dites-moi, je vous prie, combien nos nouveaux ministres font entrer d'argent de droit divin dans les coffres du roi.

LE GÉOMÈTRE.

Vous payez vingt écus pour quatre arpents qui vous en rapportent quarante. L'homme riche qui possède quatre cents arpents paiera deux mille écus par ce nouveau tarif, et les quatre-vingt millions d'arpents rendront au roi douze cent millions de livres par année, ou quatre cent millions d'écus.

L'HOMME AUX QUARANTE ÉCUS.

Cela me paraît impraticable et impossible.

LE GÉOMÈTRE.

Vous avez très grande raison, et cette impossibilité est une démonstration géométrique qu'il y a un vice fondamental de raisonnement dans nos nouveaux ministres.

L'HOMME AUX QUARANTE ÉCUS.

N'y a-t-il pas aussi une prodigieuse injustice démontrée à me prendre la moitié de mon blé, de mon chanvre, de la laine de mes moutons, etc., et de n'exiger aucun secours de ceux qui auront gagné dix ou vingt, ou trente mille livres de rente avec mon chanvre, dont ils ont tissu de la toile; avec ma laine, dont ils ont fabriqué des draps; avec mon blé, qu'ils auront vendu plus cher qu'ils ne l'ont acheté?

LE GÉOMÈTRE.

L'injustice de cette administration est aussi évidente que son calcul est erroné. Il faut que l'industrie soit favorisée; mais il faut que l'industrie opulente secoure l'état. Cette industrie vous a certainement ôté une partie de vos cent vingt livres, et se les est appropriées en vous vendant vos chemises et votre habit vingt fois plus cher qu'ils ne vous auraient coûté, si vous les aviez faits vous-même. Le manufacturier, qui s'est enrichi à vos dépens, a, je l'avoue, donné un salaire à ses ouvriers, qui n'avaient rien par eux-mêmes; mais il a retenu pour lui, chaque année, une somme qui lui a valu enfin trente mille livres de rente : il a donc acquis cette fortune à vos dépens; vous ne pourrez jamais lui vendre vos denrées assez cher pour vous rembourser de ce qu'il a gagné sur vous; car, si vous tentiez ce surhaussement, il en ferait venir de l'étranger à meilleur prix. Une preuve que cela est ainsi, c'est qu'il reste toujours possesseur de ses trente mille livres de rentes, et vous restez avec vos cent vingt livres, qui diminuent souvent, bien loin d'augmenter.

Il est donc nécessaire et équitable que l'industrie raffinée du négociant paie plus que l'industrie grossière du laboureur. Il en est de même des receveurs des deniers publics. Votre taxe avait été jusqu'ici de douze francs avant que nos grands ministres vous eussent pris vingt écus. Sur ces douze francs, le publicain retenait dix sous pour lui. Si dans votre province il y a cinq cent mille ames, il aura gagné deux cent cinquante mille francs par an. Qu'il en dépense cinquante, il est clair qu'au bout de dix ans il aura deux millions de bien. Il est très juste qu'il contribue à proportion, sans quoi tout serait perverti et bouleversé [1].

L'HOMME AUX QUARANTE ÉCUS.

Je vous remercie d'avoir taxé ce financier, cela soulage mon imagination ; mais puisqu'il a si bien aug-

---

[1] Voici deux nouvelles objections contre l'idée de réduire tous les impôts à un seul. Celle des financiers n'est qu'une plaisanterie, puisqu'il n'y aurait plus alors de financiers, mais seulement des hommes chargés, moyennant des appointements modiques, de recevoir les deniers publics. Restent les commerçants, les manufacturiers ; mais il est clair que si les objets de leur commerce et de leur industrie n'étaient plus assujettis à aucun droit, leur profit resterait le même, parcequ'ils vendraient meilleur marché ou achèteraient plus cher les matières premières. Ce ne sont point eux qui paient ces impôts, ce sont ceux qui achètent d'eux ou qui leur vendent ; et ils continueraient de les payer sous une autre forme. Si c'est au contraire un impôt personnel, une capitation dont on les délivre, il fallait déduire cet impôt, cette capitation de l'intérêt qu'ils tiraient de leurs fonds : ainsi supposons cet intérêt de dix pour cent et cet impôt d'un dixième, ils ne retiraient donc réellement que neuf pour cent ; et cet impôt supprimé, la concurrence les obligera bientôt à borner le même intérêt à ces neuf pour cent auxquels elle les avait déjà bornés. Il en est de même de ceux qui vivent de leurs salaires ; si vous leur ôtez les impôts personnels, si vous ôtez des droits qui augmentaient pour eux le prix de certaines denrées, leurs salaires baisseront à proportion. K.

menté son superflu, comment puis-je faire pour accroître aussi ma petite fortune?

LE GÉOMÈTRE.

Je vous l'ai déjà dit, en vous mariant, en travaillant, en tâchant de tirer de votre terre quelques gerbes de plus que ce qu'elle vous produisait.

L'HOMME AUX QUARANTE ÉCUS.

Je suppose que j'aie bien travaillé; que toute la nation en ait fait autant; que la puissance législatrice et exécutrice en ait reçu un plus gros tribut; combien la nation a-t-elle gagné au bout de l'année?

LE GÉOMÈTRE.

Rien du tout; à moins qu'elle n'ait fait un commerce étranger utile; mais elle aura vécu plus commodément. Chacun aura eu à proportion plus d'habits, de chemises, de meubles, qu'il n'en avait auparavant. Il y aura eu dans l'état une circulation plus abondante; les salaires auront été augmentés avec le temps à peu près en proportion du nombre des gerbes de blé, des toisons de moutons, des cuirs de bœufs, de cerfs et de chèvres, qui auront été employés, des grappes de raisin qu'on aura foulées dans le pressoir. On aura payé au roi plus de valeurs de denrées en argent, et le roi aura rendu plus de valeurs à tous ceux qu'il aura fait travailler sous ses ordres; mais il n'y aura pas un écu de plus dans le royaume.

L'HOMME AUX QUARANTE ÉCUS.

Que restera-t-il donc à la puissance au bout de l'année?

LE GÉOMÈTRE.

Rien, encore une fois; c'est ce qui arrive à toute

puissance : elle ne thésaurise pas ; elle a été nourrie, vêtue, logée, meublée ; tout le monde l'a été aussi, chacun suivant son état ; et, si elle thésaurise, elle a arraché à la circulation autant d'argent qu'elle en a entassé ; elle a fait autant de malheureux qu'elle a mis de fois quarante écus dans ses coffres.

L'HOMME AUX QUARANTE ÉCUS.

Mais ce grand Henri IV n'était donc qu'un vilain, un ladre, un pillard ; car on m'a conté qu'il avait encaqué dans la Bastille plus de cinquante millions de notre monnaie d'aujourd'hui ?

LE GÉOMÈTRE.

C'était un homme aussi bon, aussi prudent que valeureux. Il allait faire une juste guerre, et en amassant dans ses coffres vingt-deux millions de son temps, en ayant encore à recevoir plus de vingt autres qu'il laissait circuler, il épargnait à son peuple plus de cent millions qu'il en aurait coûté, s'il n'avait pas pris ces utiles mesures. Il se rendait moralement sûr du succès contre un ennemi qui n'avait pas les mêmes précautions. Le calcul des probabilités[1] était prodigieusement en sa faveur. Ces vingt-deux millions encaissés prouvaient qu'il y avait alors dans le royaume la valeur de vingt-deux millions d'excédant dans les biens de la terre : ainsi personne ne souffrait[2].

---

[1] La question se réduit à savoir s'il vaut mieux thésauriser pendant la paix que d'emprunter pendant la guerre. Le premier parti serait beaucoup plus avantageux dans un pays où la constitution et l'état des lumières permettraient de compter sur un système d'administration de finances indépendant des révolutions du ministère. K.

[2] Cette dernière phrase a été supprimée dans les éditions. Je l'ai rétablie, parceque je l'ai trouvée dans toutes les éditions depuis 1768 jusques et

L'HOMME AUX QUARANTE ÉCUS.

Mon vieillard me l'avait bien dit qu'on était à proportion plus riche sous l'administration du duc de Sulli que sous celle des nouveaux ministres, qui ont mis l'impôt unique, et qui m'ont pris vingt écus sur quarante. Dites-moi, je vous prie, y a-t-il une nation au monde qui jouisse de ce beau bénéfice de l'impôt unique?

LE GÉOMÈTRE.

Pas une nation opulente. Les Anglais, qui ne rient guère, se sont mis à rire quand ils ont appris que des gens d'esprit avaient proposé parmi nous cette administration [1]. Les Chinois exigent une taxe de tous les

compris 1775. Voltaire avait déjà parlé du trésor de Henri IV, dans son opuscule intitulé : *Des embellissements de Paris* ; voyez les *Mélanges*, année 1749. B.

[1] Cela est vrai; mais l'Angleterre est un des pays de l'Europe où l'on trouve le plus de préjugés sur tous les objets de l'administration et du gouvernement. Tout écrivain politique en Angleterre peut prétendre aux places, et rien ne nuit plus dans la recherche de la vérité que d'avoir un intérêt, bien ou mal entendu, de la trouver conforme plutôt à une opinion qu'à une autre. Il est très possible, par cette raison, que les lumières aient moins de peine à se répandre dans une monarchie que dans une république; et s'il existe dans les républiques plus d'enthousiasme patriotique, on trouve dans quelques monarchies un patriotisme plus éclairé.

D'ailleurs l'établissement d'un impôt unique est une opération qui doit se faire avec lenteur, et qui exige, pour ne causer aucun désordre passager, beaucoup de sagesse dans les mesures. Il faut en effet s'assurer d'abord par quelles espèces de propriétés, par quels cantons chaque espèce d'impôt est réellement payée, et dans quelle proportion chaque espèce de propriétés, chaque canton, ou la totalité de l'état, y contribuent; il faut répartir ensuite dans la même proportion l'impôt qui doit les remplacer.

Il faut par conséquent avoir un cadastre général de toutes les terres; mais, quelque exactitude qu'on suppose dans ce cadastre, quelque sagacité que l'on ait mise dans la distribution de la taxe qui remplace les impôts indirects, il est impossible de ne pas commettre des erreurs très sensibles : il est donc nécessaire de ne faire cette opération que successivement, et il faut vaisseaux marchands qui abordent à Kanton; les Hollandais paient à Nangasaqui, quand ils sont reçus au Japon, sous prétexte qu'ils ne sont pas chrétiens; les Lapons et les Samoïèdes, à la vérité, sont soumis à un impôt unique en peaux de martres; la république de Saint-Marin ne paie que des dîmes pour entretenir l'état dans sa splendeur.

Il y a dans notre Europe une nation célèbre par son équité et par sa valeur qui ne paie aucune taxe; c'est le peuple helvétien; mais voici ce qui est arrivé; ce peuple s'est mis à la place des ducs d'Autriche et de Zeringen [1] : les petits cantons sont démocratiques et très pauvres; chaque habitant y paie une somme très modique pour les besoins de la petite république. Dans les cantons riches, on est chargé envers l'état des redevances que les archiducs d'Autriche et les seigneurs fonciers exigeaient : les cantons protestants sont à proportion du double plus riches que les catho-

---

de plus être en état de faire un sacrifice momentané d'une partie du revenu public, quoique le résultat de ce changement de forme des impôts puisse être à-la-fois d'en diminuer le fardeau pour le peuple, et d'augmenter leur produit pour le souverain. Enfin, comme la plupart des terres sont affermées, comme lorsqu'on en soumet le produit à un nouvel impôt destiné à remplacer un impôt d'un autre genre, une partie seulement de la compensation qui se fait alors serait au profit du propriétaire, et le reste au profit du fermier; c'est une nouvelle raison de mettre dans cette opération beaucoup de ménagement, quand même on serait parvenu à connaître à peu près dans chaque genre de culture la partie de l'impôt que l'on doit faire porter au propriétaire, et celle dont, jusqu'à l'expiration du bail, le fermier doit être chargé : mais si cet ouvrage est difficile, il ne l'est pas moins d'assigner à quel point la nation qui l'exécuterait verrait augmenter en peu d'années son bien-être, ses richesses, et sa puissance. K.

[1] Les ducs de Zeringen, ou Zehringen, étaient puissants dans l'Helvétie ou la Suisse, au moyen âge. Berthold V, le dernier de sa race, mourut en 1218. B.

liques, parceque l'état y possède les biens des moines. Ceux qui étaient sujets des archiducs d'Autriche, des ducs de Zeringen, et des moines, le sont aujourd'hui de la patrie; ils paient à cette patrie les mêmes dîmes, les mêmes droits, les mêmes lods et ventes qu'ils payaient à leurs anciens maîtres; et, comme les sujets en général ont très peu de commerce, le négoce n'est assujetti à aucune charge, excepté de petits droits d'entrepôt: les hommes trafiquent de leur valeur avec les puissances étrangères, et se vendent pour quelques années, ce qui fait entrer quelque argent dans leur pays à nos dépens; et c'est un exemple aussi unique dans le monde policé, que l'est l'impôt établi par vos nouveaux législateurs.

L'HOMME AUX QUARANTE ÉCUS.

Ainsi, monsieur, les Suisses ne sont pas de droit divin dépouillés de la moitié de leurs biens; et celui qui possède quatre vaches n'en donne pas deux à l'état?

LE GÉOMÈTRE.

Non, sans doute. Dans un canton, sur treize tonneaux de vin on en donne un et on en boit douze. Dans un autre canton, on paie la douzième partie et on en boit onze.

L'HOMME AUX QUARANTE ÉCUS.

Ah! qu'on me fasse Suisse! Le maudit impôt que l'impôt unique et inique qui m'a réduit à demander l'aumône! Mais trois ou quatre cents impôts, dont les noms même me sont impossibles à retenir et à prononcer, sont-ils plus justes et plus honnêtes? Y a-t-il jamais eu un législateur qui, en fondant un état, ait imaginé de créer des conseillers du roi mesureurs de charbon, jaugeurs de vin, mouleurs de bois, langueyeurs de porcs, contrôleurs de beurre salé? d'entretenir une armée de faquins deux fois plus nombreuse que celle d'Alexandre, commandée par soixante généraux qui mettent le pays à contribution, qui remportent des victoires signalées tous les jours, qui font des prisonniers, et qui quelquefois les sacrifient en l'air ou sur un petit théâtre de planches, comme fesaient les anciens Scythes, à ce que m'a dit mon curé?

Une telle législation, contre laquelle tant de cris s'élevaient, et qui fesait verser tant de larmes, valait-elle mieux que celle qui m'ôte tout d'un coup nettement et paisiblement la moitié de mon existence? J'ai peur qu'à bien compter on ne m'en prît en détail les trois quarts sous l'ancienne finance.

LE GÉOMÈTRE.

Iliacos intra muros peccatur et extra [1].
Est modus in rebus [2].........
Caveas ne quid nimis [3].

L'HOMME AUX QUARANTE ÉCUS.

J'ai appris un peu d'histoire et de géométrie, mais je ne sais pas le latin.

LE GÉOMÈTRE.

Cela signifie à peu près: « On a tort des deux côtés. « Gardez le milieu en tout. Rien de trop. »

L'HOMME AUX QUARANTE ÉCUS.

Oui, rien de trop, c'est ma situation; mais je n'ai pas assez.

---

[1] Horace, livre Ier, épître II, vers 16. B. — [2] Id., livre Ier, satire Ire, vers 106. B. — [3] Phèdre, livre II, fable 5. B.

LE GÉOMÈTRE.

Je conviens que vous périrez de faim, et moi aussi, et l'état aussi, supposé que la nouvelle administration dure seulement deux ans; mais il faut espérer que Dieu aura pitié de nous.

L'HOMME AUX QUARANTE ÉCUS.

On passe sa vie à espérer, et on meurt en espérant. Adieu, monsieur; vous m'avez instruit; mais j'ai le cœur navré.

LE GÉOMÈTRE.

C'est souvent le fruit de la science.

III. Aventure avec un carme.

Quand j'eus bien remercié l'académicien de l'académie des sciences de m'avoir mis au fait, je m'en allai tout pantois, louant la Providence, mais grommelant entre mes dents ces tristes paroles : « Vingt écus de « rente seulement pour vivre, et n'avoir que vingt-« deux ans à vivre! » Hélas! puisse notre vie être encore plus courte, puisqu'elle est si malheureuse!

Je me trouvai bientôt vis-à-vis d'une maison superbe. Je sentais déjà la faim; je n'avais pas seulement la cent vingtième partie de la somme qui appartient de droit à chaque individu; mais, dès qu'on m'eut appris que ce palais était le couvent des révérends pères carmes déchaussés, je conçus de grandes espérances, et je dis: Puisque ces saints sont assez humbles pour marcher pieds nus, ils seront assez charitables pour me donner à dîner.

Je sonnai; un carme vint : Que voulez-vous, mon fils? — Du pain, mon révérend père; les nouveaux édits m'ont tout ôté. — Mon fils, nous demandons nous-mêmes l'aumône; nous ne la fesons pas. — Quoi! votre saint institut vous ordonne de n'avoir pas de bas, et vous avez une maison de prince, et vous me refusez à manger! — Mon fils, il est vrai que nous sommes sans souliers et sans bas; c'est une dépense de moins; mais nous n'avons pas plus froid aux pieds qu'aux mains; et si notre saint institut nous avait ordonné d'aller cul nu, nous n'aurions point froid au derrière. A l'égard de notre belle maison, nous l'avons aisément bâtie, parceque nous avons cent mille livres de rente en maisons dans la même rue. — Ah! ah! vous me laissez mourir de faim, et vous avez cent mille livres de rente! vous en rendez donc cinquante mille au nouveau gouvernement? — Dieu nous préserve de payer une obole! Le seul produit de la terre cultivée par des mains laborieuses, endurcies de calus et mouillées de larmes, doit des tributs à la puissance législatrice et exécutrice. Les aumônes qu'on nous a données nous ont mis en état de faire bâtir ces maisons dont nous tirons cent mille livres par an; mais ces aumônes venant des fruits de la terre, ayant déjà payé le tribut, elles ne doivent pas payer deux fois: elles ont sanctifié les fidèles qui se sont appauvris en nous enrichissant, et nous continuons à demander l'aumône et à mettre à contribution le faubourg Saint-Germain pour sanctifier encore les fidèles. Ayant dit ces mots, le carme me ferma la porte au nez [1].

---

[1] L'ouvrage que M. de Voltaire avait le plus en vue est intitulé : *Considérations sur l'ordre essentiel et naturel des sociétés politiques*. On y trouve plusieurs questions importantes, analysées avec beaucoup de sagacité et de pro-

Je passai par-devant l'hôtel des mousquetaires gris ; je contai la chose à un de ces messieurs : ils me donnèrent un bon dîner et un écu. L'un d'eux proposa d'aller brûler le couvent; mais un mousquetaire plus sage lui remontra que le temps n'était pas encore venu, et le pria d'attendre encore deux ou trois ans.

IV. Audience de M. le contrôleur-général.

J'allai, avec mon écu, présenter un placet à M. le contrôleur-général, qui donnait audience ce jour-là.

Son antichambre était remplie de gens de toute espèce. Il y avait surtout des visages encore plus pleins, des ventres plus rebondis, des mines plus fières que mon homme aux huit millions. Je n'osais m'approcher ; je les voyais, et ils ne me voyaient pas.

Un moine, gros décimateur, avait intenté un procès à des citoyens qu'il appelait *ses paysans*. Il avait déjà plus de revenu que la moitié de ses paroissiens ensemble, et de plus il était seigneur de fief. Il prétendait que ses vassaux, ayant converti avec des peines extrêmes leurs bruyères en vignes, ils lui devaient la dixième partie de leur vin, ce qui fesait, en comptant le prix du travail et des échalas, et des futailles, et du cellier, plus du quart de la récolte; mais comme les dîmes, disait-il, sont de droit divin, je demande le quart de la substance de mes paysans au nom de Dieu.

---

fondeur. L'auteur y prouve que les maisons ne rapportant aucun produit réel ne doivent point payer d'impôts; que l'on doit regarder le loyer qu'elles rapportent comme l'intérêt du capital qu'elles représentent, et que, si on les exemptait des impôts auxquels elles sont assujetties, les loyers diminueraient à proportion. K.

Le ministre lui dit: Je vois combien vous êtes charitable!

Un fermier-général, fort intelligent dans les aides, lui dit alors: Monseigneur, ce village ne peut rien donner à ce moine; car ayant fait payer aux paroissiens l'année passée trente-deux impôts pour leur vin, et les ayant fait condamner ensuite à payer le trop bu, ils sont entièrement ruinés. J'ai fait vendre leurs bestiaux et leurs meubles, ils sont encore mes redevables. Je m'oppose aux prétentions du révérend père.

Vous avez raison d'être son rival, repartit le ministre; vous aimez l'un et l'autre également votre prochain, et vous m'édifiez tous deux.

Un troisième, moine et seigneur, dont les paysans sont mainmortables, attendait aussi un arrêt du conseil qui le mît en possession de tout le bien d'un badaud de Paris, qui ayant par inadvertance demeuré un an et un jour dans une maison sujette à cette servitude et enclavée dans les états de ce prêtre, y était mort au bout de l'année. Le moine réclamait tout le bien du badaud, et cela de droit divin [1].

Le ministre trouva le cœur du moine aussi juste et aussi tendre que celui des deux premiers.

Un quatrième, qui était contrôleur du domaine, présenta un beau mémoire, par lequel il se justifiait d'avoir réduit vingt familles à l'aumône. Elles avaient hérité de leurs oncles ou tantes, ou frères, ou cousins; il avait fallu payer les droits. Le domanier leur avait prouvé généreusement qu'elles n'avaient pas assez estimé leurs héritages, qu'elles étaient beaucoup

[1] Voyez tome XXVII, pages 371-72. B.

plus riches qu'elles ne croyaient, et en conséquence les ayant condamnées à l'amende du triple, les ayant ruinées en frais, et fait mettre en prison les pères de famille, il avait acheté leurs meilleures possessions sans bourse délier[a].

Le contrôleur-général lui dit (d'un ton un peu amer à la vérité): « *Euge*[b]! contrôleur *bone et fidelis; quia super pauca fuisti fidelis*, fermier général *te constituam*[c]. » Cependant il dit tout bas à un maître des requêtes qui était à côté de lui : Il faudra bien faire rendre gorge à ces sangsues sacrées et à ces sangsues profanes : il est temps de soulager le peuple qui, sans nos soins et notre équité, n'aurait jamais de quoi vivre que dans l'autre monde.

Des hommes d'un génie profond lui présentèrent des projets. L'un avait imaginé de mettre des impôts sur l'esprit. Tout le monde, disait-il, s'empressera de payer, personne ne voulant passer pour un sot. Le ministre lui dit : Je vous déclare exempt de la taxe.

Un autre proposa d'établir l'impôt unique sur les chansons et sur le rire, attendu que la nation était la plus gaie du monde, et qu'une chanson la consolait

---

[a] Le cas à peu près semblable est arrivé dans la province que j'habite, et le contrôleur du domaine a été forcé à faire restitution : mais il n'a pas été puni. — Voyez, tome XIV, le conte intitulé : *Les Finances*. 1775. K.

[b] Je me fis expliquer ces paroles par un savant à quarante écus : elles me réjouirent.

[c] On lit dans l'évangile de saint Matthieu, chapitre xxv, versets 21 et 23 : *Euge, serve bone et fidelis; quia super pauca fuisti fidelis, super multa te constituam* ; paroles dont voici la traduction, par Legros : « Courage, bon « et fidèle serviteur; parceque vous avez été fidèle en peu de chose, je vous « en donnerai beaucoup *plus* à gouverner. » B.

de tout; mais le ministre observa que depuis quelque temps on ne fesait plus guère de chansons plaisantes, et il craignit que, pour échapper à la taxe, on ne devînt trop sérieux.

Vint un sage et brave citoyen qui offrit de donner au roi trois fois plus, en fesant payer par la nation trois fois moins. Le ministre lui conseilla d'apprendre l'arithmétique.

Un quatrième prouvait au roi, par amitié, qu'il ne pouvait recueillir que soixante et quinze millions; mais qu'il allait lui en donner deux cent vingt-cinq. Vous me ferez plaisir, dit le ministre, quand nous aurons payé les dettes de l'état.

Enfin arriva un commis de l'auteur nouveau qui fait la puissance législatrice copropriétaire de toutes nos terres par le droit divin, et qui donnait au roi douze cents millions de rente. Je reconnus l'homme qui m'avait mis en prison pour n'avoir pas payé mes vingt écus. Je me jetai aux pieds de M. le contrôleur-général, et je lui demandai justice; il fit un grand éclat de rire, et me dit que c'était un tour qu'on m'avait joué. Il ordonna à ces mauvais plaisants de me donner cent écus de dédommagement, et m'exempta de taille pour le reste de ma vie. Je lui dis: Monseigneur, Dieu vous bénisse!

V. Lettre à l'homme aux quarante écus.

Quoique je sois trois fois aussi riche que vous, c'est-à-dire quoique je possède trois cent soixante livres ou francs de revenu, je vous écris cependant comme d'égal à égal, sans affecter l'orgueil des grandes fortunes.

J'ai lu l'histoire de votre désastre et de la justice que M. le contrôleur-général vous a rendue; je vous en fais mon compliment; mais par malheur je viens de lire le *Financier citoyen*[1], malgré la répugnance que m'avait inspirée le titre, qui paraît contradictoire à bien des gens. Ce citoyen vous ôte vingt francs de vos rentes, et à moi soixante : il n'accorde que cent francs à chaque individu sur la totalité des habitants; mais, en récompense, un homme non moins illustre enfle nos rentes jusqu'à cent cinquante livres; je vois que votre géomètre a pris un juste milieu. Il n'est point de ces magnifiques seigneurs qui d'un trait de plume peuplent Paris d'un million d'habitants, et vous font rouler quinze cent millions d'espèces sonnantes dans le royaume, après tout ce que nous avons perdu dans nos guerres dernières[2].

Comme vous êtes grand lecteur, je vous prêterai le *Financier citoyen*; mais n'allez pas le croire en tout; il cite le testament du grand ministre Colbert, et il ne sait pas que c'est une rapsodie ridicule faite par un Gatien de Courtilz; il cite la *Dîme* du maréchal de Vauban, et il ne sait pas qu'elle est d'un Bois-Guil-

---

[1] Ouvrage de Navau, publié en 1757, deux volumes in-12. B.

[2] Il s'en faut beaucoup que ces évaluations puissent être précises, et ceux qui les ont faites se sont bien gardés de prendre toute la peine nécessaire pour parvenir au degré de précision qu'on pourrait atteindre. Ce qu'il est important de savoir, c'est qu'un état qui a deux millions d'habitants et celui qui en a vingt, le pays dont le territoire est fertile et celui où le sol est ingrat, celui qui a un excédant de subsistance et celui qui est obligé d'en réparer le défaut par le commerce, etc., doivent avoir les mêmes lois d'administration. C'est une des plus grandes vérités que les écrivains économistes français aient annoncées, et une de celles qu'ils ont le mieux établies. K.

lebert[1]; il cite le testament du cardinal de Richelieu, et il ne sait pas qu'il est de l'abbé de Bourzéis. Il suppose que ce cardinal assure que *quand la viande enchérit, on donne une paie plus forte au soldat.* Cependant la viande enchérit beaucoup sous son ministère, et la paie du soldat n'augmenta point; ce qui prouve, indépendamment de cent autres preuves, que ce livre reconnu pour supposé dès qu'il parut, et ensuite attribué au cardinal même, ne lui appartient pas plus que les testaments du cardinal Alberoni[2] et du maréchal de Belle-Isle[3] ne leur appartiennent.

Défiez-vous toute votre vie des testaments et des systèmes; j'en ai été la victime comme vous. Si les Solons et les Lycurgues modernes se sont moqués de vous, les nouveaux Triptolèmes se sont encore plus moqués de moi; et, sans une petite succession qui m'a ranimé, j'étais mort de misère.

J'ai cent vingt arpents labourables dans le plus beau pays de la nature, et le sol le plus ingrat. Chaque arpent ne rend, tous frais faits, dans mon pays, qu'un écu de trois livres. Dès que j'eus lu dans les journaux qu'un célèbre agriculteur[4] avait inventé un nouveau

---

[1] Bois-Guillebert fit imprimer *le Détail de la France*, 1695, 1696, 1699, in-12; 1707, deux volumes in-12. Cette dernière édition a été reproduite par l'auteur sous le titre de: *Testament politique de M. de Vauban*; ce qui a induit Voltaire en erreur. Le *Projet de dixme royale*, 1707, in-4° et in-12, est de Vauban. Bois-Guillebert avait laissé en manuscrit une critique du *Projet de dixme royale*. B.

[2] Voyez dans les *Mélanges*, année 1753, l'*Examen du testament d'Alberoni*. B.

[3] Le *Testament politique du maréchal duc de Belle-Isle*, 1761, in-12, est de Chévrier. B.

[4] Probablement Thomé, de Lyon, mort vers 1780, à qui l'on doit des *Mémoires sur la pratique du semoir*, 1760 et 1761. B.

semoir, et qu'il labourait sa terre par planches, afin qu'en semant moins il recueillît davantage, j'empruntai vite de l'argent, j'achetai un semoir, je labourai par planches; je perdis ma peine et mon argent, aussi bien que l'illustre agriculteur, qui ne sème plus par planches [1].

Mon malheur voulut que je lusse le Journal économique, qui se vend à Paris chez Boudet [2]. Je tombai sur l'expérience d'un Parisien ingénieux qui, pour se réjouir, avait fait labourer son parterre quinze fois, et y avait semé du froment, au lieu d'y planter des tulipes; il eut une récolte très abondante. J'empruntai encore de l'argent. Je n'ai qu'à donner trente labours, me disais-je, j'aurai le double de la récolte de ce digne Parisien qui s'est formé des principes d'agriculture à l'opéra et à la comédie; et me voilà enrichi par ses leçons et par son exemple.

Labourer seulement quatre fois dans mon pays est une chose impossible; la rigueur et les changements soudains des saisons ne le permettent pas; et d'ailleurs le malheur que j'avais eu de semer par planches, comme l'illustre agriculteur dont j'ai parlé, m'avait forcé à vendre mon attelage. Je fais labourer trente fois mes cent vingt arpents par toutes les charrues qui sont à quatre lieues à la ronde. Trois labours pour chaque arpent coûtent douze livres, c'est un prix fait;

---

[1] M. Duhamel du Monceau. K.

[2] Les premières éditions portent *Boudot;* et on lit ainsi dans l'édition in-4°. Voltaire avait voulu déguiser un peu le nom d'Antoine Boudet, imprimeur-libraire à Paris, mort en 1789, et chez qui se publiait le *Journal économique.* B.

il fallut donner trente façons par arpent ; le labour de chaque arpent me coûta cent vingt livres : la façon de mes cent vingt arpents me revint à quatorze mille quatre cents livres. Ma récolte, qui se monte, année commune, dans mon maudit pays, à trois cents setiers, monta, il est vrai, à trois cent trente, qui, à vingt livres le setier, me produisirent six mille six cents livres : je perdis sept mille huit cents livres ; il est vrai que j'eus la paille.

J'étais ruiné, abîmé, sans une vieille tante qu'un grand médecin dépêcha dans l'autre monde, en raisonnant aussi bien en médecine que moi en agriculture.

Qui croirait que j'eus encore la faiblesse de me laisser séduire par le Journal de Boudet ? Cet homme-là, après tout, n'avait pas juré ma perte. Je lis dans son recueil qu'il n'y a qu'à faire une avance de quatre mille francs pour avoir quatre mille livres de rente en artichauts : certainement Boudet me rendra en artichauts ce qu'il m'a fait perdre en blé. Voilà mes quatre mille francs dépensés, et mes artichauts mangés par des rats de campagne. Je fus hué dans mon canton comme le diable de Papefiguière [1].

J'écrivis une lettre de reproches fulminante à Boudet. Pour toute réponse le traître s'égaya dans son Journal à mes dépens. Il me nia impudemment que les Caraïbes fussent nés rouges ; je fus obligé de lui envoyer une attestation d'un ancien procureur du roi de la Guadeloupe, comme quoi Dieu a fait les Caraïbes rouges ainsi que les Nègres noirs. Mais cette

---

[1] Voyez *Pantagruel*, livre IV, chapitre XLVI. B.

petite victoire ne m'empêcha pas de perdre jusqu'au dernier sou toute la succession de ma tante, pour avoir trop cru les nouveaux systèmes. Mon cher monsieur, encore une fois, gardez-vous des charlatans.

VI. Nouvelles douleurs occasionées par les nouveaux systèmes.

(Ce petit morceau est tiré des manuscrits d'un vieux solitaire.)

Je vois que si de bons citoyens se sont amusés à gouverner les états, et à se mettre à la place des rois; si d'autres se sont crus des Triptolèmes et des Cérès, il y en a de plus fiers qui se sont mis sans façon à la place de Dieu, et qui ont créé l'univers avec leur plume, comme Dieu le créa autrefois par la parole.

Un des premiers qui se présenta à mes adorations fut un descendant de Thalès, nommé Telliamed[1], qui m'apprit que les montagnes et les hommes sont produits par les eaux de la mer. Il y eut d'abord de beaux hommes marins qui ensuite devinrent amphibies. Leur belle queue fourchue se changea en cuisses et en jambes. J'étais encore tout plein des Métamorphoses d'Ovide, et d'un livre où il était démontré que la race des hommes était bâtarde d'une race de babouins : j'aimais autant descendre d'un poisson que d'un singe.

Avec le temps j'eus quelques doutes sur cette généalogie, et même sur la formation des montagnes. Quoi! me dit-il, vous ne savez pas que les courants

---

[1] Nom anagrammatique de Demaillet, et sous lequel a été publié un ouvrage d'après ses idées : voyez ce que Voltaire en dit dans les chapitres xi et xviii des *Singularités de la nature* (*Mélanges*, année 1768). B.

de la mer, qui jettent toujours du sable à droite et à gauche à dix ou douze pieds de hauteur, tout au plus, ont produit, dans une suite infinie de siècles, des montagnes de vingt mille pieds de haut, lesquelles ne sont pas de sable? Apprenez que la mer a nécessairement couvert tout le globe. La preuve en est qu'on a vu des ancres de vaisseau sur le mont Saint-Bernard, qui étaient là plusieurs siècles avant que les hommes eussent des vaisseaux.

Figurez-vous que la terre est un globe de verre qui a été long-temps tout couvert d'eau. Plus il m'endoctrinait, plus je devenais incrédule. Quoi donc! me dit-il, n'avez-vous pas vu le falun de Touraine[1] à trente-six lieues de la mer? C'est un amas de coquilles avec lesquelles on engraisse la terre comme avec du fumier. Or, si la mer a déposé dans la succession des temps une mine entière de coquilles à trente-six lieues de l'océan, pourquoi n'aura-t-elle pas été jusqu'à trois mille lieues pendant plusieurs siècles sur notre globe de verre?

Je lui répondis: Monsieur Telliamed, il y a des gens qui font quinze lieues par jour à pied; mais ils ne peuvent en faire cinquante. Je ne crois pas que mon jardin soit de verre; et quant à votre falun, je doute encore qu'il soit un lit de coquilles de mer. Il se pourrait bien que ce ne fût qu'une mine de petites pierres calcaires qui prennent aisément la forme des fragments de coquilles, comme il y a des pierres qui sont figurées en langues, et qui ne sont point des lan-

---

[1] Voyez dans les *Mélanges*, année 1768, le chapitre XVI des *Singularités de la nature*. B.

gues; en étoiles, et qui ne sont point des astres; en serpents roulés sur eux-mêmes, et qui ne sont point des serpents; en parties naturelles du beau sexe, et qui ne sont point pourtant les dépouilles des dames. On voit des dendrites, des pierres figurées, qui représentent des arbres et des maisons, sans que jamais ces petites pierres aient été des maisons et des chênes.

Si la mer avait déposé tant de lits de coquilles en Touraine, pourquoi aurait-elle négligé la Bretagne, la Normandie, la Picardie, et toutes les autres côtes? J'ai bien peur que ce falun tant vanté ne vienne pas plus de la mer que les hommes. Et quand la mer se serait répandue à trente-six lieues, ce n'est pas à dire qu'elle ait été jusqu'à trois mille, et même jusqu'à trois cents, et que toutes les montagnes aient été produites par les eaux [1]. J'aimerais autant dire que le Caucase a formé la mer, que de prétendre que la mer a fait le Caucase.

— Mais, monsieur l'incrédule, que répondrez-vous aux huîtres pétrifiées qu'on a trouvées sur le sommet des Alpes?

— Je répondrai, monsieur le créateur, que je n'ai pas vu plus d'huîtres pétrifiées que d'ancres de vaisseau sur le haut du mont Cenis [2]. Je répondrai ce qu'on a déjà dit, qu'on a trouvé des écailles d'huîtres (qui se pétrifient aisément) à de très grandes distances de

---

[1] C'est le système de Buffon: voyez dans les *Mélanges*, année 1768, le chapitre 11 des *Singularités de la nature*. B.

[2] Voyez dans les *Mélanges*, année 1768, le chapitre XIII des *Singularités de la nature*. B.

la mer, comme on a déterré des médailles romaines à cent lieues de Rome; et j'aime mieux croire que des pélerins de Saint-Jacques ont laissé quelques coquilles vers Saint-Maurice, que d'imaginer que la mer a formé le mont Saint-Bernard.

Il y a des coquillages partout; mais est-il bien sûr qu'ils ne soient pas les dépouilles des testacées et des crustacées de nos lacs et de nos rivières, aussi bien que des petits poissons marins?

— Monsieur l'incrédule, je vous tournerai en ridicule dans le monde que je me propose de créer.

— Monsieur le créateur, à vous permis; chacun est le maître dans son monde; mais vous ne me ferez jamais croire que celui où nous sommes soit de verre, ni que quelques coquilles soient des démonstrations que la mer a produit les Alpes et le mont Taurus. Vous savez qu'il n'y a aucune coquille dans les montagnes d'Amérique. Il faut que ce ne soit pas vous qui ayez créé cet hémisphère, et que vous vous soyez contenté de former l'ancien monde : c'est bien assez[1].

— Monsieur, monsieur, si on n'a pas découvert de coquilles sur les montagnes d'Amérique, on en découvrira.

— Monsieur, c'est parler en créateur qui sait son secret, et qui est sûr de son fait. Je vous abandonne, si vous voulez, votre falun, pourvu que vous me lais-

---

[1] *Voyez*, sur les coquilles et la formation des montagnes, la *Dissertation sur les changements arrivés dans notre globe* (*Mélanges*, année 1746). Quant à l'opinion que la terre est de verre, et qu'une comète l'a détachée du soleil, c'est une plaisanterie de M. de Buffon, qui a voulu faire une expérience morale sur la crédulité des Parisiens. K.

siez mes montagnes. Je suis d'ailleurs le très humble et très obéissant serviteur de votre providence.

Dans le temps que je m'instruisais ainsi avec Telliamed, un jésuite irlandais déguisé en homme, d'ailleurs grand observateur, et ayant de bons microscopes, fit des anguilles avec de la farine de blé ergoté. On ne douta pas alors qu'on ne fît des hommes avec de la farine de bon froment. Aussitôt on créa des particules organiques qui composèrent des hommes. Pourquoi non? Le grand géomètre Fatio[1] avait bien ressuscité des morts à Londres; on pouvait tout aussi aisément faire à Paris des vivants avec des particules organiques : mais malheureusement les nouvelles anguilles de Needham ayant disparu, les nouveaux hommes disparurent aussi, et s'enfuirent chez les monades, qu'ils rencontrèrent dans le plein au milieu de la matière subtile, globuleuse, et cannelée[2].

Ce n'est pas que ces créateurs de systèmes n'aient rendu de grands services à la physique; à Dieu ne plaise que je méprise leurs travaux! on les a comparés à des alchimistes qui, en fesant de l'or (qu'on ne fait point), ont trouvé de bons remèdes, ou du moins des choses très curieuses. On peut être un homme d'un rare mérite, et se tromper sur la formation des animaux et sur la structure du globe.

Les poissons changés en hommes, et les eaux changées en montagnes, ne m'avaient pas fait autant de

---

[1] Voyez tome XXIX, page 335; et dans les *Mélanges*, année 1769, le chapitre xxxvi de *Dieu et les hommes*. B.

[2] Voyez, sur les anguilles, les *Singularités de la nature*, chap. xx (*Mélanges*, année 1768). K.

mal que M. Boudet. Je me bornais tranquillement à douter, lorsqu'un Lapon[1] me prit sous sa protection. C'était un profond philosophe, mais qui ne pardonnait jamais aux gens qui n'étaient pas de son avis. Il me fit d'abord connaître clairement l'avenir en exaltant mon ame. Je fis de si prodigieux efforts d'exaltation, que j'en tombai malade; mais il me guérit en m'enduisant de poix-résine de la tête aux pieds. A peine fus-je en état de marcher, qu'il me proposa un voyage aux terres australes pour y disséquer des têtes de géants, ce qui nous ferait connaître clairement la nature de l'ame. Je ne pouvais supporter la mer; il eut la bonté de me mener par terre. Il fit creuser un grand trou dans le globe terraqué : ce trou allait droit chez les Patagons. Nous partîmes; je me cassai une jambe à l'entrée du trou; on eut beaucoup de peine à me redresser la jambe : il s'y forma un calus qui m'a beaucoup soulagé.

J'ai déjà parlé de tout cela dans une de mes diatribes[2], pour instruire l'univers très attentif à ces grandes choses. Je suis bien vieux; j'aime quelquefois à répéter mes contes, afin de les inculquer mieux dans la tête des petits garçons pour lesquels je travaille depuis si long-temps.

---

[1] Par ce mot de Lapon, Voltaire désigne Maupertuis, qui avait fait un voyage au pôle, et en avait ramené deux Laponnes qu'il avait enlevées : voyez la note; tome XXXIII, page 182. B.

[2] Voyez la *Diatribe du docteur Akakia* (*Mélanges*, année 1752). B.

VII. Mariage de l'homme aux quarante écus.

L'homme aux quarante écus s'étant beaucoup formé, et ayant fait une petite fortune, épousa une jolie fille qui possédait cent écus de rente. Sa femme devint bientôt grosse. Il alla trouver son géomètre, et lui demanda si elle lui donnerait un garçon ou une fille. Le géomètre lui répondit que les sages-femmes, les femmes de chambre, le savaient pour l'ordinaire; mais que les physiciens, qui prédisent les éclipses, n'étaient pas si éclairés qu'elles.

Il voulut savoir ensuite si son fils ou sa fille avaient déjà une ame. Le géomètre dit que ce n'était pas son affaire, et qu'il en fallait parler au théologien du coin.

L'homme aux quarante écus, qui était déjà l'homme aux deux cents pour le moins, demanda en quel endroit était son enfant[1]. Dans une petite poche, lui dit

---

[1] Voltaire, dans ses *Questions sur l'Encyclopédie*, avait, à l'article GÉNÉ-RATION (comme je l'ai dit tome XXX, page 2), reproduit une partie de ce qu'on va lire, mais avec des variantes que voici:

LE JEUNE MARIÉ.

« Monsieur, dites-moi, je vous prie, si ma femme me donnera un garçon « ou une fille.

LE PHILOSOPHE.

« Monsieur, les sages-femmes et les femmes de chambre disent quelque-« fois qu'elles le savent; mais les philosophes avouent qu'ils n'en savent « rien.

LE JEUNE MARIÉ.

« Je crois que ma femme n'est grosse que depuis-huit jours : dites-moi si « mon enfant a déjà une ame?

LE PHILOSOPHE.

« Ce n'est pas là l'affaire des géomètres; adressez-vous au théologien du « coin.

LE JEUNE MARIÉ.

« Refuserez-vous de me dire en quel endroit il est placé?

son ami, entre la vessie et l'intestin rectum. O Dieu paternel! s'écria-t-il, l'ame immortelle de mon fils née et logée entre de l'urine et quelque chose de pis! Oui, mon cher voisin, l'ame d'un cardinal n'a point eu

LE PHILOSOPHE.

« Dans une petite poche qui s'élargit tous les jours, et qui est juste entre
« l'intestin rectum et la vessie.

LE JEUNE MARIÉ.

« O Dieu paternel! l'ame de mon fils entre de l'urine et quelque chose
« de pis! quelle auberge pour l'être pensant, et cela pendant neuf mois!

LE PHILOSOPHE.

« Oui, mon cher voisin, l'ame d'un pape n'a point eu d'autre berceau; et
« cependant on se donne des airs, on fait le fier.

LE JEUNE MARIÉ.

« Je sais bien qu'il n'y a point d'animal qui doive être moins fier que
« l'homme. Mais comme je vous ai déjà dit que j'étais très curieux, je vou-
« drais savoir comment, dans cette poche, un peu de liqueur devient une
« grosse masse de chair si bien organisée. En un mot, vous qui êtes si sa-
« vant, ne pourriez-vous point me dire comment les enfants se font?

LE PHILOSOPHE.

« Non, mon ami; mais, si vous voulez, je vous dirai ce que les médecins
« ont imaginé; c'est-à-dire, comment les enfants ne se font point.

« Premièrement, Hippocrate écrit que les deux véhicules fluides de
« l'homme et de la femme s'élancent et s'unissent ensemble, et que dans le
« moment l'enfant est conçu par cette union.

« Le révérend P. Sanchez, le docteur de l'Espagne, est entièrement de l'avis
« d'Hippocrate; et il en a même fait un fort plaisant article de théologie,
« que tous les Espagnols ont cru fermement jusqu'à ce que tous les jésuites
« aient été renvoyés du pays.

LE JEUNE MARIÉ.

« Je suis assez content d'Hippocrate et de Sanchez. Ma femme a rempli,
« ou je suis bien trompé, toutes les conditions imposées par ces grands
« hommes, pour former un enfant et pour lui donner une ame.

LE PHILOSOPHE.

« Malheureusement il y a beaucoup de femmes qui, etc. »

Voltaire revient sur la question de l'ame du fœtus, dans le paragraphe XI de l'opuscule intitulé: *Il faut prendre un parti*: voyez *Mélanges*, année 1772. B.

d'autre berceau; et avec cela on fait le fier, on se donne des airs.

Ah! monsieur le savant, ne pourriez-vous point me dire comment les enfants se font?

Non, mon ami; mais si vous voulez, je vous dirai ce que les philosophes ont imaginé, c'est-à-dire comment les enfants ne se font point.

Premièrement le révérend P. Sanchez, dans son excellent livre *de Matrimonio,* est entièrement de l'avis d'Hippocrate; il croit comme un article de foi que les deux véhicules fluides de l'homme et de la femme s'élancent et s'unissent ensemble, et que dans le moment l'enfant est conçu par cette union; et il est si persuadé de ce système physique, devenu théologique, qu'il examine, chapitre XXI du livre second, *« Utrum « virgo Maria semen emiserit in copulatione cum Spi- « ritu Sancto. »*

Eh! monsieur, je vous ai déjà dit que je n'entends pas le latin; expliquez-moi en français l'oracle du P. Sanchez. Le géomètre lui traduisit le texte, et tous deux frémirent d'horreur.

Le nouveau marié, en trouvant Sanchez prodigieusement ridicule, fut pourtant assez content d'Hippocrate; et il se flattait que sa femme avait rempli toutes les conditions imposées par ce médecin pour faire un enfant.

Malheureusement, lui dit le voisin, il y a beaucoup de femmes qui ne répandent aucune liqueur, qui ne reçoivent qu'avec aversion les embrassements de leurs maris, et qui cependant en ont des enfants. Cela seul décide contre Hippocrate et Sanchez.

De plus, il y a très grande apparence que la nature agit toujours dans les mêmes cas par les mêmes principes : or il y a beaucoup d'espèces d'animaux qui engendrent sans copulation, comme les poissons écaillés, les huîtres, les pucerons. Il a donc fallu que les physiciens cherchassent une mécanique de génération qui convînt à tous les animaux. Le célèbre Harvey, qui le premier démontra la circulation, et qui était digne de découvrir le secret de la nature, crut l'avoir trouvé dans les poules : elles pondent des œufs ; il jugea que les femmes pondaient aussi. Les mauvais plaisants dirent que c'est pour cela que les bourgeois, et même quelques gens de cour, appellent leur femme ou leur maîtresse *ma poule*, et qu'on dit que toutes les femmes sont coquettes, parcequ'elles voudraient que les coqs les trouvassent belles. Malgré ces railleries, Harvey ne changea point d'avis, et il fut établi dans toute l'Europe que nous venons d'un œuf[1].

L'HOMME AUX QUARANTE ÉCUS.

Mais, monsieur, vous m'avez dit que la nature est toujours semblable à elle-même, qu'elle agit toujours par le même principe dans le même cas : les femmes, les juments, les ânesses, les anguilles, ne pondent point ; vous vous moquez de moi.

LE GÉOMÈTRE.

Elles ne pondent point en dehors, mais elles pondent en-dedans ; elles ont des ovaires comme tous les oiseaux ; les juments, les anguilles, en ont aussi. Un œuf se détache de l'ovaire ; il est couvé dans la ma-

[1] Voyez, dans la *Correspondance*, la lettre à Thiriot, du 15 septembre 1768. B.

trice. Voyez tous les poissons écaillés, les grenouilles ; ils jettent des œufs que le mâle féconde. Les baleines et les autres animaux marins de cette espèce font éclore leurs œufs dans leur matrice. Les mites, les teignes, les plus vils insectes, sont visiblement formés d'un œuf : tout vient d'un œuf ; et notre globe est un grand œuf qui contient tous les autres.

L'HOMME AUX QUARANTE ÉCUS.

Mais vraiment ce système porte tous les caractères de la vérité ; il est simple, il est uniforme, il est démontré aux yeux dans plus de la moitié des animaux ; j'en suis fort content, je n'en veux point d'autre ; les œufs de ma femme me sont fort chers.

LE GÉOMÈTRE.

On s'est lassé à la longue de ce système : on a fait les enfants d'une autre façon.

L'HOMME AUX QUARANTE ÉCUS.

Et pourquoi, puisque celle-là est si naturelle ?

LE GÉOMÈTRE.

C'est qu'on a prétendu que nos femmes n'ont point d'ovaire, mais seulement de petites glandes.

L'HOMME AUX QUARANTE ÉCUS.

Je soupçonne que des gens qui avaient un autre système à débiter ont voulu décréditer les œufs.

LE GÉOMÈTRE.

Cela pourrait bien être. Deux Hollandais s'avisèrent d'examiner la liqueur séminale au microscope, celle de l'homme, celle de plusieurs animaux, et ils crurent y apercevoir des animaux déjà tout formés qui couraient avec une vitesse inconcevable. Ils en virent même dans le fluide séminal du coq. Alors on jugea que les mâles fesaient tout, et les femelles rien; elles ne servirent plus qu'à porter le trésor que le mâle leur avait confié.

L'HOMME AUX QUARANTE ÉCUS.

Voilà qui est bien étrange. J'ai quelques doutes sur tous ces petits animaux qui frétillent si prodigieusement dans une liqueur, pour être ensuite immobiles dans les œufs des oiseaux, et pour être non moins immobiles neuf mois, à quelques culbutes près, dans le ventre de la femme; cela ne me paraît pas conséquent. Ce n'est pas, autant que j'en puis juger, la marche de la nature. Comment sont faits, s'il vous plaît, ces petits hommes qui sont si bons nageurs dans la liqueur dont vous me parlez?

LE GÉOMÈTRE.

Comme des vermisseaux. Il y avait surtout un médecin, nommé Andry, qui voyait des vers partout, et qui voulait absolument détruire le système d'Harvey. Il aurait, s'il l'avait pu, anéanti la circulation du sang, parcequ'un autre l'avait découverte. Enfin deux Hollandais et M. Andry, à force de tomber dans le péché d'Onan et de voir les choses au microscope, réduisirent l'homme à être chenille. Nous sommes d'abord un ver comme elle; de là, dans notre enveloppe, nous devenons comme elle, pendant neuf mois, une vraie chrysalide, que les paysans appellent *fève*. Ensuite, si la chenille devient papillon, nous devenons hommes : voilà nos métamorphoses.

L'HOMME AUX QUARANTE ÉCUS.

Eh bien! s'en est-on tenu là? n'y a-t-il point eu depuis de nouvelle mode?

LE GÉOMÈTRE.

On s'est dégoûté d'être chenille. Un philosophe extrêmement plaisant a découvert dans une *Vénus physique*[1] que l'attraction fesait les enfants; et voici comment la chose s'opère. Le sperme étant tombé dans la matrice, l'œil droit attire l'œil gauche, qui arrive pour s'unir à lui en qualité d'œil; mais il en est empêché par le nez, qu'il rencontre en chemin, et qui l'oblige de se placer à gauche. Il en est de même des bras, des cuisses, et des jambes, qui tiennent aux cuisses. Il est difficile d'expliquer, dans cette hypothèse, la situation des mamelles et des fesses. Ce grand philosophe n'admet aucun dessein de l'Être créateur dans la formation des animaux; il est bien loin de croire que le cœur soit fait pour recevoir le sang et pour le chasser, l'estomac pour digérer, les yeux pour voir, les oreilles pour entendre; cela lui paraît trop vulgaire; tout se fait par attraction.

L'HOMME AUX QUARANTE ÉCUS.

Voilà un maître fou. Je me flatte que personne n'a pu adopter une idée aussi extravagante.

LE GÉOMÈTRE.

On en rit beaucoup; mais ce qu'il y eut de triste, c'est que cet insensé ressemblait aux théologiens, qui persécutent autant qu'ils le peuvent ceux qu'ils font rire.

D'autres philosophes ont imaginé d'autres manières qui n'ont pas fait une plus grande fortune : ce n'est plus le bras qui va chercher le bras; ce n'est plus la cuisse qui court après la cuisse; ce sont de petites mo-

[1] Titre d'un ouvrage de Maupertuis. B.

lécules, de petites particules de bras et de cuisse qui se placent les unes sur les autres. On sera peut-être enfin obligé d'en revenir aux œufs, après avoir perdu bien du temps.

L'HOMME AUX QUARANTE ÉCUS.

J'en suis ravi; mais quel a été le résultat de toutes ces disputes?

LE GÉOMÈTRE.

Le doute. Si la question avait été débattue entre des théologaux, il y aurait eu des excommunications et du sang répandu; mais entre des physiciens la paix est bientôt faite : chacun a couché avec sa femme, sans penser le moins du monde à son ovaire, ni à ses trompes de Fallope. Les femmes sont devenues grosses ou enceintes, sans demander seulement comment ce mystère s'opère. C'est ainsi que vous semez du blé, et que vous ignorez comment le blé germe en terre [1].

L'HOMME AUX QUARANTE ÉCUS.

Oh! je le sais bien; on me l'a dit il y a long-temps; c'est par pourriture [2]. Cependant il me prend quelquefois envie de rire de tout ce qu'on m'a dit.

---

[1] Les observations de Haller et de Spallanzani semblent avoir prouvé que l'embryon existe avant la fécondation dans l'œuf des oiseaux, et, par analogie, dans la femelle vivipare; que la substance du sperme est nécessaire pour la fécondation, et qu'une quantité presque infiniment petite peut suffire. Mais comment, dans ce système, expliquer la ressemblance des mulets avec leurs pères? Comment cet embryon et cet œuf se forment-ils dans la femelle? Comment le sperme agit-il sur cet embryon? Voilà ce qu'on ignore encore. Peut-être quelque jour en saura-t-on davantage. Les vers spermatiques ne deviennent plus du moins des hommes, ni des lapins. Quant aux molécules organiques, elles ressemblent trop aux monades; mais remarquons, à l'honneur de Leibnitz, que jamais il ne s'est avisé de prétendre avoir vu des monades dans son microscope. K.

[2] Saint Paul, *Corinth.*, XV, 36; et Saint Jean, XII, 24. B.

LE GÉOMÈTRE.

C'est une fort bonne envie. Je vous conseille de douter de tout, excepté que les trois angles d'un triangle sont égaux à deux droits, et que les triangles qui ont même base et même hauteur sont égaux entre eux, ou autres propositions pareilles, comme, par exemple, que deux et deux font quatre.

L'HOMME AUX QUARANTE ÉCUS.

Oui, je crois qu'il est fort sage de douter; mais je sens que je suis curieux depuis que j'ai fait fortune et que j'ai du loisir. Je voudrais, quand ma volonté remue mon bras ou ma jambe, découvrir le ressort par lequel ma volonté les remue; car sûrement il y en a une. Je suis quelquefois tout étonné de pouvoir lever et abaisser mes yeux, et de ne pouvoir dresser mes oreilles. Je pense, et je voudrais connaître un peu...... là...... toucher au doigt ma pensée. Cela doit être fort curieux. Je cherche si je pense par moi-même, si Dieu me donne mes idées, si mon ame est venue dans mon corps à six semaines ou à un jour, comment elle s'est logée dans mon cerveau [1]; si je pense beaucoup quand je dors profondément, et quand je suis en léthargie. Je me creuse la cervelle pour savoir comment un corps en pousse un autre. Mes sensations ne m'étonnent pas moins; j'y trouve du divin, et surtout dans le plaisir.

J'ai fait quelquefois mes efforts pour imaginer un nouveau sens, et je n'ai jamais pu y parvenir. Les géo-

---

[1] Ceci rappelle un passage de la scène 1re de l'acte III du *Festin de Pierre*; et cependant il ne paraît pas que Voltaire ait eu connaissance des éditions qui contenaient ce passage; voyez, dans les *Mélanges*, année 1739, une de mes notes sur la *Vie de Molière*. B.

mètres savent toutes ces choses; ayez la bonté de m'instruire.

LE GÉOMÈTRE.

Hélas! nous sommes aussi ignorants que vous; adressez-vous à la Sorbonne.

VIII. *L'homme aux quarante écus, devenu père, raisonne sur les moines.*

Quand l'homme aux quarante écus se vit père d'un garçon, il commença à se croire un homme de quelque poids dans l'état; il espéra donner au moins dix sujets au roi, qui seraient tous utiles. C'était l'homme du monde qui fesait le mieux des paniers; et sa femme était une excellente couturière. Elle était née dans le voisinage d'une grosse abbaye de cent mille livres de rente. Son mari me demanda un jour pourquoi ces messieurs, qui étaient en petit nombre, avaient englouti tant de parts de quarante écus. Sont-ils plus utiles que moi à la patrie? — Non, mon cher voisin. — Servent-ils comme moi à la population du pays? — Non, au moins en apparence. — Cultivent-ils la terre? défendent-ils l'état quand il est attaqué? — Non, ils prient Dieu pour vous. — Eh bien! je prierai Dieu pour eux; partageons.

Combien croyez-vous que les couvents renferment de ces gens utiles, soit en hommes, soit en filles, dans le royaume?

Par les mémoires des intendants, faits sur la fin du dernier siècle, il y en avait environ quatre-vingt-dix mille.

Par notre ancien compte, ils ne devraient, à quarante écus par tête, posséder que dix millions huit cent mille livres : combien en ont-ils?

Cela va à cinquante millions, en comptant les messes et les quêtes des moines mendiants, qui mettent réellement un impôt considérable sur le peuple. Un frère quêteur d'un couvent de Paris s'est vanté publiquement que sa besace valait quatre-vingt mille livres de rente.

Voyons combien cinquante millions répartis entre quatre-vingt-dix mille têtes tondues donnent à chacune. — Cinq cent cinquante-cinq livres.

C'est une somme considérable dans une société nombreuse, où les dépenses diminuent par la quantité même des consommateurs; car il en coûte bien moins à dix personnes pour vivre ensemble, que si chacun avait séparément son logis et sa table.

Les ex-jésuites, à qui on donne aujourd'hui quatre cents livres de pension, ont donc réellement perdu à ce marché?

Je ne le crois pas; car ils sont presque tous retirés chez des parents qui les aident; plusieurs disent la messe pour de l'argent, ce qu'ils ne fesaient pas auparavant; d'autres se sont faits précepteurs; d'autres ont été soutenus par des dévotes; chacun s'est tiré d'affaire; et peut-être y en a-t-il peu aujourd'hui qui, ayant goûté du monde et de la liberté, voulussent reprendre leurs anciennes chaînes[1]. La vie monacale,

---

[1] Les jésuites n'auraient point été à plaindre si on eût doublé cette pension de quatre cents livres en faveur de ceux qui auraient eu des infirmités, ou plus de soixante ans; si les autres eussent pu posséder des bénéfices, ou remplir des emplois sans faire un serment qu'ils ne pouvaient prêter avec

quoi qu'on en dise, n'est point du tout à envier. C'est une maxime assez connue que les moines sont des gens qui s'assemblent sans se connaître, vivent sans s'aimer, et meurent sans se regretter.

Vous pensez donc qu'on leur rendrait un très grand service de les défroquer tous ?

Ils y gagneraient beaucoup sans doute, et l'état encore davantage; on rendrait à la patrie des citoyens et des citoyennes qui ont sacrifié témérairement leur liberté dans un âge où les lois ne permettent pas qu'on dispose d'un fonds de dix sous de rente; on tirerait ces cadavres de leurs tombeaux : ce serait une vraie résurrection. Leurs maisons deviendraient des hôtels-de-ville, des hôpitaux, des écoles publiques, ou seraient affectées à des manufactures; la population deviendrait plus grande, tous les arts seraient mieux cultivés. On pourrait du moins diminuer le nombre de ces victimes volontaires en fixant le nombre des novices : la patrie aurait plus d'hommes utiles et moins de malheureux. C'est le sentiment de tous les magistrats, c'est le vœu unanime du public, depuis que les esprits sont éclairés. L'exemple de l'Angleterre et de tant d'autres états est une preuve évidente de la nécessité de cette réforme. Que ferait aujourd'hui l'Angleterre, si, au lieu de quarante mille hommes de mer, elle avait quarante mille moines ? Plus les arts se sont multi-

honneur; si l'on avait permis à ceux qui auraient voulu vivre en commun de se réunir sous l'inspection du magistrat; mais la haine des jansénistes pour les jésuites, le préjugé qu'ils pouvaient être à craindre, et leur insolent fanatisme dans le temps de leur destruction, et même après qu'elle eut été consommée, ont empêché de remplir, à leur égard, ce qu'eussent exigé la justice et l'humanité. K.

pliés, plus le nombre des sujets laborieux est devenu nécessaire. Il y a certainement dans les cloîtres beaucoup de talents ensevelis qui sont perdus pour l'état. Il faut, pour faire fleurir un royaume, le moins de prêtres possible, et le plus d'artisans. L'ignorance et la barbarie de nos pères, loin d'être une règle pour nous, n'est qu'un avertissement de faire ce qu'ils feraient s'ils étaient en notre place avec nos lumières.

Ce n'est donc point par haine contre les moines que vous voulez les abolir? C'est par pitié pour eux; c'est par amour pour la patrie. Je pense comme vous. Je ne voudrais point que mon fils fût moine; et si je croyais que je dusse avoir des enfants pour le cloître, je ne coucherais plus avec ma femme.

Quel est en effet le bon père de famille qui ne gémisse de voir son fils et sa fille perdus pour la société? cela s'appelle *se sauver;* mais un soldat qui se sauve quand il faut combattre est puni. Nous sommes tous les soldats de l'état; nous sommes à la solde de la société, nous devenons des déserteurs quand nous la quittons. Que dis-je? les moines sont des parricides qui étouffent une postérité tout entière. Quatre-vingt-dix mille cloîtrés, qui braillent ou qui nasillent du latin, pourraient donner à l'état chacun deux sujets : cela fait cent soixante mille [1] hommes qu'ils font périr dans leur germe. Au bout de cent ans la perte est immense; cela est démontré [2].

[1] Il faudrait *cent quatre-vingt mille.* En me conformant à toutes les éditions, sans excepter les premières, j'ai dû signaler cette erreur de plume. B.

[2] C'est une erreur. Le nombre des hommes dépend essentiellement de la quantité des subsistances : dans un grand état comme la France, quatre-

Pourquoi donc le monachisme a-t-il prévalu? parceque le gouvernement fut presque partout détestable et absurde depuis Constantin; parceque l'empire romain eut plus de moines que de soldats; parcequ'il y en avait cent mille dans la seule Égypte; parcequ'ils étaient exempts de travail et de taxe; parceque les chefs des nations barbares qui détruisirent l'empire, s'étant faits chrétiens pour gouverner des chrétiens, exercèrent la plus horrible tyrannie; parcequ'on se jetait en foule dans les cloîtres, pour échapper aux fureurs de ces tyrans, et qu'on se plongeait dans un esclavage pour en éviter un autre; parceque les papes, en instituant tant d'ordres différents de fainéants sacrés, se firent autant de sujets dans les autres états; parcequ'un paysan aime mieux être appelé *mon révérend père*, et donner des bénédictions, que de conduire la charrue; parcequ'il ne sait pas que la charrue est plus noble que le froc; parcequ'il aime mieux vivre aux dépens des sots que par un travail honnête; enfin parcequ'il ne sait pas qu'en se fesant moine, il se prépare des jours malheureux, tissus d'ennui et de repentir.

Allons, monsieur, plus de moines, pour leur bon-

vingt-dix mille personnes enlevées à la culture et aux arts utiles causent sans doute une perte; mais l'industrie du reste de la nation la répare sans peine. Les moines sont surtout nuisibles, parcequ'ils servent à nourrir le fanatisme et la superstition, et parcequ'ils absorbent des richesses immenses qui pourraient être employées au soulagement du peuple, ou pour l'éducation publique. Au reste, il ne serait pas impossible de calculer l'effet que peut avoir sur la population l'existence d'une classe de célibataires; mais ce calcul serait très compliqué, et dépend d'un beaucoup plus grand nombre d'éléments que ne l'ont cru les savants d'après le calcul desquels M. de Voltaire parle ici. K.

heur et pour le nôtre. Mais je suis fâché d'entendre dire au seigneur de mon village, père de quatre garçons et de trois filles, qu'il ne saura où les placer, s'il ne fait pas ses filles religieuses.

Cette allégation trop souvent répétée est inhumaine, anti-patriotique, destructive de la société.

Toutes les fois qu'on peut dire d'un état de vie, quel qu'il puisse être, si tout le monde embrassait cet état, le genre humain serait perdu, il est démontré que cet état ne vaut rien, et que celui qui le prend nuit au genre humain autant qu'il est en lui.

Or il est clair que, si tous les garçons et toutes les filles s'encloîtraient, le monde périrait : donc la moinerie est par cela seul l'ennemie de la nature humaine, indépendamment des maux affreux qu'elle a causés quelquefois.

Ne pourrait-on pas en dire autant des soldats?

Non assurément : car si chaque citoyen porte les armes à son tour, comme autrefois dans toutes les républiques, et surtout dans celle de Rome, le soldat n'en est que meilleur cultivateur; le soldat citoyen se marie, il combat pour sa femme et pour ses enfants. Plût à Dieu que tous les laboureurs fussent soldats et mariés ! ils seraient d'excellents citoyens. Mais un moine, en tant que moine, n'est bon qu'à dévorer la substance de ses compatriotes. Il n'y a point de vérité plus reconnue.

Mais les filles, monsieur, les filles des pauvres gentilshommes, qu'on ne peut marier, que feront-elles?

Elles feront, on l'a dit mille fois, comme les filles d'Angleterre, d'Écosse, d'Irlande, de Suisse, de Hollande, de la moitié de l'Allemagne, de Suède, de Norvége, du Danemarck, de Tartarie, de Turquie, d'Afrique, et de presque tout le reste de la terre; elles seront bien meilleures épouses, bien meilleures mères, quand on se sera accoutumé, ainsi qu'en Allemagne, à prendre des femmes sans dot. Une femme ménagère et laborieuse fera plus de bien dans une maison que la fille d'un financier, qui dépense plus en superfluités qu'elle n'a porté de revenu chez son mari.

Il faut qu'il y ait des maisons de retraite pour la vieillesse, pour l'infirmité, pour la difformité. Mais, par le plus détestable des abus, les fondations ne sont que pour la jeunesse et pour les personnes bien conformées. On commence, dans le cloître, par faire étaler aux novices des deux sexes leur nudité, malgré toutes les lois de la pudeur; on les examine attentivement devant et derrière. Qu'une vieille bossue aille se présenter pour entrer dans un cloître, on la chassera avec mépris, à moins qu'elle ne donne une dot immense. Que dis-je? toute religieuse doit être dotée, sans quoi elle est le rebut du couvent. Il n'y eut jamais d'abus plus intolérable [1].

Allez, allez, monsieur, je vous jure que mes filles ne seront jamais religieuses. Elles apprendront à filer, à coudre, à faire de la dentelle, à broder, à se rendre utiles. Je regarde les vœux comme un attentat contre

---

[1] Le grand-duc Léopold vient de défendre aux couvents de ses états d'exiger ni même de recevoir aucune dot; mais, de peur que des parents avares ne trouvent dans cette loi un encouragement pour forcer leurs filles à prendre le parti du cloître, ils seront obligés de donner aux hôpitaux une dot égale à celle que le couvent aurait exigée. K.

la patrie et contre soi-même. Expliquez-moi, je vous prie, comment il se peut faire qu'un de mes amis, pour contredire le genre humain, prétende que les moines sont très utiles à la population d'un état, parceque leurs bâtiments sont mieux entretenus que ceux des seigneurs, et leurs terres mieux cultivées?

Eh! quel est donc votre ami qui avance une proposition si étrange?

C'est l'*Ami des hommes*[1], ou plutôt celui des moines.

Il a voulu rire; il sait trop bien que dix familles qui ont chacune cinq mille livres de rente en terre, sont cent fois, mille fois plus utiles qu'un couvent qui jouit d'un revenu de cinquante mille livres, et qui a toujours un trésor secret. Il vante les belles maisons bâties par les moines, et c'est précisément ce qui irrite les citoyens; c'est le sujet des plaintes de l'Europe. Le vœu de pauvreté condamne les palais, comme le vœu d'humilité contredit l'orgueil, et comme le vœu d'anéantir sa race contredit la nature.

Je commence à croire qu'il faut beaucoup se défier des livres.

Il faut en user avec eux comme avec les hommes, choisir les plus raisonnables, les examiner, et ne se rendre jamais qu'à l'évidence.

IX. Des impôts payés à l'étranger.

Il y a un mois que l'homme aux quarante écus vint

---

[1] *L'Ami des hommes*, par le marquis de Mirabeau, première partie, chapitre 11. Voyez aussi, dans les *Mélanges*, année 1763, la onzième des *Remarques pour servir de supplément à l'Essai sur les mœurs*. B.

me trouver en se tenant les côtés de rire, et il riait de si grand cœur, que je me mis à rire aussi sans savoir de quoi il était question : tant l'homme est né imitateur! tant l'instinct nous maîtrise! tant les grands mouvements de l'ame sont contagieux!

Ut ridentibus arrident, ita flentibus adflent[a]
Humani vultus [1].

Quand il eut bien ri, il me dit qu'il venait de rencontrer un homme qui se disait protonotaire du saint-siége, et que cet homme envoyait une grosse somme d'argent à trois cents lieues d'ici à un Italien, au nom d'un Français à qui le roi avait donné un petit fief, et que ce Français ne pourrait jamais jouir des bienfaits du roi, s'il ne donnait à cet Italien la première année de son revenu [2].

La chose est très vraie, lui dis-je; mais elle n'est pas si plaisante. Il en coûte à la France environ quatre cent mille livres par an en menus droits de cette espèce; et, depuis environ deux siècles et demi que cet usage dure, nous avons déjà porté en Italie quatre-vingts millions.

Dieu paternel! s'écria-t-il, que de fois quarante écus! cet Italien-là nous subjugua donc, il y a deux siècles et demi? il nous imposa ce tribut? Vraiment, répondis-je, il nous en imposait autrefois d'une façon bien plus onéreuse. Ce n'est là qu'une bagatelle en comparaison

---

[a] Le jésuite Sanadon a mis *adsunt* pour *adflent*. Un amateur d'Horace prétend que c'est pour cela qu'on a chassé les jésuites.

[1] Horace, *Art poétique*, vers 101-2. B.

[2] Voyez, dans le *Dictionnaire philosophique*, l'article ANNATES, tome XXVI, page 394. B.

de ce qu'il leva long-temps sur notre pauvre nation et sur les autres pauvres nations de l'Europe. Alors je lui racontai comment ces saintes usurpations s'étaient établies; il sait un peu d'histoire; il a du bon sens; il comprit aisément que nous avions été des esclaves auxquels il restait encore un petit bout de chaîne. Il parla long-temps avec énergie contre cet abus ; mais avec quel respect pour la religion en général! comme il révérait les évêques! comme il leur souhaitait beaucoup de quarante écus, afin qu'ils les dépensassent dans leurs diocèses en bonnes œuvres!

Il voulait aussi que tous les curés de campagne eussent un nombre de quarante écus suffisant pour les faire vivre avec décence. Il est triste, disait-il, qu'un curé soit obligé de disputer trois gerbes de blé à son ouaille, et qu'il ne soit pas largement payé par la province[1]. Il est honteux que ces messieurs soient toujours en procès avec leurs seigneurs. Ces contestations éternelles pour des droits imaginaires, pour des dîmes, détruisent la considération qu'on leur doit. Le malheureux cultivateur, qui a déjà payé aux préposés son dixième, et les deux sous pour livre, et la taille, et la capitation, et le rachat du logement des gens de guerre, après qu'il a logé des gens de guerre, etc., etc.; cet infortuné, dis-je, qui se voit encore enlever le dixième de sa récolte par son curé, ne le regarde plus comme son pasteur, mais comme son écorcheur, qui lui arrache le peu de peau qui lui reste. Il sent bien qu'en lui enlevant la dixième gerbe de droit divin, on a la cruauté diabolique de ne pas

[1] *Voyez tome* XXVIII, *page* 275. B.

lui tenir compte de ce qu'il lui en a coûté pour faire croître cette gerbe. Que lui reste-t-il pour lui et pour sa famille? Les pleurs, la disette, le découragement, le désespoir; et il meurt de fatigue et de misère. Si le curé était payé par la province, il serait la consolation de ses paroissiens, au lieu d'être regardé par eux comme leur ennemi.

Ce digne homme s'attendrissait en prononçant ces paroles; il aimait sa patrie, et était idolâtre du bien public. Il s'écriait quelquefois : Quelle nation que la française, si on voulait!

Nous allâmes voir son fils, à qui sa mère, bien propre et bien lavée, présentait un gros téton blanc. L'enfant était fort joli. Hélas! dit le père, te voilà donc, et tu n'as que vingt-trois ans de vie, et quarante écus à prétendre!

X. Des proportions.

Le produit des extrêmes est égal au produit des moyens; mais deux sacs de blé volés ne sont pas à ceux qui les ont pris, comme la perte de leur vie l'est à l'intérêt de la personne volée.

Le prieur de D***, à qui deux de ses domestiques de campagne avaient dérobé deux setiers de blé, vient de faire pendre les deux délinquants. Cette exécution lui a plus coûté que toute sa récolte ne lui a valu, et, depuis ce temps, il ne trouve plus de valets.

Si les lois avaient ordonné que ceux qui voleraient le blé de leur maître laboureraient son champ toute leur vie, les fers aux pieds et une sonnette au cou, attachée à un carcan, ce prieur aurait beaucoup gagné.

Il faut effrayer le crime; oui, sans doute : mais le travail forcé et la honte durable l'intimident plus que la potence.

Il y a quelques mois qu'à Londres un malfaiteur fut condamné à être transporté en Amérique pour y travailler aux sucreries avec les nègres. Tous les criminels en Angleterre, comme en bien d'autres pays, sont reçus à présenter requête au roi, soit pour obtenir grace entière, soit pour diminution de peine. Celui-ci présenta requête pour être pendu : il alléguait qu'il haïssait mortellement le travail, et qu'il aimait mieux être étranglé une minute, que de faire du sucre toute sa vie.

D'autres peuvent penser autrement, chacun a son goût; mais on a déjà dit[1], et il faut le répéter, qu'un pendu n'est bon à rien, et que les supplices doivent être utiles.

Il y a quelques années que l'on condamna dans la Tartarie[2] deux jeunes gens à être empalés, pour avoir regardé, leur bonnet sur la tête, passer une procession de lamas. L'empereur de la Chine[3], qui est un homme de beaucoup d'esprit, dit qu'il les aurait condamnés à marcher nu-tête à la procession pendant trois mois.

Proportionnez les peines aux délits, a dit le marquis

---

[1] Voyez tome XXXI, page 85; tome XXXII, page 272 ; et dans les *Mélanges*, année 1766, le paragraphe x du *Commentaire sur le livre des délits et des peines*. B.

[2] A Abbéville. K. —Voyez, dans les *Mélanges*, année 1766, la *Relation de la mort du chevalier de La Barre*. B.

[3] Le roi de Prusse. K. —Voyez, dans la *Correspondance*, sa lettre du 7 d'auguste 1766. B.

Beccaria; ceux qui ont fait les lois n'étaient pas géomètres.

Si l'abbé Guyon, ou Cogé, ou l'ex-jésuite Nonotte, ou l'ex-jésuite Patouillet, ou le prédicant La Beaumelle, font de misérables libelles où il n'y a ni vérité, ni raison, ni esprit, irez-vous les faire pendre, comme le prieur de D*** a fait pendre ses deux domestiques; et cela sous prétexte que les calomniateurs sont plus coupables que les voleurs?

Condamnerez-vous Fréron même aux galères, pour avoir insulté le bon goût, et pour avoir menti toute sa vie dans l'espérance de payer son cabaretier?

Ferez-vous mettre au pilori le sieur Larcher, parcequ'il a été très pesant, parcequ'il a entassé erreur sur erreur, parcequ'il n'a jamais su distinguer aucun degré de probabilité, parce qu'il veut que, dans une antique et immense cité, renommée par sa police et par la jalousie des maris, dans Babylone enfin, où les femmes étaient gardées par des eunuques, toutes les princesses allassent par dévotion donner publiquement leurs faveurs dans la cathédrale aux étrangers pour de l'argent? Contentons-nous de l'envoyer sur les lieux courir les bonnes fortunes; soyons modérés en tout; mettons de la proportion entre les délits et les peines.

Pardonnons à ce pauvre Jean-Jacques, lorsqu'il n'écrit que pour se contredire, lorsqu'après avoir donné une comédie sifflée[1] sur le théâtre de Paris, il injurie ceux qui en font jouer à cent lieues de là;

---

[1] *Narcisse, ou l'Amant de lui-même*, comédie en un acte et en prose, jouée une seule fois au Théâtre-Français, le 18 décembre 1752. B.

lorsqu'il cherche des protecteurs, et qu'il les outrage; lorsqu'il déclame contre les romans, et qu'il fait des romans dont le héros est un sot précepteur qui reçoit l'aumône d'une Suissesse à laquelle il a fait un enfant, et qui va dépenser son argent dans un bordel de Paris: laissons-le croire qu'il a surpassé Fénélon et Xénophon, en élevant un jeune homme de qualité dans le métier de menuisier : ces extravagantes platitudes ne méritent pas un décret de prise de corps; les Petites-Maisons suffisent avec de bons bouillons, de la saignée, et du régime.

Je hais les lois de Dracon, qui punissaient également les crimes et les fautes, la méchanceté et la folie. Ne traitons point le jésuite Nonotte, qui n'est coupable que d'avoir écrit des bêtises et des injures, comme on a traité les jésuites Malagrida [1], Oldcorn, Garnet, Guignard, Gueret, et comme on devait traiter le jésuite Le Tellier, qui trompa son roi, et qui troubla la France. Distinguons principalement dans tout procès, dans toute contention, dans toute querelle, l'agresseur de l'outragé, l'oppresseur de l'opprimé. La guerre offensive est d'un tyran ; celui qui se défend est un homme juste.

Comme j'étais plongé dans ces réflexions, l'homme aux quarante écus me vint voir tout en larmes. Je lui demandai avec émotion si son fils, qui devait vivre

---

[1] Sur Malagrida, voyez, tome XXI, le chapitre xxxviii du *Précis du Siècle de Louis XV;* sur Oldcorn et Garnet, voyez tome XVIII, page 282 ; sur Gueret et Guignard, voyez tome XVIII, page 148; sur Letellier, voyez, tome XX, le chapitre xxxvii du *Siècle de Louis XIV;* et tomes XXII, page 303 ; XXVI, page 273; XXVIII, page 390. B.

vingt-trois ans, était mort. Non, dit-il, le petit se porte bien, et ma femme aussi; mais j'ai été appelé en témoignage contre un meunier à qui on a fait subir la question ordinaire et extraordinaire, et qui s'est trouvé innocent; je l'ai vu s'évanouir dans les tortures redoublées; j'ai entendu craquer ses os; j'entends encore ses cris et ses hurlements, ils me poursuivent; je pleure de pitié, et je tremble d'horreur. Je me mis à pleurer et à frémir aussi, car je suis extrêmement sensible.

Ma mémoire alors me représenta l'aventure épouvantable des Calas; une mère vertueuse dans les fers, ses filles éplorées et fugitives, sa maison au pillage; un père de famille respectable brisé par la torture, agonisant sur la roue et expirant dans les flammes; un fils chargé de chaînes, traîné devant les juges, dont un lui dit: « Nous venons de rouer votre père, nous « allons vous rouer aussi. »

Je me souvins de la famille de Sirven[1], qu'un de mes amis rencontra dans des montagnes couvertes de glaces, lorsqu'elle fuyait la persécution d'un juge aussi inique qu'ignorant. Ce juge, me dit-il, a condamné toute cette famille innocente au supplice, en supposant, sans la moindre apparence de preuve, que le père et la mère, aidés de deux de leurs filles, avaient égorgé et noyé la troisième, de peur qu'elle n'allât à la messe. Je voyais à-la-fois, dans les jugements de cette espèce, l'excès de la bêtise, de l'injustice, et de la barbarie.

[1] Voyez tome XXVIII, page 244; et dans les *Mélanges*, année 1766, l'Avis au public. B.

Nous plaignions la nature humaine, l'homme aux quarante écus et moi. J'avais dans ma poche le discours d'un avocat-général de Dauphiné[1], qui roulait en partie sur ces matières intéressantes ; je lui en lus les endroits suivants :

« Certes, ce furent des hommes véritablement grands
« qui osèrent les premiers se charger de gouverner
« leurs semblables, et s'imposer le fardeau de la féli-
« cité publique ; qui, pour le bien qu'ils voulaient faire
« aux hommes, s'exposèrent à leur ingratitude, et,
« pour le repos d'un peuple, renoncèrent au leur ; qui
« se mirent, pour ainsi dire, entre les hommes et la
« Providence, pour leur composer, par artifice, un
« bonheur qu'elle semblait leur avoir refusé.

. . . .

« Quel magistrat, un peu sensible à ses devoirs, à
« la seule humanité, pourrait soutenir ces idées ? Dans
« la solitude d'un cabinet pourra-t-il, sans frémir
« d'horreur et de pitié, jeter les yeux sur ces papiers,
« monuments infortunés du crime ou de l'innocence ?
« Ne lui semble-t-il pas entendre des voix gémissantes
« sortir de ces fatales écritures, et le presser de dé-
« cider du sort d'un citoyen, d'un époux, d'un père,
« d'une famille ? Quel juge impitoyable (s'il est chargé
« d'un seul procès criminel) pourra passer de sang
« froid devant une prison ? C'est donc moi, dira-t-il,
« qui retiens dans ce détestable séjour mon semblable,
« peut-être mon égal, mon concitoyen, un homme
« enfin ! c'est moi qui le lie tous les jours, qui ferme

---

[1] Servan, *Discours sur l'administration de la justice criminelle.* B.

« sur lui ces odieuses portes! peut-être le désespoir
« s'est emparé de son ame; il pousse vers le ciel mon
« nom avec des malédictions, et sans doute il atteste
« contre moi le grand Juge qui nous observe et doit
« nous juger tous les deux.

. . . .

« Ici un spectacle effrayant se présente tout-à-coup
« à mes yeux; le juge se lasse d'interroger par la pa-
« role; il veut interroger par les supplices : impatient
« dans ses recherches, et peut-être irrité de leur inu-
« tilité, on apporte des torches, des chaînes, des leviers,
« et tous ces instruments inventés pour la douleur. Un
« bourreau vient se mêler aux fonctions de la magis-
« trature, et termine par la violence un interrogatoire
« commencé par la liberté.

« Douce philosophie! toi qui ne cherches la vérité
« qu'avec l'attention et la patience, t'attendais-tu que,
« dans ton siècle, on employât de tels instruments
« pour la découvrir?

« Est-il bien vrai que nos lois approuvent cette mé-
« thode inconcevable, et que l'usage la consacre?

. . . .

« Leurs lois imitent leurs préjugés; les punitions
« publiques sont aussi cruelles que les vengeances par-
« ticulières, et les actes de leur raison ne sont guère
« moins impitoyables que ceux de leurs passions. Quelle
« est donc la cause de cette bizarre opposition? C'est
« que nos préjugés sont anciens et que notre morale est
« nouvelle; c'est que nous sommes aussi pénétrés de
« nos sentiments qu'inattentifs à nos idées; c'est que
« l'avidité des plaisirs nous empêche de réfléchir sur

« nos besoins, et que nous sommes plus empressés de
« vivre que de nous diriger ; c'est, en un mot, que nos
« mœurs sont douces, et qu'elles ne sont pas bonnes;
« c'est que nous sommes polis, et que nous ne sommes
« seulement pas humains. »

Ces fragments, que l'éloquence avait dictés à l'humanité, remplirent le cœur de mon ami d'une douce consolation. Il admirait avec tendresse. Quoi! disait-il dans son transport, on fait des chefs-d'œuvre en province! on m'avait dit qu'il n'y a que Paris dans le monde.

Il n'y a que Paris, lui dis-je, où l'on fasse des opéra-comiques ; mais il y a aujourd'hui dans les provinces beaucoup de magistrats qui pensent avec la même vertu, et qui s'expriment avec la même force. Autrefois les oracles de la justice, ainsi que ceux de la morale, n'étaient que ridicules. Le docteur Balouard déclamait au barreau, et Arlequin dans la chaire. La philosophie est enfin venue, elle a dit : Ne parlez en public que pour dire des vérités neuves et utiles, avec l'éloquence du sentiment et de la raison.

Mais si nous n'avons rien de neuf à dire? se sont écriés les parleurs. Taisez-vous alors, a répondu la philosophie; tous ces vains discours d'appareil, qui ne contiennent que des phrases, sont comme le feu de la Saint-Jean, allumé le jour de l'année où l'on a le moins besoin de se chauffer ; il ne cause aucun plaisir, et il n'en reste pas même la cendre.

Que toute la France lise les bons livres. Mais, malgré les progrès de l'esprit humain, on lit très peu ; et, parmi ceux qui veulent quelquefois s'instruire, la plupart lisent très mal. Mes voisins et mes voisines jouent, après dîner, un jeu anglais, que j'ai beaucoup de peine à prononcer, car on l'appelle *whisk*. Plusieurs bons bourgeois, plusieurs grosses têtes, qui se croient de bonnes têtes, vous disent avec un air d'importance que les livres ne sont bons à rien. Mais, messieurs les Welches, savez-vous que vous n'êtes gouvernés que par des livres? savez-vous que l'ordonnance civile, le code militaire, et l'Évangile, sont des livres dont vous dépendez continuellement? Lisez, éclairez-vous; ce n'est que par la lecture qu'on fortifie son ame; la conversation la dissipe, le jeu la resserre.

J'ai bien peu d'argent, me répondit l'homme aux quarante écus; mais, si jamais je fais une petite fortune, j'achèterai des livres chez Marc-Michel Rey.

XI. De la vérole.

L'homme aux quarante écus demeurait dans un petit canton où l'on n'avait jamais mis de soldats en garnison depuis cent cinquante années. Les mœurs, dans ce coin de terre inconnu, étaient pures comme l'air qui l'environne. On ne savait pas qu'ailleurs l'amour pût être infecté d'un poison destructeur, que les générations fussent attaquées dans leur germe, et que la nature, se contredisant elle-même, pût rendre la tendresse horrible et le plaisir affreux; on se livrait à l'amour avec la sécurité de l'innocence. Des troupes vinrent, et tout changea.

Deux lieutenants, l'aumônier du régiment, un caporal, et un soldat de recrue, qui sortait du séminaire, suffirent pour empoisonner douze villages en moins de trois mois. Deux cousines de l'homme aux quarante écus se virent couvertes de pustules calleuses ; leurs beaux cheveux tombèrent ; leur voix devint rauque ; les paupières de leurs yeux, fixes et éteints, se chargèrent d'une couleur livide, et ne se fermèrent plus pour laisser entrer le repos dans des membres disloqués, qu'une carie secrète commençait à ronger comme ceux de l'Arabe Job, quoique Job n'eût jamais eu cette maladie.

Le chirurgien-major du régiment, homme d'une grande expérience, fut obligé de demander des aides à la cour pour guérir toutes les filles du pays. Le ministre de la guerre, toujours porté d'inclination à soulager le beau sexe, envoya une recrue de fraters, qui gâtèrent d'une main ce qu'ils rétablirent de l'autre.

L'homme aux quarante écus lisait alors l'histoire philosophique de *Candide*, traduite de l'allemand du docteur Ralph, qui prouve évidemment que tout est bien, et qu'il était absolument *impossible*, dans le meilleur des mondes *possibles*, que la vérole, la peste, la pierre, la gravelle, les écrouelles, la chambre de Valence [1], et l'inquisition, n'entrassent dans la

---

[1] Les cours des aides, juges ordinaires et souverains des délits en matière d'impôts, n'étant ni assez expéditives ni assez sévères, au jugement des fermiers-généraux, ils obtinrent d'un contrôleur des finances, nommé Orri, vers 1730, l'érection de trois ou quatre commissions souveraines, dont les juges, payés par eux, s'empressèrent de gagner leur argent. Un de ces juges, nommé Collot, a été presque aussi fameux que Baville, Laubardemont, Pierre d'Ancre, le duc d'Albe, et le prévôt de Louis XI, ont pu l'être dans leur temps. On établit une de ces chambres à Valence, et elle subsiste encore. K.

composition de l'univers, de cet univers uniquement fait pour l'homme, roi des animaux et image de Dieu, auquel on voit bien qu'il ressemble comme deux gouttes d'eau.

Il lisait, dans l'histoire véritable de *Candide,* que le fameux docteur Pangloss avait perdu dans le traitement un œil et une oreille[1]. Hélas! dit-il, mes deux cousines, mes deux pauvres cousines, seront-elles borgnes ou borgnesses et essorillées? Non, lui dit le major consolateur: les Allemands ont la main lourde; mais nous autres, nous guérissons les filles promptement, sûrement, et agréablement.

En effet les deux jolies cousines en furent quittes pour avoir la tête enflée comme un ballon pendant six semaines, pour perdre la moitié de leurs dents, en tirant la langue d'un demi-pied, et pour mourir de la poitrine au bout de six mois.

Pendant l'opération, le cousin et le chirurgien-major raisonnèrent ainsi.

L'HOMME AUX QUARANTE ÉCUS.

Est-il posssible, monsieur, que la nature ait attaché de si épouvantables tourments à un plaisir si nécessaire, tant de honte à tant de gloire, et qu'il y ait plus de risque à faire un enfant qu'à tuer un homme? Serait-il vrai au moins, pour notre consolation, que ce fléau diminue un peu sur la terre, et qu'il devienne moins dangereux de jour en jour?

LE CHIRURGIEN-MAJOR.

Au contraire, il se répand de plus en plus dans toute l'Europe chrétienne; il s'est étendu jusqu'en Si-

---

[1] *Voyez* tome XXXIII, page 226. B.

bérie; j'en ai vu mourir plus de cinquante personnes, et surtout un grand général d'armée et un ministre d'état fort sage. Peu de poitrines faibles résistent à la maladie et au remède. Les deux sœurs, la petite et la grosse, se sont liguées encore plus que les moines pour détruire le genre humain.

L'HOMME AUX QUARANTE ÉCUS.

Nouvelle raison pour abolir les moines, afin que, remis au rang des hommes, ils réparent un peu le mal que font les deux sœurs. Dites-moi, je vous prie, si les bêtes ont la vérole.

LE CHIRURGIEN.

Ni la petite, ni la grosse, ni les moines ne sont connus chez elles.

L'HOMME AUX QUARANTE ÉCUS.

Il faut donc avouer qu'elles sont plus heureuses et plus prudentes que nous dans ce meilleur des mondes.

LE CHIRURGIEN.

Je n'en ai jamais douté; elles éprouvent bien moins de maladies que nous : leur instinct est bien plus sûr que notre raison; jamais ni le passé ni l'avenir ne les tourmentent.

L'HOMME AUX QUARANTE ÉCUS.

Vous avez été chirurgien d'un ambassadeur de France en Turquie : y a-t-il beaucoup de vérole à Constantinople?

LE CHIRURGIEN.

Les Francs l'ont apportée dans le faubourg de Péra où ils demeurent. J'y ai connu un capucin qui en était mangé comme Pangloss; mais elle n'est point parvenue dans la ville : les Francs n'y couchent presque jamais. Il n'y a presque point de filles publiques dans cette ville immense. Chaque homme riche a des femmes ou des esclaves de Circassie, toujours gardées, toujours surveillées, dont la beauté ne peut être dangereuse. Les Turcs appellent la vérole *le mal chrétien;* et cela redouble le profond mépris qu'ils ont pour notre théologie; mais, en récompense, ils ont la peste, maladie d'Égypte, dont ils font peu de cas, et qu'ils ne se donnent jamais la peine de prévenir.

L'HOMME AUX QUARANTE ÉCUS.

En quel temps croyez-vous que ce fléau commença dans l'Europe ?

LE CHIRURGIEN.

Au retour du premier voyage de Christophe Colomb chez des peuples innocents qui ne connaissaient ni l'avarice ni la guerre, vers l'an 1494. Ces nations, simples et justes, étaient attaquées de ce mal de temps immémorial, comme la lèpre régnait chez les Arabes et chez les Juifs, et la peste chez les Égyptiens. Le premier fruit que les Espagnols recueillirent de cette conquête du Nouveau-Monde fut la vérole; elle se répandit plus promptement que l'argent du Mexique, qui ne circula que long-temps après en Europe. La raison en est que, dans toutes les villes, il y avait alors de belles maisons publiques, appelées *b......,* établies par l'autorité des souverains pour conserver l'honneur des dames. Les Espagnols portèrent le venin dans ces maisons privilégiées dont les princes et les évêques tiraient les filles qui leur étaient nécessaires. On a remarqué qu'à Constance il y avait eu sept cent dix-huit filles [1] pour le service du concile qui fit brûler si dévotement Jean Hus et Jérôme de Prague.

On peut juger par ce seul trait avec quelle rapidité le mal parcourut tous les pays. Le premier seigneur qui en mourut fut l'illustrissime et révérendissime évêque et vice-roi de Hongrie, en 1499, que Bartholomeo Montanagua, grand médecin de Padoue, ne put guérir. Gualtieri assure que l'archevêque de Mayence, Berthold de Henneberg, « attaqué de la grosse vérole, « rendit son ame à Dieu en 1504. » On sait que notre roi François Ier en mourut. Henri III la prit à Venise; mais le jacobin Jacques Clément prévint l'effet de la maladie.

Le parlement de Paris, toujours zélé pour le bien public, fut le premier qui donna un arrêt contre la vérole, en 1497 [2]. Il défendit à tous les vérolés de rester dans Paris *sous peine de la hart;* mais, comme il n'était pas facile de prouver juridiquement aux bourgeois et bourgeoises qu'ils étaient en délit, cet arrêt n'eut pas plus d'effet que ceux qui furent rendus depuis contre l'émétique; et, malgré le parlement, le nombre des coupables augmenta toujours. Il est certain que, si on les avait exorcisés, au lieu de les faire pendre, il n'y en aurait plus aujourd'hui sur la terre; mais c'est à quoi malheureusement on ne pensa jamais.

L'HOMME AUX QUARANTE ÉCUS.

Est-il bien vrai ce que j'ai lu dans *Candide*, que, parmi nous, quand deux armées de trente mille hom-

---

[1] Voyez tome XVI, page 328. B.

[2] En 1497 à commencer l'année au 1er janvier; mais le 6 mars 1496 selon la manière de compter du temps : voyez tome XXXI, page 7. B.

mes chacune marchent ensemble en front de bandière, on peut parier qu'il y a vingt mille vérolés de chaque côté[1] ?

LE CHIRURGIEN.

Il n'est que trop vrai. Il en est de même dans les licences de Sorbonne. Que voulez-vous que fassent de jeunes bacheliers à qui la nature parle plus haut et plus ferme que la théologie? Je puis vous jurer que, proportion gardée, mes confrères et moi nous avons traité plus de jeunes prêtres que de jeunes officiers.

L'HOMME AUX QUARANTE ÉCUS.

N'y aurait-il point quelque manière d'extirper cette contagion qui désole l'Europe? On a déjà tâché d'affaiblir le poison d'une vérole, ne pourra-t-on rien tenter sur l'autre?

LE CHIRURGIEN.

Il n'y aurait qu'un seul moyen, c'est que tous les princes de l'Europe se liguassent ensemble, comme dans les temps de Godefroi de Bouillon. Certainement une croisade contre la vérole serait beaucoup plus raisonnable que ne l'ont été celles qu'on entreprit autrefois si malheureusement contre Saladin, Melecsala, et les Albigeois. Il vaudrait bien mieux s'entendre pour repousser l'ennemi commun du genre humain, que d'être continuellement occupé à guetter le moment favorable de dévaster la terre et de couvrir les champs de morts, pour arracher à son voisin deux ou trois villes et quelques villages. Je parle contre mes intérêts; car la guerre et la vérole font ma fortune; mais il faut être homme avant d'être chirurgien-major.

[1] Voyez tome XXXIII, page 229. B.

C'est ainsi que l'homme aux quarante écus se formait, comme on dit, *l'esprit et le cœur*[1]. Non seulement il hérita de ses deux cousines, qui moururent en six mois; mais il eut encore la succession d'un parent fort éloigné, qui avait été sous-fermier des hôpitaux des armées, et qui s'était fort engraissé en mettant les soldats blessés à la diète. Cet homme n'avait jamais voulu se marier; il avait un assez joli sérail. Il ne reconnut aucun de ses parents, vécut dans la crapule, et mourut à Paris d'indigestion. C'était un homme, comme on voit, fort utile à l'état.

Notre nouveau philosophe fut obligé d'aller à Paris pour recueillir l'héritage de son parent. D'abord les fermiers du domaine le lui disputèrent. Il eut le bonheur de gagner son procès, et la générosité de donner aux pauvres de son canton, qui n'avaient pas leur contingent de quarante écus de rente, une partie des dépouilles du richard; après quoi il se mit à satisfaire sa grande passion d'avoir une bibliothèque.

Il lisait tous les matins, fesait des extraits, et le soir il consultait les savants pour savoir en quelle langue le serpent avait parlé à notre bonne mère; si l'ame est dans le corps calleux ou dans la glande pinéale; si saint Pierre avait demeuré vingt-cinq ans à Rome[2]; quelle différence spécifique est entre un trône et une domination, et pourquoi les nègres ont le nez épaté. D'ailleurs il se proposa de ne jamais gouverner l'état, et de ne faire aucune brochure contre les pièces nouvelles. On l'appelait M. André; c'était son nom de

---

[1] Trait contre Rollin; voyez ma note, tome XXXIII, page 110. B.
[2] Voyez tome XXXI, page 423; et tome XXXII, page 483. B.

baptême. Ceux qui l'ont connu rendent justice à sa modestie et à ses qualités, tant acquises que naturelles. Il a bâti une maison commode dans son ancien domaine de quatre arpents. Son fils sera bientôt en âge d'aller au collége; mais il veut qu'il aille au collége d'Harcourt, et non à celui de Mazarin, à cause du professeur Cogé [1], qui fait des libelles, et parcequ'il ne faut pas qu'un professeur de collége fasse des libelles.

Madame André lui a donné une fille fort jolie, qu'il espère marier à un conseiller de la cour des aides, pourvu que ce magistrat n'ait pas la maladie que le chirurgien-major veut extirper dans l'Europe chrétienne.

XII. Grande querelle.

Pendant le séjour de M. André à Paris, il y eut une querelle importante [2]. Il s'agissait de savoir si Marc-Antonin était un honnête homme, et s'il était en enfer ou en purgatoire, ou dans les limbes, en attendant qu'il ressuscitât. Tous les honnêtes gens prirent le parti de Marc-Antonin. Ils disaient: Antonin a toujours été juste, sobre, chaste, bienfesant. Il est vrai qu'il n'a pas en paradis une place aussi belle que celle de

---

[1] François-Marie Coger, licencié en théologie, professeur d'éloquence au collége Mazarin, né en 1723, mort le 18 mai 1780, est auteur d'un *Examen du Bélisaire de Marmontel*, 1767, in-8°. Voltaire l'appelle *Mon Ravaillac*, dans la lettre à Damilaville, du 2 octobre 1767. Voyez aussi dans les *Mélanges*, année 1767, le chapitre XXII et la conclusion de la *Défense de mon oncle*, les *Anecdotes sur Bélisaire*, la *Lettre de Gerofle à Coger*, et la *Réponse catégorique au sieur Coger*. B.

[2] La condamnation du *Bélisaire* de Marmontel: voyez tome XXXIII, page 428. R.

saint Antoine; car il faut des proportions, comme nous l'avons vu ; mais certainement l'ame de l'empereur Antonin n'est point à la broche dans l'enfer. Si elle est en purgatoire, il faut l'en tirer; il n'y a qu'à dire des messes pour lui. Les jésuites n'ont plus rien à faire ; qu'ils disent trois mille messes pour le repos de l'ame de Marc-Antonin; ils y gagneront, à quinze sous la pièce, deux mille deux cent cinquante livres. D'ailleurs on doit du respect à une tête couronnée; il ne faut pas la damner légèrement.

Les adversaires de ces bonnes gens prétendaient au contraire qu'il ne fallait accorder aucune composition à Marc-Antonin; qu'il était un hérétique; que les carpocratiens et les aloges n'étaient pas si méchants que lui; qu'il était mort sans confession; qu'il fallait faire un exemple; qu'il était bon de le damner pour apprendre à vivre aux empereurs de la Chine et du Japon, à ceux de Perse, de Turquie et de Maroc, aux rois d'Angleterre, de Suède, de Danemarck, de Prusse, au stathouder de Hollande, et aux avoyers du canton de Berne, qui n'allaient pas plus à confesse que l'empereur Marc-Antonin; et qu'enfin c'est un plaisir indicible de donner des décrets contre des souverains morts, quand on ne peut en lancer contre eux de leur vivant, de peur de perdre ses oreilles.

La querelle devint aussi sérieuse que le fut autrefois celle des ursulines et des annonciades, qui disputèrent à qui porterait plus long-temps des œufs à la coque entre les fesses sans les casser. On craignit un schisme, comme du temps des cent et un contes de ma mère l'oie, et de certains billets payables au porteur dans l'autre monde[1]. C'est une chose bien épouvantable qu'un schisme; cela signifie division dans les opinions, et, jusqu'à ce moment fatal, tous les hommes avaient pensé de même.

M. André, qui est un excellent citoyen, pria les chefs des deux partis à souper. C'est un des bons convives que nous ayons; son humeur est douce et vive, sa gaîté n'est point bruyante; il est facile et ouvert; il n'a point cette sorte d'esprit qui semble vouloir étouffer celui des autres; l'autorité qu'il se concilie n'est due qu'à ses graces, à sa modération, et à une physionomie ronde qui est tout-à-fait persuasive. Il aurait fait souper gaîment ensemble un Corse et un Génois, un représentant de Genève et un négatif, le muphti et un archevêque. Il fit tomber habilement les premiers coups que les disputants se portaient, en détournant la conversation, et en fesant un conte très agréable qui réjouit également les damnants et les damnés. Enfin, quand ils furent un peu en pointe de vin, il leur fit signer que l'ame de l'empereur Marc-Antonin resterait *in statu quo*, c'est-à-dire je ne sais où, en attendant un jugement définitif.

Les ames des docteurs s'en retournèrent dans leurs limbes paisiblement après le souper : tout fut tranquille. Cet accommodement fit un très grand honneur à l'homme aux quarante écus; et toutes les fois qu'il s'élevait une dispute bien acariâtre, bien virulente entre des gens lettrés ou non lettrés, on disait aux deux partis : « Messieurs, allez souper chez M. An-« dré. »

[1] Les billets de confession : voyez tome XXVIII, page 164. B.

Je connais deux factions acharnées qui, faute d'avoir été souper chez M. André, se sont attiré de grands malheurs.

XIII. Scélérat chassé.

La réputation qu'avait acquise M. André d'apaiser les querelles en donnant de bons soupers, lui attira, la semaine passée, une singulière visite. Un homme noir, assez mal mis, le dos voûté, la tête penchée sur une épaule, l'œil hagard, les mains fort sales, vint le conjurer de lui donner à souper avec ses ennemis.

Quels sont vos ennemis, lui dit M. André, et qui êtes-vous? Hélas! dit-il, j'avoue, monsieur, qu'on me prend pour un de ces maroufles qui font des libelles pour gagner du pain, et qui crient, *Dieu, Dieu, Dieu, religion, religion,* pour attraper quelque petit bénéfice. On m'accuse d'avoir calomnié les citoyens les plus véritablement religieux, les plus sincères adorateurs de la Divinité, les plus honnêtes gens du royaume. Il est vrai, monsieur, que, dans la chaleur de la composition, il échappe souvent aux gens de mon métier de petites inadvertances qu'on prend pour des erreurs grossières, des écarts que l'on qualifie de mensonges impudents. Notre zèle est regardé comme un mélange affreux de friponnerie et de fanatisme. On assure que, tandis que nous surprenons la bonne foi de quelques vieilles imbéciles, nous sommes le mépris et l'exécration de tous les honnêtes gens qui savent lire.

Mes ennemis sont les principaux membres des plus illustres académies de l'Europe, des écrivains honorés, des citoyens bienfesants. Je viens de mettre en lumière un ouvrage que j'ai intitulé *Anti-philosophique*[1]. Je n'avais que de bonnes intentions; mais personne n'a voulu acheter mon livre. Ceux à qui je l'ai présenté l'ont jeté dans le feu, en me disant qu'il n'était pas seulement anti-raisonnable, mais anti-chrétien et très anti-honnête.

Eh bien! lui dit M. André, imitez ceux à qui vous avez présenté votre libelle; jetez-le dans le feu, et qu'il n'en soit plus parlé. Je loue fort votre repentir; mais il n'est pas possible que je vous fasse souper avec des gens d'esprit qui ne peuvent être vos ennemis, attendu qu'ils ne vous liront jamais.

Ne pourriez-vous pas du moins, monsieur, dit le cafard, me réconcilier avec les parents de feu M. de Montesquieu, dont j'ai outragé la mémoire, pour glorifier le révérend P. Routh, qui vint assiéger ses derniers moments, et qui fut chassé de sa chambre?

Morbleu! lui dit M. André, il y a long-temps que le révérend P. Routh est mort : allez-vous-en souper avec lui.

C'est un rude homme que M. André, quand il a affaire à cette espèce méchante et sotte. Il sentit que le cafard ne voulait souper chez lui avec des gens de mérite, que pour engager une dispute, pour les aller ensuite calomnier, pour écrire contre eux, pour imprimer de nouveaux mensonges. Il le chassa de sa maison, comme on avait chassé Routh de l'appartement du président de Montesquieu[2].

---

[1] C'est le *Dictionnaire anti-philosophique*, dont j'ai parlé dans ma préface du tome XXVI. B.

[2] Il s'agit ici du jésuite Paulian, qui envoya un mauvais dictionnaire de

On ne peut guère tromper M. André. Plus il était simple et naïf quand il était l'homme aux quarante écus, plus il est devenu avisé quand il a connu les hommes.

XIV. Le bon sens de M. André.

Comme le bon sens de M. André s'est fortifié depuis qu'il a une bibliothèque! Il vit avec les livres comme avec les hommes; il choisit, et il n'est jamais la dupe des noms. Quel plaisir de s'instruire et d'agrandir son ame pour un écu, sans sortir de chez soi!

Il se félicite d'être né dans un temps où la raison humaine commence à se perfectionner. Que je serais malheureux, dit-il, si l'âge où je vis était celui du jésuite [1] Garasse, du jésuite Guignard, ou du docteur

physique, à M. de Voltaire, en lui écrivant qu'il le regardait comme un des plus grands hommes de son siècle, et fit l'année d'après un dictionnaire antiphilosophique digne de son titre, dans lequel M. de Voltaire était insulté avec la grossièreté d'un moine et l'insolence d'un jésuite. Il n'est pas rigoureusement vrai que Routh ait été chassé de la chambre de Montesquieu mourant; on ne l'osa point, parceque les jésuites avaient encore du crédit: mais il est très vrai qu'il troubla les derniers moments de cet homme célèbre, qu'il voulut le forcer à lui livrer ses papiers, et qu'il ne put y réussir; peu d'heures avant que Montesquieu expirât, on renvoya Routh et son compagnon ivres morts dans leur couvent. K. — Le P. Paulian est auteur d'un *Dictionnaire de physique*, 1761, trois volumes in-8°, et dont la dernière édition est en cinq volumes, ainsi que d'un *Dictionnaire philosopho-théologique portatif*, dont Voltaire a parlé (*Dictionnaire philosophique*, troisième section du mot JULIEN). Mais c'est Chaudon qui est l'auteur du *Dictionnaire antiphilosophique*, dans la première édition duquel on trouve la *Lettre du R. P. Routh, jésuite, à monseigneur Gualterio, nonce de sa sainteté à Paris*, sur les derniers moments de Montesquieu : voyez ma *Préface* du tome XXVI. B.

[1] Sur Garasse, voyez tome XXII, page 234; la scène II de l'acte second du *Dépositaire*; et dans les *Mélanges*, année 1764, le vingt-deuxième des *Articles extraits de la Gazette littéraire*; et année 1767, l'article THÉOPHILE,

Boucher, du docteur Aubri, du docteur Guincestre[1], ou des gens qui condamnaient aux galères ceux qui écrivaient contre les catégories d'Aristote[2] !

La misère avait affaibli les ressorts de l'ame de M. André; le bien-être leur a rendu leur élasticité. Il y a mille Andrés dans le monde auxquels il n'a manqué qu'un tour de roue de la fortune pour en faire des hommes d'un vrai mérite.

Il est aujourd'hui au fait de toutes les affaires de l'Europe, et surtout des progrès de l'esprit humain.

Il me semble, me disait-il mardi dernier, que la Raison voyage à petites journées, du nord au midi, avec ses deux intimes amies, l'Expérience et la Tolérance. L'Agriculture et le Commerce l'accompagnent. Elle s'est présentée en Italie; mais la congrégation de l'indice l'a repoussée. Tout ce qu'elle a pu faire a été d'envoyer secrètement quelques uns de ses facteurs, qui ne laissent pas de faire du bien. Encore quelques années, et le pays des Scipions ne sera plus celui des Arlequins enfroqués.

dans la septième des *Lettres à son altesse monseigneur le prince de*** ; sur Guignard, voyez tome XVIII, pages 148-49; sur Boucher, voyez, tome X, une note du chant second de *la Henriade*; et tome XXII, page 167; sur Aubry, voyez tome XVIII, page 145; et tome XXXII, page 174. B.

[1] Jean Guincestre ou Wincestre, curé de Saint-Gervais, et ardent ligueur. Ce fut lui qui, le 1er janvier 1589, exigea des assistants à son sermon le serment de venger la mort des Guise, et apostropha le premier président De Harlay, assis dans l'œuvre, en ces termes: « Levez la main, M. le président, « levez-la bien haut, encore plus haut, afin que le peuple la voie, » ce que le président fut contraint de faire. B.

[2] En 1624, le parlement de Paris condamna au bannissement deux chimistes qui n'admettaient pas toutes les opinions d'Aristote : voyez tome XXII, page 233. B.

Elle a de temps en temps de cruels ennemis en France; mais elle y a tant d'amis, qu'il faudra bien à la fin qu'elle y soit premier ministre.

Quand elle s'est présentée en Bavière et en Autriche, elle a trouvé deux ou trois grosses têtes à perruque qui l'ont regardée avec des yeux stupides et étonnés. Ils lui ont dit : Madame, nous n'avons jamais entendu parler de vous; nous ne vous connaissons pas. Messieurs, leur a-t-elle répondu, avec le temps vous me connaîtrez et vous m'aimerez[a]. Je suis très bien reçue à Berlin, à Moscou, à Copenhague, à Stockholm. Il y a long-temps que, par le crédit de Locke, de Gordon, de Trenchard, de milord Shaftesbury, et de tant d'autres, j'ai reçu mes lettres de naturalité en Angleterre. Vous m'en accorderez un jour. Je suis la fille du Temps, et j'attends tout de mon père[1].

[a] *Et ce temps est venu.* — Cette note parut pour la première fois dans les éditions de Kehl. Alors régnait, en Autriche, l'empereur Joseph II. Voyez la note de M. Clogenson, à la fin des *Annales de l'empire*, tome XXIII. B.

[1] C'est probablement ce passage de Voltaire qui a fourni l'idée de la fable que voici :

LE TEMPS ET LA VÉRITÉ.

Aux portes de la Sorbonne
La Vérité se montra ;
Le syndic la rencontra :
— Que demandez-vous, la bonne ?
— Hélas ! l'hospitalité.
— Votre nom ? — La Vérité.
— Fuyez, dit-il en colère,
Ou sinon je monte en chaire,
Et crie à l'impiété.
— Vous me chassez, mais j'espère
Avoir mon tour, et j'attends :
Je suis la fille du Temps,
Et j'obtiens tout de mon père.

Dans l'*Almanach des muses*, de 1791, cette pièce est signée: *feu M. Devaux*, et datée de 1740. Cette date de 1740 est loin d'être authentique, et

Quand elle a passé sur les frontières de l'Espagne et du Portugal, elle a béni Dieu de voir que les bûchers de l'inquisition n'étaient plus si souvent allumés ; elle a espéré beaucoup en voyant chasser les jésuites ; mais elle a craint qu'en purgeant le pays des renards, on ne le laissât exposé aux loups [1].

Si elle fait encore des tentatives pour entrer en Italie, on croit qu'elle commencera par s'établir à Venise, et qu'elle séjournera dans le royaume de Naples, malgré toutes les liquéfactions de ce pays-là [2], qui lui donnent des vapeurs. On prétend qu'elle a un secret infaillible pour détacher les cordons d'une couronne qui sont embarrassés, je ne sais comment, dans ceux d'une tiare, et pour empêcher les haquenées d'aller faire la révérence aux mules.

Enfin la conversation de M. André me réjouit beaucoup ; et, plus je le vois, plus je l'aime.

XV. D'un bon souper chez M. André.

Nous soupâmes hier ensemble avec un docteur de Sorbonne, M. Pinto, célèbre juif [3], le chapelain de la chapelle réformée de l'ambassadeur batave, le secrétaire de M. le prince Gallitzin du rit grec, un capitaine suisse calviniste, deux philosophes, et trois dames d'esprit.

quelques personnes croient que l'abbé Devaux est le masque de l'abbé Lemonnier, né en 1721, mort en 1797. B.

[1] Voyez, dans les *Poésies mêlées*, tome XIV, année 1763, la fable intitulée : *Les Renards et les Loups*. B.

[2] Sur la liquéfaction du sang de saint Janvier, voyez tome XVIII, pages 351-52. B.

[3] Voyez, dans la *Correspondance*, la lettre du 21 juillet 1762, adressée par Voltaire à Pinto. B.

Le souper fut fort long, et cependant on ne disputa pas plus sur la religion que si aucun des convives n'en avait jamais eu : tant il faut avouer que nous sommes devenus polis ; tant on craint à souper de contrister ses frères ! Il n'en est pas ainsi du régent Cogé, et de l'ex-jésuite Nonotte, et de l'ex-jésuite Patouillet, et de l'ex-jésuite Rotalier [1], et de tous les animaux de cette espèce. Ces croquants-là vous disent plus de sottises dans une brochure de deux pages que la meilleure compagnie de Paris ne peut dire de choses agréables et instructives dans un souper de quatre heures ; et, ce qu'il y a d'étrange, c'est qu'ils n'oseraient dire en face à personne ce qu'ils ont l'impudence d'imprimer.

La conversation roula d'abord sur une plaisanterie des *Lettres persanes* [2], dans laquelle on répète, d'après plusieurs graves personnages, que le monde va non seulement en empirant, mais en se dépeuplant tous les jours ; de sorte que, si le proverbe *Plus on est de fous, plus on rit*, a quelque vérité, le rire sera incessamment banni de la terre.

Le docteur de Sorbonne assura qu'en effet le monde était réduit presque à rien. Il cita le père Petau, qui démontre qu'en moins de trois cents ans un seul des fils de Noé (je ne sais si c'est Sem ou Japhet) avait procréé de son corps une série d'enfants qui se montait à six cent vingt-trois milliards six cent douze millions trois cent cinquante-huit mille fidèles, l'an 285, après le déluge universel [3].

M. André demanda pourquoi, du temps de Phi-

---

[1] C'est probablement le docteur Riballier, que Voltaire désigne sous le nom de Rotalier. B. — [2] Lettre cxii. B. — [3] Voyez tome XXXI, page 472. B.

lippe-le-Bel, c'est-à-dire environ trois cents ans après Hugues Capet, il n'y avait pas six cent vingt-trois milliards de princes de la maison royale? C'est que la foi est diminuée, dit le docteur de Sorbonne.

On parla beaucoup de Thèbes aux cent portes, et du million de soldats qui sortait par ces portes avec vingt mille chariots de guerre. Serrez, serrez, disait M. André; je soupçonne, depuis que je me suis mis à lire, que le même génie qui a écrit *Gargantua* écrivait autrefois toutes les histoires.

Mais enfin, lui dit un des convives, Thèbes, Memphis, Babylone, Ninive, Troie, Séleucie, étaient de grandes villes, et n'existent plus. Cela est vrai, répondit le secrétaire de M. le prince Gallitzin; mais Moscou, Constantinople, Londres, Paris, Amsterdam, Lyon qui vaut mieux que Troie, toutes les villes de France, d'Allemagne, d'Espagne, et du Nord, étaient alors des déserts.

Le capitaine suisse, homme très instruit, nous avoua que quand ses ancêtres voulurent quitter leurs montagnes et leurs précipices pour aller s'emparer, comme de raison, d'un pays plus agréable, César, qui vit de ses yeux le dénombrement de ces émigrants, trouva qu'il se montait à trois cent soixante et huit mille[1], en comptant les vieillards, les enfants, et les femmes. Aujourd'hui le seul canton de Berne possède autant d'habitants: il n'est pas tout-à-fait la moitié de la Suisse; et je puis vous assurer que les treize cantons ont au-delà de sept cent vingt mille ames, en comptant les natifs, qui servent ou qui négocient en pays

---

[1] Voyez tome XXXI, page 474. B.

étrangers. Après cela, messieurs les savants, faites des calculs et des systèmes, ils seront aussi faux les uns que les autres.

Ensuite on agita la question si les bourgeois de Rome, du temps des césars, étaient plus riches que les bourgeois de Paris, du temps de M. Silhouette.

Ah! ceci me regarde, dit M. André. J'ai été long-temps l'homme aux quarante écus; je crois bien que les citoyens romains en avaient davantage. Ces illustres voleurs de grand chemin avaient pillé les plus beaux pays de l'Asie, de l'Afrique, et de l'Europe. Ils vivaient fort splendidement du fruit de leurs rapines; mais enfin il y avait des gueux à Rome; et je suis persuadé que parmi ces vainqueurs du monde il y eut des gens réduits à quarante écus de rente comme je l'ai été.

Savez-vous bien, lui dit un savant de l'académie des inscriptions et belles-lettres, que Lucullus dépensait, à chaque souper qu'il donnait dans le salon d'Apollon, trente-neuf mille trois cent soixante et douze livres treize sous de notre monnaie courante; mais qu'Atticus, le célèbre épicurien Atticus, ne dépensait point par mois, pour sa table, au-delà de deux cent trente-cinq livres tournois?

Si cela est, dis-je, il était digne de présider à la confrérie de la lésine, établie depuis peu en Italie. J'ai lu comme vous, dans Florus, cette incroyable anecdote; mais apparemment que Florus n'avait jamais soupé chez Atticus, ou que son texte a été corrompu, comme tant d'autres, par les copistes. Jamais Florus ne me fera croire que l'ami de César et de Pompée, de Cicéron et d'Antoine, qui mangeaient souvent chez lui, en fût quitte pour un peu moins de dix louis d'or par mois.

Et voilà justement comme on écrit l'histoire [1].

Madame André, prenant la parole, dit au savant que, s'il voulait défrayer sa table pour dix fois autant, il lui ferait grand plaisir.

Je suis persuadé que cette soirée de M. André valait bien un mois d'Atticus; et les dames doutèrent fort que les soupers de Rome fussent plus agréables que ceux de Paris. La conversation fut très gaie, quoique un peu savante. Il ne fut parlé ni des modes nouvelles, ni des ridicules d'autrui, ni de l'histoire scandaleuse du jour.

La question du luxe fut traitée à fond. On demanda si c'était le luxe qui avait détruit l'empire romain, et il fut prouvé que les deux empires d'Occident et d'Orient n'avaient été détruits que par la controverse et par les moines. En effet, quand Alaric prit Rome, on n'était occupé que de disputes théologiques; et quand Mahomet II prit Constantinople, les moines défendaient beaucoup plus l'éternité de la lumière du Thabor, qu'ils voyaient à leur nombril, qu'ils ne défendaient la ville contre les Turcs.

Un de nos savants fit une réflexion qui me frappa beaucoup : c'est que ces deux grands empires sont anéantis, et que les ouvrages de Virgile, d'Horace, et d'Ovide, subsistent.

On ne fit qu'un saut du siècle d'Auguste au siècle

[1] Vers de Voltaire, dans *Charlot*, acte 1er, scène 7. B.

de Louis XIV. Une dame demanda pourquoi, avec beaucoup d'esprit, on ne fesait plus guère aujourd'hui d'ouvrages de génie?

M. André répondit que c'est parcequ'on en avait fait le siècle passé. Cette idée était fine et pourtant vraie; elle fut approfondie. Ensuite on tomba rudement sur un Écossais, qui s'est avisé de donner des règles de goût, et de critiquer les plus admirables endroits de Racine sans savoir le français ᵃ. On traita encore plus sévèrement un Italien nommé Denina, qui a dénigré l'*Esprit des lois* sans le comprendre, et qui surtout a censuré ce que l'on aime le mieux dans cet ouvrage [1].

Cela fit souvenir du mépris affecté que Boileau étalait pour le Tasse [2]. Quelqu'un des convives avança que

---

ᵃ Ce M. Home, grand-juge d'Écosse, enseigne la manière de faire parler les héros d'une tragédie avec esprit; et voici un exemple remarquable qu'il rapporte de la tragédie de *Henri IV*, du divin Shakespeare. Le divin Shakespeare introduit milord Falstaff, chef de justice, qui vient de prendre prisonnier le chevalier Jean Coleville, et qui le présente au roi:

« Sire, le voilà, je vous le livre; je supplie votre grace de faire enregistrer « ce fait d'armes parmi les autres de cette journée, ou pardieu je le ferai « mettre dans une ballade avec mon portrait à la tête; on verra Coleville me « baisant les pieds. Voilà ce que je ferai si vous ne rendez pas ma gloire « aussi brillante qu'une pièce de deux sous dorée; et alors vous me verrez, « dans le clair ciel de la renommée, ternir votre splendeur comme la pleine « lune efface les charbons éteints de l'élément de l'air, qui ne paraissent au- « tour d'elle que comme des têtes d'épingle. »

C'est cet absurde et abominable galimatias, très fréquent dans le divin Shakespeare, que M. Jean Home propose pour le modèle du bon goût et de l'esprit dans la tragédie. Mais en récompense M. Home trouve l'*Iphigénie* et la *Phèdre* de Racine extrêmement ridicules.

[1] Charles Denina, dont il est ici question, est mort le 5 décembre 1813. Il était né à Revel, en Piémont, dans l'année 1731. B.

[2] Boileau, satire IX, 176. B.

le Tasse, avec ses défauts, était autant au-dessus d'Homère, que Montesquieu, avec ses défauts encore plus grands, est au-dessus du fatras de Grotius. On s'éleva contre ces mauvaises critiques, dictées par la haine nationale et le préjugé. Le signor Denina fut traité comme il le méritait, et comme les pédants le sont par les gens d'esprit.

On remarqua surtout avec beaucoup de sagacité que la plupart des ouvrages littéraires du siècle présent, ainsi que les conversations, roulent sur l'examen des chefs-d'œuvre du dernier siècle. Notre mérite est de discuter leur mérite. Nous sommes comme des enfants déshérités qui font le compte du bien de leurs pères. On avoua que la philosophie avait fait de très grands progrès; mais que la langue et le style s'étaient un peu corrompus.

C'est le sort de toutes les conversations de passer d'un sujet à un autre. Tous ces objets de curiosité, de science, et de goût, disparurent bientôt devant le grand spectacle que l'impératrice de Russie et le roi de Pologne[1] donnaient au monde. Ils venaient de relever l'humanité écrasée, et d'établir la liberté de conscience dans une partie de la terre, beaucoup plus vaste que ne le fut jamais l'empire romain. Ce service rendu au genre humain, cet exemple donné à tant de cours qui se croient politiques, fut célébré comme il devait l'être. On but à la santé de l'impératrice, du

---

[1] Catherine II et Stanislas Poniatowski : voyez, dans les *Mélanges*, année 1767, l'*Essai historique et critique sur les dissensions de la Pologne*. B.

roi philosophe, et du primat philosophe, et on leur souhaita beaucoup d'imitateurs. Le docteur de Sorbonne même les admira; car il y a quelques gens de bon sens dans ce corps, comme il y eut autrefois des gens d'esprit chez les Béotiens.

Le secrétaire russe nous étonna par le récit de tous les grands établissements qu'on fesait en Russie. On demanda pourquoi on aimait mieux lire l'histoire de Charles XII, qui a passé sa vie à détruire, que celle de Pierre-le-Grand, qui a consumé la sienne à créer. Nous conclûmes que la faiblesse et la frivolité sont la cause de cette préférence; que Charles XII fut le don Quichotte du Nord, et que Pierre en fut le Solon; que les esprits superficiels préfèrent l'héroïsme extravagant aux grandes vues d'un législateur; que les détails de la fondation d'une ville leur plaisent moins que la témérité d'un homme qui brave dix mille Turcs avec ses seuls domestiques; et qu'enfin la plupart des lecteurs aiment mieux s'amuser que de s'instruire. De là vient que cent femmes lisent les *Mille et une Nuits* contre une qui lit deux chapitres de Locke.

De quoi ne parla-t-on point dans ce repas dont je me souviendrai long-temps! Il fallut bien enfin dire un mot des acteurs et des actrices, sujet éternel des entretiens de table de Versailles et de Paris. On convint qu'un bon déclamateur était aussi rare qu'un bon poëte. Le souper finit par une chanson très jolie qu'un des convives fit pour les dames. Pour moi, j'avoue que le banquet de Platon ne m'aurait pas fait plus de plaisir que celui de monsieur et de madame André.

Nos petits maîtres et nos petites maîtresses s'y seraient ennuyés sans doute; ils prétendent être la bonne compagnie; mais ni M. André ni moi ne soupons jamais avec cette bonne compagnie-là.

FIN DE L'HOMME AUX QUARANTE ÉCUS.

LA PRINCESSE
DE BABYLONE.
1768[1].

[1] Voyez ma préface en tête du tome XXXIII. B.

LA PRINCESSE DE BABYLONE.

§ I.

Le vieux Bélus, roi de Babylone, se croyait le premier homme de la terre; car tous ses courtisans le lui disaient, et ses historiographes le lui prouvaient. Ce qui pouvait excuser en lui ce ridicule, c'est qu'en effet ses prédécesseurs avaient bâti Babylone plus de trente mille ans avant lui, et qu'il l'avait embellie. On sait que son palais et son parc, situés à quelques parasanges de Babylone, s'étendaient entre l'Euphrate et le Tigre, qui baignaient ces rivages enchantés. Sa vaste maison de trois mille pas de façade s'élevait jusqu'aux nues. La plate-forme était entourée d'une balustrade de marbre blanc de cinquante pieds de hauteur qui portait les statues colossales de tous les rois et de tous les grands hommes de l'empire. Cette plateforme, composée de deux rangs de briques couvertes d'une épaisse surface de plomb d'une extrémité à l'autre, était chargée de douze pieds de terre, et sur cette terre on avait élevé des forêts d'oliviers, d'orangers, de citronniers, de palmiers, de girofliers, de cocotiers, de cannelliers, qui formaient des allées impénétrables aux rayons du soleil.

Les eaux de l'Euphrate, élevées par des pompes dans cent colonnes creusées, venaient dans ces jardins remplir de vastes bassins de marbre, et, retombant ensuite par d'autres canaux, allaient former dans le parc des cascades de six mille pieds de longueur, et cent mille jets d'eau dont la hauteur pouvait à peine être aperçue : elles retournaient ensuite dans l'Euphrate, dont elles étaient parties. Les jardins de Sémiramis, qui étonnèrent l'Asie plusieurs siècles après, n'étaient qu'une faible imitation de ces antiques merveilles; car, du temps de Sémiramis, tout commençait à dégénérer chez les hommes et chez les femmes.

Mais ce qu'il y avait de plus admirable à Babylone, ce qui éclipsait tout le reste, était la fille unique du roi, nommée Formosante. Ce fut d'après ses portraits et ses statues que dans la suite des siècles Praxitèle sculpta son Aphrodite, et celle qu'on nomma *la Vénus aux belles fesses*. Quelle différence, ô ciel! de l'original aux copies! Aussi Bélus était plus fier de sa fille que de son royaume. Elle avait dix-huit ans : il lui fallait un époux digne d'elle; mais où le trouver? Un ancien oracle avait ordonné que Formosante ne pourrait appartenir qu'à celui qui tendrait l'arc de Nembrod. Ce Nembrod, le fort chasseur devant le Seigneur, avait laissé un arc de sept pieds babyloniques de haut, d'un bois d'ébène plus dur que le fer du mont Caucase, qu'on travaille dans les forges de Derbent; et nul mortel, depuis Nembrod, n'avait pu bander cet arc merveilleux.

Il était dit encore que le bras qui aurait tendu cet arc tuerait le lion le plus terrible et le plus dangereux qui serait lâché dans le cirque de Babylone. Ce n'était pas tout : le bandeur de l'arc, le vainqueur du lion devait terrasser tous ses rivaux ; mais il devait surtout avoir beaucoup d'esprit, être le plus magnifique des hommes, le plus vertueux, et posséder la chose la plus rare qui fût dans l'univers entier.

Il se présenta trois rois qui osèrent disputer Formosante, le pharaon d'Égypte, le sha des Indes, et le grand kan des Scythes. Bélus assigna le jour, et le lieu du combat à l'extrémité de son parc, dans le vaste espace bordé par les eaux de l'Euphrate et du Tigre réunies. On dressa autour de la lice un amphithéâtre de marbre qui pouvait contenir cinq cent mille spectateurs. Vis-à-vis l'amphithéâtre était le trône du roi, qui devait paraître avec Formosante accompagnée de toute la cour; et à droite et à gauche, entre le trône et l'amphithéâtre, étaient d'autres trônes et d'autres siéges pour les trois rois et pour tous les autres souverains qui seraient curieux de venir voir cette auguste cérémonie.

Le roi d'Égypte arriva le premier, monté sur le bœuf Apis, et tenant en main le sistre d'Isis. Il était suivi de deux mille prêtres vêtus de robes de lin plus blanches que la neige, de deux mille eunuques, de deux mille magiciens, et de deux mille guerriers.

Le roi des Indes arriva bientôt après dans un char traîné par douze éléphants. Il avait une suite encore plus nombreuse et plus brillante que le pharaon d'Égypte.

Le dernier qui parut était le roi des Scythes. Il n'avait auprès de lui que des guerriers choisis, armés d'arcs et de flèches. Sa monture était un tigre superbe qu'il avait dompté, et qui était aussi haut que les plus beaux chevaux de Perse. La taille de ce monarque, imposante et majestueuse, effaçait celle de ses rivaux ; ses bras nus, aussi nerveux que blancs, semblaient déjà tendre l'arc de Nembrod.

Les trois princes se prosternèrent d'abord devant Bélus et Formosante. Le roi d'Égypte offrit à la princesse les deux plus beaux crocodiles du Nil, deux hippopotames, deux zèbres, deux rats d'Égypte, et deux momies, avec les livres du grand Hermès, qu'il croyait être ce qu'il y avait de plus rare sur la terre.

Le roi des Indes lui offrit cent éléphants qui portaient chacun une tour de bois doré, et mit à ses pieds le *Veidam*, écrit de la main de Xaca lui-même.

Le roi des Scythes, qui ne savait ni lire ni écrire, présenta cent chevaux de bataille couverts de housses de peaux de renards noirs.

La princesse baissa les yeux devant ses amants, et s'inclina avec des graces aussi modestes que nobles.

Bélus fit conduire ces monarques sur les trônes qui leur étaient préparés. Que n'ai-je trois filles ! leur dit-il, je rendrais aujourd'hui six personnes heureuses. Ensuite il fit tirer au sort à qui essaierait le premier l'arc de Nembrod. On mit dans un casque d'or les noms des trois prétendants. Celui du roi d'Égypte sortit le premier ; ensuite parut le nom du roi des Indes. Le roi scythe, en regardant l'arc et ses rivaux, ne se plaignit point d'être le troisième.

Tandis qu'on préparait ces brillantes épreuves,

vingt mille pages et vingt mille jeunes filles distribuaient sans confusion des rafraîchissements aux spectateurs entre les rangs des siéges. Tout le monde avouait que les dieux n'avaient établi les rois que pour donner tous les jours des fêtes, pourvu qu'elles fussent diversifiées; que la vie est trop courte pour en user autrement; que les procès, les intrigues, la guerre, les disputes des prêtres, qui consument la vie humaine, sont des choses absurdes et horribles; que l'homme n'est né que pour la joie; qu'il n'aimerait pas les plaisirs passionnément et continuellement, s'il n'était pas formé pour eux; que l'essence de la nature humaine est de se réjouir, et que tout le reste est folie. Cette excellente morale n'a jamais été démentie que par les faits.

Comme on allait commencer ces essais, qui devaient décider de la destinée de Formosante, un jeune inconnu monté sur une licorne, accompagné de son valet monté de même, et portant sur le poing un gros oiseau, se présente à la barrière. Les gardes furent surpris de voir en cet équipage une figure qui avait l'air de la divinité. C'était, comme on a dit depuis, le visage d'Adonis sur le corps d'Hercule [1]; c'était la majesté avec les graces. Ses sourcils noirs et ses longs cheveux blonds, mélange de beautés inconnu [2] à Ba-

---

[1] Voltaire a répété cette expression dans le chapitre 1er de *Jenny*. Il avait dit dans la *Pucelle*, chant X :

  Qui d'un Hercule eut la force en partage,
  Et d'Adonis le gracieux visage.

et dans *Ce qui plaît aux dames*, vers 25 :

  Force d'Hercule et graces d'Adonis.   B.

[2] Une édition in-12, de 1768, porte : *Mélange de beauté inconnue.* B.

bylone, charmèrent l'assemblée; tout l'amphithéâtre se leva pour le mieux regarder; toutes les femmes de la cour fixèrent sur lui des regards étonnés; Formosante elle-même, qui baissait les yeux, les releva et rougit; les trois rois pâlirent : tous les spectateurs, en comparant Formosante avec l'inconnu, s'écriaient : Il n'y a dans le monde que ce jeune homme qui soit aussi beau que la princesse.

Les huissiers, saisis d'étonnement, lui demandèrent s'il était roi. L'étranger répondit qu'il n'avait pas cet honneur, mais qu'il était venu de fort loin par curiosité pour voir s'il y avait des rois qui fussent dignes de Formosante. On l'introduisit dans le premier rang de l'amphithéâtre, lui, son valet, ses deux licornes, et son oiseau. Il salua profondément Bélus, sa fille, les trois rois, et toute l'assemblée; puis il prit place en rougissant. Ses deux licornes se couchèrent à ses pieds, son oiseau se percha sur son épaule, et son valet, qui portait un petit sac, se mit à côté de lui.

Les épreuves commencèrent. On tira de son étui d'or l'arc de Nembrod. Le grand maître des cérémonies, suivi de cinquante pages, et précédé de vingt trompettes, le présenta au roi d'Égypte, qui le fit bénir par ses prêtres; et, l'ayant posé sur la tête du bœuf Apis, il ne douta pas de remporter cette première victoire. Il descend au milieu de l'arène, il essaie, il épuise ses forces, il fait des contorsions qui excitent le rire de l'amphithéâtre, qui font même sourire Formosante.

Son grand-aumônier s'approcha de lui : Que Votre Majesté, lui dit-il, renonce à ce vain honneur, qui n'est que celui des muscles et des nerfs; vous triompherez dans tout le reste : vous vaincrez le lion, puisque vous avez le sabre d'Osiris. La princesse de Babylone doit appartenir au prince qui a le plus d'esprit, et vous avez deviné des énigmes; elle doit épouser le plus vertueux, vous l'êtes, puisque vous avez été élevé par les prêtres d'Égypte; le plus généreux doit l'emporter, et vous avez donné les deux plus beaux crocodiles et les deux plus beaux rats qui soient dans le Delta; vous possédez le bœuf Apis et les livres d'Hermès, qui sont la chose la plus rare de l'univers ; personne ne peut vous disputer Formosante. Vous avez raison, dit le roi d'Égypte; et il se remit sur son trône.

On alla mettre l'arc entre les mains du roi des Indes. Il en eut des ampoules pour quinze jours, et se consola en présumant que le roi des Scythes ne serait pas plus heureux que lui.

Le Scythe mania l'arc à son tour. Il joignait l'adresse à la force; l'arc parut prendre quelque élasticité entre ses mains; il le fit un peu plier, mais jamais il ne put venir à bout de le tendre. L'amphithéâtre, à qui la bonne mine de ce prince inspirait des inclinations favorables, gémit de son peu de succès, et jugea que la belle princesse ne serait jamais mariée.

Alors le jeune inconnu descendit d'un saut dans l'arène, et s'adressant au roi des Scythes : Que Votre Majesté, lui dit-il, ne s'étonne point de n'avoir pas entièrement réussi. Ces arcs d'ébène se font dans mon pays; il n'y a qu'un certain tour à donner; vous avez beaucoup plus de mérite à l'avoir fait plier que je n'en peux avoir à le tendre. Aussitôt il prit une flèche, l'ajusta sur la corde, tendit l'arc de Nembrod, et fit voler la flèche bien au-delà des barrières. Un million de mains applaudit à ce prodige. Babylone retentit d'acclamations, et toutes les femmes disaient: Quel bonheur qu'un si beau garçon ait tant de force !

Il tira ensuite de sa poche une petite lame d'ivoire, écrivit sur cette lame avec une aiguille d'or, attacha la tablette d'ivoire à l'arc, et présenta le tout à la princesse avec une grace qui ravissait tous les assistants. Puis il alla modestement se remettre à sa place entre son oiseau et son valet. Babylone entière était dans la surprise; les trois rois étaient confondus, et l'inconnu ne paraissait pas s'en apercevoir.

Formosante fut encore plus étonnée en lisant sur la tablette d'ivoire attachée à l'arc ces petits vers en beau langage chaldéen :

> L'arc de Nembrod est celui de la guerre ;
> L'arc de l'amour est celui du bonheur ;
> Vous le portez. Par vous ce dieu vainqueur
> Est devenu le maitre de la terre.
> Trois rois puissants, trois rivaux aujourd'hui,
> Osent prétendre à l'honneur de vous plaire :
> Je ne sais pas qui votre cœur préfère,
> Mais l'univers sera jaloux de lui.

Ce petit madrigal ne fâcha point la princesse. Il fut critiqué par quelques seigneurs de la vieille cour, qui dirent qu'autrefois dans le bon temps on aurait comparé Bélus au soleil, et Formosante à la lune, son cou à une tour, et sa gorge à un boisseau de froment. Ils dirent que l'étranger n'avait point d'imagination, et qu'il s'écartait des règles de la véritable poésie; mais toutes les dames trouvèrent les vers fort galants. Elles s'émerveillèrent qu'un homme qui bandait si bien un arc eût tant d'esprit. La dame d'honneur de la princesse lui dit: Madame, voilà bien des talents en pure perte. De quoi serviront à ce jeune homme son esprit et l'arc de Bélus? A le faire admirer, répondit Formosante. Ah! dit la dame d'honneur entre ses dents, encore un madrigal, et il pourrait bien être aimé.

Cependant Bélus, ayant consulté ses mages, déclara qu'aucun des trois rois n'ayant pu bander l'arc de Nembrod, il n'en fallait pas moins marier sa fille, et qu'elle appartiendrait à celui qui viendrait à bout d'abattre le grand lion qu'on nourrissait exprès dans sa ménagerie. Le roi d'Égypte, qui avait été élevé dans toute la sagesse de son pays, trouva qu'il était fort ridicule d'exposer un roi aux bêtes pour le marier. Il avouait que la possession de Formosante était d'un grand prix; mais il prétendait que, si le lion l'étranglait, il ne pourrait jamais épouser cette belle Babylonienne. Le roi des Indes entra dans les sentiments de l'Égyptien; tous deux conclurent que le roi de Babylone se moquait d'eux; qu'il fallait faire venir des armées pour le punir; qu'ils avaient assez de sujets qui se tiendraient fort honorés de mourir au service de leurs maîtres, sans qu'il en coûtât un cheveu à leurs têtes sacrées; qu'ils détrôneraient aisément le roi de Babylone, et qu'ensuite ils tireraient au sort la belle Formosante.

Cet accord étant fait, les deux rois dépêchèrent chacun dans leur pays un ordre exprès d'assembler une armée de trois cent mille hommes pour enlever Formosante.

Cependant le roi des Scythes descendit seul dans l'arène, le cimeterre à la main. Il n'était pas éperdument épris des charmes de Formosante; la gloire avait été jusque-là sa seule passion; elle l'avait conduit à Babylone. Il voulait faire voir que si les rois de l'Inde et de l'Égypte étaient assez prudents pour ne se pas compromettre avec des lions, il était assez courageux pour ne pas dédaigner ce combat, et qu'il réparerait l'honneur du diadême. Sa rare valeur ne lui permit pas seulement de se servir du secours de son tigre. Il s'avance seul, légèrement armé, couvert d'un casque d'acier garni d'or, ombragé de trois queues de cheval blanches comme la neige.

On lâche contre lui le plus énorme lion qui ait jamais été nourri dans les montagnes de l'Anti-Liban. Ses terribles griffes semblaient capables de déchirer les trois rois à-la-fois, et sa vaste gueule de les dévorer. Ses affreux rugissements fesaient retentir l'amphithéâtre. Les deux fiers champions se précipitent l'un contre l'autre d'une course rapide. Le courageux Scythe enfonce son épée dans le gosier du lion; mais la pointe rencontrant une de ces épaisses dents que rien ne peut percer, se brise en éclats, et le monstre des forêts, furieux de sa blessure, imprimait déjà ses ongles sanglants dans les flancs du monarque.

Le jeune inconnu, touché du péril d'un si brave prince, se jette dans l'arène plus prompt qu'un éclair; il coupe la tête du lion avec la même dextérité qu'on a vu depuis dans nos carrousels de jeunes chevaliers adroits enlever des têtes de maures ou des bagues.

Puis, tirant une petite boîte, il la présente au roi scythe, en lui disant : Votre Majesté trouvera dans cette petite boîte le véritable dictame qui croît dans mon pays. Vos glorieuses blessures seront guéries en un moment. Le hasard seul vous a empêché de triompher du lion ; votre valeur n'en est pas moins admirable.

Le roi scythe, plus sensible à la reconnaissance qu'à la jalousie, remercia son libérateur ; et, après l'avoir tendrement embrassé, rentra dans son quartier pour appliquer le dictame sur ses blessures.

L'inconnu donna la tête du lion à son valet : celui-ci, après l'avoir lavée à la grande fontaine qui était au-dessous de l'amphithéâtre, et en avoir fait écouler tout le sang, tira un fer de son petit sac, arracha les quarante dents du lion, et mit à leur place quarante diamants d'une égale grosseur.

Son maître, avec sa modestie ordinaire, se remit à sa place; il donna la tête du lion à son oiseau : Bel oiseau, dit-il, allez porter aux pieds de Formosante ce faible hommage. L'oiseau part tenant dans une de ses serres le terrible trophée; il le présente à la princesse en baissant humblement le cou, et en s'aplatissant devant elle. Les quarante brillants éblouirent tous les yeux. On ne connaissait pas encore cette magnificence dans la superbe Babylone : l'émeraude, la topaze, le saphir, et le pyrope, étaient regardés comme les plus précieux ornements. Bélus et toute la cour étaient saisis d'admiration. L'oiseau qui offrait ce présent les surprit encore davantage. Il était de la taille d'un aigle, mais ses yeux étaient aussi doux et aussi tendres que ceux de l'aigle sont fiers et menaçants. Son bec était couleur de rose, et semblait tenir quelque chose de la belle bouche de Formosante. Son cou rassemblait toutes les couleurs de l'iris, mais plus vives et plus brillantes. L'or en mille nuances éclatait sur son plumage. Ses pieds paraissaient un mélange d'argent et de pourpre; et la queue des beaux oiseaux qu'on attela depuis au char de Junon n'approchait pas de la sienne.

L'attention, la curiosité, l'étonnement, l'extase de toute la cour, se partageaient entre les quarante diamants et l'oiseau. Il s'était perché sur la balustrade entre Bélus et sa fille Formosante; elle le flattait, le caressait, le baisait. Il semblait recevoir ses caresses avec un plaisir mêlé de respect. Quand la princesse lui donnait des baisers, il les rendait, et la regardait ensuite avec des yeux attendris. Il recevait d'elle des biscuits et des pistaches, qu'il prenait de sa patte purpurine et argentée, et qu'il portait à son bec avec des graces inexprimables.

Bélus, qui avait considéré les diamants avec attention, jugeait qu'une de ses provinces pouvait à peine payer un présent si riche. Il ordonna qu'on préparât pour l'inconnu des dons encore plus magnifiques que ceux qui étaient destinés aux trois monarques. Ce jeune homme, disait-il, est sans doute le fils du roi de la Chine, ou de cette partie du monde qu'on nomme Europe, dont j'ai entendu parler, ou de l'Afrique, qui est, dit-on, voisine du royaume d'Égypte.

Il envoya sur-le-champ son grand-écuyer complimenter l'inconnu, et lui demander s'il était souverain ou fils de souverain d'un de ces empires, et pourquoi, possédant de si étonnants trésors, il était venu avec un valet et un petit sac.

Tandis que le grand-écuyer avançait vers l'amphithéâtre pour s'acquitter de sa commission, arriva un autre valet sur une licorne. Ce valet, adressant la parole au jeune homme, lui dit : Ormar, votre père, touche à l'extrémité de sa vie, et je suis venu vous en avertir. L'inconnu leva les yeux au ciel, versa des larmes, et ne répondit que par ce mot : Partons.

Le grand-écuyer, après avoir fait les compliments de Bélus au vainqueur du lion, au donneur des quarante diamants, au maître du bel oiseau, demanda au valet de quel royaume était souverain le père de ce jeune héros. Le valet répondit : Son père est un vieux berger qui est fort aimé dans le canton.

Pendant ce court entretien l'inconnu était déjà monté sur sa licorne. Il dit au grand-écuyer : Seigneur, daignez me mettre aux pieds de Bélus et de sa fille. J'ose la supplier d'avoir grand soin de l'oiseau que je lui laisse ; il est unique comme elle. En achevant ces mots il partit comme un éclair ; les deux valets le suivirent, et on le perdit de vue.

Formosante ne put s'empêcher de jeter un grand cri. L'oiseau, se retournant vers l'amphithéâtre où son maître avait été assis, parut très affligé de ne le plus voir. Puis, regardant fixement la princesse, et frottant doucement sa belle main de son bec, il sembla se vouer à son service.

Bélus, plus étonné que jamais, apprenant que ce jeune homme si extraordinaire était le fils d'un berger, ne put le croire. Il fit courir après lui; mais bientôt on lui rapporta que les licornes sur lesquelles ces trois hommes couraient ne pouvaient être atteintes, et qu'au galop dont elles allaient, elles devaient faire cent lieues par jour.

§ II.

Tout le monde raisonnait sur cette aventure étrange, et s'épuisait en vaines conjectures. Comment le fils d'un berger peut-il donner quarante gros diamants? pourquoi est-il monté sur une licorne? on s'y perdait; et Formosante, en caressant son oiseau, était plongée dans une rêverie profonde.

La princesse Aldée, sa cousine issue de germain, très bien faite, et presque aussi belle que Formosante, lui dit: Ma cousine, je ne sais pas si ce jeune demi-dieu est le fils d'un berger; mais il me semble qu'il a rempli toutes les conditions attachées à votre mariage. Il a bandé l'arc de Nembrod, il a vaincu le lion, il a beaucoup d'esprit, puisqu'il a fait pour vous un assez joli impromptu. Après les quarante énormes diamants qu'il vous a donnés, vous ne pouvez nier qu'il ne soit le plus généreux des hommes. Il possédait dans son oiseau ce qu'il y a de plus rare sur la terre. Sa vertu n'a point d'égale, puisque, pouvant demeurer auprès de vous, il est parti sans délibérer dès qu'il a su que son père était malade. L'oracle est accompli dans tous ses points, excepté dans celui qui exige qu'il terrasse ses rivaux; mais il a fait plus, il a sauvé la vie du seul concurrent qu'il pouvait craindre; et, quand il s'agira de battre les deux autres, je crois que vous ne doutez pas qu'il n'en vienne à bout aisément.

Tout ce que vous dites est bien vrai, répondit Formosante; mais est-il possible que le plus grand des hommes, et peut-être même le plus aimable, soit le fils d'un berger?

La dame d'honneur, se mêlant de la conversation, dit que très souvent ce mot de berger était appliqué aux rois; qu'on les appelait *bergers*, parcequ'ils tondent de fort près leur troupeau; que c'était sans doute une mauvaise plaisanterie de son valet; que ce jeune héros n'était venu si mal accompagné que pour faire voir combien son seul mérite était au-dessus du faste des rois, et pour ne devoir Formosante qu'à lui-même. La princesse ne répondit qu'en donnant à son oiseau mille tendres baisers.

On préparait cependant un grand festin pour les trois rois et pour tous les princes qui étaient venus à la fête. La fille et la nièce du roi devaient en faire les honneurs. On portait chez les rois des présents dignes de la magnificence de Babylone. Bélus, en attendant qu'on servît, assembla son conseil sur le mariage de la belle Formosante; et voici comme il parla en grand politique:

Je suis vieux, je ne sais plus que faire, ni à qui donner ma fille. Celui qui la méritait n'est qu'un vil berger, le roi des Indes et celui d'Égypte sont des poltrons; le roi des Scythes me conviendrait assez, mais il n'a rempli aucune des conditions imposées. Je vais encore consulter l'oracle. En attendant, délibérez, et nous conclurons suivant ce que l'oracle aura dit; car un roi ne doit se conduire que par l'ordre exprès des dieux immortels.

Alors il va dans sa chapelle; l'oracle lui répond en peu de mots, suivant sa coutume : « Ta fille ne sera « mariée que quand elle aura couru le monde. » Bélus étonné revient au conseil, et rapporte cette réponse.

Tous les ministres avaient un profond respect pour les oracles; tous convenaient ou feignaient de convenir qu'ils étaient le fondement de la religion; que la raison doit se taire devant eux; que c'est par eux que les rois règnent sur les peuples, et les mages sur les rois; que sans les oracles il n'y aurait ni vertu ni repos sur la terre. Enfin, après avoir témoigné la plus profonde vénération pour eux, presque tous conclurent que celui-ci était impertinent, qu'il ne fallait pas lui obéir; que rien n'était plus indécent pour une fille, et surtout pour celle du grand roi de Babylone, que d'aller courir sans savoir où; que c'était le vrai moyen de n'être point mariée, ou de faire un mariage clandestin, honteux, et ridicule; qu'en un mot cet oracle n'avait pas le sens commun.

Le plus jeune des ministres, nommé Onadase, qui avait plus d'esprit qu'eux, dit que l'oracle entendait sans doute quelque pélerinage de dévotion, et qu'il s'offrait à être le conducteur de la princesse. Le conseil revint à son avis; mais chacun voulut servir d'écuyer. Le roi décida que la princesse pourrait aller à trois cents parasanges sur le chemin de l'Arabie, à un temple dont le saint avait la réputation de procurer d'heureux mariages aux filles, et que ce serait le doyen du conseil qui l'accompagnerait. Après cette décision, on alla souper.

§ III.

Au milieu des jardins, entre deux cascades, s'élevait un salon ovale de trois cents pieds de diamètre, dont la voûte d'azur semée d'étoiles d'or représentait toutes les constellations avec les planètes, chacune à leur véritable place, et cette voûte tournait, ainsi que le ciel, par des machines aussi invisibles que le sont celles qui dirigent les mouvements célestes. Cent mille flambeaux enfermés dans des cylindres de cristal de roche éclairaient les dehors et l'intérieur de la salle à manger ; un buffet en gradins portait vingt mille vases ou plats d'or ; et vis-à-vis le buffet d'autres gradins étaient remplis de musiciens. Deux autres amphithéâtres étaient chargés, l'un, des fruits de toutes les saisons ; l'autre, d'amphores de cristal où brillaient tous les vins de la terre.

Les convives prirent leurs places autour d'une table de compartiments qui figuraient des fleurs et des fruits, tous en pierres précieuses. La belle Formosante fut placée entre le roi des Indes et celui d'Égypte, la belle Aldée auprès du roi des Scythes. Il y avait une trentaine de princes, et chacun d'eux était à côté d'une des plus belles dames du palais. Le roi de Babylone au milieu, vis-à-vis de sa fille, paraissait partagé entre le chagrin de n'avoir pu la marier, et le plaisir de la garder encore. Formosante lui demanda la permission de mettre son oiseau sur la table à côté d'elle. Le roi le trouva très bon.

La musique, qui se fit entendre, donna une pleine liberté à chaque prince d'entretenir sa voisine. Le festin parut aussi agréable que magnifique. On avait servi devant Formosante un ragoût que le roi son père aimait beaucoup. La princesse dit qu'il fallait le porter devant sa majesté; aussitôt l'oiseau se saisit du plat avec une dextérité merveilleuse, et va le présenter au roi. Jamais on ne fut plus étonné à souper. Bélus lui fit autant de caresses que sa fille. L'oiseau reprit ensuite son vol pour retourner auprès d'elle. Il déployait en volant une si belle queue, ses ailes étendues étalaient tant de brillantes couleurs, l'or de son plumage jetait un éclat si éblouissant, que tous les yeux ne regardaient que lui. Tous les concertants cessèrent leur musique et devinrent immobiles. Personne ne mangeait, personne ne parlait : on n'entendait qu'un murmure d'admiration. La princesse de Babylone le baisa pendant tout le souper, sans songer seulement s'il y avait des rois dans le monde. Ceux des Indes et d'Égypte sentirent redoubler leur dépit et leur indignation, et chacun d'eux se promit bien de hâter la marche de ses trois cent mille hommes pour se venger.

Pour le roi des Scythes, il était occupé à entretenir la belle Aldée : son cœur altier, méprisant sans dépit les inattentions de Formosante, avait conçu pour elle plus d'indifférence que de colère. Elle est belle, disait-il, je l'avoue; mais elle me paraît de ces femmes qui ne sont occupées que de leur beauté, et qui pensent que le genre humain doit leur être bien obligé quand elles daignent se laisser voir en public. On n'adore point des idoles dans mon pays. J'aimerais mieux une laideron complaisante et attentive que cette belle statue. Vous avez, madame, autant de charmes qu'elle, et vous daignez au moins faire conversation avec les étrangers. Je vous avoue, avec la franchise d'un Scythe, que je vous donne la préférence sur votre cousine. Il se trompait pourtant sur le caractère de Formosante; elle n'était pas si dédaigneuse qu'elle le paraissait; mais son compliment fut très bien reçu de la princesse Aldée. Leur entretien devint fort intéressant : ils étaient très contents, et déjà sûrs l'un de l'autre avant qu'on sortît de table.

Après le souper, on alla se promener dans les bosquets. Le roi des Scythes et Aldée ne manquèrent pas de chercher un cabinet solitaire. Aldée, qui était la franchise même, parla ainsi à ce prince :

Je ne hais point ma cousine, quoiqu'elle soit plus belle que moi, et qu'elle soit destinée au trône de Babylone: l'honneur de vous plaire me tient lieu d'attraits. Je préfère la Scythie avec vous à la couronne de Babylone sans vous ; mais cette couronne m'appartient de droit, s'il y a des droits dans le monde ; car je suis de la branche aînée de Nembrod, et Formosante n'est que de la cadette. Son grand-père détrôna le mien, et le fit mourir.

Telle est donc la force du sang dans la maison de Babylone! dit le Scythe. Comment s'appelait votre grand-père? Il se nommait Aldée, comme moi : mon père avait le même nom : il fut relégué au fond de l'empire avec ma mère ; et Bélus, après leur mort, ne craignant rien de moi, voulut bien m'élever auprès de sa fille; mais il a décidé que je ne serais jamais mariée.

Je veux venger votre père, votre grand-père, et vous, dit le roi des Scythes. Je vous réponds que vous serez mariée; je vous enlèverai après-demain de grand matin; car il faut dîner demain avec le roi de Babylone, et je reviendrai soutenir vos droits avec une armée de trois cent mille hommes. Je le veux bien, dit la belle Aldée; et, après s'être donné leur parole d'honneur, ils se séparèrent.

Il y avait long-temps que l'incomparable Formosante s'était allée coucher. Elle avait fait placer à côté de son lit un petit oranger dans une caisse d'argent pour y faire reposer son oiseau. Ses rideaux étaient fermés; mais elle n'avait nulle envie de dormir; son cœur et son imagination étaient trop éveillés. Le charmant inconnu était devant ses yeux; elle le voyait tirant une flèche avec l'arc de Nembrod; elle le contemplait coupant la tête du lion; elle récitait son madrigal; enfin elle le voyait s'échapper de la foule, monté sur sa licorne; alors elle éclatait en sanglots; elle s'écriait avec larmes : Je ne le reverrai donc plus; il ne reviendra pas!

Il reviendra, madame, lui répondit l'oiseau du haut de son oranger: peut-on vous avoir vue et ne pas vous revoir?

O ciel! ô puissances éternelles! mon oiseau parle le pur chaldéen! En disant ces mots, elle tire ses rideaux, lui tend les bras, se met à genoux sur son lit: Êtes-vous un dieu descendu sur la terre? êtes-vous le grand

Orosmade caché sous ce beau plumage? Si vous êtes un dieu, rendez-moi ce beau jeune homme.

Je ne suis qu'un volatile, répliqua l'autre ; mais je naquis dans le temps que toutes les bêtes parlaient encore, et que les oiseaux, les serpents, les ânesses, les chevaux, et les griffons, s'entretenaient familièrement avec les hommes. Je n'ai pas voulu parler devant le monde, de peur que vos dames d'honneur ne me prissent pour un sorcier : je ne veux me découvrir qu'à vous.

Formosante interdite, égarée, enivrée de tant de merveilles, agitée de l'empressement de faire cent questions à-la-fois, lui demanda d'abord quel âge il avait. Vingt-sept mille neuf cents ans et six mois, madame; je suis de l'âge de la petite révolution du ciel que vos mages appellent *la précession des équinoxes*, et qui s'accomplit en près de vingt-huit mille de vos années. Il y a des révolutions infiniment plus longues; aussi nous avons des êtres beaucoup plus vieux que moi. Il y a vingt-deux mille ans que j'appris le chaldéen dans un de mes voyages ; j'ai toujours conservé beaucoup de goût pour la langue chaldéenne; mais les autres animaux mes confrères ont renoncé à parler dans vos climats. — Et pourquoi cela, mon divin oiseau ? — Hélas! c'est parceque les hommes ont pris enfin l'habitude de nous manger, au lieu de converser et de s'instruire avec nous. Les barbares! ne devaient-ils pas être convaincus qu'ayant les mêmes organes qu'eux, les mêmes sentiments, les mêmes besoins, les mêmes desirs, nous avions ce qui s'appelle *une ame* tout comme eux; que nous étions leurs frères, et qu'il ne fallait cuire et manger que les méchants? Nous sommes tellement vos frères, que le grand Être, l'Être éternel et formateur, ayant fait un pacte avec les hommes[a], nous comprit expressément dans le traité. Il vous défendit de vous nourrir de notre sang, et à nous, de sucer le vôtre [1].

Les fables de votre ancien Locman, traduites en tant de langues, seront un témoignage éternellement subsistant de l'heureux commerce que vous avez eu autrefois avec nous. Elles commencent toutes par ces mots, *Du temps que les bêtes parlaient*[2]. Il est vrai qu'il y a beaucoup de femmes parmi vous qui parlent toujours à leurs chiens; mais ils ont résolu de ne point répondre depuis qu'on les a forcés à coups de fouet d'aller à la chasse, et d'être les complices du meurtre de nos anciens amis communs, les cerfs, les daims, les lièvres, et les perdrix.

Vous avez encore d'anciens poëmes dans lesquels les chevaux parlent, et vos cochers leur adressent la parole tous les jours; mais c'est avec tant de grossièreté, et en prononçant des mots si infames, que les chevaux, qui vous aimaient tant autrefois, vous détestent aujourd'hui.

Le pays où demeure votre charmant inconnu, le plus parfait des hommes, est demeuré le seul où votre espèce sache encore aimer la nôtre et lui parler; et c'est la seule contrée de la terre où les hommes soient justes.

Et où est-il ce pays de mon cher inconnu? quel est

---

[a] Voyez le chapitre ix, v. 10 de la *Genèse;* et le chapitre iii, v. 18 et 19 de l'*Ecclésiaste*.— [1] Chap. ix; v. 4. B.— [2] La Fontaine, livre IV, fable 1re. B.

le nom de ce héros? comment se nomme son empire? car je ne croirai pas plus qu'il est un berger que je ne crois que vous êtes une chauve-souris.

Son pays, madame, est celui des Gangarides, peuple vertueux et invincible qui habite la rive orientale du Gange. Le nom de mon ami est Amazan. Il n'est pas roi, et je ne sais même s'il voudrait s'abaisser à l'être; il aime trop ses compatriotes: il est berger comme eux. Mais n'allez pas vous imaginer que ces bergers ressemblent aux vôtres, qui, couverts à peine de lambeaux déchirés, gardent des moutons infiniment mieux habillés qu'eux, qui gémissent sous le fardeau de la pauvreté, et qui paient à un exacteur la moitié des gages chétifs qu'ils reçoivent de leurs maîtres. Les bergers gangarides, nés tous égaux, sont les maîtres des troupeaux innombrables qui couvrent leurs prés éternellement fleuris. On ne les tue jamais ; c'est un crime horrible vers le Gange de tuer et de manger son semblable. Leur laine, plus fine et plus brillante que la plus belle soie, est le plus grand commerce de l'Orient. D'ailleurs la terre des Gangarides produit tout ce qui peut flatter les desirs de l'homme. Ces gros diamants qu'Amazan a eu l'honneur de vous offrir sont d'une mine qui lui appartient. Cette licorne que vous l'avez vu monter est la monture ordinaire des Gangarides. C'est le plus bel animal, le plus fier, le plus terrible, et le plus doux qui orne la terre. Il suffirait de cent Gangarides et de cent licornes pour dissiper des armées innombrables. Il y a environ deux siècles qu'un roi des Indes fut assez fou pour vouloir conquérir cette nation : il se présenta suivi de dix mille éléphants et d'un million de guerriers. Les licornes percèrent les éléphants, comme j'ai vu sur votre table des mauviettes enfilées dans des brochettes d'or. Les guerriers tombaient sous le sabre des Gangarides comme les moissons de riz sont coupées par les mains des peuples de l'Orient. On prit le roi prisonnier avec plus de six cent mille hommes. On le baigna dans les eaux salutaires du Gange; on le mit au régime du pays, qui consiste à ne se nourrir que de végétaux prodigués par la nature pour nourrir tout ce qui respire. Les hommes alimentés de carnage, et abreuvés de liqueurs fortes, ont tous un sang aigri et aduste qui les rend fous en cent manières différentes. Leur principale démence est la fureur de verser le sang de leurs frères, et de dévaster des plaines fertiles pour régner sur des cimetières. On employa six mois entiers à guérir le roi des Indes de sa maladie. Quand les médecins eurent enfin jugé qu'il avait le pouls plus tranquille et l'esprit plus rassis, ils en donnèrent le certificat au conseil des Gangarides. Ce conseil, ayant pris l'avis des licornes, renvoya humainement le roi des Indes, sa sotte cour, et ses imbéciles guerriers, dans leur pays. Cette leçon les rendit sages, et, depuis ce temps, les Indiens respectèrent les Gangarides, comme les ignorants qui voudraient s'instruire respectent parmi vous les philosophes chaldéens, qu'ils ne peuvent égaler. — A propos, mon cher oiseau, lui dit la princesse, y a-t-il une religion chez les Gangarides? — S'il y en a une, madame! nous nous assemblons pour rendre graces à Dieu, les jours de la pleine lune, les hommes dans un grand temple de cèdre, les femmes dans un autre, de peur des distractions; tous les oiseaux dans un bocage, les quadrupèdes sur une belle pelouse; nous remercions Dieu de tous les biens qu'il nous a faits. Nous avons surtout des perroquets qui prêchent à merveille.

Telle est la patrie de mon cher Amazan; c'est là que je demeure; j'ai autant d'amitié pour lui qu'il vous a inspiré d'amour. Si vous m'en croyez, nous partirons ensemble, et vous irez lui rendre sa visite.

Vraiment, mon oiseau, vous faites là un joli métier, répondit en souriant la princesse, qui brûlait d'envie de faire le voyage, et qui n'osait le dire. Je sers mon ami, dit l'oiseau; et, après le bonheur de vous aimer, le plus grand est celui de servir vos amours.

Formosante ne savait plus où elle en était; elle se croyait transportée hors de la terre. Tout ce qu'elle avait vu dans cette journée, tout ce qu'elle voyait, tout ce qu'elle entendait, et surtout ce qu'elle sentait dans son cœur, la plongeait dans un ravissement qui passait de bien loin celui qu'éprouvent aujourd'hui les fortunés musulmans, quand, dégagés de leurs liens terrestres, ils se voient dans le neuvième ciel entre les bras de leurs houris, environnés et pénétrés de la gloire et de la félicité célestes.

§ IV.

Elle passa toute la nuit à parler d'Amazan. Elle ne l'appelait plus que son *berger;* et c'est depuis ce temps-là que les noms de *berger* et d'*amant* sont toujours employés l'un pour l'autre chez quelques nations.

Tantôt elle demandait à l'oiseau si Amazan avait eu d'autres maîtresses. Il répondait que non, et elle était au comble de la joie. Tantôt elle voulait savoir à quoi il passait sa vie; et elle apprenait avec transport qu'il l'employait à faire du bien, à cultiver les arts, à pénétrer les secrets de la nature, à perfectionner son être. Tantôt elle voulait savoir si l'ame de son oiseau était de la même nature que celle de son amant : pourquoi il avait vécu près de vingt-huit mille ans, tandis que son amant n'en avait que dix-huit ou dix-neuf. Elle fesait cent questions pareilles, auxquelles l'oiseau répondait avec une discrétion qui irritait sa curiosité. Enfin le sommeil ferma leurs yeux, et livra Formosante à la douce illusion des songes envoyés par les dieux, qui surpassent quelquefois la réalité même, et que toute la philosophie des Chaldéens a bien de la peine à expliquer.

Formosante ne s'éveilla que très tard. Il était petit jour chez elle quand le roi son père entra dans sa chambre. L'oiseau reçut sa majesté avec une politesse respectueuse, alla au-devant de lui, battit des ailes, alongea son cou, et se remit sur son oranger. Le roi s'assit sur le lit de sa fille, que ses rêves avaient encore embellie. Sa grande barbe s'approcha de ce beau visage, et, après lui avoir donné deux baisers, il lui parla en ces mots :

Ma chère fille, vous n'avez pu trouver hier un mari, comme je l'espérais : il vous en faut un pourtant; le salut de mon empire l'exige. J'ai consulté l'oracle, qui, comme vous savez, ne ment jamais, et qui dirige toute ma conduite; il m'a ordonné de vous faire courir le monde. Il faut que vous voyagiez. Ah! chez les Gangarides sans doute, dit la princesse; et en prononçant ces mots, qui lui échappaient, elle sentit bien qu'elle disait une sottise. Le roi, qui ne savait pas un mot de géographie, lui demanda ce qu'elle entendait par des Gangarides. Elle trouva aisément une défaite. Le roi lui apprit qu'il fallait faire un pélerinage; qu'il avait nommé les personnes de sa suite, le doyen des conseillers d'état, le grand-aumônier, une dame d'honneur, un médecin, un apothicaire, et son oiseau, avec tous les domestiques convenables.

Formosante, qui n'était jamais sortie du palais du roi son père, et qui jusqu'à la journée des trois rois et d'Amazan n'avait mené qu'une vie très insipide dans l'étiquette du faste et dans l'apparence des plaisirs, fut ravie d'avoir un pélerinage à faire. Qui sait, disait-elle tout bas à son cœur, si les dieux n'inspireront pas à mon cher Gangaride le même desir d'aller à la même chapelle, et si je n'aurai pas le bonheur de revoir le pélerin? Elle remercia tendrement son père, en lui disant qu'elle avait eu toujours une secrète dévotion pour le saint chez lequel on l'envoyait.

Bélus donna un excellent dîner à ses hôtes; il n'y avait que des hommes. C'étaient tous gens fort mal assortis: rois, princes, ministres, pontifes, tous jaloux les uns des autres, tous pesant leurs paroles, tous embarrassés de leurs voisins et d'eux-mêmes. Le repas fut triste, quoiqu'on y bût beaucoup. Les princesses restèrent dans leurs appartements, occupées chacune de leur départ. Elles mangèrent à leur petit couvert. Formosante ensuite alla se promener dans les jardins avec son cher oiseau, qui, pour l'amuser, vola d'arbre en arbre en étalant sa superbe queue et son divin plumage.

Le roi d'Égypte, qui était chaud de vin, pour ne pas dire ivre, demanda un arc et des flèches à un de ses pages. Ce prince était à la vérité l'archer le plus maladroit de son royaume. Quand il tirait au blanc, la place où l'on était le plus en sûreté était le but où il visait; mais le bel oiseau, en volant aussi rapidement que la flèche, se présenta lui-même au coup, et tomba tout sanglant entre les bras de Formosante. L'Égyptien, en riant d'un sot rire, se retira dans son quartier. La princesse perça le ciel de ses cris, fondit en larmes, se meurtrit les joues et la poitrine. L'oiseau mourant lui dit tout bas : Brûlez-moi, et ne manquez pas de porter mes cendres vers l'Arabie Heureuse, à l'orient de l'ancienne ville d'Aden ou d'Éden, et de les exposer au soleil sur un petit bûcher de girofle et de cannelle. Après avoir proféré ces paroles, il expira. Formosante resta long-temps évanouie, et ne revit le jour que pour éclater en sanglots. Son père partageant sa douleur, et fesant des imprécations contre le roi d'Égypte, ne douta pas que cette aventure n'annonçât un avenir sinistre. Il alla vite consulter l'oracle de sa chapelle. L'oracle répondit : « Mélange de tout; « mort vivant, infidélité et constance, perte et gain, « calamités et bonheur. » Ni lui ni son conseil n'y purent rien comprendre; mais enfin il était satisfait d'avoir rempli ses devoirs de dévotion.

Sa fille éplorée, pendant qu'il consultait l'oracle, fit rendre à l'oiseau les honneurs funèbres qu'il avait ordonnés, et résolut de le porter en Arabie au péril de ses jours. Il fut brûlé dans du lin incombustible avec l'oranger sur lequel il avait couché : elle en recueillit la cendre dans un petit vase d'or tout entouré d'escarboucles et des diamants qu'on ôta de la gueule du lion. Que ne put-elle, au lieu d'accomplir ce devoir funeste, brûler tout en vie le détestable roi d'Égypte ! c'était là tout son desir. Elle fit tuer, dans son dépit, ses deux crocodiles, ses deux hippopotames, ses deux zèbres, ses deux rats, et fit jeter ses deux momies dans l'Euphrate ; si elle avait tenu son bœuf Apis, elle ne l'aurait pas épargné.

Le roi d'Égypte, outré de cet affront, partit sur-le-champ pour faire avancer ses trois cent mille hommes. Le roi des Indes voyant partir son allié s'en retourna le jour même, dans le ferme dessein de joindre ses trois cent mille Indiens à l'armée égyptienne. Le roi de Scythie délogea dans la nuit avec la princesse Aldée, bien résolu de venir combattre pour elle à la tête de trois cent mille Scythes, et de lui rendre l'héritage de Babylone, qui lui était dû, puisqu'elle descendait de la branche aînée.

De son côté la belle Formosante se mit en route à trois heures du matin avec sa caravane de pélerins, se flattant bien qu'elle pourrait aller en Arabie exécuter les dernières volontés de son oiseau, et que la justice des dieux immortels lui rendrait son cher Amazan, sans qui elle ne pouvait plus vivre.

Ainsi, à son réveil, le roi de Babylone ne trouva plus personne. Comme les grandes fêtes se terminent, disait-il, et comme elles laissent un vide étonnant dans l'ame, quand le fracas est passé! Mais il fut transporté d'une colère vraiment royale, lorsqu'il apprit qu'on avait enlevé la princesse Aldée. Il donna ordre qu'on éveillât tous ses ministres, et qu'on assemblât le conseil. En attendant qu'ils vinssent, il ne manqua pas de consulter son oracle; mais il ne put jamais en tirer que ces paroles si célèbres depuis dans tout l'univers : *Quand on ne marie pas les filles, elles se marient elles-mêmes.*

Aussitôt l'ordre fut donné de faire marcher trois cent mille hommes contre le roi des Scythes. Voilà donc la guerre la plus terrible allumée de tous les côtés; et elle fut produite par les plaisirs de la plus belle fête qu'on ait jamais donnée sur la terre. L'Asie allait être désolée par quatre armées de trois cent mille combattants chacune. On sent bien que la guerre de Troie, qui étonna le monde quelques siècles après, n'était qu'un jeu d'enfants en comparaison; mais aussi on doit considérer que dans la querelle des Troyens il ne s'agissait que d'une vieille femme fort libertine qui s'était fait enlever deux fois, au lieu qu'ici il s'agissait de deux filles et d'un oiseau.

Le roi des Indes allait attendre son armée sur le grand et magnifique chemin qui conduisait alors en droiture de Babylone à Cachemire. Le roi des Scythes courait avec Aldée par la belle route qui menait au mont Immaüs. Tous ces chemins ont disparu dans la suite par le mauvais gouvernement. Le roi d'Égypte avait marché à l'occident, et s'avançait vers la petite mer Méditerranée, que les ignorants Hébreux ont depuis nommée *la Grande Mer*.

A l'égard de la belle Formosante, elle suivait le chemin de Bassora, planté de hauts palmiers qui fournissaient un ombrage éternel et des fruits dans toutes les saisons. Le temple où elle allait en pélerinage était dans Bassora même. Le saint à qui ce temple avait été dédié était à peu près dans le goût de celui qu'on adora depuis à Lampsaque. Non seulement il procurait des maris aux filles, mais il tenait lieu souvent de mari. C'était le saint le plus fêté de toute l'Asie.

Formosante ne se souciait point du tout du saint de Bassora ; elle n'invoquait que son cher berger gangaride, son bel Amazan. Elle comptait s'embarquer à Bassora, et entrer dans l'Arabie Heureuse pour faire ce que l'oiseau mort avait ordonné.

A la troisième couchée, à peine était-elle entrée dans une hôtellerie où ses fourriers avaient tout préparé pour elle, qu'elle apprit que le roi d'Égypte y entrait aussi. Instruit de la marche de la princesse par ses espions, il avait sur-le-champ changé de route, suivi d'une nombreuse escorte. Il arrive; il fait placer des sentinelles à toutes les portes; il monte dans la chambre de la belle Formosante, et lui dit : Mademoiselle, c'est vous précisément que je cherchais; vous avez fait très peu de cas de moi lorsque j'étais à Babylone; il est juste de punir les dédaigneuses et les capricieuses : vous aurez, s'il vous plaît, la bonté de souper avec moi ce soir; vous n'aurez point d'autre lit que le mien, et je me conduirai avec vous selon que j'en serai content.

Formosante vit bien qu'elle n'était pas la plus forte; elle savait que le bon esprit consiste à se conformer à sa situation; elle prit le parti de se délivrer du roi d'Égypte par une innocente adresse : elle le regarda du coin de l'œil, ce qui plusieurs siècles après s'est appelé *lorgner;* et voici comme elle lui parla avec une modestie, une grace, une douceur, un embarras, et une foule de charmes qui auraient rendu fou le plus sage des hommes, et aveuglé le plus clairvoyant :

Je vous avoue, monsieur, que je baissai toujours les yeux devant vous quand vous fîtes l'honneur au roi mon père de venir chez lui. Je craignais mon cœur, je craignais ma simplicité trop naïve : je tremblais que mon père et vos rivaux ne s'aperçussent de la préférence que je vous donnais, et que vous méritez si bien. Je puis à présent me livrer à mes sentiments. Je jure par le bœuf Apis, qui est, après vous, tout ce que je respecte le plus au monde, que vos propositions m'ont enchantée. J'ai déjà soupé avec vous chez le roi mon père; j'y souperai encore bien ici sans qu'il soit de la partie : tout ce que je vous demande, c'est que votre grand-aumônier boive avec nous; il m'a paru à Babylone un très bon convive; j'ai d'excellent vin de Chiras, je veux vous en faire goûter à tous deux. A l'égard de votre seconde proposition, elle est très engageante, mais il ne convient pas à une fille bien née d'en parler; qu'il vous suffise de savoir que je vous regarde comme le plus grand des rois et le plus aimable des hommes.

Ce discours fit tourner la tête au roi d'Égypte; il voulut bien que l'aumônier fût en tiers. J'ai encore une grace à vous demander, lui dit la princesse; c'est de permettre que mon apothicaire vienne me parler;

les filles ont toujours de certaines petites incommodités qui demandent de certains soins, comme vapeurs de tête, battements de cœur, coliques, étouffements, auxquels il faut mettre un certain ordre dans de certaines circonstances : en un mot, j'ai un besoin pressant de mon apothicaire, et j'espère que vous ne me refuserez pas cette légère marque d'amour.

Mademoiselle, lui répondit le roi d'Égypte, quoiqu'un apothicaire ait des vues précisément opposées aux miennes, et que les objets de son art soient le contraire de ceux du mien, je sais trop bien vivre pour vous refuser une demande si juste; je vais ordonner qu'il vienne vous parler en attendant le souper; je conçois que vous devez être un peu fatiguée du voyage : vous devez aussi avoir besoin d'une femme de chambre, vous pourrez faire venir celle qui vous agréera davantage; j'attendrai ensuite vos ordres et votre commodité. Il se retira; l'apothicaire et la femme de chambre nommée Irla, arrivèrent. La princesse avait en elle une entière confiance; elle lui ordonna de faire apporter six bouteilles de vin de Chiras pour le souper, et d'en faire boire de pareil à tous les sentinelles qui tenaient ses officiers aux arrêts; puis elle recommanda à l'apothicaire de faire mettre dans toutes les bouteilles certaines drogues de sa pharmacie qui fesaient dormir les gens vingt-quatre heures, et dont il était toujours pourvu. Elle fut ponctuellement obéie. Le roi revint avec le grand-aumônier au bout d'une demi-heure : le souper fut très gai; le roi et le prêtre vidèrent les six bouteilles, et avouèrent qu'il n'y avait pas de si bon vin en Égypte; la femme de chambre eut soin d'en faire boire aux domestiques qui avaient servi. Pour la princesse, elle eut grande attention de n'en point boire, disant que son médecin l'avait mise au régime. Tout fut bientôt endormi.

L'aumônier du roi d'Égypte avait la plus belle barbe que pût porter un homme de sa sorte. Formosante la coupa très adroitement; puis l'ayant fait coudre à un petit ruban, elle l'attacha à son menton. Elle s'affubla de la robe du prêtre et de toutes les marques de sa dignité, habilla sa femme de chambre en sacristain de la déesse Isis; enfin, s'étant munie de son urne et de ses pierreries, elle sortit de l'hôtellerie à travers les sentinelles, qui dormaient comme leur maître. La suivante avait eu soin de faire tenir à la porte deux chevaux prêts. La princesse ne pouvait mener avec elle aucun des officiers de sa suite : ils auraient été arrêtés par les grandes gardes.

Formosante et Irla passèrent à travers des haies de soldats qui, prenant la princesse pour le grand-prêtre, l'appelaient *mon révérendissime père en Dieu*, et lui demandaient sa bénédiction. Les deux fugitives arrivent en vingt-quatre heures à Bassora, avant que le roi fût éveillé. Elles quittèrent alors leur déguisement, qui eût pu donner des soupçons. Elles frétèrent au plus vite un vaisseau qui les porta, par le détroit d'Ormus, au beau rivage d'Éden, dans l'Arabie Heureuse. C'est cet Éden dont les jardins furent si renommés qu'on en fit depuis la demeure des justes; ils furent le modèle des Champs-Élysées, des jardins des Hespérides, et de ceux des îles Fortunées; car, dans ces climats chauds, les hommes n'imaginèrent point de plus grande béatitude que les ombrages et les murmures des eaux. Vivre éternellement dans les cieux avec l'Être suprême, ou aller se promener dans le jardin, dans le paradis, fut la même chose pour les hommes, qui parlent toujours sans s'entendre, et qui n'ont pu guère avoir encore d'idées nettes ni d'expressions justes.

Dès que la princesse se vit dans cette terre, son premier soin fut de rendre à son cher oiseau les honneurs funèbres qu'il avait exigés d'elle. Ses belles mains dressèrent un petit bûcher de girofle et de cannelle. Quelle fut sa surprise lorsqu'ayant répandu les cendres de l'oiseau sur ce bûcher, elle le vit s'enflammer de lui-même ! Tout fut bientôt consumé. Il ne parut, à la place des cendres, qu'un gros œuf, dont elle vit sortir son oiseau plus brillant qu'il ne l'avait jamais été. Ce fut le plus beau des moments que la princesse eût éprouvés dans toute sa vie; il n'y en avait qu'un qui pût lui être plus cher; elle le desirait, mais elle ne l'espérait pas.

Je vois bien, dit-elle à l'oiseau, que vous êtes le phénix dont on m'avait tant parlé. Je suis prête à mourir d'étonnement et de joie. Je ne croyais point à la résurrection; mais mon bonheur m'en a convaincue. La résurrection, madame, lui dit le phénix, est la chose du monde la plus simple. Il n'est pas plus surprenant de naître deux fois qu'une. Tout est résurrection dans ce monde; les chenilles ressuscitent en papillons; un noyau mis en terre ressuscite en arbre; tous les animaux ensevelis dans la terre ressuscitent en herbes, en plantes, et nourrissent d'autres animaux dont ils font bientôt une partie de la substance : toutes les particules qui composaient les corps sont changées en différents êtres. Il est vrai que je suis le seul à qui le puissant Orosmade ait fait la grace de ressusciter dans sa propre nature.

Formosante qui, depuis le jour qu'elle vit Amazan et le phénix pour la première fois, avait passé toutes ses heures à s'étonner, lui dit : Je conçois bien que le grand Être ait pu former de vos cendres un phénix à peu près semblable à vous; mais que vous soyez précisément la même personne, que vous ayez la même ame, j'avoue que je ne le comprends pas bien clairement. Qu'est devenue votre ame pendant que je vous portais dans ma poche après votre mort?

Eh! mon dieu! madame, n'est-il pas aussi facile au grand Orosmade de continuer son action sur une petite étincelle de moi-même que de commencer cette action? Il m'avait accordé auparavant le sentiment, la mémoire, et la pensée; il me les accorde encore : qu'il ait attaché cette faveur à un atome de feu élémentaire caché dans moi, ou à l'assemblage de mes organes, cela ne fait rien au fond : le phénix et les hommes ignoreront toujours comment la chose se passe; mais la plus grande grace que l'Être suprême m'ait accordée est de me faire renaître pour vous. Que ne puis-je passer les vingt-huit mille ans que j'ai encore à vivre jusqu'à ma prochaine résurrection entre vous et mon cher Amazan!

Mon phénix, lui repartit la princesse, songez que les premières paroles que vous me dîtes à Babylone, et que je n'oublierai jamais, me flattèrent de l'espérance de revoir ce cher berger que j'idolâtre ; il faut absolument que nous allions ensemble chez les Gangarides, et que je le ramène à Babylone. C'est bien mon dessein, dit le phénix ; il n'y a pas un moment à perdre. Il faut aller trouver Amazan par le plus court chemin, c'est-à-dire par les airs. Il y a dans l'Arabie Heureuse deux griffons, mes amis intimes, qui ne demeurent qu'à cent cinquante milles d'ici : je vais leur écrire par la poste aux pigeons ; ils viendront avant la nuit. Nous aurons tout le temps de vous faire travailler un petit canapé commode avec des tiroirs où l'on mettra vos provisions de bouche. Vous serez très à votre aise dans cette voiture avec votre demoiselle. Les deux griffons sont les plus vigoureux de leur espèce ; chacun d'eux tiendra un des bras du canapé entre ses griffes ; mais, encore une fois, les moments sont chers. Il alla sur-le-champ avec Formosante commander le canapé à un tapissier de sa connaissance. Il fut achevé en quatre heures. On mit dans les tiroirs des petits pains à la reine, des biscuits meilleurs que ceux de Babylone, des poncires, des ananas, des cocos, des pistaches, et du vin d'Éden, qui l'emporte sur le vin de Chiras autant que celui de Chiras est au-dessus de celui de Surenne[1].

---

[1] Les vins de Surenne sont passés en proverbe. On croit assez communément qu'il s'agit des vins que produit le territoire du village de ce nom, qui est près de Paris. M. de Musset Pathay, auteur de la *Bibliographie agronomique*, publiée en 1810, nous apprend que : « Il y a aux environs de Vendôme, dans l'ancien patrimoine de Henri IV, une espèce de raisin que, « dans le pays, on appelle *suren* ; il produit un vin blanc très agréable à « boire.... Henri IV fesait venir de ce vin à la cour ; il le trouvait très bon. « C'en fut assez pour qu'il parût délicieux aux courtisans ; et l'on but pen-

Le canapé était aussi léger que commode et solide. Les deux griffons arrivèrent dans Éden à point nommé. Formosante et Irla se placèrent dans la voiture. Les deux griffons l'enlevèrent comme une plume. Le phénix tantôt volait auprès, tantôt se perchait sur le dossier. Les deux griffons cinglèrent vers le Gange avec la rapidité d'une flèche qui fend les airs. On ne se reposait que la nuit pendant quelques moments pour manger, et pour faire boire un coup aux deux voituriers.

On arriva enfin chez les Gangarides. Le cœur de la princesse palpitait d'espérance, d'amour, et de joie. Le phénix fit arrêter la voiture devant la maison d'Amazan : il demande à lui parler ; mais il y avait trois heures qu'il en était parti, sans qu'on sût où il était allé.

Il n'y a point de termes dans la langue même des Gangarides qui puissent exprimer le désespoir dont Formosante fut accablée. Hélas ! voilà ce que j'avais craint, dit le phénix ; les trois heures que vous avez passées dans votre hôtellerie sur le chemin de Bassora avec ce malheureux roi d'Égypte vous ont enlevé peut-être pour jamais le bonheur de votre vie : j'ai bien peur que nous n'ayons perdu Amazan sans retour.

Alors il demanda aux domestiques si on pouvait saluer madame sa mère. Ils répondirent que son mari était mort l'avant-veille, et qu'elle ne voyait personne. Le phénix, qui avait du crédit dans la maison,

« dant le règne de ce monarque du vin de *suren*..... Louis XIII n'ayant pas
« pour le *suren* la prédilection du roi son père, ce vin passa de mode, et
« perdit sa renommée. » L'erreur générale provient donc d'une homonymie. B.

ne laissa pas de faire entrer la princesse de Babylone dans un salon dont les murs étaient revêtus de bois d'oranger à filets d'ivoire : les sous-bergers et sous-bergères, en longues robes blanches, ceintes de garnitures aurore, lui servirent dans cent corbeilles de simple porcelaine cent mets délicieux, parmi lesquels on ne voyait aucun cadavre déguisé : c'était du riz, du sagou, de la semoule, du vermicelle, des macaronis, des omelettes, des œufs au lait, des fromages à la crème, des pâtisseries de toute espèce, des légumes, des fruits d'un parfum et d'un goût dont on n'a point d'idée dans les autres climats : c'était une profusion de liqueurs rafraîchissantes, supérieures aux meilleurs vins.

Pendant que la princesse mangeait, couchée sur un lit de roses, quatre pavons, ou paons, ou pans, heureusement muets, l'éventaient de leurs brillantes ailes; deux cents oiseaux, cent bergers, et cent bergères, lui donnèrent un concert à deux chœurs; les rossignols, les serins, les fauvettes, les pinsons, chantaient le dessus avec les bergères ; les bergers fesaient la haute-contre et la basse : c'était en tout la belle et simple nature. La princesse avoua que, s'il y avait plus de magnificence à Babylone, la nature était mille fois plus agréable chez les Gangarides; mais, pendant qu'on lui donnait cette musique si consolante et si voluptueuse, elle versait des larmes; elle disait à la jeune Irla sa compagne : Ces bergers et ces bergères, ces rossignols et ces serins font l'amour, et moi je suis privée du héros gangaride, digne objet de mes très tendres et très impatients desirs.

Pendant qu'elle fesait ainsi collation, qu'elle admirait et qu'elle pleurait, le phénix disait à la mère d'Amazan : Madame, vous ne pouvez vous dispenser de voir la princesse de Babylone; vous savez........ Je sais tout, dit-elle, jusqu'à son aventure dans l'hôtellerie sur le chemin de Bassora; un merle m'a tout conté ce matin; et ce cruel merle est cause que mon fils, au désespoir, est devenu fou, et a quitté la maison paternelle. Vous ne savez donc pas, reprit le phénix, que la princesse m'a ressuscité? Non, mon cher enfant; je savais par le merle que vous étiez mort, et j'en étais inconsolable. J'étais si affligée de cette perte, de la mort de mon mari, et du départ précipité de mon fils, que j'avais fait défendre ma porte; mais puisque la princesse de Babylone me fait l'honneur de me venir voir, faites-la entrer au plus vite; j'ai des choses de la dernière conséquence à lui dire, et je veux que vous y soyez présent. Elle alla aussitôt dans un autre salon au-devant de la princesse. Elle ne marchait pas facilement; c'était une dame d'environ trois cents années; mais elle avait encore de beaux restes, et on voyait bien que vers les deux cent trente à quarante ans elle avait été charmante. Elle reçut Formosante avec une noblesse respectueuse, mêlée d'un air d'intérêt et de douleur qui fit sur la princesse une vive impression.

Formosante lui fit d'abord ses tristes compliments sur la mort de son mari. Hélas! dit la veuve, vous devez vous intéresser à sa perte plus que vous ne pensez. J'en suis touchée sans doute, dit Formosante; il était le père de..... A ces mots elle pleura; je n'étais venue que pour lui et à travers bien des dangers. J'ai quitté pour lui mon père et la plus brillante cour de l'univers; j'ai été enlevée par un roi d'Égypte que je déteste. Échappée à ce ravisseur, j'ai traversé les airs pour venir voir ce que j'aime; j'arrive, et il me fuit! Les pleurs et les sanglots l'empêchèrent d'en dire davantage.

La mère lui dit alors : Madame, lorsque le roi d'Égypte vous ravissait, lorsque vous soupiez avec lui dans un cabaret sur le chemin de Bassora, lorsque vos belles mains lui versaient du vin de Chiras, vous souvenez-vous d'avoir vu un merle qui voltigeait dans la chambre? — Vraiment oui, vous m'en rappelez la mémoire; je n'y avais pas fait d'attention; mais, en recueillant mes idées, je me souviens très bien qu'au moment où le roi d'Égypte se leva de table pour me donner un baiser, le merle s'envola par la fenêtre en jetant un grand cri, et ne reparut plus.

Hélas! madame, reprit la mère d'Amazan, voilà ce qui fait précisément le sujet de nos malheurs; mon fils avait envoyé ce merle s'informer de l'état de votre santé et de tout ce qui se passait à Babylone; il comptait revenir bientôt se mettre à vos pieds et vous consacrer sa vie. Vous ne savez pas à quel excès il vous adore. Tous les Gangarides sont amoureux et fidèles; mais mon fils est le plus passionné et le plus constant de tous. Le merle vous rencontra dans un cabaret; vous buviez très gaiement avec le roi d'Égypte et un vilain prêtre; il vous vit enfin donner un tendre baiser à ce monarque qui avait tué le phénix, et pour qui mon fils conserve une horreur invincible. Le merle à cette vue fut saisi d'une juste indignation ; il s'envola en maudissant vos funestes amours ; il est revenu aujourd'hui, il a tout conté ; mais dans quels moments, juste ciel! dans le temps où mon fils pleurait avec moi la mort de son père et celle du phénix ; dans le temps qu'il apprenait de moi qu'il est votre cousin issu de germain!

O ciel! mon cousin! madame, est-il possible? par quelle aventure? comment? quoi! je serais heureuse à ce point! et je serais en même temps assez infortunée pour l'avoir offensé!

Mon fils est votre cousin, vous dis-je, reprit la mère, et je vais bientôt vous en donner la preuve ; mais en devenant ma parente vous m'arrachez mon fils ; il ne pourra survivre à la douleur que lui a causée votre baiser donné au roi d'Égypte.

Ah! ma tante, s'écria la belle Formosante, je jure par lui et par le puissant Orosmade, que ce baiser funeste, loin d'être criminel, était la plus forte preuve d'amour que je pusse donner à votre fils. Je désobéissais à mon père pour lui. J'allais pour lui de l'Euphrate au Gange. Tombée entre les mains de l'indigne pharaon d'Égypte, je ne pouvais lui échapper qu'en le trompant. J'en atteste les cendres et l'ame du phénix, qui étaient alors dans ma poche ; il peut me rendre justice ; mais comment votre fils, né sur les bords du Gange, peut-il être mon cousin, moi dont la famille règne sur les bords de l'Euphrate depuis tant de siècles?

Vous savez, lui dit la vénérable Gangaride, que votre grand-oncle Aldée était roi de Babylone, et qu'il fut détrôné par le père de Bélus. — Oui, madame.

—Vous savez que son fils Aldée avait eu de son mariage la princesse Aldée élevée dans votre cour. C'est ce prince, qui, étant persécuté par votre père, vint se réfugier dans notre heureuse contrée, sous un autre nom; c'est lui qui m'épousa; j'en ai eu le jeune prince Aldée-Amazan, le plus beau, le plus fort, le plus courageux, le plus vertueux des mortels, et aujourd'hui le plus fou. Il alla aux fêtes de Babylone sur la réputation de votre beauté: depuis ce temps-là il vous idolâtre, et peut-être je ne reverrai jamais mon cher fils.

Alors elle fit déployer devant la princesse tous les titres de la maison des Aldées; à peine Formosante daigna les regarder. Ah! madame, s'écria-t-elle, examine-t-on ce qu'on desire? mon cœur vous en croit assez. Mais où est Aldée-Amazan? où est mon parent, mon amant, mon roi? où est ma vie? quel chemin a-t-il pris? J'irais le chercher dans tous les globes que l'Éternel a formés, et dont il est le plus bel ornement. J'irais dans l'étoile *Canope*, dans *Sheat*, dans *Aldebaram*; j'irais le convaincre de mon amour et de mon innocence.

Le phénix justifia la princesse du crime que lui imputait le merle d'avoir donné par amour un baiser au roi d'Égypte; mais il fallait détromper Amazan et le ramener. Il envoie des oiseaux sur tous les chemins; il met en campagne les licornes: on lui rapporte enfin qu'Amazan a pris la route de la Chine. Eh bien! allons à la Chine, s'écria la princesse; le voyage n'est pas long; j'espère bien vous ramener votre fils dans quinze jours au plus tard. A ces mots, que de larmes de tendresse versèrent la mère gangaride et la princesse de Babylone! que d'embrassements! que d'effusion de cœur!

Le phénix commanda sur-le-champ un carrosse à six licornes. La mère fournit deux cents cavaliers, et fit présent à la princesse, sa nièce, de quelques milliers des plus beaux diamants du pays. Le phénix, affligé du mal que l'indiscrétion du merle avait causé, fit ordonner à tous les merles de vider le pays; et c'est depuis ce temps qu'il ne s'en trouve plus sur les bords du Gange.

§ V.

Les licornes, en moins de huit jours, amenèrent Formosante, Irla, et le phénix, à Cambalu, capitale de la Chine. C'était une ville plus grande que Babylone, et d'une espèce de magnificence toute différente. Ces nouveaux objets, ces mœurs nouvelles, auraient amusé Formosante, si elle avait pu être occupée d'autre chose que d'Amazan.

Dès que l'empereur de la Chine eut appris que la princesse de Babylone était à une porte de la ville, il lui dépêcha quatre mille mandarins en robes de cérémonie; tous se prosternèrent devant elle, et lui présentèrent chacun un compliment écrit en lettres d'or sur une feuille de soie pourpre. Formosante leur dit que si elle avait quatre mille langues, elle ne manquerait pas de répondre sur-le-champ à chaque mandarin; mais que n'en ayant qu'une, elle les priait de trouver bon qu'elle s'en servît pour les remercier tous en général. Ils la conduisirent respectueusement chez l'empereur.

C'était le monarque de la terre le plus juste, le plus

poli, et le plus sage. Ce fut lui qui le premier laboura un petit champ de ses mains impériales, pour rendre l'agriculture respectable à son peuple. Il établit, le premier, des prix pour la vertu. Les lois, partout ailleurs, étaient honteusement bornées à punir les crimes. Cet empereur venait de chasser de ses états une troupe de bonzes étrangers[1] qui étaient venus du fond de l'Occident, dans l'espoir insensé de forcer toute la Chine à penser comme eux, et qui, sous prétexte d'annoncer des vérités, avaient acquis déjà des richesses et des honneurs. Il leur avait dit, en les chassant, ces propres paroles enregistrées dans les annales de l'empire :

« Vous pourriez faire ici autant de mal que vous
« en avez fait ailleurs : vous êtes venus prêcher des
« dogmes d'intolérance chez la nation la plus tolérante
« de la terre. Je vous renvoie pour n'être jamais forcé
« de vous punir. Vous serez reconduits honorable-
« ment sur mes frontières ; on vous fournira tout pour
« retourner aux bornes de l'hémisphère dont vous êtes
« partis. Allez en paix si vous pouvez être en paix, et
« ne revenez plus. »

La princesse de Babylone apprit avec joie ce jugement et ce discours ; elle en était plus sûre d'être bien reçue à la cour, puisqu'elle était très éloignée d'avoir des dogmes intolérants. L'empereur de la Chine, en dînant avec elle tête à tête, eut la politesse de bannir l'embarras de toute étiquette gênante ; elle lui pré-

---

[1] Les jésuites ; Voltaire a composé une *Relation du bannissement des jésuites de la Chine :* voy. les *Mélanges*, année 1768 ; et t. XXVIII, p. 41. B.

senta le phénix, qui fut très caressé de l'empereur, et qui se percha sur son fauteuil. Formosante, sur la fin du repas, lui confia ingénument le sujet de son voyage, et le pria de faire chercher dans Cambalu le bel Amazan, dont elle lui conta l'aventure, sans lui rien cacher de la fatale passion dont son cœur était enflammé pour ce jeune héros. A qui en parlez-vous ? lui dit l'empereur de la Chine ; il m'a fait le plaisir de venir dans ma cour; il m'a enchanté, cet aimable Amazan; il est vrai qu'il est profondément affligé ; mais ses graces n'en sont que plus touchantes ; aucun de mes favoris n'a plus d'esprit que lui ; nul mandarin de robe n'a de plus vastes connaissances ; nul mandarin d'épée n'a l'air plus martial et plus héroïque; son extrême jeunesse donne un nouveau prix à tous ses talents; si j'étais assez malheureux, assez abandonné du Tien et du Changti pour vouloir être conquérant, je prierais Amazan de se mettre à la tête de mes armées, et je serais sûr de triompher de l'univers entier. C'est bien dommage que son chagrin lui dérange quelquefois l'esprit.

Ah! monsieur, lui dit Formosante avec un air enflammé et un ton de douleur, de saisissement et de reproche, pourquoi ne m'avez-vous pas fait dîner avec lui ? Vous me faites mourir; envoyez-le prier tout-à-l'heure. — Madame, il est parti ce matin, et il n'a point dit dans quelle contrée il portait ses pas. Formosante se tourna vers le phénix : Eh bien, dit-elle, phénix, avez-vous jamais vu une fille plus malheureuse que moi ? Mais, monsieur, continua-t-elle, comment; pourquoi a-t-il pu quitter si brusquement une cour aussi polie que la vôtre, dans laquelle il me semble qu'on voudrait passer sa vie ?

Voici, madame, ce qui est arrivé. Une princesse du sang, des plus aimables, s'est éprise de passion pour lui, et lui a donné un rendez-vous chez elle à midi; il est parti au point du jour, et il a laissé ce billet, qui a coûté bien des larmes à ma parente.

« Belle princesse du sang de la Chine, vous méritez
« un cœur qui n'ait jamais été qu'à vous; j'ai juré aux
« dieux immortels de n'aimer jamais que Formosante,
« princesse de Babylone, et de lui apprendre comment
« on peut dompter ses desirs dans ses voyages; elle a
« eu le malheur de succomber avec un indigne roi
« d'Égypte: je suis le plus malheureux des hommes;
« j'ai perdu mon père et le phénix, et l'espérance
« d'être aimé de Formosante; j'ai quitté ma mère af-
« fligée, ma patrie, ne pouvant vivre un moment dans
« les lieux où j'ai appris que Formosante en aimait
« un autre que moi; j'ai juré de parcourir la terre et
« d'être fidèle. Vous me mépriseriez, et les dieux me
« puniraient si je violais mon serment; prenez un
« amant, madame, et soyez aussi fidèle que moi. »

Ah! laissez-moi cette étonnante lettre, dit la belle Formosante, elle fera ma consolation; je suis heureuse dans mon infortune. Amazan m'aime; Amazan renonce pour moi à la possession des princesses de la Chine; il n'y a que lui sur la terre capable de remporter une telle victoire; il me donne un grand exemple; le phénix sait que je n'en avais pas besoin;

il est bien cruel d'être privée de son amant pour le plus innocent des baisers donné par pure fidélité : mais enfin où est-il allé? quel chemin a-t-il pris? daignez me l'enseigner, et je pars.

L'empereur de la Chine lui répondit qu'il croyait, sur les rapports qu'on lui avait faits, que son amant avait suivi une route qui menait en Scythie. Aussitôt les licornes furent attelées, et la princesse, après les plus tendres compliments, prit congé de l'empereur avec le phénix, sa femme de chambre Irla, et toute sa suite.

Dès qu'elle fut en Scythie, elle vit plus que jamais combien les hommes et les gouvernements diffèrent, et différeront toujours jusqu'au temps où quelque peuple plus éclairé que les autres communiquera la lumière de proche en proche après mille siècles de ténèbres, et qu'il se trouvera dans des climats barbares des ames héroïques qui auront la force et la persévérance de changer les brutes en hommes. Point de villes en Scythie, par conséquent point d'arts agréables. On ne voyait que de vastes prairies et des nations entières sous des tentes et sur des chars. Cet aspect imprimait la terreur. Formosante demanda dans quelle tente ou dans quelle charrette logeait le roi. On lui dit que depuis huit jours il s'était mis en marche à la tête de trois cent mille hommes de cavalerie pour aller à la rencontre du roi de Babylone, dont il avait enlevé la nièce, la belle princesse Aldée. Il a enlevé ma cousine! s'écria Formosante; je ne m'attendais pas à cette nouvelle aventure : quoi! ma cousine, qui était trop heureuse de me faire la cour, est devenue reine, et je ne suis pas encore mariée ! Elle se fit conduire incontinent aux tentes de la reine.

Leur réunion inespérée dans ces climats lointains, les choses singulières qu'elles avaient mutuellement à s'apprendre, mirent dans leur entrevue un charme qui leur fit oublier qu'elles ne s'étaient jamais aimées; elles se revirent avec transport; une douce illusion se mit à la place de la vraie tendresse; elles s'embrassèrent en pleurant; et il y eut même entre elles de la cordialité et de la franchise, attendu que l'entrevue ne se fesait pas dans un palais.

Aldée reconnut le phénix et la confidente Irla; elle donna des fourrures de zibeline à sa cousine, qui lui donna des diamants. On parla de la guerre que les deux rois entreprenaient; on déplora la condition des hommes que des monarques envoient par fantaisie s'égorger pour des différents que deux honnêtes gens pourraient concilier en une heure : mais surtout on s'entretint du bel étranger vainqueur des lions, donneur des plus gros diamants de l'univers, feseur de madrigaux, possesseur du phénix, devenu le plus malheureux des hommes sur le rapport d'un merle. C'est mon cher frère, disait Aldée : c'est mon amant ! s'écriait Formosante; vous l'avez vu sans doute, il est peut-être encore ici; car, ma cousine, il sait qu'il est votre frère; il ne vous aura pas quittée brusquement comme il a quitté le roi de la Chine.

Si je l'ai vu, grands dieux ! reprit Aldée; il a passé quatre jours entiers avec moi. Ah ! ma cousine, que mon frère est à plaindre ! un faux rapport l'a rendu absolument fou; il court le monde sans savoir où il va. Figurez-vous qu'il a poussé la démence jusqu'à refuser les faveurs de la plus belle Scythe de toute la Scythie. Il partit hier après lui avoir écrit une lettre dont elle a été désespérée. Pour lui, il est allé chez les Cimmériens. Dieu soit loué! s'écria Formosante; encore un refus en ma faveur! mon bonheur a passé mon espoir, comme mon malheur a surpassé toutes mes craintes. Faites-moi donner cette lettre charmante, que je parte, que je le suive, les mains pleines de ses sacrifices. Adieu, ma cousine; Amazan est chez les Cimmériens, j'y vole.

Aldée trouva que la princesse sa cousine était encore plus folle que son frère Amazan : mais comme elle avait senti elle-même les atteintes de cette épidémie, comme elle avait quitté les délices et la magnificence de Babylone pour le roi des Scythes, comme les femmes s'intéressent toujours aux folies dont l'amour est cause, elle s'attendrit véritablement pour Formosante, lui souhaita un heureux voyage, et lui promit de servir sa passion, si jamais elle était assez heureuse pour revoir son frère.

§ VI.

Bientôt la princesse de Babylone et le phénix arrivèrent dans l'empire des Cimmériens, bien moins peuplé, à la vérité, que la Chine, mais deux fois plus étendu; autrefois semblable à la Scythie, et devenu depuis quelque temps aussi florissant que les royaumes qui se vantaient d'instruire les autres états.

Après quelques jours de marche, on entra dans une

très grande ville que l'impératrice régnante¹ fesait embellir, mais elle n'y était pas; elle voyageait alors des frontières de l'Europe à celles de l'Asie pour connaître ses états par ses yeux, pour juger des maux et porter les remèdes, pour accroître les avantages, pour semer l'instruction.

Un des principaux officiers de cette ancienne capitale, instruit de l'arrivée de la Babylonienne et du phénix, s'empressa de rendre ses hommages à la princesse, et de lui faire les honneurs du pays, bien sûr que sa maîtresse, qui était la plus polie et la plus magnifique des reines, lui saurait gré d'avoir reçu une si grande dame avec les mêmes égards qu'elle aurait prodigués elle-même.

On logea Formosante au palais, dont on écarta une foule importune de peuple; on lui donna des fêtes ingénieuses. Le seigneur cimmérien, qui était un grand naturaliste, s'entretint beaucoup avec le phénix dans les temps où la princesse était retirée dans son appartement. Le phénix lui avoua qu'il avait autrefois voyagé chez les Cimmériens, et qu'il ne reconnaissait plus le pays. Comment de si prodigieux changements, disait-il, ont-ils pu être opérés dans un temps si court? Il n'y a pas trois cents ans que je vis ici la nature sauvage dans toute son horreur; j'y trouve aujourd'hui les arts, la splendeur, la gloire, et la politesse. Un seul homme² a commencé ce grand ouvrage, répondit le Cimmérien, une femme l'a perfectionné; une femme a été meilleure législatrice que l'Isis des Égyp-

---

[1] Catherine II a régné de 1762 à 1796. B.

[2] Pierre Ier; son histoire forme le tome XXV de la présente édition. B.

tiens et la Cérès des Grecs. La plupart des législateurs ont eu un génie étroit et despotique qui a resserré leurs vues dans le pays qu'ils ont gouverné; chacun a regardé son peuple comme étant seul sur la terre, ou comme devant être l'ennemi du reste de la terre. Ils ont formé des institutions pour ce seul peuple, introduit des usages pour lui seul, établi une religion pour lui seul. C'est ainsi que les Égyptiens, si fameux par des monceaux de pierres, se sont abrutis et déshonorés par leurs superstitions barbares. Ils croient les autres nations profanes, ils ne communiquent point avec elles; et, excepté la cour qui s'élève quelquefois au-dessus des préjugés vulgaires, il n'y a pas un Égyptien qui voulût manger dans un plat dont un étranger se serait servi. Leurs prêtres sont cruels et absurdes. Il vaudrait mieux n'avoir point de lois, et n'écouter que la nature, qui a gravé dans nos cœurs les caractères du juste et de l'injuste, que de soumettre la société à des lois si insociables.

Notre impératrice embrasse des projets entièrement opposés; elle considère son vaste état sur lequel tous les méridiens viennent se joindre, comme devant correspondre à tous les peuples qui habitent sous ces différents méridiens. La première de ses lois a été la tolérance de toutes les religions, et la compassion pour toutes les erreurs. Son puissant génie a connu que si les cultes sont différents, la morale est partout la même; par ce principe elle a lié sa nation à toutes les nations du monde, et les Cimmériens vont regarder le Scandinavien et le Chinois comme leurs frères. Elle a fait plus; elle a voulu que cette précieuse tolérance, le premier lien des hommes, s'établît chez ses voisins ; ainsi elle a mérité le titre de mère de la patrie, et elle aura celui de bienfaitrice du genre humain, si elle persévère.

Avant elle, des hommes malheureusement puissants envoyaient des troupes de meurtriers ravir à des peuplades inconnues et arroser de leur sang les héritages de leurs pères ; on appelait ces assassins des héros ; leur brigandage était de la gloire. Notre souveraine a une autre gloire ; elle a fait marcher des armées pour apporter la paix, pour empêcher les hommes de se nuire, pour les forcer à se supporter les uns les autres ; et ses étendards ont été ceux de la concorde publique.

Le phénix, enchanté de tout ce que lui apprenait ce seigneur, lui dit : Monsieur, il y a vingt-sept mille neuf cents années et sept mois que je suis au monde ; je n'ai encore rien vu de comparable à ce que vous me faites entendre. Il lui demanda des nouvelles de son ami Amazan ; le Cimmérien lui conta les mêmes choses qu'on avait dites à la princesse chez les Chinois et chez les Scythes. Amazan s'enfuyait de toutes les cours qu'il visitait, sitôt qu'une dame lui avait donné un rendez-vous auquel il craignait de succomber. Le phénix instruisit bientôt Formosante de cette nouvelle marque de fidélité qu'Amazan lui donnait ; fidélité d'autant plus étonnante qu'il ne pouvait pas soupçonner que sa princesse en fût jamais informée.

Il était parti pour la Scandinavie. Ce fut dans ces climats que des spectacles nouveaux frappèrent encore ses yeux. Ici la royauté et la liberté subsistaient ensemble par un accord qui paraît impossible dans d'autres états : les agriculteurs avaient part à la législation, aussi bien que les grands du royaume; et un jeune prince donnait les plus grandes espérances d'être digne de commander à une nation libre. Là c'était quelque chose de plus étrange; le seul roi qui fût despotique de droit sur la terre par un contrat formel avec son peuple était en même temps le plus jeune et le plus juste des rois.

Chez les Sarmates, Amazan vit un philosophe [1] sur le trône; on pouvait l'appeler le roi de l'anarchie; car il était le chef de cent mille petits rois dont un seul pouvait d'un mot anéantir les résolutions de tous les autres. Éole n'avait pas plus de peine à contenir tous les vents, qui se combattent sans cesse, que ce monarque n'en avait à concilier les esprits : c'était un pilote environné d'un éternel orage; et cependant le vaisseau ne se brisait pas; car le prince était un excellent pilote.

En parcourant tous ces pays si différents de sa patrie, Amazan refusait constamment toutes les bonnes fortunes qui se présentaient à lui, toujours désespéré du baiser que Formosante avait donné au roi d'Égypte, toujours affermi dans son inconcevable résolution de donner à Formosante l'exemple d'une fidélité unique et inébranlable.

---

[1] Stanislas Poniatowski, né en 1732, élu roi de Pologne en 1764. Ce fut sous son règne qu'eurent lieu (depuis la publication de la *Princesse de Babylone*) en 1773 le démembrement, ou premier partage; et vingt ans après, le second partage, ou anéantissement de la Pologne. Stanislas mourut en 1798. B.

La princesse de Babylone avec le phénix le suivait partout à la piste, et ne le manquait jamais que d'un jour ou deux, sans que l'un se lassât de courir, et sans que l'autre perdît un moment à le suivre.

Ils traversèrent ainsi toute la Germanie; ils admirèrent les progrès que la raison et la philosophie fesaient dans le Nord: tous les princes y étaient instruits, tous autorisaient la liberté de penser; leur éducation n'avait point été confiée à des hommes qui eussent intérêt de les tromper, ou qui fussent trompés eux-mêmes: on les avait élevés dans la connaissance de la morale universelle, et dans le mépris des superstitions: on avait banni dans tous ces états un usage insensé, qui énervait et dépeuplait plusieurs pays méridionaux; cette coutume était d'enterrer tout vivants, dans de vastes cachots, un nombre infini des deux sexes éternellement séparés l'un de l'autre, et de leur faire jurer de n'avoir jamais de communication ensemble. Cet excès de démence, accrédité pendant des siècles, avait dévasté la terre autant que les guerres les plus cruelles.

Les princes du Nord avaient à la fin compris que, si on voulait avoir des haras, il ne fallait pas séparer les plus forts chevaux des cavales. Ils avaient détruit aussi des erreurs non moins bizarres et non moins pernicieuses. Enfin les hommes osaient être raisonnables dans ces vastes pays, tandis qu'ailleurs on croyait encore qu'on ne peut les gouverner qu'autant qu'ils sont imbéciles.

§ VII.

Amazan arriva chez les Bataves; son cœur éprouva dans son chagrin une douce satisfaction d'y retrouver quelque faible image du pays des heureux Gangarides ; la liberté, l'égalité, la propreté, l'abondance, la tolérance ; mais les dames du pays étaient si froides, qu'aucune ne lui fit d'avances, comme on lui en avait fait partout ailleurs ; il n'eut pas la peine de résister. S'il avait voulu attaquer ces dames, il les aurait toutes subjuguées l'une après l'autre, sans être aimé d'aucune ; mais il était bien éloigné de songer à faire des conquêtes.

Formosante fut sur le point de l'attraper chez cette nation insipide : il ne s'en fallut que d'un moment.

Amazan avait entendu parler chez les Bataves avec tant d'éloges d'une certaine île, nommée Albion, qu'il s'était déterminé à s'embarquer lui et ses licornes sur un vaisseau qui, par un vent d'orient favorable, l'avait porté en quatre heures au rivage de cette terre plus célèbre que Tyr et que l'île Atlantide.

La belle Formosante, qui l'avait suivi au bord de la Duina, de la Vistule, de l'Elbe, du Véser, arrive enfin aux bouches du Rhin qui portait alors ses eaux rapides dans la mer Germanique.

Elle apprend que son cher amant a vogué aux côtes d'Albion ; elle croit voir son vaisseau ; elle pousse des cris de joie dont toutes les dames bataves furent surprises, n'imaginant pas qu'un jeune homme pût causer tant de joie ; et à l'égard du phénix, elles n'en firent pas grand cas, parcequ'elles jugèrent que ses plumes ne pourraient probablement se vendre aussi bien que celles des canards et des oisons de leurs marais. La princesse de Babylone loua ou nolisa deux vaisseaux pour la transporter avec tout son monde dans cette bienheureuse île, qui allait posséder l'unique objet de tous ses desirs, l'ame de sa vie, le dieu de son cœur.

Un vent funeste d'occident s'éleva tout-à-coup dans le moment même où le fidèle et malheureux Amazan mettait pied à terre en Albion; les vaisseaux de la princesse de Babylone ne purent démarrer. Un serrement de cœur, une douleur amère, une mélancolie profonde, saisirent Formosante : elle se mit au lit, dans sa douleur, en attendant que le vent changeât; mais il souffla huit jours entiers avec une violence désespérante. La princesse, pendant ce siècle de huit jours, se fesait lire par Irla des romans; ce n'est pas que les Bataves en sussent faire; mais, comme ils étaient les facteurs de l'univers, ils vendaient l'esprit des autres nations, ainsi que leurs denrées. La princesse fit acheter chez Marc-Michel Rey tous les contes que l'on avait écrits chez les Ausoniens et chez les Welches, et dont le débit était défendu sagement chez ces peuples pour enrichir les Bataves; elle espérait qu'elle trouverait dans ces histoires quelque aventure qui ressemblerait à la sienne, et qui charmerait sa douleur. Irla lisait, le phénix disait son avis, et la princesse ne trouvait rien dans *la Paysanne parvenue*, ni dans *Tansai*, ni dans *le Sofa*, ni dans *les quatre Facardins*[1], qui eût le moindre rapport à ses aven-

---

[1] Dans une édition que je possède, et que je crois sortie des presses de Cramer, au lieu de ces mots, *ni dans les quatre Facardins*, on lit : *ni dans Candide*. Cette variante est-elle une épigramme d'un ennemi de Voltaire ? est-ce une plaisanterie de Voltaire pour donner l'idée qu'il n'était pas l'auteur de la *Princesse de Babylone ?* Je n'ose prononcer. B.

tures; elle interrompait à tout moment la lecture pour demander de quel côté venait le vent.

§ VIII.

Cependant Amazan était déjà sur le chemin de la capitale d'Albion, dans son carrosse à six licornes, et rêvait à sa princesse; il aperçut un équipage versé dans un fossé; les domestiques s'étaient écartés pour aller chercher du secours; le maître de l'équipage restait tranquillement dans sa voiture, ne témoignant pas la plus légère impatience, et s'amusant à fumer, car on fumait alors: il se nommait milord *What-then*, ce qui signifie à peu près milord *Qu'importe* en la langue dans laquelle je traduis ces mémoires.

Amazan se précipita pour lui rendre service; il releva tout seul la voiture, tant sa force était supérieure à celle des autres hommes. Milord Qu'importe se contenta de dire : Voilà un homme bien vigoureux.

Des rustres du voisinage étant accourus se mirent en colère de ce qu'on les avait fait venir inutilement, et s'en prirent à l'étranger; ils le menacèrent en l'appelant *chien d'étranger*, et ils voulurent le battre.

Amazan en saisit deux de chaque main, et les jeta à vingt pas; les autres le respectèrent, le saluèrent, lui demandèrent pour boire : il leur donna plus d'argent qu'ils n'en avaient jamais vu. Milord Qu'importe lui dit: Je vous estime; venez dîner avec moi dans ma maison de campagne qui n'est qu'à trois milles; il monta dans la voiture d'Amazan, parceque la sienne était dérangée par la secousse.

Après un quart d'heure de silence, il regarda un

moment Amazan, et lui dit: *How d'ye do*, à la lettre, *comment faites-vous faire ?* et, dans la langue du traducteur: *Comment vous portez-vous?* ce qui ne veut rien dire du tout en aucune langue; puis il ajouta: Vous avez là six jolies licornes; et il se remit à fumer.

Le voyageur lui dit que ses licornes étaient à son service; qu'il venait avec elles du pays des Gangarides; et il en prit occasion de lui parler de la princesse de Babylone, et du fatal baiser qu'elle avait donné au roi d'Égypte, à quoi l'autre ne répliqua rien du tout, se souciant très peu qu'il y eût dans le monde un roi d'Égypte et une princesse de Babylone. Il fut encore un quart d'heure sans parler; après quoi il redemanda à son compagnon *comment il fesait faire,* et si on mangeait du bon *roast-beef* dans le pays des Gangarides. Le voyageur lui répondit avec sa politesse ordinaire qu'on ne mangeait point ses frères sur les bords du Gange. Il lui expliqua le système qui fut, après tant de siècles, celui de Pythagore, de Porphyre, de Jamblique. Sur quoi milord s'endormit, et ne fit qu'un somme jusqu'à ce qu'on fût arrivé à sa maison.

Il avait une femme jeune et charmante, à qui la nature avait donné une ame aussi vive et aussi sensible que celle de son mari était indifférente. Plusieurs seigneurs albioniens étaient venus ce jour-là dîner avec elle. Il y avait des caractères de toutes les espèces; car le pays n'ayant presque jamais été gouverné que par des étrangers, les familles venues avec ces princes avaient toutes apporté des mœurs différentes. Il se trouva dans la compagnie des gens très aimables, d'autres d'un esprit supérieur, quelques uns d'une science profonde.

La maîtresse de la maison n'avait rien de cet air emprunté et gauche, de cette roideur, de cette mauvaise honte qu'on reprochait alors aux jeunes femmes d'Albion ; elle ne cachait point, par un maintien dédaigneux et par un silence affecté, la stérilité de ses idées et l'embarras humiliant de n'avoir rien à dire : nulle femme n'était plus engageante. Elle reçut Amazan avec la politesse et les graces qui lui étaient naturelles. L'extrême beauté de ce jeune étranger, et la comparaison soudaine qu'elle fit entre lui et son mari, la frappèrent d'abord sensiblement.

On servit. Elle fit asseoir Amazan à côté d'elle, et lui fit manger des puddings de toute espèce, ayant su de lui que les Gangarides ne se nourrissaient de rien qui eût reçu des dieux le don céleste de la vie. Sa beauté, sa force, les mœurs des Gangarides, les progrès des arts, la religion, et le gouvernement, furent le sujet d'une conversation aussi agréable qu'instructive pendant le repas, qui dura jusqu'à la nuit, et pendant lequel milord Qu'importe but beaucoup et ne dit mot.

Après le dîner, pendant que mylady versait du thé, et qu'elle dévorait des yeux le jeune homme, il s'entretenait avec un membre du parlement; car chacun sait que dès-lors il y avait un parlement, et qu'il s'appelait *Wittenagemot*, ce qui signifie, *l'assemblée des gens d'esprit*. Amazan s'informait de la constitution, des mœurs, des lois, des forces, des usages, des arts, qui rendaient ce pays si recommandable ; et ce seigneur lui parlait en ces termes :

Nous avons long-temps marché tout nus, quoique le climat ne soit pas chaud. Nous avons été long-temps traités en esclaves par des gens venus de l'antique terre de Saturne, arrosée des eaux du Tibre ; mais nous nous sommes fait nous-mêmes beaucoup plus de maux que nous n'en avions essuyé de nos premiers vainqueurs. Un de nos rois poussa la bassesse jusqu'à se déclarer sujet d'un prêtre qui demeurait aussi sur les bords du Tibre, et qu'on appelait *le vieux des sept montagnes* : tant la destinée de ces sept montagnes a été long-temps de dominer sur une grande partie de l'Europe habitée alors par des brutes !

Après ces temps d'avilissement sont venus des siècles de férocité et d'anarchie. Notre terre, plus orageuse que les mers qui l'environnent, a été saccagée et ensanglantée par nos discordes ; plusieurs têtes couronnées ont péri par le dernier supplice ; plus de cent princes du sang des rois ont fini leurs jours sur l'échafaud ; on a arraché le cœur à tous leurs adhérents, et on en a battu leurs joues. C'était au bourreau qu'il appartenait d'écrire l'histoire de notre île, puisque c'était lui qui avait terminé toutes les grandes affaires.

Il n'y a pas long-temps que, pour comble d'horreur, quelques personnes portant un manteau noir[1], et d'autres qui mettaient une chemise blanche par-dessus leur jaquette, ayant été mordues par des chiens enragés, communiquèrent la rage à la nation entière. Tous les citoyens furent ou meurtriers ou égorgés,

---

[1] Les puritains ; voyez tome XVIII, pages 286, 302 et suiv. B..

ou bourreaux ou suppliciés, ou déprédateurs ou esclaves, au nom du ciel et en cherchant le Seigneur.

Qui croirait que de cet abîme épouvantable, de ce chaos de dissensions, d'atrocités, d'ignorance, et de fanatisme, il est enfin résulté le plus parfait gouvernement peut-être qui soit aujourd'hui dans le monde? Un roi honoré et riche, tout puissant pour faire le bien, impuissant pour faire le mal, est à la tête d'une nation libre, guerrière, commerçante, et éclairée. Les grands d'un côté, et les représentants des villes de l'autre, partagent la législation avec le monarque.

On avait vu, par une fatalité singulière, le désordre, les guerres civiles, l'anarchie, et la pauvreté, désoler le pays quand les rois affectaient le pouvoir arbitraire. La tranquillité, la richesse, la félicité publique, n'ont régné chez nous que quand les rois ont reconnu qu'ils n'étaient pas absolus. Tout était subverti quand on disputait sur des choses inintelligibles; tout a été dans l'ordre quand on les a méprisées. Nos flottes victorieuses portent notre gloire sur toutes les mers, et les lois mettent en sûreté nos fortunes : jamais un juge ne peut les expliquer arbitrairement; jamais on ne rend un arrêt qui ne soit motivé. Nous punirions comme des assassins des juges qui oseraient envoyer à la mort un citoyen sans manifester les témoignages qui l'accusent, et la loi qui le condamne.

Il est vrai qu'il y a toujours chez nous deux partis qui se combattent avec la plume et avec des intrigues; mais aussi ils se réunissent toujours quand il s'agit de prendre les armes pour défendre la patrie et la liberté. Ces deux partis veillent l'un sur l'autre; ils s'empêchent mutuellement de violer le dépôt sacré des lois; ils se haïssent, mais ils aiment l'état; ce sont des amants jaloux qui servent à l'envi la même maîtresse.

Du même fonds d'esprit qui nous a fait connaître et soutenir les droits de la nature humaine nous avons porté les sciences au plus haut point où elles puissent parvenir chez les hommes. Vos Égyptiens, qui passent pour de si grands mécaniciens, vos Indiens, qu'on croit de si grands philosophes, vos Babyloniens, qui se vantent d'avoir observé les astres pendant quatre cent trente mille années, les Grecs, qui ont écrit tant de phrases et si peu de choses, ne savent précisément rien en comparaison de nos moindres écoliers, qui ont étudié les découvertes de nos grands maîtres. Nous avons arraché plus de secrets à la nature dans l'espace de cent années que le genre humain n'en avait découvert dans la multitude des siècles.

Voilà au vrai l'état où nous sommes. Je ne vous ai caché ni le bien, ni le mal, ni nos opprobres, ni notre gloire; et je n'ai rien exagéré.

Amazan, à ce discours, se sentit pénétré du desir de s'instruire dans ces sciences sublimes dont on lui parlait; et si sa passion pour la princesse de Babylone, son respect filial pour sa mère, qu'il avait quittée, et l'amour de sa patrie, n'eussent fortement parlé à son cœur déchiré, il aurait voulu passer sa vie dans l'île d'Albion; mais ce malheureux baiser donné par sa princesse au roi d'Égypte ne lui laissait pas assez de liberté dans l'esprit pour étudier les hautes sciences.

Je vous avoue, dit-il, que m'étant imposé la loi de courir le monde et de m'éviter moi-même, je serais curieux de voir cette antique terre de Saturne, ce peuple du Tibre et des sept montagnes à qui vous avez obéi autrefois; il faut, sans doute, que ce soit le premier peuple de la terre. Je vous conseille de faire ce voyage, lui répondit l'Albionien, pour peu que vous aimiez la musique et la peinture. Nous allons très souvent nous-mêmes porter quelquefois notre ennui vers les sept montagnes. Mais vous serez bien étonné en voyant les descendants de nos vainqueurs.

Cette conversation fut longue. Quoique le bel Amazan eût la cervelle un peu attaquée, il parlait avec tant d'agréments, sa voix était si touchante, son maintien si noble et si doux, que la maîtresse de la maison ne put s'empêcher de l'entretenir à son tour tête à tête. Elle lui serra tendrement la main, en lui parlant, et en le regardant avec des yeux humides et étincelants qui portaient les desirs dans tous les ressorts de la vie. Elle le retint à souper et à coucher. Chaque instant, chaque parole, chaque regard, enflammèrent sa passion. Dès que tout le monde fut retiré, elle lui écrivit un petit billet, ne doutant pas qu'il ne vînt lui faire la cour dans son lit, tandis que milord Qu'importe dormait dans le sien. Amazan eut encore le courage de résister : tant un grain de folie produit d'effets miraculeux dans une ame forte et profondément blessée!

Amazan, selon sa coutume, fit à la dame une réponse respectueuse, par laquelle il lui représentait la sainteté de son serment, et l'obligation étroite où il était d'apprendre à la princesse de Babylone à dompter ses passions; après quoi il fit atteler ses licornes, et repartit pour la Batavie, laissant toute la compagnie émerveillée de lui, et la dame du logis désespérée. Dans l'excès de sa douleur, elle laissa traîner la lettre d'Amazan; milord Qu'importe la lut le lendemain matin. Voilà, dit-il en levant les épaules, de bien plates niaiseries : et il alla chasser au renard avec quelques ivrognes du voisinage.

Amazan voguait déjà sur la mer, muni d'une carte géographique dont lui avait fait présent le savant Albionien qui s'était entretenu avec lui chez milord Qu'importe. Il voyait avec surprise une grande partie de la terre sur une feuille de papier.

Ses yeux et son imagination s'égaraient dans ce petit espace; il regardait le Rhin, le Danube, les Alpes du Tyrol, marqués alors par d'autres noms, et tous les pays par où il devait passer avant d'arriver à la ville des sept montagnes; mais surtout il jetait les yeux sur la contrée des Gangarides, sur Babylone, où il avait vu sa chère princesse, et sur le fatal pays de Bassora, où elle avait donné un baiser au roi d'Égypte. Il soupirait, il versait des larmes; mais il convenait que l'Albionien, qui lui avait fait présent de l'univers en raccourci, n'avait point eu tort en disant qu'on était mille fois plus instruit sur les bords de la Tamise que sur ceux du Nil, de l'Euphrate, et du Gange.

Comme il retournait en Batavie, Formosante volait vers Albion avec ses deux vaisseaux qui cinglaient à pleines voiles; celui d'Amazan et celui de la princesse se croisèrent, se touchèrent presque : les deux amants étaient près l'un de l'autre, et ne pouvaient s'en douter. Ah! s'ils l'avaient su! mais l'impérieuse destinée ne le permit pas.

§ IX.

Sitôt qu'Amazan fut débarqué sur le terrain égal et fangeux de la Batavie, il partit comme un éclair pour la ville aux sept montagnes. Il fallut traverser la partie méridionale de la Germanie. De quatre milles en quatre milles on trouvait un prince et une princesse, des filles d'honneur, et des gueux. Il était étonné des coquetteries que ces dames et ces filles d'honneur lui fesaient partout avec la bonne foi germanique, et il n'y répondait que par de modestes refus. Après avoir franchi les Alpes, il s'embarqua sur la mer de Dalmatie, et aborda dans une ville qui ne ressemblait à rien du tout de ce qu'il avait vu jusqu'alors. La mer formait les rues, les maisons étaient bâties dans l'eau. Le peu de places publiques qui ornaient cette ville était couvert d'hommes et de femmes qui avaient un double visage, celui que la nature leur avait donné, et une face de carton mal peint qu'ils appliquaient par-dessus; en sorte que la nation semblait composée de spectres. Les étrangers qui venaient dans cette contrée commençaient par acheter un visage, comme on se pourvoit ailleurs de bonnets et de souliers. Amazan dédaigna cette mode contre nature, il se présenta tel qu'il était. Il y avait dans la ville douze mille filles enregistrées dans le grand livre de la république; filles utiles à l'état, chargées du commerce le plus avantageux et le plus agréable qui ait jamais enrichi une nation. Les négociants ordinaires envoyaient à grands frais et à grands risques des étoffes dans l'Orient; ces belles négociantes fesaient sans aucun risque un trafic toujours renaissant de leurs attraits. Elles vinrent toutes se présenter au bel Amazan, et lui offrir le choix. Il s'enfuit au plus vite en prononçant le nom de l'incomparable princesse de Babylone, et en jurant par les dieux immortels qu'elle était plus belle que toutes les douze mille filles vénitiennes. Sublime friponne, s'écriait-il dans ses transports, je vous apprendrai à être fidèle!

Enfin les ondes jaunes du Tibre, des marais empestés, des habitants hâves, décharnés, et rares, couverts de vieux manteaux troués qui laissaient voir leur peau sèche et tannée, se présentèrent à ses yeux, et lui annoncèrent qu'il était à la porte de la ville aux sept montagnes, de cette ville de héros et de législateurs qui avaient conquis et policé une grande partie du globe.

Il s'était imaginé qu'il verrait à la porte triomphale cinq cents bataillons commandés par des héros, et, dans le sénat, une assemblée de demi-dieux, donnant des lois à la terre; il trouva, pour toute armée, une trentaine de gredins montant la garde avec un parasol, de peur du soleil. Ayant pénétré jusqu'à un temple qui lui parut très beau, mais moins que celui de Babylone, il fut assez surpris d'y entendre une musique exécutée par des hommes qui avaient des voix de femmes.

Voilà, dit-il, un plaisant pays que cette antique terre de Saturne! J'ai vu une ville où personne n'avait son visage; en voici une autre où les hommes n'ont ni leur voix ni leur barbe. On lui dit que ces chantres n'étaient plus hommes, qu'on les avait dépouillés de leur virilité, afin qu'ils chantassent plus agréablement les louanges d'une prodigieuse quantité de gens de mérite. Amazan ne comprit rien à ce discours. Ces messieurs le prièrent de chanter; il chanta un air gangaride avec sa grace ordinaire. Sa voix était une très belle haute-contre. Ah! monsignor, lui dirent-ils, quel charmant soprano vous auriez!... Ah! si... — Comment si? que prétendez-vous dire? — Ah! monsignor!... — Eh bien? — Si vous n'aviez point de barbe! Alors ils lui expliquèrent très plaisamment, et avec des gestes fort comiques, selon leur coutume, de quoi il était question. Amazan demeura tout confondu. J'ai voyagé, dit-il, et jamais je n'ai entendu parler d'une telle fantaisie.

Lorsqu'on eut bien chanté, le vieux des sept montagnes alla en grand cortége à la porte du temple; il coupa l'air en quatre avec le pouce élevé, deux doigts étendus et deux autres pliés, en disant ces mots dans une langue qu'on ne parlait plus, *A la ville et à l'univers*[a]. Le Gangaride ne pouvait comprendre que deux doigts pussent atteindre si loin.

Il vit bientôt défiler toute la cour du maître du monde; elle était composée de graves personnages, les uns en robes rouges, les autres en violet; presque tous regardaient le bel Amazan en adoucissant les yeux; ils lui fesaient des révérences, et se disaient l'un

---

[a] *Urbi et orbi.*

à l'autre : *San Martino, che bel ragazzo! San Pancratio, che bel fanciullo!*

Les *ardents*, dont le métier était de montrer aux étrangers les curiosités de la ville, s'empressèrent de lui faire voir des masures où un muletier ne voudrait pas passer la nuit, mais qui avaient été autrefois de dignes monuments de la grandeur d'un peuple roi. Il vit encore des tableaux de deux cents ans, et des statues de plus de vingt siècles, qui lui parurent des chefs-d'œuvre. Faites-vous encore de pareils ouvrages? Non, votre excellence, lui répondit un des ardents; mais nous méprisons le reste de la terre, parceque nous conservons ces raretés. Nous sommes des espèces de fripiers qui tirons notre gloire des vieux habits qui restent dans nos magasins.

Amazan voulut voir le palais du prince : on l'y conduisit. Il vit des hommes en violet qui comptaient l'argent des revenus de l'état; tant d'une terre située sur le Danube, tant d'une autre sur la Loire, ou sur le Guadalquivir, ou sur la Vistule. Oh! oh! dit Amazan après avoir consulté sa carte de géographie, votre maître possède donc toute l'Europe comme ces anciens héros des sept montagnes? Il doit posséder l'univers entier de droit divin, lui répondit un violet; et même il a été un temps où ses prédécesseurs ont approché de la monarchie universelle; mais leurs successeurs ont la bonté de se contenter aujourd'hui de quelque argent que les rois leurs sujets leur font payer en forme de tribut.

Votre maître est donc en effet le roi des rois? c'est donc là son titre? dit Amazan. Non, votre excellence, son titre est *serviteur des serviteurs*; il est originairement poissonnier et portier, et c'est pourquoi les emblèmes de sa dignité sont des clefs et des filets; mais il donne toujours des ordres à tous les rois. Il n'y a pas long-temps qu'il envoya cent et un commandements à un roi du pays des Celtes, et le roi obéit.

Votre poissonnier, dit Amazan, envoya donc cinq ou six cent mille hommes pour faire exécuter ses cent et une volontés?

Point du tout, votre excellence; notre saint maître n'est point assez riche pour soudoyer dix mille soldats; mais il a quatre à cinq cent mille prophètes divins distribués dans les autres pays. Ces prophètes de toutes couleurs sont, comme de raison, nourris aux dépens des peuples; ils annoncent de la part du ciel que mon maître peut avec ses clefs ouvrir et fermer toutes les serrures, et surtout celles des coffres-forts. Un prêtre normand[1], qui avait auprès du roi dont je vous parle la charge de confident de ses pensées, le convainquit qu'il devait obéir sans réplique aux cent et une pensées de mon maître; car il faut que vous sachiez qu'une des prérogatives du *vieux des sept montagnes* est d'avoir toujours raison, soit qu'il daigne parler, soit qu'il daigne écrire.

Parbleu, dit Amazan, voilà un singulier homme! je serais curieux de dîner avec lui. Votre excellence, quand vous seriez roi, vous ne pourriez manger à sa table; tout ce qu'il pourrait faire pour vous, ce serait de vous en faire servir une à côté de lui plus petite et

[1] Le Tellier: voyez, tome XX, le chapitre xxxvii du *Siècle de Louis XIV*. B.

plus basse que la sienne. Mais, si vous voulez avoir l'honneur de lui parler, je lui demanderai audience pour vous, moyennant la *buona mancia*[1], que vous aurez la bonté de me donner. Très volontiers, dit le Gangaride. Le violet s'inclina. Je vous introduirai demain, dit-il; vous ferez trois génuflexions, et vous baiserez les pieds du *vieux des sept montagnes*. A ces mots, Amazan fit de si prodigieux éclats de rire, qu'il fut près de suffoquer; il sortit en se tenant les côtés, et rit aux larmes pendant tout le chemin, jusqu'à ce qu'il fût arrivé à son hôtellerie, où il rit encore très long-temps.

A son dîner, il se présenta vingt hommes sans barbe et vingt violons qui lui donnèrent un concert. Il fut courtisé le reste de la journée par les seigneurs les plus importants de la ville; ils lui firent des propositions encore plus étranges que celle de baiser les pieds du *vieux des sept montagnes*. Comme il était extrêmement poli, il crut d'abord que ces messieurs le prenaient pour une dame, et les avertit de leur méprise avec l'honnêteté la plus circonspecte. Mais, étant pressé un peu vivement par deux ou trois des plus déterminés violets, il les jeta par les fenêtres, sans croire faire un grand sacrifice à la belle Formosante. Il quitta au plus vite cette ville des maîtres du monde, où il fallait baiser un vieillard à l'orteil, comme si sa joue était à son pied, et où l'on n'abordait les jeunes gens qu'avec des cérémonies encore plus bizarres.

---

[1] Bonne étrenne. B.

§ X.

De province en province, ayant toujours repoussé les agaceries de toute espèce, toujours fidèle à la princesse de Babylone, toujours en colère contre le roi d'Égypte, ce modèle de constance parvint à la capitale nouvelle des Gaules. Cette ville avait passé, comme tant d'autres, par tous les degrés de la barbarie, de l'ignorance, de la sottise, et de la misère. Son premier nom[1] avait été *la boue* et *la crotte*; ensuite elle avait pris celui d'Isis, du culte d'Isis parvenu jusque chez elle. Son premier sénat avait été une compagnie de bateliers. Elle avait été long-temps esclave des héros déprédateurs des sept montagnes; et, après quelques siècles, d'autres héros brigands, venus de la rive ultérieure du Rhin, s'étaient emparés de son petit terrain.

Le temps, qui change tout, en avait fait une ville dont la moitié était très noble et très agréable, l'autre un peu grossière et ridicule : c'était l'emblème de ses habitants. Il y avait dans son enceinte environ cent mille personnes au moins qui n'avaient rien à faire qu'à jouer et à se divertir. Ce peuple d'oisifs jugeait des arts que les autres cultivaient. Ils ne savaient rien de ce qui se passait à la cour; quoiqu'elle ne fût qu'à quatre petits milles d'eux, il semblait qu'elle en fût à six cents milles au moins. La douceur de la société, la gaîté, la frivolité, étaient leur importante et leur unique affaire; on les gouvernait comme des enfants à qui l'on prodigue les jouets pour les empêcher de crier. Si on leur parlait des horreurs qui avaient, deux

---

[1] *Lutetia*, dérivé de *lutum*, qui signifie boue. B.

siècles auparavant, désolé leur patrie, et des temps épouvantables où la moitié de la nation avait massacré l'autre pour des sophismes, ils disaient qu'en effet cela n'était pas bien, et puis ils se mettaient à rire et à chanter des vaudevilles.

Plus les oisifs étaient polis, plaisants, et aimables, plus on observait un triste contraste entre eux et des compagnies d'occupés.

Il était, parmi ces occupés, ou qui prétendaient l'être, une troupe de sombres fanatiques, moitié absurdes, moitié fripons, dont le seul aspect contristait la terre, et qui l'auraient bouleversée, s'ils l'avaient pu, pour se donner un peu de crédit; mais la nation des oisifs, en dansant et en chantant, les fesait rentrer dans leurs cavernes, comme les oiseaux obligent les chats-huants à se replonger dans les trous des masures.

D'autres occupés, en plus petit nombre, étaient les conservateurs d'anciens usages barbares contre lesquels la nature effrayée réclamait à haute voix; ils ne consultaient que leurs registres rongés des vers. S'ils y voyaient une coutume insensée et horrible, ils la regardaient comme une loi sacrée. C'est par cette lâche habitude de n'oser penser par eux-mêmes, et de puiser leurs idées dans les débris des temps où l'on ne pensait pas, que, dans la ville des plaisirs, il était encore des mœurs atroces. C'est par cette raison qu'il n'y avait nulle proportion entre les délits et les peines. On fesait quelquefois souffrir mille morts à un innocent, pour lui faire avouer un crime qu'il n'avait pas commis.

On punissait une étourderie de jeune homme comme on aurait puni un empoisonnement ou un parricide. Les oisifs en poussaient des cris perçants, et le lendemain ils n'y pensaient plus, et ne parlaient que de modes nouvelles.

Ce peuple avait vu s'écouler un siècle entier pendant lequel les beaux-arts s'élevèrent à un degré de perfection qu'on n'aurait jamais osé espérer; les étrangers venaient alors, comme à Babylone, admirer les grands monuments d'architecture, les prodiges des jardins, les sublimes efforts de la sculpture et de la peinture. Ils étaient enchantés d'une musique qui allait à l'ame sans étonner les oreilles.

La vraie poésie, c'est-à-dire celle qui est naturelle et harmonieuse, celle qui parle au cœur autant qu'à l'esprit, ne fut connue de la nation que dans cet heureux siècle. De nouveaux genres d'éloquence déployèrent des beautés sublimes. Les théâtres surtout retentirent de chefs-d'œuvre dont aucun peuple n'approcha jamais. Enfin le bon goût se répandit dans toutes les professions, au point qu'il y eut de bons écrivains même chez les druides.

Tant de lauriers, qui avaient levé leurs têtes jusqu'aux nues, se séchèrent bientôt dans une terre épuisée. Il n'en resta qu'un très petit nombre dont les feuilles étaient d'un vert pâle et mourant. La décadence fut produite par la facilité de faire et par la paresse de bien faire, par la satiété du beau et par le goût du bizarre. La vanité protégea des artistes qui ramenaient les temps de la barbarie; et cette même vanité, en persécutant les talents véritables, les força de quitter leur patrie; les frelons firent disparaître les abeilles.

Presque plus de véritables arts, presque plus de génie; le mérite consistait à raisonner à tort et à travers sur le mérite du siècle passé: le barbouilleur des murs d'un cabaret critiquait savamment les tableaux des grands peintres; les barbouilleurs de papier défiguraient les ouvrages des grands écrivains. L'ignorance et le mauvais goût avaient d'autres barbouilleurs à leurs gages. On répétait les mêmes choses dans cent volumes sous des titres différents. Tout était ou dictionnaire ou brochure. Un gazetier druide [1] écrivait deux fois par semaine les annales obscures de quelques énergumènes ignorés de la nation, et de prodiges célestes opérés dans des galetas par de petits gueux et de petites gueuses; d'autres ex-druides, vêtus de noir, près de mourir de colère et de faim, se plaignaient dans cent écrits qu'on ne leur permît plus de tromper les hommes, et qu'on laissât ce droit à des boucs vêtus de gris. Quelques archi-druides imprimaient des libelles diffamatoires.

Amazan ne savait rien de tout cela; et, quand il l'aurait su, il ne s'en serait guère embarrassé, n'ayant la tête remplie que de la princesse de Babylone, du roi d'Égypte, et de son serment inviolable de mépriser toutes les coquetteries des dames, dans quelque pays que le chagrin conduisît ses pas.

Toute la populace légère, ignorante, et toujours

---

[1] On appelait *Gazette ecclésiastique* le journal intitulé: *Nouvelles ecclésiastiques, ou Mémoires pour servir à l'histoire de la constitution* Unigenitus, et qui parut dans le format in-4°, de 1713 à 1803. B.

poussant à l'excès cette curiosité naturelle au genre humain, s'empressa long-temps auprès de ses licornes; les femmes, plus sensées, forcèrent les portes de son hôtel pour contempler sa personne.

Il témoigna d'abord à son hôte quelque desir d'aller à la cour; mais des oisifs de bonne compagnie, qui se trouvèrent là par hasard, lui dirent que ce n'était plus la mode, que les temps étaient bien changés, et qu'il n'y avait plus de plaisirs qu'à la ville. Il fut invité le soir même à souper par une dame dont l'esprit et les talents étaient connus hors de sa patrie, et qui avait voyagé dans quelques pays où Amazan avait passé. Il goûta fort cette dame et la société rassemblée chez elle. La liberté y était décente, la gaîté n'y était point bruyante, la science n'y avait rien de rebutant, et l'esprit rien d'apprêté. Il vit que le nom de bonne compagnie n'est pas un vain nom, quoiqu'il soit souvent usurpé. Le lendemain il dîna dans une société non moins aimable, mais beaucoup plus voluptueuse. Plus il fut satisfait des convives, plus on fut content de lui. Il sentit son cœur s'amollir et se dissoudre comme les aromates de son pays se fondent doucement à un feu modéré, et s'exhalent en parfums délicieux.

Après le dîner, on le mena à un spectacle enchanteur, condamné par les druides, parcequ'il leur enlevait les auditeurs dont ils étaient le plus jaloux. Ce spectacle était un composé de vers agréables, de chants délicieux, de danses qui exprimaient les mouvements de l'ame, et de perspectives qui charmaient les yeux en les trompant. Ce genre de plaisir, qui rassemblait tant de genres, n'était connu que sous un nom étranger; il s'appelait *opéra*, ce qui signifiait autrefois dans la langue des sept montagnes, *travail, soin, occupation, industrie, entreprise, besogne, affaire*. Cette affaire l'enchanta. Une fille surtout le charma par sa voix mélodieuse et par les graces qui l'accompagnaient : cette fille d'affaire, après le spectacle, lui fut présentée par ses nouveaux amis. Il lui fit présent d'une poignée de diamants. Elle en fut si reconnaissante, qu'elle ne put le quitter du reste du jour. Il soupa avec elle, et, pendant le repas, il oublia sa sobriété; et, après le repas, il oublia son serment d'être toujours insensible à la beauté, et inexorable aux tendres coquetteries. Quel exemple de la faiblesse humaine!

La belle princesse de Babylone arrivait alors avec le phénix, sa femme de chambre Irla, et ses deux cents cavaliers gangarides montés sur leurs licornes. Il fallut attendre assez long-temps pour qu'on ouvrît les portes. Elle demanda d'abord si le plus beau des hommes, le plus courageux, le plus spirituel, et le plus fidèle était encore dans cette ville. Les magistrats virent bien qu'elle voulait parler d'Amazan. Elle se fit conduire à son hôtel; elle entra le cœur palpitant d'amour; toute son ame était pénétrée de l'inexprimable joie de revoir enfin dans son amant le modèle de la constance. Rien ne put l'empêcher d'entrer dans sa chambre; les rideaux étaient ouverts; elle vit le bel Amazan dormant entre les bras d'une jolie brune. Ils avaient tous deux un très grand besoin de repos.

Formosante jeta un cri de douleur qui retentit dans toute la maison, mais qui ne put éveiller ni son cousin, ni la fille d'affaire. Elle tomba pâmée entre les bras d'Irla. Dès qu'elle eut repris ses sens, elle sortit de cette chambre fatale avec une douleur mêlée de rage. Irla s'informa quelle était cette jeune demoiselle qui passait des heures si douces avec le bel Amazan. On lui dit que c'était une fille d'affaire fort complaisante, qui joignait à ses talents celui de chanter avec assez de grace. O juste ciel! ô puissant Orosmade! s'écriait la belle princesse de Babylone tout en pleurs, par qui suis-je trahie, et pour qui! Ainsi donc celui qui a refusé pour moi tant de princesses m'abandonne pour une farceuse des Gaules! Non, je ne pourrai survivre à cet affront.

Madame, lui dit Irla, voilà comme sont faits tous les jeunes gens d'un bout du monde à l'autre; fussent-ils amoureux d'une beauté descendue du ciel, ils lui feraient, dans de certains moments, des infidélités pour une servante de cabaret.

C'en est fait, dit la princesse, je ne le reverrai de ma vie; partons dans l'instant même, et qu'on attelle mes licornes. Le phénix la conjura d'attendre au moins qu'Amazan fût éveillé, et qu'il pût lui parler. Il ne le mérite pas, dit la princesse; vous m'offenseriez cruellement; il croirait que je vous ai prié de lui faire des reproches, et que je veux me raccommoder avec lui: si vous m'aimez, n'ajoutez pas cette injure à l'injure qu'il m'a faite. Le phénix, qui après tout devait la vie à la fille du roi de Babylone, ne put lui désobéir. Elle repartit avec tout son monde. Où allons-nous, madame? lui demanda Irla. Je n'en sais rien, répondit la princesse; nous prendrons le premier chemin que nous trouverons : pourvu que je fuie Amazan pour jamais, je suis contente. Le phénix, qui était plus sage que Formosante, parcequ'il était sans passion, la consolait en chemin ; il lui remontrait avec douceur qu'il était triste de se punir pour les fautes d'un autre ; qu'Amazan lui avait donné des preuves assez éclatantes et assez nombreuses de fidélité pour qu'elle pût lui pardonner de s'être oublié un moment; que c'était un juste à qui la grace d'Orosmade avait manqué; qu'il n'en serait que plus constant désormais dans l'amour et dans la vertu; que le desir d'expier sa faute le mettrait au-dessus de lui-même; qu'elle n'en serait que plus heureuse; que plusieurs grandes princesses avant elle avaient pardonné de semblables écarts, et s'en étaient bien trouvées. Il lui en rapportait des exemples; et il possédait tellement l'art de conter, que le cœur de Formosante fut enfin plus calme et plus paisible; elle aurait voulu n'être point sitôt partie; elle trouvait que ses licornes allaient trop vite : mais elle n'osait revenir sur ses pas; combattue entre l'envie de pardonner et celle de montrer sa colère, entre son amour et sa vanité, elle laissait aller ses licornes; elle courait le monde selon la prédiction de l'oracle de son père.

Amazan, à son réveil, apprend l'arrivée et le départ de Formosante et du phénix; il apprend le désespoir et le courroux de la princesse; on lui dit qu'elle a juré de ne lui pardonner jamais. Il ne me reste plus, s'écria-t-il, qu'à la suivre et à me tuer à ses pieds.

Ses amis de la bonne compagnie des oisifs accoururent au bruit de cette aventure; tous lui remontrèrent qu'il valait infiniment mieux demeurer avec eux; que rien n'était comparable à la douce vie qu'ils menaient dans le sein des arts et d'une volupté tranquille et délicate; que plusieurs étrangers et des rois mêmes avaient préféré ce repos, si agréablement occupé et si enchanteur, à leur patrie et à leur trône; que d'ailleurs sa voiture était brisée, et qu'un sellier lui en fesait une à la nouvelle mode; que le meilleur tailleur de la ville lui avait déjà coupé une douzaine d'habits du dernier goût; que les dames les plus spirituelles et les plus aimables de la ville, chez qui on jouait très bien la comédie, avaient retenu chacune leur jour pour lui donner des fêtes. La fille d'*affaire*, pendant ce temps-là, prenait son chocolat à sa toilette, riait, chantait, et fesait des agaceries au bel Amazan, qui s'aperçut enfin qu'elle n'avait pas le sens d'un oison.

Comme la sincérité, la cordialité, la franchise, ainsi que la magnanimité et le courage, composaient le caractère de ce grand prince, il avait conté ses malheurs et ses voyages à ses amis; ils savaient qu'il était cousin issu de germain de la princesse; ils étaient informés du baiser funeste donné par elle au roi d'Égypte; on se pardonne, lui dirent-ils, ces petites frasques entre parents, sans quoi il faudrait passer sa vie dans d'éternelles querelles. Rien n'ébranla son dessein de courir après Formosante; mais sa voiture n'étant pas prête, il fut obligé de passer trois jours parmi les oisifs dans les fêtes et dans les plaisirs; enfin il prit congé d'eux en les embrassant, en leur fesant accepter les diamants de son pays les mieux montés, en leur recommandant d'être toujours légers et frivoles, puisqu'ils n'en étaient que plus aimables et plus heureux. Les Germains, disait-il, sont les vieillards de l'Europe; les peuples d'Albion sont les hommes faits, les habitants de la Gaule sont les enfants, et j'aime à jouer avec eux.

§ XI.

Ses guides n'eurent pas de peine à suivre la route de la princesse; on ne parlait que d'elle et de son gros oiseau. Tous les habitants étaient encore dans l'enthousiasme de l'admiration. Les peuples de la Dalmatie et de la Marche d'Ancône éprouvèrent depuis une surprise moins délicieuse, quand ils virent une maison voler dans les airs; les bords de la Loire, de la Dordogne, de la Garonne, de la Gironde, retentissaient encore d'acclamations.

Quand Amazan fut au pied des Pyrénées, les magistrats et les druides du pays lui firent danser malgré lui un tambourin; mais sitôt qu'il eut franchi les Pyrénées, il ne vit plus de gaîté ni de joie. S'il entendit quelques chansons de loin à loin, elles étaient toutes sur un ton triste: les habitants marchaient gravement avec des grains enfilés et un poignard à leur ceinture. La nation, vêtue de noir, semblait être en deuil. Si les domestiques d'Amazan interrogeaient les passants, ceux-ci répondaient par signes; si on entrait dans une hôtellerie, le maître de la maison enseignait aux gens en trois paroles qu'il n'y avait rien dans la maison, et qu'on pouvait envoyer chercher à quelques milles les choses dont on avait un besoin pressant.

Quand on demandait à ces silenciaires s'ils avaient vu passer la belle princesse de Babylone, ils répondaient avec moins de brièveté: Nous l'avons vue, elle n'est pas si belle, il n'y a de beau que les teints basanés; elle étale une gorge d'albâtre qui est la chose du monde la plus dégoûtante, et qu'on ne connaît presque point dans nos climats.

Amazan avançait vers la province arrosée du Bétis. Il ne s'était pas écoulé plus de douze mille années depuis que ce pays avait été découvert par les Tyriens, vers le même temps qu'ils firent la découverte de la grande île Atlantique, submergée quelques siècles après. Les Tyriens cultivèrent la Bétique, que les naturels du pays laissaient en friche, prétendant qu'ils ne devaient se mêler de rien, et que c'était aux Gaulois leurs voisins à venir cultiver leurs terres. Les Tyriens avaient amené avec eux des Palestins[1] qui, dès ce temps-là, couraient dans tous les climats, pour peu qu'il y eût de l'argent à gagner. Ces Palestins, en prêtant sur gages à cinquante pour cent, avaient attiré à eux presque toutes les richesses du pays. Cela fit croire aux peuples de la Bétique que les Palestins étaient sorciers; et tous ceux qui étaient accusés de magie étaient brûlés sans miséricorde par une compagnie de druides qu'on appelait *les rechercheurs*, ou *les anthropokaies*[2]. Ces prêtres les revêtaient d'abord

---

[1] Palestins désigne les Juifs originaires de la Palestine ou Judée. B.

[2] Le mot *Antropokaies* est irrégulièrement formé. Il faudrait *Antropokaustes*, qui signifie *brûleurs d'hommes*, et non *rechercheurs*, comme le donne à penser Voltaire, qui probablement n'aura pas osé traduire le mot. Peut-être aussi est-ce à dessein qu'il a commis la faute dont je viens de par-

d'un habit de masque, s'emparaient de leurs biens, et récitaient dévotement les propres prières des Palestins, tandis qu'on les cuisait à petit feu *por l'amor de Dios.*

La princesse de Babylone avait mis pied à terre dans la ville qu'on appela depuis *Sevilla*. Son dessein était de s'embarquer sur le Bétis pour retourner par Tyr à Babylone revoir le roi Bélus son père, et oublier, si elle pouvait, son infidèle amant, ou bien le demander en mariage. Elle fit venir chez elle deux Palestins qui fesaient toutes les affaires de la cour. Ils devaient lui fournir trois vaisseaux. Le phénix fit avec eux tous les arrangements nécessaires, et convint du prix après avoir un peu disputé.

L'hôtesse était fort dévote, et son mari, non moins dévot, était familier, c'est-à-dire espion des druides rechercheurs anthropokaies; il ne manqua pas de les avertir qu'il avait dans sa maison une sorcière et deux Palestins qui fesaient un pacte avec le diable déguisé en gros oiseau doré. Les rechercheurs apprenant que la dame avait une prodigieuse quantité de diamants, la jugèrent incontinent sorcière; ils attendirent la nuit pour renfermer les deux cents cavaliers et les licornes qui dormaient dans de vastes écuries; car les rechercheurs sont poltrons.

Après avoir bien barricadé les portes, ils se saisirent de la princesse et d'Irla; mais ils ne purent prendre le phénix qui s'envola à tire d'ailes : il se

---

ler, et qui a été relevée par Larcher, dans son *Supplément à la philosophie de l'histoire,* page 292 de la seconde édition. B.

doutait bien qu'il trouverait Amazan sur le chemin des Gaules à Sevilla.

Il le rencontra sur la frontière de la Bétique, et lui apprit le désastre de la princesse. Amazan ne put parler; il était trop saisi, trop en fureur. Il s'arme d'une cuirasse d'acier damasquinée d'or, d'une lance de douze pieds, de deux javelots, et d'une épée tranchante appelée *la fulminante*, qui pouvait fendre d'un seul coup des arbres, des rochers, et des druides; il couvre sa belle tête d'un casque d'or ombragé de plumes de héron et d'autruche. C'était l'ancienne armure de Magog, dont sa sœur Aldée lui avait fait présent dans son voyage en Scythie; le peu de suivants qui l'accompagnaient montent comme lui chacun sur sa licorne.

Amazan, en embrassant son cher phénix, ne lui dit que ces tristes paroles: Je suis coupable; si je n'avais pas couché avec une fille d'*affaire* dans la ville des oisifs, la belle princesse de Babylone ne serait pas dans cet état épouvantable; courons aux anthropokaies. Il entre bientôt dans Sevilla; quinze cents alguazils gardaient les portes de l'enclos où les deux cents Gangarides et leurs licornes étaient renfermés sans avoir à manger; tout était préparé pour le sacrifice qu'on allait faire de la princesse de Babylone, de sa femme de chambre Irla, et des deux riches Palestins.

Le grand-anthropokaie, entouré de ses petits anthropokaies, était déjà sur son tribunal sacré; une foule de Sévillois portant des grains enfilés à leurs ceintures joignaient les deux mains sans dire un mot, et l'on amenait la belle princesse, Irla, et les deux

Palestins, les mains liées derrière le dos, et vêtus d'un habit de masque.

Le phénix entre par une lucarne dans la prison où les Gangarides commençaient déjà à enfoncer les portes. L'invincible Amazan les brisait en dehors. Ils sortent tout armés, tous sur leurs licornes; Amazan se met à leur tête. Il n'eut pas de peine à renverser les alguazils, les familiers, les prêtres anthropokaies; chaque licorne en perçait des douzaines à-la-fois. La fulminante d'Amazan coupait en deux tous ceux qu'il rencontrait ; le peuple fuyait en manteau noir et en fraise sale, toujours tenant à la main ses grains bénits *por l'amor de Dios*.

Amazan saisit de sa main le grand-rechercheur sur son tribunal, et le jette sur le bûcher qui était préparé à quarante pas ; il y jeta aussi les autres petits rechercheurs l'un après l'autre. Il se prosterne ensuite aux pieds de Formosante. Ah ! que vous êtes aimable, dit-elle, et que je vous adorerais, si vous ne m'aviez pas fait une infidélité avec une fille *d'affaire !*

Tandis qu'Amazan fesait sa paix avec la princesse, tandis que les Gangarides entassaient dans le bûcher les corps de tous les anthropokaies, et que les flammes s'élevaient jusqu'aux nues, Amazan vit de loin comme une armée qui venait à lui. Un vieux monarque, la couronne en tête, s'avançait sur un char traîné par huit mules attelées avec des cordes; cent autres chars suivaient. Ils étaient accompagnés de graves personnages en manteau noir et en fraise, montés sur de très beaux chevaux; une multitude de gens à pied suivait en cheveux gras et en silence.

D'abord Amazan fit ranger autour de lui ses Gangarides, et s'avança la lance en arrêt. Dès que le roi l'aperçut, il ôta sa couronne, descendit de son char, embrassa l'étrier d'Amazan, et lui dit : « Homme en-
« voyé de Dieu, vous êtes le vengeur du genre hu-
« main, le libérateur de ma patrie, mon protecteur.
« Ces monstres sacrés dont vous avez purgé la terre
« étaient mes maîtres au nom du *vieux des sept mon-*
« *tagnes*; j'étais forcé de souffrir leur puissance cri-
« minelle. Mon peuple m'aurait abandonné, si j'avais
« voulu seulement modérer leurs abominables atro-
« cités. D'aujourd'hui je respire, je règne, et je vous
« le dois. »

Ensuite il baisa respectueusement la main de Formosante, et la supplia de vouloir bien monter avec Amazan, Irla, et le phénix, dans son carrosse à huit mules. Les deux Palestins, banquiers de la cour, encore prosternés à terre de frayeur et de reconnaissance, se relevèrent, et la troupe des licornes suivit le roi de la Bétique dans son palais.

Comme la dignité du roi d'un peuple grave exigeait que ses mules allassent au petit pas, Amazan et Formosante eurent le temps de lui conter leurs aventures. Il entretint aussi le phénix; il l'admira et le baisa cent fois. Il comprit combien les peuples d'Occident, qui mangeaient les animaux, et qui n'entendaient plus leur langage, étaient ignorants, brutaux, et barbares : que les seuls Gangarides avaient conservé la nature et la dignité primitive de l'homme; mais il convenait surtout que les plus barbares des mortels étaient ces rechercheurs anthropokaies dont Amazan venait de purger le monde. Il ne cessait de le bénir et de le remercier. La belle Formosante oubliait déjà l'aventure de la fille d'*affaire*, et n'avait l'ame remplie que de la valeur du héros qui lui avait sauvé la vie. Amazan, instruit de l'innocence du baiser donné au roi d'Égypte, et de la résurrection du phénix, goûtait une joie pure, et était enivré du plus violent amour.

On dîna au palais, et on y fit assez mauvaise chère. Les cuisiniers de la Bétique étaient les plus mauvais de l'Europe : Amazan conseilla d'en faire venir des Gaules. Les musiciens du roi exécutèrent pendant le repas cet air célèbre qu'on appela dans la suite des siècles *Les Folies d'Espagne*. Après le repas on parla d'affaires.

Le roi demanda au bel Amazan, à la belle Formosante, et au beau phénix, ce qu'ils prétendaient devenir. Pour moi, dit Amazan, mon intention est de retourner à Babylone, dont je suis l'héritier présomptif, et de demander à mon oncle Bélus ma cousine issue de germaine, l'incomparable Formosante, à moins qu'elle n'aime mieux vivre avec moi chez les Gangarides.

Mon dessein, dit la princesse, est assurément de ne jamais me séparer de mon cousin issu de germain; mais je crois qu'il convient que je me rende auprès du roi mon père, d'autant plus qu'il ne m'a donné permission que d'aller en pélerinage à Bassora, et que j'ai couru le monde. Pour moi, dit le phénix, je suivrai partout ces deux tendres et généreux amants.

Vous avez raison, dit le roi de la Bétique; mais le retour à Babylone n'est pas si aisé que vous le pensez.

Je sais tous les jours des nouvelles de ce pays-là par les vaisseaux tyriens, et par mes banquiers palestins, qui sont en correspondance avec tous les peuples de la terre. Tout est en armes vers l'Euphrate et le Nil. Le roi de Scythie redemande l'héritage de sa femme, à la tête de trois cent mille guerriers tous à cheval. Le roi d'Égypte et le roi des Indes désolent aussi les bords du Tigre et de l'Euphrate, chacun à la tête de trois cent mille hommes, pour se venger de ce qu'on s'est moqué d'eux. Pendant que le roi d'Égypte est hors de son pays, son ennemi le roi d'Éthiopie ravage l'Égypte avec trois cent mille hommes, et le roi de Babylone n'a encore que six cent mille hommes sur pied pour se défendre.

Je vous avoue, continua le roi, que lorsque j'entends parler de ces prodigieuses armées que l'Orient vomit de son sein, et de leur étonnante magnificence; quand je les compare à nos petits corps de vingt à trente mille soldats qu'il est si difficile de vêtir et de nourrir, je suis tenté de croire que l'Orient a été fait bien long-temps avant l'Occident. Il semble que nous soyons sortis avant-hier du chaos, et hier de la barbarie.

Sire, dit Amazan, les derniers venus l'emportent quelquefois sur ceux qui sont entrés les premiers dans la carrière. On pense dans mon pays que l'homme est originaire de l'Inde; mais je n'en ai aucune certitude.

Et vous, dit le roi de la Bétique au phénix, qu'en pensez-vous? Sire, répondit le phénix, je suis encore trop jeune pour être instruit de l'antiquité. Je n'ai vécu qu'environ vingt-sept mille ans; mais mon père, qui avait vécu cinq fois cet âge, me disait qu'il avait appris de son père que les contrées de l'Orient avaient toujours été plus peuplées et plus riches que les autres. Il tenait de ses ancêtres que les générations de tous les animaux avaient commencé sur les bords du Gange. Pour moi, je n'ai pas la vanité d'être de cette opinion; je ne puis croire que les renards d'Albion, les marmottes des Alpes, et les loups de la Gaule, viennent de mon pays; de même que je ne crois pas que les sapins et les chênes de vos contrées descendent des palmiers et des cocotiers des Indes.

Mais d'où venons-nous donc? dit le roi. Je n'en sais rien, dit le phénix; je voudrais seulement savoir où la belle princesse de Babylone et mon cher ami Amazan pourront aller. Je doute fort, repartit le roi, qu'avec ses deux cents licornes il soit en état de percer à travers tant d'armées de trois cent mille hommes chacune. Pourquoi non? dit Amazan.

Le roi de la Bétique sentit le sublime du pourquoi non; mais il crut que le sublime seul ne suffisait pas contre des armées innombrables. Je vous conseille, dit-il, d'aller trouver le roi d'Éthiopie; je suis en relation avec ce prince noir par le moyen de mes Palestins; je vous donnerai des lettres pour lui : puisqu'il est l'ennemi du roi d'Égypte, il sera trop heureux d'être fortifié par votre alliance. Je puis vous aider de deux mille hommes très sobres et très braves; il ne tiendra qu'à vous d'en engager autant chez les peuples qui demeurent, ou plutôt qui sautent au pied des Pyrénées, et qu'on appelle *Vasques* ou *Vascons*. Envoyez un de vos guerriers sur une licorne avec quelques diamants; il n'y a point de Vascon qui ne quitte le castel, c'est-à-dire la chaumière de son père, pour vous servir. Ils sont infatigables, courageux, et plaisants; vous en serez très satisfait. En attendant qu'ils soient arrivés, nous vous donnerons des fêtes, et nous vous préparerons des vaisseaux. Je ne puis trop reconnaître le service que vous m'avez rendu.

Amazan jouissait du bonheur d'avoir retrouvé Formosante, et de goûter en paix dans sa conversation tous les charmes de l'amour réconcilié, qui valent presque ceux de l'amour naissant.

Bientôt une troupe fière et joyeuse de Vascons arriva en dansant au tambourin; l'autre troupe fière et sérieuse de Bétiquois était prête. Le vieux roi tanné embrassa tendrement les deux amants; il fit charger leurs vaisseaux d'armes, de lits, de jeux d'échecs, d'habits noirs, de golilles[1], d'ognons, de moutons, de poules, de farine, et de beaucoup d'ail, en leur souhaitant une heureuse traversée, un amour constant, et des victoires.

La flotte aborda le rivage où l'on dit que tant de siècles après la Phénicienne Didon, sœur d'un Pygmalion, épouse d'un Sichée, ayant quitté cette ville de Tyr, vint fonder la superbe ville de Carthage, en coupant un cuir de bœuf en lanières, selon le témoignage des plus graves auteurs de l'antiquité, lesquels n'ont jamais conté de fables, et selon les professeurs qui ont écrit pour les petits garçons; quoique après tout il n'y ait jamais eu personne à Tyr qui se soit appelé Pygmalion, ou Didon, ou Sichée, qui sont des

---

[1] Collet espagnol. (Note de M. Decroix.)

noms entièrement grecs, et quoique enfin il n'y eût point de roi à Tyr en ces temps-là.

La superbe Carthage n'était point encore un port de mer; il n'y avait là que quelques Numides qui fesaient sécher des poissons au soleil. On côtoya la Byzacène et les Syrtes, les bords fertiles où furent depuis Cyrène et la grande Chersonèse.

Enfin on arriva vers la première embouchure du fleuve sacré du Nil. C'est à l'extrémité de cette terre fertile que le port de Canope recevait déjà les vaisseaux de toutes les nations commerçantes, sans qu'on sût si le dieu Canope avait fondé le port, ou si les habitants avaient fabriqué le dieu, ni si l'étoile Canope avait donné son nom à la ville, ou si la ville avait donné le sien à l'étoile. Tout ce qu'on en savait, c'est que la ville et l'étoile étaient fort anciennes, et c'est tout ce qu'on peut savoir de l'origine des choses, de quelque nature qu'elles puissent être.

Ce fut là que le roi d'Éthiopie, ayant ravagé toute l'Égypte, vit débarquer l'invincible Amazan et l'adorable Formosante. Il prit l'un pour le dieu des combats, et l'autre pour la déesse de la beauté. Amazan lui présenta la lettre de recommandation du roi de la Bétique. Le roi d'Éthiopie donna d'abord des fêtes admirables, suivant la coutume indispensable des temps héroïques : ensuite on parla d'aller exterminer les trois cent mille hommes du roi d'Égypte, les trois cent mille de l'empereur des Indes, et les trois cent mille du grand kan des Scythes qui assiégeaient l'immense, l'orgueilleuse, la voluptueuse ville de Babylone.

Les deux mille Bétiquois qu'Amazan avait amenés

avec lui dirent qu'ils n'avaient que faire du roi d'Éthiopie pour secourir Babylone; que c'était assez que leur roi leur eût ordonné d'aller la délivrer; qu'il suffisait d'eux pour cette expédition.

Les Vascons dirent qu'ils en avaient bien fait d'autres; qu'ils battraient tout seuls les Égyptiens, les Indiens, et les Scythes, et qu'ils ne voulaient marcher avec les soldats de la Bétique qu'à condition que ceux-ci seraient à l'arrière-garde.

Les deux cents Gangarides se mirent à rire des prétentions de leurs alliés, et ils soutinrent qu'avec cent licornes seulement ils feraient fuir tous les rois de la terre. La belle Formosante les apaisa par sa prudence et par ses discours enchanteurs. Amazan présenta au monarque noir ses Gangarides, ses licornes, les Bétiquois, les Vascons, et son bel oiseau.

Tout fut prêt bientôt pour marcher par Memphis, par Héliopolis, par Arsinoé, par Pétra, par Artémite, par Sora, par Apamée, pour aller attaquer les trois rois, et pour faire cette guerre mémorable devant laquelle toutes les guerres que les hommes ont faites depuis n'ont été que des combats de coqs et de cailles.

Chacun sait comment le roi d'Éthiopie devint amoureux de la belle Formosante, et comment il la surprit au lit, lorsqu'un doux sommeil fermait ses longues paupières. On se souvient qu'Amazan, témoin de ce spectacle, crut voir le jour et la nuit couchant ensemble. On n'ignore pas qu'Amazan, indigné de l'affront, tira soudain sa fulminante, qu'il coupa la tête perverse du nègre insolent, et qu'il chassa tous les Éthiopiens d'Égypte. Ces prodiges ne sont-ils pas écrits dans le livre des chroniques d'Égypte? La renommée a publié de ses cent bouches les victoires qu'il remporta sur les trois rois avec ses guerriers de la Bétique, ses Vascons, et ses licornes. Il rendit la belle Formosante à son père; il délivra toute la suite de sa maîtresse que le roi d'Égypte avait réduite en esclavage. Le grand kan des Scythes se déclara son vassal, et son mariage avec la princesse Aldée fut confirmé. L'invincible et généreux Amazan, reconnu pour héritier du royaume de Babylone, entra dans la ville en triomphe avec le phénix, en présence de cent rois tributaires. La fête de son mariage surpassa en tout celle que le roi Bélus avait donnée. On servit à table le bœuf Apis rôti. Le roi d'Égypte et celui des Indes donnèrent à boire aux deux époux, et ces noces furent célébrées par cinq cents grands poëtes de Babylone.

O muses! qu'on invoque toujours au commencement de son ouvrage, je ne vous implore qu'à la fin. C'est en vain qu'on me reproche de dire graces sans avoir dit *benedicite*. Muses! vous n'en serez pas moins mes protectrices. Empêchez que des continuateurs[1] téméraires ne gâtent par leurs fables les vérités que j'ai enseignées aux mortels dans ce fidèle récit, ainsi qu'ils ont osé falsifier *Candide*, *l'Ingénu*, et les chastes aventures de la chaste Jeanne, qu'un ex-capucin a défigurées par des vers dignes des capucins, dans des éditions bataves. Qu'ils ne fassent pas ce tort à mon typographe, chargé d'une nombreuse famille, et qui possède

---

[1] Il existe une continuation de *Candide*; voyez ma préface du tome XXXIII. Je n'en connais point de *l'Ingénu*. B.

à peine de quoi avoir des caractères, du papier, et de l'encre.

O muses! imposez silence au détestable Cogé [1], professeur de bavarderie au collége Mazarin, qui n'a pas été content des discours moraux de Bélisaire et de l'empereur Justinien, et qui a écrit de vilains libelles diffamatoires contre ces deux grands hommes.

Mettez un bâillon au pédant Larcher, qui, sans savoir un mot de l'ancien babylonien, sans avoir voyagé comme moi sur les bords de l'Euphrate et du Tigre, a eu l'impudence de soutenir que la belle Formosante, fille du plus grand roi du monde, et la princesse Aldée, et toutes les femmes de cette respectable cour, allaient coucher avec tous les palefreniers de l'Asie pour de l'argent, dans le grand temple de Babylone, par principe de religion [2]. Ce libertin de collége, votre ennemi et celui de la pudeur, accuse les belles Égyptiennes de Mendès de n'avoir aimé que des boucs, se proposant en secret, par cet exemple, de faire un tour en Égypte pour avoir enfin de bonnes aventures.

Comme il ne connaît pas plus le moderne que l'antique, il insinue, dans l'espérance de s'introduire auprès de quelque vieille, que notre incomparable Ninon, à l'âge de quatre-vingts ans, coucha avec l'abbé Gédoin, de l'académie française et de celle des inscriptions et belles-lettres. Il n'a jamais entendu parler de l'abbé de Châteauneuf, qu'il prend pour l'abbé Gédoin. Il

---

[1] Voyez ma note, page 84. B.

[2] Voyez dans les *Mélanges*, année 1767, le chapitre II de la *Défense de mon oncle*. B.

ne connaît pas plus Ninon que les filles de Babylone.

Muses, filles du ciel, votre ennemi Larcher fait plus, il se répand en éloges sur la pédérastie; il ose dire que tous les bambins de mon pays sont sujets à cette infamie. Il croit se sauver en augmentant le nombre des coupables.

Nobles et chastes muses, qui détestez également le pédantisme et la pédérastie, protégez-moi contre maître Larcher!

Et vous, maître Aliboron, dit Fréron, ci-devant soi-disant jésuite, vous dont le Parnasse est tantôt à Bicêtre et tantôt au cabaret du coin; vous à qui l'on a rendu tant de justice sur tous les théâtres de l'Europe dans l'honnête comédie de l'*Écossaise*; vous, digne fils du prêtre Desfontaines, qui naquîtes de ses amours avec un de ces beaux enfants qui portent un fer et un bandeau comme le fils de Vénus[1], et qui s'élancent comme lui dans les airs, quoiqu'ils n'aillent jamais qu'au haut des cheminées; mon cher Aliboron, pour qui j'ai toujours eu tant de tendresse, et qui m'avez fait rire un mois de suite du temps de cette *Écossaise*, je vous recommande ma princesse de Babylone; dites-en bien du mal afin qu'on la lise.

Je ne vous oublierai point ici, gazetier ecclésiastique, illustre orateur des convulsionnaires, père de l'Église fondée par l'abbé Bécherand[2] et par Abraham

---

[1] Voyez, dans la *Correspondance*, la lettre à Thiriot, du 5 juin 1738, contenant une épigramme qui commence ainsi:

    Un ramoneur à face basanée
    Le fer en main, les yeux ceints d'un bandeau. B.

[2] L'abbé Bécherand, entièrement oublié aujourd'hui, avait une jambe plus courte que l'autre, et, pour tâcher de l'allonger, allait gambader sur le tom-

Chaumeix; ne manquez pas de dire dans vos feuilles, aussi pieuses qu'éloquentes et sensées, que la princesse de Babylone est hérétique, déiste, et athée. Tâchez surtout d'engager le sieur Riballier à faire condamner la princesse de Babylone par la Sorbonne; vous ferez grand plaisir à mon libraire, à qui j'ai donné cette petite histoire pour ses étrennes.

---

beau du diacre Pâris. Ce fut lui qui, le premier, eut des convulsions en 1731. (Voyez tome XXVIII, page 222.) Il fut, en février 1732, arrêté et mis à Saint-Lazare. Il n'eut sa liberté que le 5 avril de la même année. Sur Chaumeix, voyez tome XXVI, page 7; et tome XXXII, page 34. B.

FIN DE LA PRINCESSE DE BABYLONE.

LES
LETTRES D'AMABED,

TRADUITES PAR L'ABBÉ TAMPONET [1].

1769.

---

[1] Voyez ma préface en tête du tome XXXIII. B.

LES
LETTRES D'AMABED.

PREMIÈRE LETTRE

D'AMABED A SHASTASID, GRAND BRAME DE MADURÉ.

> A Bénarès, le second du mois de la souris, l'an
> du renouvellement du monde 115652[a].

Lumière de mon ame, père de mes pensées, toi qui conduis les hommes dans les voies de l'Éternel, à toi, savant Shastasid, respect et tendresse.

Je me suis déjà rendu la langue chinoise si familière, suivant tes sages conseils, que je lis avec fruit leurs cinq Kings, qui me semblent égaler en antiquité notre *Shasta* dont tu es l'interprète, les sentences du premier Zoroastre, et les livres de l'Égyptien Thaut.

Il paraît à mon ame, qui s'ouvre toujours devant toi, que ces écrits et ces cultes n'ont rien pris les uns

---

[a] Cette date répond à l'année de notre ère vulgaire 1512, deux ans après qu'Alfonse d'Albuquerque eut pris Goa. Il faut savoir que les brames comptaient 111100 années depuis la rébellion et la chute des êtres célestes, et 4552 ans depuis la promulgation du *Shasta*, leur premier livre sacré; ce qui fesait 115652 pour l'année correspondante à notre année 1512, temps auquel régnaient Babar dans le Mogol, Ismael Sophi en Perse, Sélim en Turquie, Maximilien Ier en Allemagne, Louis XII en France, Jules II à Rome, Jeanne la Folle en Espagne, Emmanuel en Portugal.

des antres; car nous sommes les seuls à qui Brama, confident de l'Éternel, ait enseigné la rébellion des créatures célestes, le pardon que l'Éternel leur accorde, et la formation de l'homme; les autres n'ont rien dit, ce me semble, de ces choses sublimes.

Je crois surtout que nous ne tenons rien, ni nous, ni les Chinois, des Égyptiens. Ils n'ont pu former une société policée et savante que long-temps après nous, puisqu'il leur a fallu dompter leur Nil avant de pouvoir cultiver les campagnes et bâtir leurs villes.

Notre *Shasta* divin n'a, je l'avoue, que quatre mille cinq cent cinquante-deux ans d'antiquité; mais il est prouvé par nos monuments que cette doctrine avait été enseignée de père en fils plus de cent siècles avant la publication de ce sacré livre. J'attends sur cela les instructions de ta paternité.

Depuis la prise de Goa par les Portugais[1], il est venu quelques docteurs d'Europe à Bénarès. Il y en a un à qui j'enseigne la langue indienne; il m'apprend en récompense un jargon qui a cours dans l'Europe, et qu'on nomme l'*italien*. C'est une plaisante langue. Presque tous les mots se terminent en *a*, en *e*, en *i*, et en *o*; je l'apprends facilement, et j'aurai bientôt le plaisir de lire les livres européans.

Ce docteur s'appelle le P. *Fa tutto*; il paraît poli et insinuant; je l'ai présenté à *Charme des yeux*, la belle Adaté, que mes parents et les tiens me destinent pour épouse; elle apprend l'italien avec moi. Nous avons conjugué ensemble le verbe *j'aime* dès le premier jour. Il nous a fallu deux jours pour tous les

---

[1] Les Portugais se sont emparés de Goa en 1510. B.

autres verbes. Après elle, tu es le mortel le plus près de mon cœur. Je prie Birma et Brama de conserver tes jours jusqu'à l'âge de cent trente ans, passé lequel la vie n'est plus qu'un fardeau.

RÉPONSE

DE SHASTASID.

J'ai reçu ta lettre, esprit, enfant de mon esprit. Puisse Drugha[a], montée sur son dragon, étendre toujours sur toi ses dix bras vainqueurs des vices!

Il est vrai, et nous n'en devons tirer aucune vanité, que nous sommes le peuple de la terre le plus anciennement policé. Les Chinois eux-mêmes n'en disconviennent pas. Les Égyptiens sont un peuple tout nouveau qui fut enseigné lui-même par les Chaldéens. Ne nous glorifions pas d'être les plus anciens, et songeons à être toujours les plus justes.

Tu sauras, mon cher Amabed, que depuis très peu de temps une faible image de notre révélation sur la chute des êtres célestes et le renouvellement du monde a pénétré jusqu'aux Occidentaux. Je trouve, dans une traduction arabe d'un livre syriaque, qui n'est composé que depuis environ quatorze cents ans,

---

[a] Drugha est le mot indien qui signifie vertu. Elle est représentée avec dix bras, et montée sur un dragon pour combattre les vices, qui sont l'intempérance, l'incontinence, le larcin, le meurtre, l'injure, la médisance, la calomnie, la fainéantise, la résistance à ses père et mère, l'ingratitude. C'est cette figure que plusieurs missionnaires ont prise pour le diable.

ces propres paroles : « L'Éternel tient liées de chaînes « éternelles, jusqu'au grand jour du jugement, les « puissances célestes qui ont souillé leur dignité pre- « mière². » L'auteur cite en preuve un livre composé par un de leurs premiers hommes, nommé Énoch. Tu vois par là que les nations barbares n'ont jamais été éclairées que par un rayon faible et trompeur qui s'est égaré vers eux du sein de notre lumière.

Mon cher fils, je crains mortellement l'irruption des barbares d'Europe dans nos heureux climats. Je sais trop quel est cet Albuquerque qui est venu des bords de l'Occident dans ce pays cher à l'astre du jour. C'est un des plus illustres brigands qui aient désolé la terre. Il s'est emparé de Goa contre la foi publique; il a noyé dans leur sang des hommes justes et paisibles. Ces Occidentaux habitent un pays pauvre qui ne leur produit que très peu de soie; point de coton, point de sucre, nulle épicerie. La terre même dont nous fabriquons la porcelaine leur manque. Dieu leur a refusé le cocotier qui ombrage, loge, vêtit, nourrit, abreuve les enfants de Brama. Ils ne connaissent qu'une liqueur qui leur fait perdre la raison. Leur vraie divinité est l'or; ils vont chercher ce dieu à une autre extrémité du monde.

Je veux croire que ton docteur est un homme de bien ; mais l'Éternel nous permet de nous défier de ces étrangers. S'ils sont moutons à Bénarès, on dit

---

ª On voit que Shastasid avait lu notre *Bible* en arabe, et qu'il avait en vue l'épître de saint Jude, où se trouvent en effet ces paroles au verset 6. Le livre apocryphe qui n'a jamais existé est celui d'Énoch, cité par saint Jude au verset 14.

qu'ils sont tigres dans les contrées où les Européans se sont établis.

Puissent ni la belle Adaté ni toi n'avoir jamais à se plaindre du P. Fa tutto! mais un secret pressentiment m'alarme. Adieu. Que bientôt Adaté, unie à toi par un saint mariage, puisse goûter dans tes bras les joies célestes!

Cette lettre te parviendra par un banian qui ne partira qu'à la pleine lune de l'éléphant.

SECONDE LETTRE

D'AMABED A SHASTASID.

Père de mes pensées, j'ai eu le temps d'apprendre ce jargon d'Europe avant que ton marchand banian ait pu arriver sur le rivage du Gange. Le P. Fa tutto me témoigne toujours une amitié sincère. En vérité je commence à croire qu'il ne ressemble point aux perfides dont tu crains, avec raison, la méchanceté. La seule chose qui pourrait me donner de la défiance, c'est qu'il me loue trop, et qu'il ne loue jamais assez Charme des yeux; mais d'ailleurs il me paraît rempli de vertu et d'onction. Nous avons lu ensemble un livre de son pays, qui m'a paru bien étrange. C'est une histoire universelle du monde entier [1], dans laquelle il n'est pas dit un mot de notre antique empire, rien des immenses contrées au-delà du Gange, rien de la

---

[1] *Discours sur l'histoire universelle*, par Bossuet. B.

Chine, rien de la vaste Tartarie. Il faut que les auteurs, dans cette partie de l'Europe, soient bien ignorants. Je les compare à des villageois qui parlent avec emphase de leurs chaumières, et qui ne savent pas où est la capitale; ou plutôt à ceux qui pensent que le monde finit aux bornes de leur horizon.

Ce qui m'a le plus surpris, c'est qu'ils comptent les temps depuis la création de leur monde tout autrement que nous. Mon docteur européan m'a montré un de ses almanachs sacrés, par lequel ses compatriotes sont à présent dans l'année de leur création 5552, ou dans l'année 6244, ou bien dans l'année 6940[a], comme on voudra. Cette bizarrerie m'a surpris. Je lui ai demandé comment on pouvait avoir trois époques différentes de la même aventure. Tu ne peux, lui ai-je dit, avoir à-la-fois trente ans, quarante ans, et cinquante ans. Comment ton monde peut-il avoir trois dates qui se contrarient? Il m'a répondu que ces trois dates se trouvent dans le même livre, et qu'on est obligé chez eux de croire les contradictions pour humilier la superbe de l'esprit.

Ce même livre traite d'un premier homme qui s'appelait Adam, d'un Caïn, d'un Mathusalem, d'un Noé qui planta des vignes après que l'océan eut submergé tout le globe; enfin d'une infinité de choses dont je n'ai jamais entendu parler, et que je n'ai lues dans aucun de nos livres. Nous en avons ri la belle Adaté et moi en l'absence du P. Fa tutto; car nous sommes trop bien élevés et trop pénétrés de tes maximes pour rire des gens en leur présence.

---

[a] C'est la différence du texte hébreu, du samaritain, et des Septante.

Je plains ces malheureux d'Europe qui n'ont été créés que depuis 6940 ans tout au plus, tandis que notre ère est de 115652 années. Je les plains davantage de manquer de poivre, de cannelle, de girofle, de thé, de café, de soie, de coton, de vernis, d'encens, d'aromates, et de tout ce qui peut rendre la vie agréable : il faut que la Providence les ait long-temps oubliés; mais je les plains encore plus de venir de si loin, parmi tant de périls, ravir nos denrées, les armes à la main. On dit qu'ils ont commis à Calicut des cruautés épouvantables pour du poivre : cela fait frémir la nature indienne, qui est en tout différente de la leur; car leurs poitrines et leurs cuisses sont velues. Ils portent de longues barbes, leurs estomacs sont carnassiers. Ils s'enivrent avec le jus fermenté de la vigne plantée, disent-ils, par leur Noé. Le P. Fa tutto lui-même, tout poli qu'il est, a égorgé deux petits poulets; il les a fait cuire dans une chaudière, et il les a mangés impitoyablement. Cette action barbare lui a attiré la haine de tout le voisinage, que nous n'avons apaisé qu'avec peine. Dieu me pardonne ! je crois que cet étranger aurait mangé nos vaches sacrées, qui nous donnent du lait, si on l'avait laissé faire. Il a bien promis qu'il ne commettrait plus de meurtres envers les poulets, et qu'il se contenterait d'œufs frais, de laitage, de riz, de nos excellents légumes, de pistaches, de dattes, de cocos, de gâteaux, d'amandes, de biscuits, d'ananas, d'oranges, et de tout ce que produit notre climat béni de l'Éternel.

Depuis quelques jours, il paraît plus attentif auprès de Charme des yeux. Il a même fait pour elle deux vers italiens qui finissent en *o*. Cette politesse me plaît beaucoup; car tu sais que mon bonheur est qu'on rende justice à ma chère Adaté.

Adieu. Je me mets à tes pieds, qui t'ont toujours conduit dans la voie droite, et je baise tes mains, qui n'ont jamais écrit que la vérité.

RÉPONSE

DE SHASTASID.

Mon cher fils en Birma, en Brama, je n'aime point ton Fa tutto, qui tue des poulets, et qui fait des vers pour ta chère Adaté. Veuille Birma rendre vains mes soupçons!

Je puis te jurer qu'on n'a jamais connu son Adam ni son Noé dans aucune partie du monde, tout récents qu'ils sont. La Grèce même, qui était le rendez-vous de toutes les fables quand Alexandre approcha de nos frontières, n'entendit jamais parler de ces noms-là. Je ne m'étonne pas que des amateurs du vin, tels que les peuples occidentaux, fassent un si grand cas de celui qui, selon eux, planta la vigne; mais sois sûr que Noé a été ignoré de toute l'antiquité connue.

Il est vrai que du temps d'Alexandre il y avait dans un coin de la Phénicie un petit peuple de courtiers et d'usuriers qui avait été long-temps esclave à Babylone. Il se forgea une histoire pendant sa captivité, et c'est dans cette seule histoire qu'il ait jamais été question de Noé. Quand ce petit peuple obtint depuis des priviléges dans Alexandrie, il y traduisit ses annales en grec. Elles furent ensuite traduites en arabe ; et ce n'est que dans nos derniers temps que nos savants en ont eu quelque connaissance ; mais cette histoire est aussi méprisée par eux que la misérable horde qui l'a écrite[a].

Il serait plaisant, en effet, que tous les hommes, qui sont frères, eussent perdu leurs titres de famille, et que ces titres ne se retrouvassent que dans une petite branche composée d'usuriers et de lépreux. J'ai peur, mon cher ami, que les concitoyens de ton père Fa tutto, qui ont, comme tu me le mandes, adopté ces idées, ne soient aussi insensés, aussi ridicules, qu'ils sont intéressés, perfides, et cruels.

Épouse au plus tôt ta charmante Adaté ; car, encore une fois, je crains les Fa tutto plus que les Noé.

TROISIÈME LETTRE

D'AMABED A SHASTASID.

Béni soit à jamais Birma, qui a fait l'homme pour la femme ! Sois béni, ô cher Shastasid, qui t'intéresses tant à mon bonheur ! Charme des yeux est à moi ; je l'ai épousée. Je ne touche plus à la terre ; je suis dans le ciel : il n'a manqué que toi à cette divine cérémonie. Le docteur Fa tutto a été témoin de nos saints engagements ; et, quoiqu'il ne soit pas de notre religion,

[a] On voit bien que Shastasid parle ici en brame qui n'a pas le don de la foi, et à qui la grace a manqué.

il n'a fait nulle difficulté d'écouter nos chants et nos prières : il a été fort gai au festin des noces. Je succombe à ma félicité. Tu jouis d'un autre bonheur; tu possèdes la sagesse; mais l'incomparable Adaté me possède. Vis long-temps heureux, sans passions, tandis que la mienne m'absorbe dans une mer de voluptés. Je ne puis t'en dire davantage : je revole dans les bras d'Adaté.

QUATRIÈME LETTRE

D'AMABED A SHASTASID.

Cher ami, cher père, nous partons, la tendre Adaté et moi, pour te demander ta bénédiction. Notre félicité serait imparfaite, si nous ne remplissions pas ce devoir de nos cœurs; mais le croirais-tu ? nous passons par Goa, dans la compagnie de Coursom, le célèbre marchand, et de sa femme. Fa tutto dit que Goa est devenue la plus belle ville de l'Inde ; que le grand Albuquerque nous recevra comme des ambassadeurs; qu'il nous donnera un vaisseau à trois voiles pour nous conduire à Maduré. Il a persuadé ma femme, et j'ai voulu le voyage dès qu'elle l'a voulu. Fa tutto nous assure qu'on parle italien plus que portugais à Goa. Charme des yeux brûle d'envie de faire usage d'une langue qu'elle vient d'apprendre : je partage tous ses goûts. On dit qu'il y a eu des gens qui ont eu deux volontés ; mais Adaté et moi nous n'en avons qu'une, parceque nous n'avons qu'une ame à nous deux. Enfin nous partons demain avec la douce espérance de verser dans tes bras, avant deux mois, des larmes de tendresse et de joie.

PREMIÈRE LETTRE

D'ADATÉ A SHASTASID,

A Goa, le 5 du mois du tigre, l'an du renouvellement du monde 115652.

Birma, entends mes cris, vois mes pleurs, sauve mon cher époux! Brama, fils de Birma, porte ma douleur et ma crainte à ton père! Généreux Shastasid, plus sage que nous, tu avais prévu nos malheurs. Mon cher Amabed, ton disciple, mon tendre époux, ne t'écrira plus; il est dans une fosse que les barbares appellent *prison*. Des gens que je ne puis définir, on les nomme ici *inquisitori*, je ne sais ce que ce mot signifie; ces monstres, le lendemain de notre arrivée, saisirent mon mari et moi, et nous mirent chacun dans une fosse séparée, comme si nous étions morts; mais si nous l'étions, il fallait du moins nous ensevelir ensemble. Je ne sais ce qu'ils ont fait de mon cher Amabed. J'ai dit à mes anthropophages: Où est Amabed? ne le tuez pas, et tuez-moi. Ils ne m'ont rien répondu. Où est-il? pourquoi m'avez-vous séparée de lui? Ils ont gardé le silence; ils m'ont enchaînée. J'ai depuis une heure un peu plus de liberté; le marchand Coursom a trouvé moyen de me faire tenir du papier de coton, un pinceau, et de l'encre. Mes larmes imbibent tout, ma main tremble, mes yeux s'obscurcissent, je me meurs.

SECONDE LETTRE

D'ADATÉ A SHASTASID,

ÉCRITE DE LA PRISON DE L'INQUISITION.

Divin Shastasid, je fus hier long-temps évanouie; je ne pus achever ma lettre; je la pliai quand je repris un peu mes sens; je la mis dans mon sein, qui n'allaitera pas les enfants que j'espérais avoir d'Amabed; je mourrai avant que Birma m'ait accordé la fécondité.

Ce matin, au point du jour, sont entrés dans ma fosse deux spectres armés de hallebardes, portant au cou des grains enfilés, et ayant sur la poitrine quatre petites bandes rouges croisées. Ils m'ont prise par les mains, toujours sans me rien dire, et m'ont menée dans une chambre où il y avait pour tous meubles une grande table, cinq chaises, et un grand tableau qui représentait un homme tout nu, les bras étendus, et les pieds joints.

Aussitôt entrent cinq personnages vêtus de robes noires avec une chemise par-dessus leur robe, et deux longs pendants d'étoffe bigarrée par-dessus leur chemise. Je suis tombée à terre de frayeur : mais quelle a été ma surprise! J'ai vu le P. Fa tutto parmi ces cinq fantômes. Je l'ai vu, il a rougi ; mais il m'a regardée d'un air de douceur et de compassion qui m'a un peu rassurée pour un moment. Ah! P. Fa tutto, ai-je dit, où suis-je? qu'est devenu Amabed ? dans quel gouffre m'avez-vous jetée? On dit qu'il y a des nations qui se nourrissent de sang humain : Va-t-on nous tuer? va-t-on nous dévorer ? Il ne m'a répondu qu'en levant les yeux et les mains au ciel ; mais avec une attitude si douloureuse et si tendre que je ne savais plus que penser.

Le président de ce conseil de muets a enfin délié sa langue, et m'a adressé la parole; il m'a dit ces mots: Est-il vrai que vous avez été baptisée? J'étais si abîmée dans mon étonnement et dans ma douleur, que d'abord je n'ai pu répondre. Il a recommencé la même question d'une voix terrible. Mon sang s'est glacé, et ma langue s'est attachée à mon palais. Il a répété les mêmes mots pour la troisième fois, et à la fin j'ai dit: Oui; car il ne faut jamais mentir. J'ai été baptisée dans le Gange comme tous les fidèles enfants de Brama le sont, comme tu le fus, divin Shastasid, comme l'a été mon cher et malheureux Amabed. Oui, je suis baptisée, c'est ma consolation, c'est ma gloire. Je l'ai avoué devant ces spectres.

A peine cette parole oui, symbole de la vérité, est sortie de ma bouche, qu'un des cinq monstres noirs et blancs s'est écrié : *Apostata!* les autres ont répété: *Apostata!* Je ne sais ce que ce mot veut dire; mais ils l'ont prononcé d'un ton si lugubre et si épouvantable, que mes trois doigts sont en convulsion en te l'écrivant.

Alors le P. Fa tutto prenant la parole, et me regardant toujours avec des yeux bénins, les a assurés que j'avais dans le fond de bons sentiments, qu'il répondait de moi, que la grace opérerait, qu'il se chargerait de ma conscience; et il a fini son discours, auquel je ne comprenais rien, par ces paroles : *Io la converterò*. Cela signifie en italien, autant que j'en puis juger, *Je la retournerai*.

Quoi! disais-je en moi-même, il me retournera! qu'entend-il par me retourner! veut-il dire qu'il me rendra à ma patrie? Ah! P. Fa tutto, lui ai-je dit, retournez donc le jeune Amabed, mon tendre époux, rendez-moi mon ame, rendez-moi ma vie.

Alors il a baissé les yeux; il a parlé en secret aux quatre fantômes dans un coin de la chambre. Ils sont partis avec les deux hallebardiers. Tous ont fait une profonde révérence au tableau qui représente un homme tout nu; et le P. Fa tutto est resté seul avec moi.

Il m'a conduite dans une chambre assez propre, et m'a promis que, si je voulais m'abandonner à ses conseils, je ne serais plus enfermée dans une fosse. Je suis désespéré comme vous, m'a-t-il dit, de tout ce qui est arrivé. Je m'y suis opposé autant que j'ai pu; mais nos saintes lois m'ont lié les mains : enfin, grace au ciel et à moi, vous êtes libre dans une bonne chambre dont vous ne pouvez pas sortir. Je viendrai vous y voir souvent; je vous consolerai; je travaillerai à votre félicité présente et future.

Ah! lui ai-je répondu, il n'y a que mon cher Amabed qui puisse la faire cette félicité, et il est dans une fosse! Pourquoi y est-il enterré? pourquoi y ai-je été plongée? qui sont ces spectres qui m'ont demandé si j'avais été baignée? où m'avez-vous conduite? m'avez-vous trompée? est-ce vous qui êtes la cause de ces horribles cruautés? Faites-moi venir le marchand Coursom, qui est de mon pays et homme de bien. Rendez-moi ma suivante, ma compagne, mon amie Déra, dont on m'a séparée : est-elle aussi dans un cachot pour avoir été baignée? Qu'elle vienne; que je revoie Amabed, ou que je meure!

Il a répondu à mes discours et aux sanglots qui les entrecoupaient par des protestations de service et de zèle dont j'ai été touchée. Il m'a promis qu'il m'instruirait des causes de toute cette épouvantable aventure, et qu'il obtiendrait qu'on me rendît ma pauvre Déra, en attendant qu'il pût parvenir à délivrer mon mari. Il m'a plainte; j'ai vu même ses yeux un peu mouillés : enfin, au son d'une cloche, il est sorti de ma chambre en me prenant la main, et en la mettant sur son cœur. C'est le signe visible, comme tu le sais, de la sincérité qui est invisible. Puisqu'il a mis ma main sur son cœur, il ne me trompera pas. Eh! pourquoi me tromperait-il? que lui ai-je fait pour me persécuter? Nous l'avons si bien traité à Bénarès, mon mari et moi! Je lui ai fait tant de présents quand il m'enseignait l'italien! il a fait des vers italiens pour moi; il ne peut pas me haïr. Je le regarderai comme mon bienfaiteur, s'il me rend mon malheureux époux, si nous pouvons tous deux sortir de cette terre envahie et habitée par des anthropophages, si nous pouvons venir embrasser tes genoux à Maduré, et recevoir tes saintes bénédictions.

TROISIÈME LETTRE

D'ADATÉ A SHASTASID.

Tu permets sans doute, généreux Shastasid, que je t'envoie le journal de mes infortunes inouïes; tu aimes Amabed, tu prends pitié de mes larmes, tu lis avec intérêt dans un cœur percé de toutes parts, qui te déploie ses inconsolables afflictions.

On m'a rendu mon amie Déra, et je pleure avec elle. Les monstres l'avaient descendue dans une fosse, comme moi. Nous n'avons nulle nouvelle d'Amabed. Nous sommes dans la même maison, et il y a entre nous un espace infini, un chaos impénétrable. Mais voici des choses qui vont faire frémir ta vertu, et qui déchireront ton ame juste.

Ma pauvre Déra a su, par un de ces deux satellites qui marchent toujours devant les cinq anthropophages, que cette nation a un baptême comme nous. J'ignore comment nos sacrés rites ont pu parvenir jusqu'à eux. Ils ont prétendu que nous avions été baptisés suivant les rites de leur secte. Ils sont si ignorants, qu'ils ne savent pas qu'ils tiennent de nous le baptême depuis très peu de siècles. Ces barbares se sont imaginé que nous étions de leur secte, et que nous avions renoncé à leur culte. Voilà ce que voulait dire ce mot *apostata* que les anthropophages fesaient retentir à mes oreilles avec tant de férocité. Ils disent que c'est un crime horrible et digne des plus grands supplices d'être d'une autre religion que la leur. Quand le P. Fa tutto leur disait, *Io la converterò*, je la retournerai, il entendait qu'il me ferait retourner à la religion des brigands. Je n'y conçois rien ; mon esprit est couvert d'un nuage, comme mes yeux. Peut-être mon désespoir trouble mon entendement, mais je ne puis comprendre comment ce Fa tutto, qui me connaît si bien, a pu dire qu'il me ramènerait à une religion que je n'ai jamais connue, et qui est aussi ignorée dans nos climats que l'étaient les Portugais quand ils sont venus pour la première fois dans l'Inde chercher du poivre les armes à la main. Nous nous perdons dans nos conjectures la bonne Déra et moi. Elle soupçonne le P. Fa tutto de quelques desseins secrets ; mais me préserve Birma de former un jugement téméraire !

J'ai voulu écrire au grand brigand Albuquerque pour implorer sa justice, et pour lui demander la liberté de mon cher mari ; mais on m'a dit qu'il était parti pour aller surprendre Bombay et le piller. Quoi ! venir de si loin dans le dessein de ravager nos habitations et de nous tuer ! et cependant ces monstres sont baptisés comme nous ! On dit pourtant que cet Albuquerque a fait quelques belles actions. Enfin je n'ai plus d'espérance que dans l'Être des êtres, qui doit punir le crime et protéger l'innocence. Mais j'ai vu ce matin un tigre qui dévorait deux agneaux. Je tremble de n'être pas assez précieuse devant l'Être des êtres pour qu'il daigne me secourir.

QUATRIÈME LETTRE

D'ADATÉ A SHASTASID.

Il sort de ma chambre, ce P. Fa tutto : quelle entrevue ! quelle complication de perfidies, de passions, et de noirceurs ! le cœur humain est donc capable de réunir tant d'atrocités ! comment les écrirai-je à un juste ?

Il tremblait quand il est entré. Ses yeux étaient baissés ; j'ai tremblé plus que lui. Bientôt il s'est rassuré. Je ne sais pas, m'a-t-il dit, si je pourrai sauver votre mari. Les juges ont ici quelquefois de la compassion pour les jeunes femmes ; mais ils sont bien sévères pour les hommes. — Quoi ! la vie de mon mari n'est pas en sûreté ? Je suis tombée en faiblesse. Il a cherché des eaux spiritueuses pour me faire revenir ; il n'y en avait point. Il a envoyé ma bonne Déra en acheter à l'autre bout de la rue chez un banian. Cependant il m'a délacée pour donner passage aux vapeurs qui m'étouffaient. J'ai été étonnée, en revenant à moi, de trouver ses mains sur ma gorge et sa bouche sur la mienne. J'ai jeté un cri affreux ; je me suis reculée d'horreur. Il m'a dit : Je prenais de vous un soin que la charité commande. Il fallait que votre gorge fût en liberté, et je m'assurais de votre respiration.

Ah ! prenez soin que mon mari respire. Est-il encore dans cette fosse horrible ? Non, m'a-t-il répondu : j'ai eu, avec bien de la peine, le crédit de le faire transférer dans un cachot plus commode. — Mais, encore une fois, quel est son crime ? quel est le mien ? d'où vient cette épouvantable inhumanité ? pourquoi violer envers nous les droits de l'hospitalité, celui des gens, celui de la nature?—C'est notre sainte religion qui exige de nous ces petites sévérités. Vous et votre mari vous êtes accusés d'avoir renoncé tous deux à notre baptême.

Je me suis écriée alors: Que voulez-vous dire? nous n'avons jamais été baptisés à votre mode; nous l'avons été dans le Gange au nom de Brama. Est-ce vous qui avez persuadé cette exécrable imposture aux spectres qui m'ont interrogée? quel pouvait être votre dessein?

Il a rejeté bien loin cette idée. Il m'a parlé de vertu, de vérité, de charité; il a presque dissipé un moment mes soupçons, en m'assurant que ces spectres sont des gens de bien, des hommes de Dieu, des juges de l'ame, qui ont partout de saints espions, et principalement auprès des étrangers qui abordent dans Goa. Ces espions ont, dit-il, juré à ses confrères, les juges de l'ame, devant le tableau de l'homme tout nu, qu'Amabed et moi nous avons été baptisés à la mode des brigands portugais, qu'Amabed est *apostato*, et que je suis *apostata*.

O vertueux Shastasid ! ce que j'entends, ce que je vois de moment en moment me saisit d'épouvante, depuis la racine des cheveux jusqu'à l'ongle du petit doigt du pied.

Quoi ! vous êtes, ai-je dit au P. Fa tutto, un des cinq hommes de Dieu, un des juges de l'ame?—Oui, ma chère Adaté, oui, Charme des yeux, je suis un des cinq dominicains délégués par le vice-dieu de l'univers pour disposer souverainement des ames et des corps. — Qu'est-ce qu'un dominicain? qu'est-ce qu'un vice-dieu?— Un dominicain est un prêtre, enfant de saint Dominique, inquisiteur pour la foi; et un vice-dieu est un prêtre que Dieu a choisi pour le représenter, pour jouir de dix millions de roupies par an, et pour envoyer dans toute la terre des dominicains vicaires du vicaire de Dieu.

J'espère, grand Shastasid, que tu m'expliqueras ce galimatias infernal, ce mélange incompréhensible d'absurdités et d'horreurs, d'hypocrisie et de barbarie.

Fa tutto me disait tout cela avec un air de componction, avec un ton de vérité qui, dans un autre temps, aurait pu produire quelque effet sur mon ame simple et ignorante. Tantôt il levait les yeux au ciel, tantôt il les arrêtait sur moi. Ils étaient animés et remplis d'attendrissement; mais cet attendrissement jetait dans tout mon corps un frissonnement d'horreur et de crainte. Amabed est continuellement dans ma bouche comme dans mon cœur. Rendez-moi mon cher Amabed! c'était le commencement, le milieu, et la fin de tous mes discours.

Ma bonne Déra arrive dans ce moment; elle m'apporte des eaux de cinnamum et d'amomum. Cette charmante créature a trouvé le moyen de remettre au marchand Coursom mes trois lettres précédentes. Coursom part cette nuit; il sera dans peu de jours à Maduré. Je serai plainte du grand Shastasid; il versera des pleurs sur le sort de mon mari ; il me donnera des conseils ; un rayon de sa sagesse pénétrera dans la nuit de mon tombeau.

RÉPONSE

DU BRAME SHASTASID AUX TROIS LETTRES PRÉCÉDENTES D'ADATÉ.

Vertueuse et infortunée Adaté, épouse de mon cher disciple Amabed, Charme des yeux, les miens ont versé sur tes trois lettres des ruisseaux de larmes. Quel démon ennemi de la nature a déchaîné du fond des ténèbres de l'Europe les monstres à qui l'Inde est en proie ! Quoi ! tendre épouse de mon cher disciple, tu ne vois pas que le P. Fa tutto est un scélérat qui t'a fait tomber dans le piége ! tu ne vois pas que c'est lui seul qui a fait enfermer ton mari dans une fosse, et qui t'y a plongée toi-même pour que tu lui eusses l'obligation de t'en avoir tirée ! Que n'exigera-t-il pas de ta reconnaissance ! je tremble avec toi : je donne part de cette violation du droit des gens à tous les pontifes de Brama, à tous les omras, à tous les raïas, aux nababs, au grand empereur des Indes lui-même, le sublime Babar, roi des rois, cousin du soleil et de la lune, fils de Mirsamachamed, fils de Semcor, fils d'Abouchaïd, fils de Miracha, fils de Timur, afin qu'on s'oppose de tous côtés aux brigandages des voleurs d'Europe. Quelle profondeur de scélératesse ! Jamais les prêtres de Timur, de Gengis-kan, d'Alexandre, d'Ogus-kan, de Sésac, de Bacchus, qui tour-à-tour vinrent subjuguer nos saintes et paisibles contrées, ne permirent de pareilles horreurs hypocrites; au contraire, Alexandre laissa partout des marques éternelles de sa générosité. Bacchus ne fit que du bien; c'était le favori du ciel; une colonne de feu conduisait son armée pendant la nuit, et une nuée marchait devant elle pendant le jour[a]; il traversait la mer Rouge à pied sec; il commandait au soleil et à la lune de s'arrêter quand il le fallait; deux gerbes de rayons divins sortaient de son front: l'ange exterminateur était debout à ses côtés; mais il employait toujours l'ange de la joie. Votre Albuquerque, au contraire, n'est venu qu'avec des moines, des fripons de marchands, et des meurtriers. Coursom le juste m'a confirmé le malheur d'Amabed et le vôtre. Puissé-je avant ma mort vous sauver tous deux, ou vous venger! Puisse l'éternel

---

[a] Il est indubitable que les fables concernant Bacchus étaient fort communes en Arabie et en Grèce, long-temps avant que les nations fussent informées si les Juifs avaient une histoire ou non. Josèphe avoue même que les Juifs tinrent toujours leurs livres cachés à leurs voisins. Bacchus était révéré en Égypte, en Arabie, en Grèce, long-temps avant que le nom de Moïse pénétrât dans ces contrées. Les anciens vers orphiques appellent Bacchus *Misa* ou *Mosa*. Il fut élevé sur la montagne de Nisa, qui est précisément le mont Sina; il s'enfuit vers la mer Rouge; il y rassembla une armée, et passa avec elle cette mer à pied sec. Il arrêta le soleil et la lune: son chien le suivit dans toutes ses expéditions; et le nom de *Caleb*, l'un des conquérants hébreux, signifie *chien*.

Les savants ont beaucoup disputé, et ne sont pas convenus si Moïse est antérieur à Bacchus, ou Bacchus à Moïse. Ils sont tous deux de grands hommes; mais Moïse, en frappant un rocher avec sa baguette, n'en fit sortir que de l'eau; au lieu que Bacchus, en frappant la terre de son thyrse, en fit sortir du vin. C'est de là que toutes les chansons de table célèbrent Bacchus, et qu'il n'y a peut-être pas deux chansons en faveur de Moïse. — Voyez, sur Bacchus et Moïse, ma note, tome XV, page 125. B.

Birma vous tirer des mains du moine Fa tutto ! Mon cœur saigne des blessures du vôtre.

N. B. Cette lettre ne parvint à Charme des yeux que long-temps après, lorsqu'elle partit de la ville de Goa.

CINQUIÈME LETTRE

D'ADATÉ AU GRAND BRAME SHASTASID.

De quels termes oserai-je me servir pour t'exprimer mon nouveau malheur? comment la pudeur pourra-t-elle parler de la honte? Birma a vu le crime, et il l'a souffert! que deviendrai-je? La fosse où j'étais enterrée est bien moins horrible que mon état.

Le P. Fa tutto est entré ce matin dans ma chambre, tout parfumé, et couvert d'une simarre de soie légère. J'étais dans mon lit. Victoire! m'a-t-il dit, l'ordre de délivrer votre mari est signé. A ces mots, les transports de la joie se sont emparés de tous mes sens; je l'ai nommé *mon protecteur, mon père*: il s'est penché vers moi; il m'a embrassée. J'ai cru d'abord que c'était une caresse innocente, un témoignage chaste de ses bontés pour moi; mais, dans le même instant, écartant ma couverture, dépouillant sa simarre, se jetant sur moi comme un oiseau de proie sur une colombe, me pressant du poids de son corps, ôtant de ses bras nerveux tout mouvement à mes faibles bras, arrêtant sur mes lèvres ma voix plaintive par des baisers criminels, enflammé, invincible, inexorable... quel moment! et pourquoi ne suis-je pas morte!

Déra presque nue est venue à mon secours; mais lorsque rien ne pouvait plus me secourir qu'un coup de tonnerre : ô Providence de Birma! il n'a point tonné, et le détestable Fa tutto a fait pleuvoir dans mon sein la brûlante rosée de son crime. Non, Drugha[1] elle-même, avec ses dix bras célestes, n'aurait pu déranger ce Mosasor[2] indomptable.

Ma chère Déra le tirait de toutes ses forces; mais figurez-vous un passereau qui becqueterait le bout des plumes d'un vautour acharné sur une tourterelle; c'est l'image du P. Fa tutto, de Déra, et de la pauvre Adaté.

Pour se venger des importunités de Déra, il la saisit elle-même, la renverse d'une main en me retenant de l'autre; il la traite comme il m'a traitée, sans miséricorde; ensuite il sort fièrement comme un maître qui a châtié deux esclaves, et nous dit : Sachez que je vous punirai ainsi toutes deux quand vous ferez les mutines.

Nous sommes restées Déra et moi un quart d'heure sans oser dire un mot, sans oser nous regarder. Enfin Déra s'est écriée : Ah! ma chère maîtresse, quel homme! tous les gens de son espèce sont-ils aussi cruels que lui?

Pour moi, je ne pensais qu'au malheureux Ama-

[1] Voyez la note, page 203. B.
[2] Ce Mosasor est l'un des principaux anges rebelles qui combattirent contre l'Éternel, comme le rapporte l'*Autorashasta*, le plus ancien livre des brachmanes; et c'est là probablement l'origine de la guerre des Titans et de toutes les fables imaginées depuis sur ce modèle.

bed. On m'a promis de me le rendre, et on ne me le rend point. Me tuer, c'était l'abandonner; ainsi je ne me suis pas tuée.

Je ne m'étais nourrie depuis un jour que de ma douleur. On ne nous a point apporté à manger à l'heure accoutumée. Déra s'en étonnait, et s'en plaignait. Il me paraissait bien honteux de manger après ce qui nous était arrivé: cependant nous avions un appétit dévorant: rien ne venait; et, après nous être pâmées de douleur, nous nous évanouissions de faim.

Enfin, sur le soir, on nous a servi une tourte de pigeonneaux, une poularde, et deux perdrix, avec un seul petit pain; et, pour comble d'outrage, une bouteille de vin sans eau. C'est le tour le plus sanglant qu'on puisse jouer à deux femmes comme nous, après tout ce que nous avions souffert; mais que faire? je me suis mise à genoux: O Birma! ô Vistnou! ô Brama! vous savez que l'ame n'est point souillée de ce qui entre dans le corps; si vous m'avez donné une ame, pardonnez-lui la nécessité funeste où est mon corps de n'être pas réduit aux légumes; je sais que c'est un péché horrible de manger du poulet; mais on nous y force. Puissent tant de crimes retomber sur la tête du P. Fa tutto! Qu'il soit, après sa mort, changé en une jeune malheureuse Indienne; que je sois changée en dominicain; que je lui rende tous les maux qu'il m'a faits, et que je sois plus impitoyable encore pour lui qu'il ne l'a été pour moi! Ne sois point scandalisé; pardonne, vertueux Shastasid! nous nous sommes mises à table: qu'il est dur d'avoir des plaisirs qu'on se reproche!

Postcrit. Immédiatement après dîner, j'écris au modérateur de Goa, qu'on appelle le corrégidor. Je lui demande la liberté d'Amabed et la mienne; je l'instruis de tous les crimes du P. Fa tutto. Ma chère Déra dit qu'elle lui fera parvenir ma lettre par cet alguazil des inquisiteurs pour la foi, qui vient quelquefois la voir dans mon antichambre, et qui a pour elle beaucoup d'estime. Nous verrons ce que cette démarche hardie pourra produire.

SIXIÈME LETTRE

D'ADATÉ.

Le croirais-tu? sage instructeur des hommes! il y a des justes à Goa, et dont Jéronimo le corrégidor en est un. Il a été touché de mon malheur et de celui d'Amabed. L'injustice le révolte, le crime l'indigne. Il s'est transporté avec des officiers de justice à la prison qui nous renferme. J'apprends qu'on appelle ce repaire *le palais du saint-office;* mais, ce qui t'étonnera, on lui a refusé l'entrée. Les cinq spectres, suivis de leurs hallebardiers, se sont présentés à la porte, et ont dit à la justice: Au nom de Dieu tu n'entreras pas. J'entrerai au nom du roi, a dit le corrégidor; c'est un cas royal. C'est un cas sacré, ont répondu les spectres. Don Jéronimo le juste a dit: Je dois interroger Amabed, Adaté, Déra, et le P. Fa tutto. Interroger un inquisiteur, un dominicain! s'est écrié le chef des spectres, c'est un sacrilége; *scommunicao,*

scommunicao! On dit que ce sont des mots terribles, et qu'un homme sur qui on les a prononcés meurt ordinairement au bout de trois jours.

Les deux partis se sont échauffés; ils étaient prêts d'en venir aux mains : enfin ils s'en sont rapportés à l'obispo de Goa. Un obispo est à peu près parmi ces barbares ce que tu es chez les enfants de Brama ; c'est un intendant de leur religion; il est vêtu de violet, et il porte aux mains des souliers violets [1]; il a sur la tête, les jours de cérémonie, un pain de sucre fendu en deux. Cet homme a décidé que les deux partis avaient également tort, et qu'il n'appartenait qu'à leur vice-dieu de juger le P. Fa tutto. Il a été convenu qu'on l'enverrait par-devant sa divinité avec Amabed et moi, et ma fidèle Déra.

Je ne sais où demeure ce vice, si c'est dans le voisinage du grand-lama, ou en Perse; mais n'importe, je vais revoir Amabed; j'irais avec lui au bout du monde, au ciel, en enfer. J'oublie dans ce moment ma fosse, ma prison, les violences de Fa tutto, ses perdrix, que j'ai eu la lâcheté de manger, et son vin, que j'ai eu la faiblesse de boire.

SEPTIÈME LETTRE

D'ADATÉ.

Je l'ai revu mon tendre époux; on nous a réunis; je l'ai tenu dans mes bras; il a effacé la tache du crime

---

[1] Toutes les éditions portent : *aux mains des souliers violets*. Adaté appelle ainsi les gants violets des évêques. B.

dont cet abominable Fa tutto m'avait souillée : semblable à l'eau sainte du Gange [1], qui lave toutes les macules des ames, il m'a rendu une nouvelle vie. Il n'y a que cette pauvre Déra qui reste encore profanée ; mais tes prières et tes bénédictions remettront son innocence dans tout son éclat.

On nous fait partir demain sur un vaisseau qui fait voile pour Lisbonne ; c'est la patrie du fier Albuquerque ; c'est là sans doute qu'habite ce vice-dieu qui doit juger entre Fa tutto et nous : s'il est vice-dieu, comme tout le monde l'assure ici, il est bien certain qu'il condamnera Fa tutto. C'est une petite consolation ; mais je cherche bien moins la punition de ce terrible coupable que le bonheur du tendre Amabed.

Quelle est donc la destinée des faibles mortels, de ces feuilles que les vents emportent ! nous sommes nés Amabed et moi sur les bords du Gange: on nous emmène en Portugal : on va nous juger dans un monde inconnu, nous qui sommes nés libres ! Reverrons-nous jamais notre patrie ? Pourrons-nous accomplir le pélerinage que nous méditons vers ta personne sacrée ?

Comment pourrons-nous, moi et ma chère Déra, être enfermées dans le même vaisseau avec le P. Fa tutto ? cette idée me fait trembler. Heureusement j'aurai mon brave époux pour me défendre ; mais que deviendra Déra, qui n'a point de mari ? Enfin nous nous recommandons à la Providence.

Ce sera désormais mon cher Amabed qui t'écrira ; il fera le journal de nos destins ; il te peindra la nou-

[1] Voyez tome XV, page 27 ; et tome XVII, page 484. R.

velle terre et les nouveaux cieux que nous allons voir. Puisse Brama conserver long-temps ta tête rase et l'entendement divin qu'il a placé dans la moelle de ton cerveau !

PREMIÈRE LETTRE

D'AMABED A SHASTASID, APRÈS SA CAPTIVITÉ.

Je suis donc encore au nombre des vivants ! c'est donc moi qui t'écris, divin Shastasid ! j'ai tout su, et tu sais tout. Charme des yeux n'a point été coupable ; elle ne peut l'être : la vertu est dans le cœur, et non ailleurs. Ce rhinocéros de Fa tutto, qui avait cousu à sa peau celle du renard, soutient hardiment qu'il nous a baptisés, Adaté et moi, dans Bénarès, à la mode de l'Europe; que je suis apostato, et que Charme des yeux est apostata. Il jure, par l'homme nu qui est peint ici sur presque toutes les murailles, qu'il est injustement accusé d'avoir violé ma chère épouse et sa jeune Déra : Charme des yeux, de son côté, et la douce Déra, jurent qu'elles ont été violées. Les esprits européans ne peuvent percer ce sombre abîme; ils disent tous qu'il n'y a que leur vice-dieu qui puisse y rien connaître, attendu qu'il est infaillible.

Don Jéronimo, le corrégidor, nous fait tous embarquer demain pour comparaître devant cet être extraordinaire qui ne se trompe jamais. Ce grand-juge des barbares ne siége point à Lisbonne, mais beaucoup plus loin, dans une ville magnifique qu'on nomme Roume. Ce nom est absolument inconnu chez nos Indiens. Voilà un terrible voyage. A quoi les enfants de Brama sont-ils exposés dans cette courte vie !

Nous avons pour compagnons de voyage des marchands d'Europe, des chanteuses, deux vieux officiers des troupes du roi de Portugal, qui ont gagné beaucoup d'argent dans notre pays, des prêtres du vice-dieu, et quelques soldats.

C'est un grand bonheur pour nous d'avoir appris l'italien, qui est la langue courante de tous ces gens-là; car comment pourrions-nous entendre le jargon portugais? mais, ce qui est horrible, c'est d'être dans la même barque avec un Fa tutto. On nous fait coucher ce soir à bord, pour démarrer demain au lever du soleil. Nous aurons une petite chambre de six pieds de long sur quatre de large pour ma femme et pour Déra. On dit que c'est une faveur insigne. Il faut faire ses petites provisions de toute espèce. C'est un bruit, c'est un tintamarre inexprimable. La foule du peuple se précipite pour nous regarder. Charme des yeux est en larmes; Déra tremble; il faut s'armer de courage. Adieu: adresse pour nous tes saintes prières à l'Éternel, qui créa les malheureux mortels, il y a juste cent quinze mille six cent cinquante-deux révolutions annuelles du soleil autour de la terre, ou de la terre autour du soleil.

SECONDE LETTRE

D'AMABED, PENDANT SA ROUTE.

Après un jour de navigation, le vaisseau s'est trouvé vis-à-vis Bombay, dont l'exterminateur Albuquerque, qu'on appelle ici *le Grand,* s'est emparé. Aussitôt un bruit infernal s'est fait entendre; notre vaisseau a tiré neuf coups de canon : on lui en a répondu autant des remparts de la ville. Charme des yeux et la jeune Déra ont cru être à leur dernier jour. Nous étions couverts d'une fumée épaisse. Croirais-tu, sage Shastasid, que ce sont là des politesses? c'est la façon dont ces barbares se saluent. Une chaloupe a apporté des lettres pour le Portugal ; alors nous avons fait voile dans la grande mer, laissant à notre droite les embouchures du grand fleuve Zonboudipo, que les barbares appellent l'Indus.

Nous ne voyons plus que les airs, nommés ciel par ces brigands si peu dignes du ciel, et cette grande mer que l'avarice et la cruauté leur ont fait traverser.

Cependant le capitaine paraît un homme honnête et prudent. Il ne permet pas que le P. Fa tutto soit sur le tillac quand nous y prenons le frais ; et lorsqu'il est en haut, nous nous tenons en bas. Nous sommes comme le jour et la nuit, qui ne paraissent jamais ensemble sur le même horizon. Je ne cesse de réfléchir sur la destinée qui se joue des malheureux mortels. Nous voguons sur la mer des Indes, avec un dominicain, pour aller être jugés dans Roume, à six mille lieues de notre patrie.

Il y a dans le vaisseau un personnage considérable qu'on nomme l'aumônier. Ce n'est pas qu'il fasse l'aumône ; au contraire on lui donne de l'argent pour dire des prières dans une langue qui n'est ni la portugaise ni l'italienne, et que personne de l'équipage n'entend ; peut-être ne l'entend-il pas lui-même, car il est toujours en dispute sur le sens des paroles avec le P. Fa tutto. Le capitaine m'a dit que cet aumônier est franciscain, et que l'autre étant dominicain, ils sont obligés en conscience de n'être jamais du même avis. Leurs sectes sont ennemies jurées l'une de l'autre ; aussi sont-ils vêtus tout différemment pour marquer la différence de leurs opinions.

Le franciscain s'appelle Fa molto ; il me prête des livres italiens concernant la religion du vice-dieu devant qui nous comparaîtrons. Nous lisons ces livres, ma chère Adaté et moi ; Déra assiste à la lecture. Elle y a eu d'abord de la répugnance, craignant de déplaire à Brama ; mais plus nous lisons, plus nous nous fortifions dans l'amour des saints dogmes que tu enseignes aux fidèles.

TROISIÈME LETTRE

DU JOURNAL D'AMABED.

Nous avons lu avec l'aumônier des épîtres d'un des grands saints de la religion italienne et portugaise. Son nom est Paul. Toi, qui possèdes la science universelle, tu connais Paul, sans doute. C'est un grand homme; il a été renversé de cheval par une voix, et aveuglé par un trait de lumière; il se vante d'avoir été comme moi au cachot; il ajoute qu'il a eu cinq fois trente-neuf coups de fouet, ce qui fait en tout cent quatre-vingt-quinze écourgées sur les fesses; plus, trois fois des coups de bâton, sans spécifier le nombre; plus, il dit qu'il a été lapidé une fois : cela est violent; car on n'en revient guère; plus, il jure qu'il a été un jour et une nuit au fond de la mer. Je le plains beaucoup; mais, en récompense, il a été ravi au troisième ciel. Je t'avoue, illuminé Shastasid, que je voudrais en faire autant, dussé-je acheter cette gloire par cent quatre-vingt-quinze coups de verges bien appliqués sur le derrière:

> Il est beau qu'un mortel jusques aux cieux s'élève :
> Il est beau même d'en tomber,

comme dit un de nos plus aimables poëtes indiens, qui est quelquefois sublime[1].

Enfin je vois qu'on a conduit comme moi Paul à Roume pour être jugé. Quoi donc! mon cher Shastasid, Roume a donc jugé tous les mortels dans tous les temps? Il faut certainement qu'il y ait dans cette ville quelque chose de supérieur au reste de la terre; tous les gens qui sont dans le vaisseau ne jurent que par Roume : on fesait tout à Goa au nom de Roume.

Je te dirai bien plus, le Dieu de notre aumônier Fa molto, qui est le même que celui de Fa tutto, naquit et mourut dans un pays dépendant de Roume, et il

---

[1] Quinault, *Phaëton*, IV, 2. B.

paya le tribut au zamorain qui régnait dans cette ville. Tout cela ne te paraît-il pas bien surprenant ? Pour moi, je crois rêver, et que tous les gens qui m'entourent rêvent aussi.

Notre aumônier Fa molto nous a lu des choses encore plus merveilleuses. Tantôt c'est un âne qui parle, tantôt c'est un de leurs saints qui passe trois jours et trois nuits dans le ventre d'une baleine, et qui en sort de fort mauvaise humeur. Ici c'est un prédicateur qui s'en va prêcher dans le ciel, monté sur un char de feu traîné par quatre chevaux de feu : un docteur passe la mer à pied sec, suivi de deux ou trois millions d'hommes qui s'enfuient avec lui; un autre docteur arrête le soleil et la lune; mais cela ne me surprend point; tu m'as appris que Bacchus en avait fait autant.

Ce qui me fait le plus de peine, à moi qui me pique de propreté et d'une grande pudeur, c'est que le dieu de ces gens-là ordonne à un de ses prédicateurs[a] de manger de la matière louable sur son pain; et à un autre, de coucher pour de l'argent avec des filles de joie[b], et d'en avoir des enfants.

Il y a bien pis. Ce savant homme nous a fait remarquer deux sœurs, Oolla et Ooliba[c]. Tu les connais bien, puisque tu as tout lu. Cet article a fort scandalisé ma femme : le blanc de ses yeux en a rougi. J'ai remarqué que la bonne Déra était tout en feu à

---

[a] Voyez Ézéchiel, chapitre iv.

[b] Osée, chapitre 1er.

[c] Ézéchiel, chapitre xvi. « Tes tétons ont paru, ton poil a commencé à « croître; je t'ai couverte, tu as ouvert tes cuisses à tous les passants..., etc. » : et chapitre xxiii : « Elle a recherché ceux qui ont le membre d'un âne, et « déch...... comme des chevaux. »

ce paragraphe. Il faut certainement que ce franciscain Fa molto soit un gaillard. Cependant il a fermé son livre dès qu'il a vu combien Charme des yeux et moi nous étions effarouchés, et il est sorti pour aller méditer sur le texte.

Il m'a laissé son livre sacré; j'en ai lu quelques pages au hasard. O Brama! ô justice éternelle! quels hommes que tous ces gens-là[a]! ils couchent tous avec leurs servantes dans leur vieillesse. L'un fait des infamies[b] à sa belle-mère, l'autre à[c] sa belle-fille. Ici c'est une ville tout entière qui veut absolument traiter un pauvre prêtre comme une jolie fille[d]; là deux demoiselles de condition enivrent leur père[e], couchent avec lui l'une après l'autre, et en ont des enfants.

Mais ce qui m'a le plus épouvanté, le plus saisi d'horreur, c'est que les habitants d'une ville magnifique à qui leur Dieu députa deux êtres éternels qui sont sans cesse au pied de son trône, deux esprits purs, resplendissants d'une lumière divine... ma plume frémit comme mon ame..... le dirai-je? oui, ces habitants firent tout ce qu'ils purent pour violer ces messagers de Dieu[f]. Quel péché abominable avec des hommes! mais avec des anges! cela est-il possible?

---

[a] Voyez l'histoire d'Abraham, de Jacob, etc.

[b] Le patriarche Ruben couche avec Bala, concubine de son père; *Genèse*, chapitre XXXV.

[c] Le patriarche Juda couche avec Thamar, sa bru; *Genèse*, ch. XXXVIII.

[d] Un lévite, de la tribu d'Ephraïm, arrivant dans la tribu de Benjamin, les Benjamites veulent le forcer, et assouvissent leurs désirs sur sa femme, qui en meurt; *Juges*, chapitre XIX.

[e] Les filles de Lot; *Genèse*, chapitre XIX.

[f] Sodome; *Genèse*, chapitre XIX.

Cher Shastasid, bénissons Birma, Vistnou, et Brama;
remercions-les de n'avoir jamais connu ces inconcevables turpitudes. On dit que le conquérant Alexandre
voulut autrefois introduire cette coutume si pernicieuse[1] parmi nous; qu'il polluait publiquement son
mignon Éphestion. Le ciel l'en punit; Éphestion et
lui périrent à la fleur de leur âge. Je te salue, maître
de mon ame, esprit de mon esprit. Adaté, la triste
Adaté se recommande à tes prières.

QUATRIÈME LETTRE

D'AMABED A SHASTASID.

Du cap qu'on appelle Bonne-Espérance,
le 15 du mois du rhinocéros.

Il y a long-temps que je n'ai étendu mes feuilles de
coton sur une planche, et trempé mon pinceau dans
la laque noire délayée[2], pour te rendre un compte
fidèle. Nous avons laissé loin derrière nous à notre
droite le détroit de Babelmandel, qui entre dans la
fameuse mer Rouge, dont les flots se séparèrent autrefois, et s'amoncelèrent comme des montagnes,
pour laisser passer Bacchus et son armée[3]. Je regret-

---

[1] Toutes les éditions données du vivant de l'auteur, et les éditions de Kehl, portent *superstitieuse*. J'ai cru pouvoir admettre la correction indiquée dans l'*errata* de l'édition de Kehl. B.

[2] L'édition originale, l'édition in-4°, l'édition encadrée, portent : *la laque noire délayée;* ce qui est une faute. Dans l'édition de Kehl on a mis : *le laque noir délayé.* B.

[3] Voyez la note, page 222. B.

tais qu'on n'eût point mouillé aux côtes de l'Arabie Heureuse, ce pays presque aussi beau que le nôtre, dans lequel Alexandre voulait établir le siége de son empire et l'entrepôt du commerce du monde. J'aurais voulu voir cet Aden ou Éden dont les jardins sacrés furent si renommés dans l'antiquité; ce Moka fameux par le café, qui ne croît jusqu'à présent que dans cette province; Mecca, où le grand prophète des musulmans établit le siége de son empire, et où tant de nations de l'Asie, de l'Afrique, et de l'Europe, viennent tous les ans baiser une pierre noire descendue du ciel, qui n'envoie pas souvent de pareilles pierres aux mortels; mais il ne nous est pas permis de contenter notre curiosité. Nous voguons toujours pour arriver à Lisbonne, et de là à Roume.

Nous avons déjà passé la ligne équinoxiale; nous sommes descendus à terre au royaume de Mélinde, où les Portugais ont un port considérable. Notre équipage y a embarqué de l'ivoire, de l'ambre gris, du cuivre, de l'argent, et de l'or. Nous voici parvenus au grand Cap; c'est le pays des Hottentots. Ces peuples ne paraissent pas descendus des enfants de Brama. La nature y a donné aux femmes un tablier que forme leur peau; ce tablier couvre leur joyau, dont les Hottentots sont idolâtres, et pour lequel ils font des madrigaux et des chansons. Ces peuples vont tout nus. Cette mode est fort naturelle; mais elle ne me paraît ni honnête ni habile. Un Hottentot est bien malheureux; il n'a plus rien à desirer quand il a vu sa Hottentote par-devant et par-derrière. Le charme des obstacles lui manque; il n'y a plus rien de piquant pour lui. Les robes de nos Indiennes, inventées pour être troussées, marquent un génie bien supérieur. Je suis persuadé que le sage Indien à qui nous devons le jeu des échecs et celui du trictrac imagina aussi les ajustements des dames pour notre félicité.

Nous resterons deux jours à ce cap, qui est la borne du monde, et qui semble séparer l'Orient de l'Occident. Plus je réfléchis sur la couleur de ces peuples, sur le gloussement[1] dont ils se servent pour se faire entendre au lieu d'un langage articulé, sur leur figure, sur le tablier de leurs dames, plus je suis convaincu que cette race ne peut avoir la même origine que nous.

Notre aumônier prétend que les Hottentots, les Nègres, et les Portugais, descendent du même père. Cette idée est bien ridicule; j'aimerais autant qu'on me dît que les poules, les arbres, et l'herbe de ce pays-là, viennent des poules, des arbres, et de l'herbe de Bénarès, ou de Pékin.

CINQUIÈME LETTRE

D'AMABED.

Du 16 au soir, au cap dit de *Bonne-Espérance*.

Voici bien une autre aventure. Le capitaine se pro-

---

[1] On lit *gloussement* dans quelques éditions récentes ; mais toutes les éditions du vivant de l'auteur et les éditions de Kehl portent *glossement*. A cette occasion je remarquerai, une fois pour toutes, que Voltaire étant réduit à employer les presses étrangères, ce n'est probablement pas à lui qu'il faut reprocher certaines locutions. B.

menait avec Charme des yeux et moi sur un grand plateau, au pied duquel la mer du Midi vient briser ses vagues. L'aumônier Fa molto a conduit notre jeune Déra tout doucement dans une petite maison nouvellement bâtie, qu'on appelle *un cabaret*. La pauvre fille n'y entendait point finesse, et croyait qu'il n'y avait rien à craindre, parceque cet aumônier n'est pas dominicain. Bientôt nous avons entendu des cris. Figure-toi que le père Fa tutto a été jaloux de ce tête-à-tête. Il est entré dans le cabaret en furieux; il y avait deux matelots qui ont été jaloux aussi. C'est une terrible passion que la jalousie. Les deux matelots et les deux prêtres avaient beaucoup bu de cette liqueur qu'ils disent avoir été inventée par leur Noé, et dont nous prétendons que Bacchus est l'auteur : présent funeste qui pourrait être utile, s'il n'était pas si facile d'en abuser. Les Européans disent que ce breuvage leur donne de l'esprit : comment cela peut-il être, puisqu'il leur ôte la raison ?

Les deux hommes de mer et les deux bonzes d'Europe se sont gourmés violemment, un matelot donnant sur Fa tutto, celui-ci sur l'aumônier, ce franciscain sur l'autre matelot, qui rendait ce qu'il recevait; tous quatre changeant de main à tout moment, deux contre deux, trois contre un, tous contre tous, chacun jurant, chacun tirant à soi notre infortunée, qui jetait des cris lamentables. Le capitaine est accouru au bruit; il a frappé indifféremment sur les quatre combattants; et pour mettre Déra en sûreté, il l'a menée dans son quartier, où elle est enfermée avec lui depuis deux heures. Les officiers et les passagers, qui sont tous fort polis, se sont assemblés autour de nous, et nous ont assuré que les deux moines (c'est ainsi qu'ils les appellent) seraient punis sévèrement par le vice-dieu, dès qu'ils seraient arrivés à Roume. Cette espérance nous a un peu consolés.

Au bout de deux heures le capitaine est revenu en nous ramenant Déra avec des civilités et des compliments dont ma chère femme a été très contente. O Brama! qu'il arrive d'étranges choses dans les voyages, et qu'il serait bien plus sage de rester chez soi!

SIXIÈME LETTRE

D'AMABED, PENDANT SA ROUTE.

Je ne t'ai point écrit depuis l'aventure de notre petite Déra. Le capitaine, pendant la traversée, a toujours eu pour elle des bontés très distinguées. J'avais peur qu'il ne redoublât de civilités pour ma femme; mais elle a feint d'être grosse de quatre mois. Les Portugais regardent les femmes grosses comme des personnes sacrées qu'il n'est pas permis de chagriner. C'est du moins une bonne coutume qui met en sûreté le cher honneur d'Adaté. Le dominicain a eu ordre de ne se présenter jamais devant nous, et il a obéi.

Le franciscain, quelques jours après la scène du cabaret, vint nous demander pardon. Je le tirai à part. Je lui demandai comment, ayant fait vœu de chasteté, il avait pu s'émanciper à ce point. Il me répondit: Il est vrai que j'ai fait ce vœu; mais si j'avais promis que mon sang ne coulerait jamais dans mes veines, et que mes ongles et mes cheveux ne croîtraient pas, vous m'avouerez que je ne pourrais accomplir cette promesse. Au lieu de nous faire jurer d'être chastes, il fallait nous forcer à l'être, et rendre tous les moines eunuques. Tant qu'un oiseau a ses plumes, il vole; le seul moyen d'empêcher un cerf de courir est de lui couper les jambes. Soyez très sûr que les prêtres vigoureux comme moi, et qui n'ont point de femmes, s'abandonnent malgré eux à des excès qui font rougir la nature, après quoi ils vont célébrer les saints mystères.

J'ai beaucoup appris dans la conversation avec cet homme. Il m'a instruit de tous les mystères de sa religion, qui m'ont tous étonné. Le révérend P. Fa tutto, m'a-t-il dit, est un fripon qui ne croit pas un mot de tout ce qu'il enseigne : pour moi, j'ai des doutes violents; mais je les écarte; je me mets un bandeau sur les yeux; je repousse mes pensées, et je marche comme je puis dans la carrière que je cours. Tous les moines sont réduits à cette alternative : ou l'incrédulité leur fait détester leur profession, ou la stupidité la leur rend supportable.

Croirais-tu bien qu'après ces aveux, il m'a proposé de me faire chrétien ? Je lui ai dit : Comment pouvez-vous me présenter une religion dont vous n'êtes pas persuadé vous-même, à moi qui suis né dans la plus ancienne religion du monde, à moi dont le culte existait cent quinze mille trois cents ans pour le moins, de votre aveu, avant qu'il y eût des franciscains dans le monde?

Ah! mon cher Indien, m'a-t-il dit, si je pouvais réussir à vous rendre chrétien, vous et la belle Adaté, je ferais crever de dépit ce maraud de dominicain, qui ne croit pas à l'immaculée conception de la Vierge! Vous feriez ma fortune; je pourrais devenir *obispo*[a]; ce serait une bonne action, et Dieu vous en saurait gré.

C'est ainsi, divin Shastasid, que parmi ces barbares d'Europe on trouve des hommes qui sont un composé d'erreur, de faiblesse, de cupidité, et de bêtise, et d'autres qui sont des coquins conséquents et endurcis. J'ai fait part de ces conversations à Charme des yeux; elle a souri de pitié. Qui l'eût cru que ce serait dans un vaisseau, en voguant vers les côtes d'Afrique, que nous apprendrions à connaître les hommes!

SEPTIÈME LETTRE

D'AMABED.

Quel beau climat que ces côtes méridionales! mais quels vilains habitants! quelles brutes! plus la nature a fait pour nous, moins nous faisons pour elle. Nul art n'est connu chez tous ces peuples. C'est une grande question parmi eux s'ils sont descendus des singes, ou si les singes sont venus d'eux. Nos sages ont dit que l'homme est l'image de Dieu[1] : voilà une plai-

---

[a] *Obispo* est le mot portugais qui signifie *episcopus*, *évêque*, en langage gaulois. Ce mot n'est dans aucun des quatre Évangiles.

[1] La *Genèse*, I, 27, dit que l'homme a été créé *à l'image de Dieu*. B.

sante image de l'Être éternel qu'un nez noir épaté, avec peu ou point d'intelligence! Un temps viendra, sans doute, où ces animaux sauront bien cultiver la terre, l'embellir par des maisons et par des jardins, et connaître la route des astres : il faut du temps pour tout. Nous datons, nous autres, notre philosophie de cent quinze mille six cent cinquante-deux ans : en vérité, sauf le respect que je te dois, je pense que nous nous trompons; il me semble qu'il faut bien plus de temps pour être arrivés au point où nous sommes. Mettons seulement vingt mille ans pour inventer un langage tolérable, autant pour écrire par le moyen d'un alphabet, autant pour la métallurgie, autant pour la charrue et la navette, autant pour la navigation : et combien d'autres arts encore exigent-ils de siècles! Les Chaldéens datent de quatre cent mille ans, et ce n'est pas encore assez.

Le capitaine a acheté, sur un rivage qu'on nomme Angola, six nègres qu'on lui a vendus pour le prix courant de six bœufs. Il faut que ce pays-là soit bien plus peuplé que le nôtre, puisqu'on y vend les hommes si bon marché; mais aussi comment une si abondante population s'accorde-t-elle avec tant d'ignorance?

Le capitaine a quelques musiciens auprès de lui; il leur a ordonné de jouer de leurs instruments, et aussitôt ces pauvres nègres se sont mis à danser avec presque autant de justesse que nos éléphants. Est-il possible qu'aimant la musique, ils n'aient pas su inventer le violon, pas même la musette? Tu me diras, grand Shastasid, que l'industrie des éléphants mêmes n'a pas pu parvenir à cet effort, et qu'il faut attendre. A cela je n'ai rien à répliquer.

HUITIÈME LETTRE

D'AMABED.

L'année est à peine révolue, et nous voici à la vue de Lisbonne, sur le fleuve du Tage, qui depuis longtemps a la réputation de rouler de l'or dans ses flots. S'il est ainsi, d'où vient donc que les Portugais vont en chercher si loin? Tous ces gens d'Europe répondent qu'on n'en peut trop avoir. Lisbonne est, comme tu me l'avais dit, la capitale d'un très petit royaume. C'est la patrie de cet Albuquerque qui nous a fait tant de mal. J'avoue qu'il y a quelque chose de grand dans ces Portugais qui ont subjugué une partie de nos belles contrées. Il faut que l'envie d'avoir du poivre donne de l'industrie et du courage.

Nous espérions, Charme des yeux et moi, entrer dans la ville; mais on ne l'a pas permis, parcequ'on dit que nous sommes prisonniers du vice-dieu, et que le dominicain Fa tutto, le franciscain aumônier Fa molto, Déra, Adaté, et moi, nous devons tous être jugés à Roume.

On nous a fait passer sur un autre vaisseau qui part pour la ville du vice-dieu.

Le capitaine est un vieux Espagnol différent en tout du Portugais, qui en usait si poliment avec nous. Il ne parle que par monosyllabes, et encore très rarement; il porte à sa ceinture des grains enfilés qu'il ne cesse de compter : on dit que c'est une grande marque de vertu.

Déra regrette fort l'autre capitaine ; elle trouve qu'il était bien plus civil. On a remis à l'Espagnol une grosse liasse de papiers, pour instruire notre procès en cour de Roume. Un scribe du vaisseau l'a lue à haute voix. Il prétend que le P. Fa tutto sera condamné à ramer dans une des galères du vice-dieu, et que l'aumônier Fa molto aura le fouet en arrivant. Tout l'équipage est de cet avis ; le capitaine a serré les papiers sans rien dire. Nous mettons à la voile. Que Brama ait pitié de nous, et qu'il te comble de ses faveurs! Brama est juste ; mais c'est une chose bien singulière qu'étant né sur le rivage du Gange, j'aille être jugé à Roume. On assure pourtant que la même chose est arrivée à plus d'un étranger.

NEUVIÈME LETTRE

D'AMABED.

Rien de nouveau ; tout l'équipage est silencieux et morne comme le capitaine. Tu connais le proverbe indien, *Tout se conforme aux mœurs du maître.* Nous avons passé une mer qui n'a que neuf mille pas de large entre deux montagnes ; nous sommes entrés dans une autre mer semée d'îles. Il y en a une fort singulière [1] ; elle est gouvernée par des religieux chré-

---

[1] L'île de Malte, d'où les chevaliers tiraient leur nom. B.

tiens qui portent un habit court et un chapeau, et qui font vœu de tuer tous ceux qui portent un bonnet et une robe. Ils doivent aussi faire l'oraison. Nous avons mouillé dans une île plus grande et fort jolie, qu'on nomme Sicile; elle était bien plus belle autrefois: on parle de villes admirables dont on ne voit plus que les ruines. Elle fut habitée par des dieux, des déesses, des géants, des héros; on y forgeait la foudre. Une déesse, nommée Cérès, la couvrit de riches moissons. Le vice-dieu a changé tout cela; on y voit beaucoup de processions et de coupeurs de bourse.

DIXIÈME LETTRE

D'AMABED.

Enfin nous voici sur la terre sacrée du vice-dieu. J'avais lu dans le livre de l'aumônier que ce pays était d'or et d'azur; que les murailles étaient d'émeraudes et de rubis; que les ruisseaux étaient d'huile, les fontaines, de lait; les campagnes, couvertes de vignes dont chaque cep produisait cent tonneaux de vin[a]. Peut-être trouverons-nous tout cela quand nous serons auprès de Roume.

Nous avons abordé avec beaucoup de peine dans un petit port fort incommode, qu'on appelle *la cité*

[a] Il veut apparemment parler de la sainte Jérusalem décrite dans le livre exact de l'*Apocalypse*, dans Justin, dans Tertullien, Irénée, et autres grands personnages; mais on voit bien que ce pauvre brame n'en avait qu'une idée très imparfaite.

vieille[1]. Elle tombe en ruines, et est fort bien nommée.

On nous a donné, pour nous conduire, des charrettes attelées par des bœufs. Il faut que ces bœufs viennent de loin ; car la terre à droite et à gauche n'est point cultivée : ce ne sont que des marais infects, des bruyères, des landes stériles. Nous n'avons vu dans le chemin que des gens couverts de la moitié d'un manteau, sans chemise, qui nous demandaient l'aumône fièrement. Ils ne se nourrissent, nous a-t-on dit, que de petits pains très plats qu'on leur donne *gratis* le matin, et ne s'abreuvent que d'eau bénite.

Sans ces troupes de gueux, qui font cinq ou six mille pas pour obtenir, par leurs lamentations, la trentième partie d'une roupie, ce canton serait un désert affreux. On nous avertit même que quiconque y passe la nuit est en danger de mort. Apparemment que Dieu est fâché contre son vicaire, puisqu'il lui a donné un pays qui est le cloaque de la nature. J'apprends que cette contrée a été autrefois très belle et très fertile, et qu'elle n'est devenue si misérable que depuis le temps où ces vicaires s'en sont mis en possession.

Je t'écris, sage Shastasid, sur ma charrette, pour me désennuyer. Adaté est bien étonnée. Je t'écrirai dès que je serai dans Roume.

---

[1] *Civita-Vecchia*, ville des états romains. B.

ONZIÈME LETTRE

D'AMABED.

Nous y voilà, nous y sommes dans cette ville de Roume. Nous arrivâmes hier en plein jour, le *trois du mois de la brebis*, qu'on dit ici le 15 mars 1513. Nous avons d'abord éprouvé tout le contraire de ce que nous attendions.

A peine étions-nous à la porte dite de Saint-Pancrace[a], que nous avons vu deux troupes de spectres, dont l'une est vêtue comme notre aumônier, et l'autre comme le P. Fa tutto. Elles avaient chacune une bannière à leur tête, et un grand bâton sur lequel était sculpté un homme tout nu, dans la même attitude que celui de Goa. Elles marchaient deux à deux, et chantaient un air à faire bâiller toute une province. Quand cette procession fut parvenue à notre charrette, une troupe cria: C'est saint Fa tutto! l'autre: C'est saint Fa molto! On baisa leurs robes, le peuple se mit à genoux. Combien avez-vous converti d'Indiens, mon révérend père? Quinze mille sept cents, disait l'un; onze mille neuf cents, disait l'autre. Bénie soit la vierge Marie! Tout le monde avait les yeux sur nous, tout le monde nous entourait. Sont-ce là de vos catéchumènes, mon révérend père? Oui, nous les avons

---

[a] C'était autrefois la porte du Janicule : voyez comme la nouvelle Rome l'emporte sur l'ancienne.

baptisés. Vraiment ils sont bien jolis. *Gloire dans les hauts! gloire dans les hauts*[1]!

Le P. Fa tutto et le P. Fa molto furent conduits, chacun par sa procession, dans une maison magnifique : pour nous, nous allâmes à l'auberge; le peuple nous y suivit en criant *Cazzo, Cazzo*, en nous donnant des bénédictions, en nous baisant les mains; en donnant mille éloges à ma chère Adaté, à Déra, et à moi-même. Nous ne revenions pas de notre surprise.

A peine fûmes-nous dans notre auberge, qu'un homme vêtu d'une robe violette, accompagné de deux autres en manteau noir, vint nous féliciter sur notre arrivée. La première chose qu'il fit fut de nous offrir de l'argent de la part de la *propaganda*, si nous en avions besoin. Je ne sais pas ce que c'est que cette propagande. Je lui répondis qu'il nous en restait encore avec beaucoup de diamants; en effet j'avais eu le soin de cacher toujours ma bourse et une boîte de brillants dans mon caleçon. Aussitôt cet homme se prosterna presque devant moi, et me traita d'*excellence*. Son excellence la signora Adaté n'est-elle pas bien fatiguée du voyage? ne va-t-elle pas se coucher? Je crains de l'incommoder, mais je serai toujours à ses ordres. Le signor Amabed peut disposer de moi, je lui enverrai un *cicéron*[a] qui sera à son service; il n'a qu'à commander. Veulent-ils tous deux, quand ils seront reposés, me faire l'honneur de venir pren-

---

[1] *Gloria in excelsis*, paroles de la messe. B.

[a] On sait qu'on appelle à Rome *Cicérons* ceux qui font métier de montrer aux étrangers les antiquailles.

dre le rafraîchissement chez moi? j'aurai l'honneur de leur envoyer un carrosse.

Il faut avouer, mon divin Shastasid, que les Chinois ne sont pas plus polis que cette nation occidentale. Ce seigneur se retira. Nous dormîmes six heures, la belle Adaté et moi. Quand il fut nuit, le carrosse vint nous prendre; nous allâmes chez cet homme civil. Son appartement était illuminé et orné de tableaux bien plus agréables que celui de l'homme tout nu que nous avions vu à Goa. Une très nombreuse compagnie nous accabla de caresses, nous admira d'être Indiens, nous félicita d'être baptisés, et nous offrit ses services pour tout le temps que nous voudrions rester à Roume.

Nous voulions demander justice du P. Fa tutto; on ne nous donna pas le temps d'en parler. Enfin nous fûmes reconduits, étonnés, confondus d'un tel accueil, et n'y comprenant rien.

DOUZIÈME LETTRE

D'AMABED.

Aujourd'hui nous avons reçu des visites sans nombre, et une princesse de Piombino nous a envoyé deux écuyers nous prier de venir dîner chez elle. Nous y sommes allés dans un équipage magnifique; l'homme violet s'y est trouvé. J'ai su que c'est un des seigneurs, c'est-à-dire un des valets du vice-dieu qu'on appelle préférés, *prelati*. Rien n'est plus aimable, plus honnête que cette princesse de Piombino. Elle m'a placé à table à côté d'elle. Notre répugnance à manger des pigeons romains et des perdrix l'a fort surprise. Le préféré nous a dit que, puisque nous étions baptisés, il fallait manger des perdrix, et boire du vin de Montepulciano; que tous les vice-dieu en usaient ainsi; que c'était la marque essentielle d'un véritable chrétien.

La belle Adaté a répondu avec sa naïveté ordinaire qu'elle n'était pas chrétienne, qu'elle avait été baptisée dans le Gange. Eh! mon Dieu! madame, a dit le préféré, dans le Gange, ou dans le Tibre, ou dans un bain, qu'importe? vous êtes des nôtres. Vous avez été convertie par le P. Fa tutto; c'est pour nous un honneur que nous ne voulons pas perdre. Voyez quelle supériorité notre religion a sur la vôtre! et aussitôt il a couvert nos assiettes d'ailes de gelinottes. La princesse a bu à notre santé et à notre salut. On nous a pressés avec tant de grace, on a dit tant de bons mots, on a été si poli, si gai, si séduisant, qu'enfin, ensorcelés par le plaisir (j'en demande pardon à Brama), nous avons fait, Adaté et moi, la meilleure chère du monde, avec un ferme propos de nous laver dans le Gange jusqu'aux oreilles, à notre retour, pour effacer notre péché. On n'a pas douté que nous ne fussions chrétiens. Il faut, disait la princesse, que ce P. Fa tutto soit un grand missionnaire; j'ai envie de le prendre pour mon confesseur. Nous rougissions et nous baissions les yeux, ma pauvre femme et moi.

De temps en temps la signora Adaté fesait entendre

que nous venions pour être jugés par le vice-dieu, et qu'elle avait la plus grande envie de le voir. Il n'y en a point, nous a dit la princesse; il est mort [1], et on est occupé à présent à en faire un autre : dès qu'il sera fait, on vous présentera à sa sainteté. Vous serez témoin de la plus auguste fête que les hommes puissent jamais voir, et vous en serez le plus bel ornement. Adaté a répondu avec esprit; et la princesse s'est prise d'un grand goût pour elle.

Sur la fin du repas nous avons eu une musique qui était, si j'ose le dire, supérieure à celle de Bénarès et de Maduré.

Après dîner la princesse a fait atteler quatre chars dorés : elle nous a fait monter dans le sien. Elle nous a fait voir de beaux édifices, des statues, des peintures. Le soir on a dansé. Je comparais secrètement cette réception charmante avec le cul de basse-fosse où nous avions été renfermés dans Goa : et je comprenais à peine comment le même gouvernement, la même religion, pouvaient avoir tant de douceur et d'agrément dans Roume, et exercer au loin tant d'horreurs.

TREIZIÈME LETTRE
D'AMABED.

Tandis que cette ville est partagée sourdement en petites factions pour élire un vice-dieu, que ces fac-

[1] Jules II étant mort dans la nuit du 20 au 21 février 1513, Léon X fut élu le 11 mars suivant. B.

tions, animées de la plus forte haine, se ménagent toutes avec une politesse qui ressemble à l'amitié, que le peuple regarde les Pères Fa tutto et Fa molto comme les favoris de la Divinité, qu'on s'empresse autour de nous avec une curiosité respectueuse, je fais, mon cher Shastasid, de profondes réflexions sur le gouvernement de Roume.

Je le compare au repas que nous a donné la princesse de Piombino. La salle était propre, commode, et parée; l'or et l'argent brillaient sur les buffets; la gaîté, l'esprit, et les graces, animaient les convives; mais, dans les cuisines, le sang et la graisse coulaient; les peaux des quadrupèdes, les plumes des oiseaux et leurs entrailles pêle-mêle amoncelées, soulevaient le cœur, et répandaient l'infection.

Telle est, ce me semble, la cour romaine; polie et flatteuse chez elle, ailleurs brouillonne et tyrannique. Quand nous disons que nous espérons avoir justice de Fa tutto, on se met doucement à rire; on nous dit que nous sommes trop au-dessus de ces bagatelles; que le gouvernement nous considère trop pour souffrir que nous gardions le souvenir d'une telle facétie; que les Fa tutto et les Fa molto sont des espèces de singes élevés avec soin pour faire des tours de passe-passe devant le peuple; et on finit par des protestations de respect et d'amitié pour nous. Quel parti veux-tu que nous prenions, grand Shastasid? Je crois que le plus sage est de rire comme les autres, et d'être poli comme eux. Je veux étudier Roume, elle en vaut la peine.

QUATORZIÈME LETTRE

D'AMABED.

Il y a un assez grand intervalle entre ma dernière lettre et la présente. J'ai lu, j'ai vu, j'ai conversé, j'ai médité. Je te jure qu'il n'y eut jamais sur la terre une contradiction plus énorme qu'entre le gouvernement romain et sa religion. J'en parlais hier à un théologien du vice-dieu. Un théologien est, dans cette cour, ce que sont les derniers valets dans une maison; ils font la grosse besogne, portent les ordures; et, s'ils y trouvent quelque chiffon qui puisse servir, ils le mettent à part pour le besoin.

Je lui disais: Votre Dieu est né dans une étable entre un bœuf et un âne; il a été élevé, a vécu, est mort dans la pauvreté; il a ordonné expressément la pauvreté à ses disciples; il leur a déclaré qu'il n'y aurait parmi eux ni premier ni dernier, et que celui qui voudrait commander aux autres les servirait : cependant je vois ici qu'on fait exactement tout le contraire de ce que veut votre Dieu. Votre culte même est tout différent du sien. Vous obligez les hommes à croire des choses dont il n'a pas dit un seul mot.

Tout cela est vrai, m'a-t-il répondu. Notre Dieu n'a pas commandé à nos maîtres formellement de s'enrichir aux dépens des peuples, et de ravir le bien d'autrui; mais il l'a commandé virtuellement. Il est né entre un bœuf et un âne; mais trois rois sont venus l'adorer dans une écurie. Les bœufs et les ânes figurent les peuples que nous enseignons, et les trois rois figurent tous les monarques qui sont à nos pieds. Ses disciples étaient dans l'indigence ; donc nos maîtres doivent aujourd'hui regorger de richesses ; car, si ces premiers vice-dieu n'eurent besoin que d'un écu, ceux d'aujourd'hui ont un besoin pressant de dix millions d'écus : or, être pauvre, c'est n'avoir précisément que le nécessaire ; donc nos maîtres, n'ayant pas même le nécessaire, accomplissent la loi de la pauvreté à la rigueur.

Quant aux dogmes, notre Dieu n'écrivit jamais rien, et nous savons écrire ; donc c'est à nous d'écrire les dogmes : aussi les avons-nous fabriqués avec le temps selon le besoin. Par exemple nous avons fait du mariage le signe visible d'une chose invisible : cela fait que tous les procès suscités pour cause de mariage ressortissent de tous les coins de l'Europe à notre tribunal de Roume, parce que nous seuls pouvons voir des choses invisibles. C'est une source abondante de trésors qui coule dans notre chambre sacrée des finances pour étancher la soif de notre pauvreté.

Je lui demandai si la chambre sacrée n'avait pas encore d'autres ressources. Nous n'y avons pas manqué, dit-il ; nous tirons parti des vivants et des morts. Par exemple, dès qu'une ame est trépassée, nous l'envoyons dans une infirmerie ; nous lui fesons prendre médecine dans l'apothicairerie des ames ; et vous ne sauriez croire combien cette apothicairerie nous vaut d'argent. — Comment cela, monsignor ? car il me semble que la bourse d'une ame est d'ordinaire assez mal garnie. — Cela est vrai, signor ; mais elles ont des parents qui sont bien aises de retirer leurs parents morts de l'infirmerie, et de les faire placer dans un lieu plus agréable. Il est triste pour une ame de passer toute une éternité à prendre médecine. Nous composons avec les vivants; ils achètent la santé des ames de leurs défunts parents, les uns plus cher, les autres à meilleur compte, selon leurs facultés. Nous leur délivrons des billets pour l'apothicairerie. Je vous assure que c'est un de nos meilleurs revenus.

Mais, monsignor, comment ces billets parviennent-ils aux ames? Il se mit à rire. C'est l'affaire des parents, dit-il; et puis ne vous ai-je pas dit que nous avons un pouvoir incontestable sur les choses invisibles?

Ce monsignor me paraît bien dessalé; je me forme beaucoup avec lui, et je me sens déjà tout autre.

QUINZIÈME LETTRE

D'AMABED.

Tu dois savoir, mon cher Shastasid, que le cicéron à qui monsignor m'a recommandé, et dont je t'ai dit un mot dans mes précédentes lettres, est un homme fort intelligent qui montre aux étrangers les curiosités de l'ancienne Roume et de la nouvelle. L'une et l'autre, comme tu le vois, ont commandé aux rois; mais les premiers Romains acquirent leur pouvoir par leur épée, et les derniers par leur plume. La discipline militaire donna l'empire aux césars, dont tu connais l'histoire : la discipline monastique donne une autre espèce d'empire à ces vice-dieu qu'on appelle *papes*. On voit des processions dans la même place où l'on voyait autrefois des triomphes. Les cicérons expliquent tout cela aux étrangers; ils leur fournissent des livres et des filles. Pour moi, qui ne veux pas faire d'infidélité à ma belle Adaté, tout jeune que je suis, je me borne aux livres, et j'étudie principalement la religion du pays, qui me divertit beaucoup.

Je lisais avec mon cicéron l'histoire de la vie du dieu du pays : elle est fort extraordinaire. C'était un homme qui séchait des figuiers d'une seule parole [1], qui changeait l'eau en vin [2], et qui noyait des cochons [3]. Il avait beaucoup d'ennemis : tu sais qu'il était né dans une bourgade appartenante à l'empereur de Rome. Ses ennemis étaient malins; ils lui demandèrent un jour s'ils devaient payer le tribut à l'empereur; il leur répondit: Rendez au prince ce qui est au prince; mais rendez à Dieu ce qui est à Dieu [4]. Cette réponse me paraît sage; nous en parlions, mon cicéron et moi, lorsque monsignor est entré. Je lui ai dit beaucoup de bien de son dieu, et je l'ai prié de m'expliquer comment sa chambre des finances observait ce précepte en prenant tout pour elle, et en ne donnant rien à l'empereur; car tu dois savoir que, bien que les Romains aient un vice-dieu, ils ont un empereur aussi auquel même ils donnent le titre de roi des Romains. Voici ce que cet homme très avisé m'a répondu:

---

[1] Matthieu, xxi, 19. B. — [2] Jean, ii, 7-9. B. — [3] Matthieu, viii, 32; Marc, v, 13; Luc, viii, 33. B. — [4] Matthieu, xxii, 21; Marc, xii, 17; Luc, xx, 25. B.

Il est vrai que nous avons un empereur ; mais il ne l'est qu'en peinture ; il est banni de Roume ; il n'y a pas seulement une maison ; nous le laissons habiter auprès d'un grand fleuve[1] qui est gelé quatre mois de l'année, dans un pays dont le langage écorche nos oreilles. Le véritable empereur est le pape, puisqu'il règne dans la capitale de l'empire. Ainsi Rendez à l'empereur veut dire Rendez au pape ; Rendez à Dieu signifie encore Rendez au pape, puisqu'en effet il est vice-dieu. Il est seul le maître de tous les cœurs et de toutes les bourses. Si l'autre empereur, qui demeure sur un grand fleuve, osait seulement dire un mot, alors nous soulèverions contre lui tous les habitants des rives du grand fleuve, qui sont, pour la plupart, de gros corps sans esprit, et nous armerions contre lui les autres rois, qui partageraient avec nous[2] ses dépouilles.

Te voilà au fait, divin Shastasid, de l'esprit de Roume. Le pape est en grand ce que le dalaï-lama est en petit : s'il n'est pas immortel comme le lama, il est tout puissant pendant sa vie, ce qui vaut bien mieux. Si quelquefois on lui résiste, si on le dépose, si on lui donne des soufflets, ou si même on le tue[a] entre les

---

[1] Le Danube. B.

[2] Toutes les éditions du vivant de l'auteur, et les éditions de Kehl, portent *avec lui*. La correction *avec nous* a été proposée par M. Decroix, dans un *errata* manuscrit. B.

[a] Jean VIII, assassiné à coups de marteau par un mari jaloux ;
Jean X, amant de Théodora, étranglé dans son lit ;
Étienne VIII, enfermé au château qu'on appelle aujourd'hui *Saint-Ange* ;
Étienne IX, sabré au visage par les Romains ;

bras de sa maîtresse, comme il est arrivé quelquefois, ces inconvénients n'attaquent jamais son divin caractère. On peut lui donner cent coups d'étrivières ; mais il faut toujours croire tout ce qu'il dit. Le pape meurt ; la papauté est immortelle. Il y a eu trois ou quatre vice-dieu à-la-fois qui disputaient cette place. Alors la divinité était partagée entre eux : chacun en avait sa part ; chacun était infaillible dans son parti.

J'ai demandé à monsignor par quel art sa cour est parvenue à gouverner toutes les autres cours. Il faut peu d'art, me dit-il, aux gens d'esprit pour conduire les sots. J'ai voulu savoir si on ne s'était jamais révolté contre les décisions du vice-dieu. Il m'a avoué qu'il y avait eu des hommes assez téméraires pour lever les yeux ; mais qu'on les leur avait crevés aussitôt, ou qu'on avait exterminé ces misérables, et que ces révoltes n'avaient jamais servi jusqu'à présent qu'à mieux affermir l'infaillibilité sur le trône de la vérité.

On vient enfin de nommer un nouveau vice-dieu. Les cloches sonnent, on frappe les tambours, les trompettes éclatent, le canon tire, cent mille voix lui répondent. Je t'informerai de tout ce que j'aurai vu.

Jean XII, déposé par l'empereur Othon Ier, assassiné chez une de ses maîtresses ;

Benoît V, exilé par l'empereur Othon Ier ;

Benoît VII, étranglé par le bâtard de Jean X ;

Benoît IX, qui acheta le pontificat, lui troisième, et revendit sa part, etc. Ils étaient tous infaillibles.

SEIZIÈME LETTRE

D'AMABED.

Ce fut le 25 du mois du crocodile, et le 13 de la planète de Mars, comme on dit ici, que des hommes vêtus de rouge et inspirés élurent l'homme infaillible, devant qui je dois être jugé, aussi bien que Charme des yeux, en qualité d'apostata.

Ce dieu en terre s'appelle *Leone*[1], dixième du nom. C'est un très bel homme de trente-quatre à trente-cinq ans, et fort aimable; les femmes sont folles de lui. Il était attaqué d'un mal immonde qui n'est bien connu encore qu'en Europe, mais dont les Portugais commencent à faire part à l'Indoustan. On croyait qu'il en mourrait, et c'est pourquoi on l'a élu, afin que cette sublime place fût bientôt vacante; mais il est guéri, et il se moque de ceux qui l'ont nommé.

Rien n'a été si magnifique que son couronnement; il y a dépensé cinq millions de roupies pour subvenir aux nécessités de son dieu, qui a été si pauvre. Je n'ai pu t'écrire dans le fracas de nos fêtes : elles se sont succédé si rapidement, il a fallu passer par tant de plaisirs, que le loisir a été impossible.

Le vice-dieu Leone a donné des divertissements dont tu n'as point d'idée. Il y en a un surtout, qu'on appelle *comédie*, qui me plaît beaucoup plus que tous

---

[1] Léon X : voyez le chapitre cxxvii de l'*Essai sur les mœurs*, tome XVII, page 230. B.

les autres ensemble. C'est une représentation de la vie humaine; c'est un tableau vivant; les personnages parlent et agissent; ils exposent leurs intérêts; ils développent leurs passions; ils remuent l'ame des spectateurs.

La comédie que je vis avant-hier chez le pape est intitulée *la Mandragora*[1]. Le sujet de la pièce est un jeune homme adroit qui veut coucher avec la femme de son voisin. Il engage avec de l'argent un moine, un Fa tutto ou un Fa molto, à séduire sa maîtresse et à faire tomber son mari dans un piége ridicule. On se moque tout le long de la pièce de la religion que l'Europe professe, dont Roume est le centre, et dont le siége papal est le trône. De tels plaisirs te paraîtront peut-être indécents, mon cher et pieux Shastasid. Charme des yeux en a été scandalisée; mais la comédie est si jolie, que le plaisir l'a emporté sur le scandale.

Les festins, les bals, les belles cérémonies de la religion, les danseurs de corde, se sont succédé tour-à-tour sans interruption. Les bals surtout sont fort plaisants. Chaque personne invitée au bal met un habit étranger et un visage de carton par-dessus le sien. On tient sous ce déguisement des propos à faire éclater de rire. Pendant les repas il y a toujours une musique très agréable; enfin c'est un enchantement.

On m'a conté qu'un vice-dieu, prédécesseur de Leone, nommé Alexandre, sixième du nom, avait donné aux noces d'une de ses bâtardes une fête bien plus extraordinaire. Il y fit danser cinquante filles

---

[1] La *Mandragora* est de Machiavel; voyez ce que Voltaire en dit tome XVII, page 182. B.

toutes nues [1]. Les brachmanes n'ont jamais institué de pareilles danses : tu vois que chaque pays a ses coutumes. Je t'embrasse avec respect, et je te quitte pour aller danser avec ma belle Adaté. Que Birma te comble de bénédictions.

DIX-SEPTIÈME LETTRE

D'AMABED.

Vraiment, mon grand brame, tous les vice-dieu n'ont pas été si plaisants que celui-ci. C'est un plaisir de vivre sous sa domination. Le défunt, nommé Jules, était d'un caractère différent ; c'était un vieux soldat turbulent qui aimait la guerre comme un fou ; toujours à cheval, toujours le casque en tête, distribuant des bénédictions et des coups de sabre, attaquant tous ses voisins, damnant leurs ames, et tuant leurs corps, autant qu'il le pouvait : il est mort d'un accès de colère. Quel diable de vice-dieu on avait là ! croirais-tu bien qu'avec un morceau de papier il s'imaginait dépouiller les rois de leurs royaumes ? Il s'avisa de détrôner de cette manière le roi d'un pays assez beau qu'on appelle la France. Ce roi était un fort bon homme : il passe ici pour un sot, parcequ'il n'a pas été heureux. Ce pauvre prince fut obligé d'assembler un jour les plus savants hommes de son royaume [a],

---

[1] Voyez dans les *Mélanges*, année 1768, l'opuscule intitulé : *Les droits des hommes*, etc.; et tome XVII, page 83. B.

[a] Le pape Jules II excommunia le roi de France Louis XII, en 1510. Il mit le royaume de France en interdit, et le donna au premier qui voudrait

pour leur demander s'il lui était permis de se défendre contre un vice-dieu qui le détrônait avec du papier. C'est être bien bon que de faire une question pareille! j'en témoignais ma surprise au monsignor violet, qui m'a pris en amitié. Est-il possible, lui disais-je, qu'on soit si sot en Europe? J'ai bien peur, me dit-il, que les vice-dieu n'abusent tant de la complaisance des hommes qu'à la fin ils leur donneront de l'esprit.

Il faudra donc qu'il y ait des révolutions dans la religion de l'Europe. Ce qui te surprendra, docte et pénétrant Shastasid, c'est qu'il ne s'en fit point sous le vice-dieu Alexandre, qui régnait avant Jules. Il fesait assassiner, pendre, noyer, empoisonner impunément tous les seigneurs ses voisins. Un de ses cinq bâtards fut l'instrument de cette foule de crimes à la vue de toute l'Italie[1]. Comment les peuples persistèrent-ils dans la religion de ce monstre! c'est celui-là même qui fesait danser les filles sans aucun ornement superflu. Ses scandales devaient inspirer le mépris,

---

s'en saisir. Cette excommunication et cette interdiction furent réitérées en 1512. On a peine à concevoir aujourd'hui cet excès d'insolence et de ridicule. Mais depuis Grégoire VII, il n'y eut presque aucun évêque de Rome qui ne fît ou qui ne voulût faire et défaire des souverains, selon son bon plaisir. Tous les souverains méritaient cet infame traitement, puisqu'ils avaient été assez imbéciles pour fortifier eux-mêmes chez leurs sujets l'opinion de l'infaillibilité du pape, et son pouvoir sur toutes les Églises. Ils s'étaient donné eux-mêmes des fers qu'il était très difficile de briser. Le gouvernement fut partout un chaos formé par la superstition. La raison n'a pénétré que très tard chez les peuples de l'Occident : elle a guéri quelques blessures que cette superstition, ennemie du genre humain, avait faites aux hommes ; mais il en reste encore de profondes cicatrices.

[1] Voyez tome XVII, pages 83-85, 90-97. B.

ses barbaries devaient aiguiser contre lui mille poignards : cependant il vécut honoré et paisible dans sa cour. La raison en est, à mon avis, que les prêtres gagnaient à tous ses crimes, et que les peuples n'y perdaient rien. Dès qu'on vexera trop les peuples, ils briseront leurs liens. Cent coups de bélier n'ont pu ébranler le colosse, un caillou le jettera par terre. C'est ce que disent ici les gens déliés qui se piquent de prévoir.

Enfin les fêtes sont finies; il n'en faut pas trop; rien ne lasse comme les choses extraordinaires devenues communes. Il n'y a que les besoins renaissants qui puissent donner du plaisir tous les jours. Je me recommande à tes saintes prières.

DIX-HUITIÈME LETTRE

D'AMABED.

L'infaillible nous a voulu voir en particulier, Charme des yeux et moi. Notre monsignor nous a conduits dans son palais. Il nous a fait mettre à genoux trois fois. Le vice-dieu nous a fait baiser son pied droit en se tenant les côtés de rire. Il nous a demandé si le P. Fa tutto nous avait convertis, et si en effet nous étions chrétiens. Ma femme a répondu que le P. Fa tutto était un insolent; et le pape s'est mis à rire encore plus fort. Il a donné deux baisers à ma femme et à moi aussi.

Ensuite il nous a fait asseoir à côté de son petit lit

de baise-pieds. Il nous a demandé comment on fesait l'amour à Bénarès, à quel âge on mariait communément les filles, si le grand Brama avait un sérail. Ma femme rougissait; je répondais avec une modestie respectueuse : ensuite il nous a congédiés, en nous recommandant le christianisme, en nous embrassant, et en nous donnant de petites claques sur les fesses en signe de bonté. Nous avons rencontré en sortant les Pères Fa tutto et Fa molto qui nous ont baisé le bas de la robe. Le premier moment, qui commande toujours à l'ame, nous a fait d'abord reculer avec horreur, ma femme et moi; mais le violet nous a dit : Vous n'êtes pas encore entièrement formés; ne manquez pas de faire mille caresses à ces bons Pères; c'est un devoir essentiel dans ce pays-ci d'embrasser ses plus grands ennemis : vous les ferez empoisonner, si vous pouvez, à la première occasion ; mais, en attendant, vous ne pouvez leur marquer trop d'amitié. Je les embrassai donc; mais Charme des yeux leur fit une révérence fort sèche, et Fa tutto la lorgnait du coin de l'œil en s'inclinant jusqu'à terre devant elle. Tout ceci est un enchantement; nous passons nos jours à nous étonner. En vérité je doute que Maduré soit plus agréable que Roume.

DIX-NEUVIÈME LETTRE

D'AMABED.

Point de justice du P. Fa tutto. Hier notre jeune Déra s'avisa d'aller le matin, par curiosité, dans un petit temple. Le peuple était à genoux; un brame du pays, vêtu magnifiquement, se courbait sur une table; il tournait le derrière au peuple. On dit qu'il fesait Dieu. Dès qu'il eut fait Dieu, il se montra par-devant. Déra fit un cri et dit : Voilà le coquin qui m'a violée! Heureusement, dans l'excès de sa douleur et de sa surprise, elle prononça ces paroles en indien. On m'assure que si le peuple les avait comprises, la canaille se serait jetée sur elle comme sur une sorcière. Fa tutto lui répondit en italien : Ma fille, la grace de la vierge Marie soit avec vous! parlez plus bas. Elle revint tout éperdue nous conter la chose. Nos amis nous ont conseillé de ne nous jamais plaindre. Ils nous ont dit que Fa tutto est un saint, et qu'il ne faut jamais mal parler des saints. Que veux-tu? ce qui est fait est fait. Nous prenons en patience tous les agréments qu'on nous fait goûter dans ce pays-ci. Chaque jour nous apprend des choses dont nous ne nous doutions pas. On se forme beaucoup par les voyages.

Il est venu à la cour de Leone un grand poëte : son nom est messer Ariosto; il n'aime pas les moines : voici comme il parle d'eux :

> Non sa quel che sia amor, non sa che vaglia
> La caritade; e quindi avvien che i frati
> Sono si ingorda e si crudel canaglia [1].

Cela veut dire en indien :

> Modermen sebar eso
> La te ben sofa meso.

Tu sens quelle supériorité la langue indienne, qui

[1] Arioste, Satire sur le mariage. B.

est si antique, conservera toujours sur tous les jargons nouveaux de l'Europe: nous exprimons en quatre mots ce qu'ils ont de la peine à faire entendre en dix. Je conçois bien que cet Ariosto dise que les moines sont de la canaille; mais je ne sais pourquoi il prétend qu'ils ne connaissent point l'amour: hélas! nous en savons des nouvelles. Peut-être entend-il qu'ils jouissent et qu'ils n'aiment point.

VINGTIÈME LETTRE

D'AMABED.

Il y a quelques jours, mon cher grand brame, que je ne t'ai écrit. Les empressements dont on nous honore en sont la cause. Notre monsignor nous donna un excellent repas, avec deux jeunes gens vêtus de rouge de la tête aux pieds. Leur dignité est *cardinal*, comme qui dirait *gond de porte* : l'un est le cardinal Sacripante, et l'autre le cardinal Faquinetti. Ils sont les premiers de la terre après le vice-dieu : aussi sont-ils intitulés *vicaires du vicaire*. Leur droit, qui est sans doute droit divin, est d'être égaux aux rois et supérieurs aux princes[1], et d'avoir surtout d'immenses richesses. Ils méritent bien tout cela, vu la grande utilité dont ils sont au monde.

Ces deux gentilshommes, en dînant avec nous,

---

[1] Voyez le vers cité, tome XXII, page 2. Guy Patin, dans sa lettre du 7 juin 1650, définit ainsi le cardinal : *Est animal rubrum, callidum et rapax, capax et vorax omnium beneficiorum.* B.

proposèrent de nous mener passer quelques jours à leurs maisons de campagne; car c'est à qui nous aura. Après s'être disputé la préférence le plus plaisamment du monde, Faquinetti s'est emparé de la belle Adaté, et j'ai été le partage de Sacripante, à condition qu'ils changeraient le lendemain, et que le troisième jour nous nous rassemblerions tous quatre. Déra était du voyage. Je ne sais comment te conter ce qui nous est arrivé; je vais pourtant essayer de m'en tirer.

Ici finit le manuscrit des lettres d'Amabed. On a cherché dans toutes les bibliothèques de Maduré et de Bénarès la suite de ces lettres; il est sûr qu'elle n'existe pas.

Ainsi, supposé que quelque malheureux faussaire imprime jamais le reste des aventures des deux jeunes Indiens, *nouvelles Lettres d'Amabed, nouvelles Lettres de Charme des yeux, Réponses du grand brame Shastasid*, le lecteur peut être sûr qu'on le trompe et qu'on l'ennuie, comme il est arrivé cent fois en cas pareil.

FIN DES LETTRES D'AMABED.

AVENTURE

DE LA MÉMOIRE.

1773[1].

Le genre humain pensant, c'est-à-dire la cent millième partie du genre humain, tout au plus, avait cru long-temps, ou du moins avait souvent répété, que nous n'avions d'idées que par nos sens, et que la mémoire est le seul instrument par lequel nous puissions joindre deux idées et deux mots ensemble.

C'est pourquoi Jupiter, représentant la nature, fut amoureux de Mnémosyne, déesse de la mémoire, dès le premier moment qu'il la vit; et de ce mariage naquirent les neuf muses, qui furent les inventrices de tous les arts.

Ce dogme, sur lequel sont fondées toutes nos connaissances, fut reçu universellement, et même la Nonsobre[2] l'embrassa dès qu'elle fut née, quoique ce fût une vérité.

Quelque temps après vint un argumenteur, moitié géomètre, moitié chimérique[3], lequel argumenta contre les cinq sens et contre la mémoire; et il dit au petit nombre du genre humain pensant : Vous vous êtes trompés jusqu'à présent, car vos sens sont inu-

[1] Voyez ma préface en tête du tome XXXIII. B. — [2] Anagramme de *Sorbonne*. B. — [3] Malebranche. B.

tiles, car les idées sont innées chez vous avant qu'aucun de vos sens pût agir, car vous aviez toutes les notions nécessaires lorsque vous vîntes au monde; vous saviez tout sans avoir jamais rien senti; toutes vos idées, nées avec vous, étaient présentes à votre intelligence, nommée ame, sans le secours de la mémoire. Cette mémoire n'est bonne à rien.

La Nonsobre condamna cette proposition, non parcequ'elle était ridicule, mais parcequ'elle était nouvelle: cependant, lorsque ensuite un Anglais [1] se fut mis à prouver, et même longuement, qu'il n'y avait point d'idées innées, que rien n'était plus nécessaire que les cinq sens, que la mémoire servait beaucoup à retenir les choses reçues par les cinq sens, elle condamna ses propres sentiments, parcequ'ils étaient devenus ceux d'un Anglais. En conséquence elle ordonna au genre humain de croire désormais aux idées innées, et de ne plus croire aux cinq sens et à la mémoire. Le genre humain, au lieu d'obéir, se moqua de la Nonsobre, laquelle se mit en telle colère, qu'elle voulut faire brûler un philosophe; car ce philosophe avait dit qu'il est impossible d'avoir une idée complète d'un fromage, à moins d'en avoir vu et d'en avoir mangé; et même le scélérat osa avancer que les hommes et les femmes n'auraient jamais pu travailler en tapisserie, s'ils n'avaient pas eu des aiguilles et des doigts pour les enfiler.

Les liolisteois [2] se joignirent à la Nonsobre pour la première fois de leur vie; et les séjanistes [3], ennemis

---

[1] Locke. B. — [2] Les loiolistes ou jésuites, dont le fondateur est Ignace de Loyola. B. — [3] Les jansénistes. B.

mortels des liolisteois, se réunirent pour un moment à eux; ils appelèrent à leur secours les anciens dicastériques, qui étaient de grands philosophes; et tous ensemble, avant de mourir, proscrivirent la mémoire et les cinq sens, et l'auteur qui avait dit du bien de ces six choses.

Un cheval se trouva présent au jugement que prononcèrent ces messieurs, quoiqu'il ne fût pas de la même espèce, et qu'il y eût entre lui et eux plusieurs différences, comme celle de la taille, de la voix, de l'égalité des crins et des oreilles; ce cheval, dis-je, qui avait du sens aussi bien que des sens, en parla un jour à Pégase dans mon écurie; et Pégase alla raconter aux muses cette histoire avec sa vivacité ordinaire.

Les muses, qui depuis cent ans avaient singulièrement favorisé le pays long-temps barbare où cette scène se passait, furent extrêmement scandalisées; elles aimaient tendrement Mémoire ou Mnémosyne, leur mère, à laquelle ces neuf filles sont redevables de tout ce qu'elles savent. L'ingratitude des hommes les irrita. Elles ne firent point de satires contre les anciens dicastériques, les liolisteois, les séjanistes et la Nonsobre, parceque les satires ne corrigent personne, irritent les sots, et les rendent encore plus méchants. Elles imaginèrent un moyen de les éclairer en les punissant. Les hommes avaient blasphémé la mémoire; les muses leur ôtèrent ce don des dieux, afin qu'ils apprissent une bonne fois ce qu'on est sans son secours.

Il arriva donc qu'au milieu d'une belle nuit tous

les cerveaux s'appesantirent, de façon que le lendemain matin tout le monde se réveilla sans avoir le moindre souvenir du passé. Quelques dicastériques, couchés avec leurs femmes, voulurent s'approcher d'elles par un reste d'instinct indépendant de la mémoire. Les femmes, qui n'ont eu que très rarement l'instinct d'embrasser leurs maris, rejetèrent leurs caresses dégoûtantes avec aigreur. Les maris se fâchèrent, les femmes crièrent, et la plupart des ménages en vinrent aux coups.

Messieurs, trouvant un bonnet carré, s'en servirent pour certains besoins que ni la mémoire ni le bon sens ne soulagent. Mesdames employèrent les pots de leur toilette aux mêmes usages ; les domestiques, ne se souvenant plus du marché qu'ils avaient fait avec leurs maîtres, entrèrent dans leurs chambres sans savoir où ils étaient ; mais, comme l'homme est né curieux, ils ouvrirent tous les tiroirs ; et comme l'homme aime naturellement l'éclat de l'argent et de l'or, sans avoir pour cela besoin de mémoire, ils prirent tout ce qu'ils en trouvèrent sous la main. Les maîtres voulurent crier au voleur ; mais l'idée de voleur étant sortie de leur cerveau, le mot ne put arriver sur leur langue. Chacun ayant oublié son idiome articulait des sons informes. C'était bien pis qu'à Babel, où chacun inventait sur-le-champ une langue nouvelle. Le sentiment inné dans le sens des jeunes valets pour les jolies femmes agit si puissamment, que ces insolents se jetèrent étourdiment sur les premières femmes ou filles qu'ils trouvèrent, soit cabaretières, soit présidentes; et celles-ci, ne se souvenant plus des leçons de pudeur, les laissèrent faire en toute liberté.

Il fallut dîner; personne ne savait plus comment il fallait s'y prendre. Personne n'avait été au marché ni pour vendre ni pour acheter. Les domestiques avaient pris les habits des maîtres, et les maîtres ceux des domestiques. Tout le monde se regardait avec des yeux hébétés. Ceux qui avaient le plus de génie pour se procurer le nécessaire (et c'étaient les gens du peuple) trouvèrent un peu à vivre : les autres manquèrent de tout. Le premier président, l'archevêque, allaient tout nus, et leurs palefreniers étaient les uns en robes rouges, les autres en dalmatiques; tout était confondu, tout allait périr de misère et de faim, faute de s'entendre.

Au bout de quelques jours les muses eurent pitié de cette pauvre race : elles sont bonnes, quoiqu'elles fassent sentir quelquefois leur colère aux méchants : elles supplièrent donc leur mère de rendre à ces blasphémateurs la mémoire qu'elle leur avait ôtée. Mnémosyne descendit au séjour des contraires, dans lequel on l'avait insultée avec tant de témérité, et leur parla en ces mots:

« Imbéciles, je vous pardonne; mais ressouvenez-
« vous que sans les sens il n'y a point de mémoire, et
« que sans la mémoire il n'y a point d'esprit. »

Les dicastériques la remercièrent assez sèchement, et arrêtèrent qu'on lui ferait des remontrances. Les séjanistes mirent toute cette aventure dans leur gazette; on s'aperçut qu'ils n'étaient pas encore guéris.

Les liolisteois en firent une intrigue de cour. Maître Cogé, tout ébahi de l'aventure, et n'y entendant rien, dit à ses écoliers de cinquième ce bel axiome : « Non « magis musis quam hominibus infensa est ista quæ « vocatur memoria [1]. »

[1] Ce conte est une allusion aux arrêts du Parlement, aux censures de la Sorbonne, aux libelles des jansénistes, aux intrigues des jésuites en faveur des idées innées, que tous avaient combattues dans leur nouveauté; on sait qu'il est de la nature des théologiens de persécuter les opinions philosophiques de leur siècle, et d'arranger leur religion sur les opinions philosophiques du siècle précédent.

Quant à l'axiome de Cogé, voyez le *Discours de Me Belleguier* (dans les *Mélanges*, année 1773). K.

FIN DE L'AVENTURE DE LA MÉMOIRE.

LE TAUREAU BLANC,

TRADUIT DU SYRIAQUE

PAR M. MAMAKI,

INTERPRÈTE DU ROI D'ANGLETERRE POUR LES LANGUES ORIENTALES [1].

1774.

---

[1] Voyez ma préface en tête du tome XXXIII. B.

LE TAUREAU BLANC.

CHAPITRE I.

Comment la princesse Amaside rencontre un bœuf.

La jeune princesse Amaside, fille d'Amasis, roi de Tanis en Égypte, se promenait sur le chemin de Péluse avec les dames de sa suite. Elle était plongée dans une tristesse profonde ; les larmes coulaient de ses beaux yeux. On sait quel était le sujet de sa douleur, et combien elle craignait de déplaire au roi son père par sa douleur même. Le vieillard Mambrès, ancien mage et eunuque des pharaons, était auprès d'elle, et ne la quittait presque jamais. Il la vit naître, il l'éleva, il lui enseigna tout ce qu'il est permis à une belle princesse de savoir des sciences de l'Égypte. L'esprit d'Amaside égalait sa beauté ; elle était aussi sensible, aussi tendre que charmante ; et c'était cette sensibilité qui lui coûtait tant de pleurs.

La princesse était âgée de vingt-quatre ans ; le mage Mambrès en avait environ treize cents. C'était lui, comme on sait, qui avait eu avec le grand Moïse cette dispute fameuse dans laquelle la victoire fut long-temps balancée entre ces deux profonds philosophes. Si Mambrès succomba, ce ne fut que par la protection visible des puissances célestes qui favorisèrent son rival ;

il fallut des dieux pour vaincre Mambrès. L'âge affaiblit cette tête si supérieure aux autres têtes, et cette puissance qui avait résisté à la puissance universelle; mais il lui resta toujours un grand fonds de raison : il ressemblait à ces bâtiments immenses de l'antique Égypte dont les ruines attestent la grandeur. Mambrès était encore fort bon pour le conseil; et quoiqu'un peu vieux, il avait l'ame très compatissante.

Amasis le fit surintendant de la maison de sa fille; et il s'acquittait de cette charge avec sa sagesse ordinaire : la belle Amaside l'attendrissait par ses soupirs. O mon amant! mon jeune et cher amant! s'écriait-elle quelquefois; ô le plus grand des vainqueurs, le plus accompli, le plus beau des hommes! quoi! depuis près de sept ans tu as disparu de la terre! quel dieu t'a enlevé à ta tendre Amaside? L'univers aurait célébré et pleuré ton trépas. Tu n'es point mort, les savants prophètes de l'Égypte en conviennent : mais tu es mort pour moi, je suis seule sur la terre, elle est déserte. Par quel étrange prodige as-tu abandonné ton trône et ta maîtresse? Ton trône! il était le premier du monde, et c'est peu de chose; mais moi, qui t'adore, ô mon cher Na......! Elle allait achever. Tremblez de prononcer ce nom fatal, lui dit le sage Mambrès, ancien eunuque et mage des pharaons. Vous seriez peut-être décelée par quelqu'une de vos dames du palais. Elles vous sont toutes très dévouées, et toutes les belles dames se font sans doute un mérite de servir les passions des belles princesses; mais enfin il peut se trouver une indiscrète, et même à toute

CHAPITRE I.

force une perfide. Vous savez que le roi votre père, qui d'ailleurs vous aime, a juré de vous faire couper le cou si vous prononciez ce nom terrible toujours prêt à vous échapper. Pleurez, mais taisez-vous. Cette loi est bien dure, mais vous n'avez pas été élevée dans la sagesse égyptienne pour ne savoir pas commander à votre langue. Songez qu'Harpocrate, l'un de nos plus grands dieux, a toujours le doigt sur sa bouche. La belle Amaside pleura, et ne parla plus.

Comme elle avançait en silence vers les bords du Nil, elle aperçut de loin, sous un bocage baigné par le fleuve, une vieille femme couverte de lambeaux gris, assise sur un tertre. Elle avait auprès d'elle une ânesse, un chien, un bouc. Vis-à-vis d'elle était un serpent qui n'était pas comme les serpents ordinaires, car ses yeux étaient aussi tendres qu'animés; sa physionomie était noble et intéressante; sa peau brillait des couleurs les plus vives et les plus douces. Un énorme poisson, à moitié plongé dans le fleuve, n'était pas la moins étonnante personne de la compagnie. Il y avait sur une branche un corbeau et un pigeon. Toutes ces créatures semblaient avoir ensemble une conversation assez animée.

Hélas! dit la princesse tout bas, ces gens-là parlent sans doute de leurs amours, et il ne m'est pas permis de prononcer le nom de ce que j'aime!

La vieille tenait à la main une chaîne légère d'acier, longue de cent brasses, à laquelle était attaché un taureau qui paissait dans la prairie. Ce taureau était blanc, fait au tour, potelé, léger même, ce qui est bien rare. Ses cornes étaient d'ivoire. C'était ce qu'on vit jamais de plus beau dans son espèce. Celui de Pasiphaé, celui dont Jupiter prit la figure pour enlever Europe, n'approchaient pas de ce superbe animal. La charmante génisse en laquelle Isis fut changée aurait à peine été digne de lui.

Dès qu'il vit la princesse, il courut vers elle avec la rapidité d'un jeune cheval arabe qui franchit les vastes plaines et les fleuves de l'antique Saana, pour s'approcher de la brillante cavale qui règne dans son cœur, et qui fait dresser ses oreilles. La vieille fesait ses efforts pour le retenir; le serpent semblait l'épouvanter par ses sifflements; le chien le suivait et lui mordait ses belles jambes; l'ânesse traversait son chemin, et lui détachait des ruades pour le faire retourner. Le gros poisson remontait le Nil, et, s'élançant hors de l'eau, menaçait de le dévorer; le bouc restait immobile et saisi de crainte; le corbeau voltigeait autour de la tête du taureau, comme s'il eût voulu s'efforcer de lui crever les yeux. La colombe seule l'accompagnait par curiosité, et lui applaudissait par un doux murmure.

Un spectacle si extraordinaire rejeta Mambrès dans ses sérieuses pensées. Cependant le taureau blanc, tirant après lui sa chaîne et la vieille, était déjà parvenu auprès de la princesse, qui était saisie d'étonnement et de peur. Il se jette à ses pieds, il les baise, il verse des larmes, il la regarde avec des yeux où régnait un mélange inouï de douleur et de joie. Il n'osait mugir, de peur d'effaroucher la belle Amaside. Il ne pouvait parler. Un faible usage de la voix accordé par le ciel à quelques animaux lui était interdit; mais toutes ses actions étaient éloquentes. Il plut beaucoup à la princesse. Elle sentit qu'un léger amusement pouvait suspendre pour quelques moments les chagrins les plus douloureux. Voilà, disait-elle, un animal bien aimable; je voudrais l'avoir dans mon écurie.

A ces mots, le taureau plia les quatre genoux, et baisa la terre. Il m'entend! s'écria la princesse, il me témoigne qu'il veut m'appartenir. Ah! divin mage, divin eunuque, donnez-moi cette consolation, achetez ce beau chérubin[a]; faites le prix avec la vieille, à laquelle il appartient sans doute. Je veux que cet animal soit à moi; ne me refusez pas cette consolation innocente. Toutes les dames du palais joignirent leurs instances aux prières de la princesse. Mambrès se laissa toucher, et alla parler à la vieille.

CHAPITRE II.

Comment le sage Mambrès, ci-devant sorcier de Pharaon, reconnut une vieille, et comme il fut reconnu par elle.

Madame, lui dit-il, vous savez que les filles, et surtout les princesses, ont besoin de se divertir. La fille du roi est folle de votre taureau; je vous prie de nous le vendre, vous serez payée argent comptant.

Seigneur, lui répondit la vieille, ce précieux animal n'est point à moi. Je suis chargée, moi et toutes les bêtes que vous avez vues, de le garder avec soin,

---

[a] *Chérub*, en chaldéen et en syriaque, signifie un *bœuf*.

d'observer toutes ses démarches, et d'en rendre compte. Dieu me préserve de vouloir jamais vendre cet animal impayable!

Mambrès, à ce discours, se sentit éclairé de quelques traits d'une lumière confuse qu'il ne démêlait pas encore. Il regarda la vieille au manteau gris avec plus d'attention : Respectable dame, lui dit-il, ou je me trompe, ou je vous ai vue autrefois. Je ne me trompe pas, répondit la vieille; je vous ai vu, seigneur, il y a sept cents ans, dans un voyage que je fis de Syrie en Égypte, quelques mois après la destruction de Troie, lorsque Hiram régnait à Tyr, et Nephel Kerès sur l'antique Égypte.

Ah! madame, s'écria le vieillard, vous êtes l'auguste pythonisse d'Endor. Et vous, seigneur, lui dit la pythonisse en l'embrassant, vous êtes le grand Mambrès d'Égypte.

O rencontre imprévue! jour mémorable! décrets éternels! dit Mambrès; ce n'est pas, sans doute, sans un ordre de la Providence universelle que nous nous retrouvons dans cette prairie sur les rivages du Nil, près de la superbe ville de Tanis. Quoi! c'est vous, madame, qui êtes si fameuse sur les bords de votre petit Jourdain, et la première personne du monde pour faire venir des ombres! — Quoi! c'est vous, seigneur, qui êtes si fameux pour changer les baguettes en serpents, le jour en ténèbres, et les rivières en sang! — Oui, madame; mais mon grand âge affaiblit une partie de mes lumières et de ma puissance. J'ignore d'où vous vient ce beau taureau blanc, et qui sont ces animaux qui veillent avec vous autour de lui.

CHAPITRE II.

La vieille se recueillit, leva les yeux au ciel, puis répondit en ces termes :

Mon cher Mambrès, nous sommes de la même profession ; mais il m'est expressément défendu de vous dire quel est ce taureau. Je puis vous satisfaire sur les autres animaux. Vous les reconnaîtrez aisément aux marques qui les caractérisent. Le serpent est celui qui persuada Ève de manger une pomme, et d'en faire manger à son mari. L'ânesse est celle qui parla dans un chemin creux à Balaam, votre contemporain. Le poisson qui a toujours sa tête hors de l'eau, est celui qui avala Jonas il y a quelques années. Ce chien est celui qui suivit l'ange Raphaël et le jeune Tobie dans le voyage qu'ils firent à Ragès en Médie, du temps du grand Salmanazar. Ce bouc est celui qui expie tous les péchés d'une nation ; ce corbeau et ce pigeon sont ceux qui étaient dans l'arche de Noé : grand événement, catastrophe universelle, que presque toute la terre ignore encore ! Vous voilà au fait. Mais, pour le taureau, vous n'en saurez rien.

Mambrès écoutait avec respect. Puis il dit : L'Éternel révèle ce qu'il veut et à qui il veut, illustre pythonisse. Toutes ces bêtes, qui sont commises avec vous à la garde du taureau blanc, ne sont connues que de votre généreuse et agréable nation, qui est elle-même inconnue à presque tout le monde. Les merveilles que vous et les vôtres, et moi et les miens, nous avons opérées, seront un jour un grand sujet de doute et de scandale pour les faux sages. Heureusement elles trouveront croyance chez les sages véritables qui seront soumis aux voyants dans une petite partie du monde, et c'est tout ce qu'il faut.

Comme il prononçait ces paroles, la princesse le tira par la manche, et lui dit : Mambrès, est-ce que vous ne m'achèterez pas mon taureau ? Le mage, plongé dans une rêverie profonde, ne répondit rien ; et Amaside versa des larmes.

Elle s'adressa alors elle-même à la vieille, et lui dit : Ma bonne, je vous conjure par tout ce que vous avez de plus cher au monde, par votre père, par votre mère, par votre nourrice, qui sans doute vivent encore, de me vendre non seulement votre taureau, mais aussi votre pigeon, qui lui paraît fort affectionné. Pour vos autres bêtes, je n'en veux point; mais je suis fille à tomber malade de vapeurs, si vous ne me vendez ce charmant taureau blanc, qui fera toute la douceur de ma vie.

La vieille lui baisa respectueusement les franges de sa robe de gaze, et lui dit : Princesse, mon taureau n'est point à vendre, votre illustre mage en est instruit. Tout ce que je pourrais faire pour votre service, ce serait de le mener paître tous les jours près de votre palais, vous pourriez le caresser, lui donner des biscuits, le faire danser à votre aise. Mais il faut qu'il soit continuellement sous les yeux de toutes les bêtes qui m'accompagnent, et qui sont chargées de sa garde. S'il ne veut point s'échapper, elles ne lui feront point de mal; mais s'il essaie encore de rompre sa chaîne, comme il a fait dès qu'il vous a vue, malheur à lui ! je ne répondrais pas de sa vie. Ce gros

CHAPITRE II.

poisson que vous voyez l'avalerait infailliblement, et le garderait plus de trois jours dans son ventre; ou bien ce serpent, qui vous a paru peut-être assez doux et assez aimable, lui pourrait faire une piqûre mortelle.

Le taureau blanc, qui entendait à merveille tout ce que disait la vieille, mais qui ne pouvait parler, accepta toutes ses propositions d'un air soumis. Il se coucha à ses pieds, mugit doucement, et regardant Amaside avec tendresse, il semblait lui dire : Venez me voir quelquefois sur l'herbe. Le serpent prit alors la parole, et lui dit : Princesse, je vous conseille de faire aveuglément tout ce que mademoiselle d'Endor vient de vous dire. L'ânesse dit aussi son mot, et fut de l'avis du serpent. Amaside était affligée que ce serpent et cette ânesse parlassent si bien, et qu'un beau taureau, qui avait les sentiments si nobles et si tendres, ne pût les exprimer. Hélas! rien n'est plus commun à la cour, disait-elle tout bas; on y voit tous les jours de beaux seigneurs qui n'ont point de conversation, et des malotrus qui parlent avec assurance.

Ce serpent n'est point un malotru, dit Mambrès; ne vous y trompez pas : c'est peut-être la personne de la plus grande considération.

Le jour baissait, la princesse fut obligée de s'en retourner, après avoir bien promis de revenir le lendemain à la même heure. Ses dames du palais étaient émerveillées, et ne comprenaient rien à ce qu'elles avaient vu et entendu. Mambrès fesait ses réflexions. La princesse, songeant que le serpent avait appelé la vieille mademoiselle, conclut au hasard qu'elle était pucelle, et sentit quelque affliction de l'être encore; affliction respectable qu'elle cachait avec autant de scrupule que le nom de son amant.

CHAPITRE III.

Comment la belle Amaside eut un secret entretien avec un beau serpent.

La belle princesse recommanda le secret à ses dames sur ce qu'elles avaient vu. Elles le promirent toutes, et en effet le gardèrent un jour entier. On peut croire qu'Amaside dormit peu cette nuit. Un charme inexplicable lui rappelait sans cesse l'idée de son beau taureau. Dès qu'elle put être en liberté avec son sage Mambrès, elle lui dit : O sage ! cet animal me tourne la tête. Il occupe beaucoup la mienne, dit Mambrès. Je vois clairement que ce chérubin est fort au-dessus de son espèce. Je vois qu'il y a là un grand mystère, mais je crains un événement funeste. Votre père Amasis est violent et soupçonneux ; toute cette affaire exige que vous vous conduisiez avec la plus grande prudence.

Ah ! dit la princesse, j'ai trop de curiosité pour être prudente ; c'est la seule passion qui puisse se joindre dans mon cœur à celle qui me dévore pour l'amant que j'ai perdu. Quoi ! ne pourrai-je savoir ce que c'est que ce taureau blanc qui excite dans moi un trouble si inouï ?

Madame, lui répondit Mambrès, je vous ai avoué déjà que ma science baisse à mesure que mon âge avance; mais je me trompe fort, ou le serpent est instruit de ce que vous avez tant d'envie de savoir. Il a de l'esprit; il s'explique en bons termes; il est accoutumé depuis long-temps à se mêler des affaires des dames. Ah! sans doute, dit Amaside, c'est ce beau serpent de l'Égypte, qui, en se mettant la queue dans la bouche, est le symbole de l'éternité, qui éclaire le monde dès qu'il ouvre les yeux, et qui l'obscurcit dès qu'il les ferme. — Non, madame. — C'est donc le serpent d'Esculape? — Encore moins. — C'est peut-être Jupiter sous la forme d'un serpent? — Point du tout. — Ah! je vois, c'est votre baguette que vous changeâtes autrefois en serpent? — Non, vous dis-je, madame; mais tous ces serpents-là sont de la même famille. Celui-là a beaucoup de réputation dans son pays; il y passe pour le plus habile serpent qu'on ait jamais vu. Adressez-vous à lui. Toutefois je vous avertis que c'est une entreprise fort dangereuse. Si j'étais à votre place, je laisserais là le taureau, l'ânesse, le serpent, le poisson, le chien, le bouc, le corbeau, et la colombe; mais la passion vous emporte; tout ce que je puis faire est d'en avoir pitié, et de trembler.

La princesse le conjura de lui procurer un tête-à-tête avec le serpent. Mambrès, qui était bon, y consentit; et, en réfléchissant toujours profondément, il alla trouver sa pythonisse. Il lui exposa la fantaisie de sa princesse avec tant d'insinuation qu'il la persuada.

La vieille lui dit donc qu'Amaside était la maîtresse; que le serpent savait très bien vivre; qu'il était fort poli avec les dames; qu'il ne demandait pas mieux que de les obliger, et qu'il se trouverait au rendez-vous.

Le vieux mage revint apporter à la princesse cette bonne nouvelle; mais il craignait encore quelque malheur, et fesait toujours ses réflexions. Vous voulez parler au serpent, madame; ce sera quand il plaira à votre altesse. Souvenez-vous qu'il faut beaucoup le flatter, car tout animal est pétri d'amour-propre, et surtout lui. On dit même qu'il fut chassé autrefois d'un beau lieu pour son excès d'orgueil. Je ne l'ai jamais ouï dire, repartit la princesse. Je le crois bien, reprit le vieillard. Alors il lui apprit tous les bruits qui avaient couru sur ce serpent si fameux. Mais, madame, quelque aventure singulière qui lui soit arrivée, vous ne pouvez arracher son secret qu'en le flattant. Il passe dans un pays voisin pour avoir joué autrefois un tour pendable aux femmes; il est juste qu'à son tour une femme le séduise. J'y ferai mon possible, dit la princesse.

Elle partit donc avec ses dames du palais et le bon mage eunuque. La vieille alors fesait paître le taureau blanc assez loin. Mambrès laissa Amaside en liberté, et alla entretenir sa pythonisse. La dame d'honneur causa avec l'ânesse; les dames de compagnie s'amusèrent avec le bouc, le chien, le corbeau, et la colombe. Pour le gros poisson, qui fesait peur à tout le monde, il se replongea dans le Nil par ordre de la vieille.

Le serpent alla aussitôt au-devant de la belle Amaside dans le bocage, et ils eurent ensemble cette conversation:

CHAPITRE III.

LE SERPENT.

Vous ne sauriez croire combien je suis flatté, madame, de l'honneur que votre altesse daigne me faire.

LA PRINCESSE.

Monsieur, votre grande réputation, la finesse de votre physionomie, et le brillant de vos yeux, m'ont aisément déterminée à rechercher ce tête-à-tête. Je sais, par la voix publique (si elle n'est point trompeuse), que vous avez été un grand seigneur dans le ciel empyrée.

LE SERPENT.

Il est vrai, madame, que j'y avais une place assez distinguée. On prétend que je suis un favori disgracié : c'est un bruit qui a couru d'abord dans l'Inde[a]. Les brachmanes sont les premiers qui ont donné une longue histoire de mes aventures. Je ne doute pas que des poëtes du Nord n'en fassent un jour un poëme épique bien bizarre [1], car, en vérité, c'est tout ce qu'on en peut faire; mais je ne suis pas tellement déchu que je n'aie encore dans ce globe-ci un domaine très considérable. J'oserais presque dire que toute la terre m'appartient.

LA PRINCESSE.

Je le crois, monsieur, car on dit que vous avez le talent de persuader tout ce que vous voulez, et c'est régner que de plaire.

---

[a] Les brachmanes furent en effet les premiers qui imaginèrent une révolte dans le ciel, et cette fable servit long-temps après de canevas à l'histoire de la guerre des géants contre les dieux, et à quelques autres histoires.

[1] Le *Paradis perdu*, de Milton. B.

LE SERPENT.

J'éprouve, madame, en vous voyant et en vous écoutant, que vous avez sur moi cet empire qu'on m'attribue sur tant d'autres ames.

LA PRINCESSE.

Vous êtes, je le crois, un animal vainqueur. On prétend que vous avez subjugué bien des dames, et que vous commençâtes par notre mère commune, dont j'ai oublié le nom.

LE SERPENT.

On me fait tort : je lui donnai le meilleur conseil du monde. Elle m'honorait de sa confiance. Mon avis fut qu'elle et son mari devaient se gorger du fruit de l'arbre de la science. Je crus plaire en cela au maître des choses. Un arbre si nécessaire au genre humain ne me paraissait pas planté pour être inutile. Le maître aurait-il voulu être servi par des ignorants et des idiots? L'esprit n'est-il pas fait pour s'éclairer, pour se perfectionner? ne faut-il pas connaître le bien et le mal pour faire l'un et pour éviter l'autre? Certainement on me devait des remercîments.

LA PRINCESSE.

Cependant on dit qu'il vous en arriva mal. C'est apparemment depuis ce temps-là que tant de ministres ont été punis d'avoir donné de bons conseils, et que tant de vrais savants et de grands génies ont été persécutés pour avoir écrit des choses utiles au genre humain.

LE SERPENT.

Ce sont apparemment mes ennemis, madame, qui vous ont fait ces contes. Ils vont criant que je suis mal en cour. Une preuve que j'y ai un très grand crédit, c'est qu'eux-mêmes avouent que j'entrai dans le conseil quand il fut question d'éprouver le bonhomme Job, et que j'y fus encore appelé quand on prit la résolution de tromper un certain roitelet nommé Achab[a]; ce fut moi seul qu'on chargea de cette commission.

LA PRINCESSE.

Ah! monsieur, je ne crois pas que vous soyez fait pour tromper. Mais, puisque vous êtes toujours dans le ministère, puis-je vous demander une grace? j'espère qu'un seigneur si aimable ne me refusera pas.

LE SERPENT.

Madame, vos prières sont des lois. Qu'ordonnez-vous?

LA PRINCESSE.

Je vous conjure de me dire ce que c'est que ce beau taureau blanc pour qui j'éprouve dans moi des sentiments incompréhensibles, qui m'attendrissent, et qui m'épouvantent. On m'a dit que vous daigneriez m'en instruire.

LE SERPENT.

Madame, la curiosité est nécessaire à la nature humaine, et surtout à votre aimable sexe; sans elle on croupirait dans la plus honteuse ignorance. J'ai toujours satisfait, autant que je l'ai pu, la curiosité des dames. On m'accuse de n'avoir eu cette complai-

[a] Troisième livre *des Rois*, chapitre XXII, v. 21 et 22. Le Seigneur dit qu'il trompera Achab, roi d'Israel, afin qu'il marche en Ramoth de Galaad, et qu'il y tombe. Et un esprit s'avança et se présenta devant le Seigneur, et lui dit: « C'est moi qui le tromperai. » Et le Seigneur lui dit: « Comment? » « Oui, tu le tromperas, et tu prévaudras. Va, et fais ainsi. »

sance que pour faire dépit au maître des choses. Je vous jure que mon seul but serait de vous obliger; mais la vieille a dû vous avertir qu'il y a quelque danger pour vous dans la révélation de ce secret.

LA PRINCESSE.

Ah! c'est ce qui me rend encore plus curieuse.

LE SERPENT.

Je reconnais là toutes les belles dames à qui j'ai rendu service.

LA PRINCESSE.

Si vous êtes sensible, si tous les êtres se doivent des secours mutuels, si vous avez pitié d'une infortunée, ne me refusez pas.

LE SERPENT.

Vous me fendez le cœur; il faut vous satisfaire; mais ne m'interrompez pas.

LA PRINCESSE.

Je vous le promets.

LE SERPENT.

Il y avait un jeune roi, beau, fait à peindre, amoureux, aimé.....

LA PRINCESSE.

Un jeune roi! beau, fait à peindre, amoureux, aimé! et de qui? et quel était ce roi? quel âge avait-il? qu'est-il devenu? où est-il? où est son royaume? quel est son nom?

LE SERPENT.

Ne voilà-t-il pas que vous m'interrompez, quand j'ai commencé à peine. Prenez garde; si vous n'avez pas plus de pouvoir sur vous-même, vous êtes perdue.

LA PRINCESSE.

Ah! pardon, monsieur, cette indiscrétion ne m'arrivera plus; continuez, de grace.

LE SERPENT.

Ce grand roi, le plus aimable et le plus valeureux des hommes, victorieux partout où il avait porté ses armes, rêvait souvent en dormant; et, quand il oubliait ses rêves, il voulait que ses mages s'en ressouvinssent, et qu'ils lui apprissent ce qu'il avait rêvé, sans quoi il les fesait tous pendre, car rien n'est plus juste. Or il y a bientôt sept ans qu'il songea un beau songe dont il perdit la mémoire en se réveillant; et un jeune Juif, plein d'expérience, lui ayant expliqué son rêve, cet aimable roi fut soudain changé en bœuf[a]; car.....

LA PRINCESSE.

Ah! c'est mon cher Nabu..... Elle ne put achever; elle tomba évanouie. Mambrès, qui écoutait de loin, la vit tomber, et la crut morte.

CHAPITRE IV.

Comment on voulut sacrifier le bœuf et exorciser la princesse.

Mambrès courut à elle en pleurant. Le serpent est attendri; il ne peut pleurer, mais il siffle d'un ton lugubre; il crie : Elle est morte! L'ânesse répète, Elle est morte! le corbeau le redit; tous les autres

---

[a] Toute l'antiquité employait indifféremment les termes de *bœuf* et de *taureau*.

animaux paraissaient saisis de douleur, excepté le poisson de Jonas, qui a toujours été impitoyable. La dame d'honneur, les dames du palais arrivent, et s'arrachent les cheveux. Le taureau blanc, qui paissait au loin, et qui entend leurs clameurs, court au bosquet, et entraîne la vieille avec lui en poussant des mugissements dont les échos retentissent. En vain toutes les dames versaient sur Amaside expirante leurs flacons d'eau de rose, d'œillet, de myrte, de benjoin, de baume de la Mecque, de cannelle, d'amomum, de girofle, de muscade, d'ambre gris; elle n'avait donné aucun signe de vie; mais, dès qu'elle sentit le beau taureau blanc à ses côtés, elle revint à elle plus fraîche, plus belle, plus animée que jamais. Elle donna cent baisers à cet animal charmant, qui penchait languissamment sa tête sur son sein d'albâtre. Elle l'appelle Mon maître, mon roi, mon cœur, ma vie. Elle passe ses bras d'ivoire autour de ce cou plus blanc que la neige. La paille légère s'attache moins fortement à l'ambre, la vigne à l'ormeau, le lierre au chêne. On entendait le doux murmure de ses soupirs; on voyait ses yeux tantôt étincelants d'une tendre flamme, tantôt offusqués par ces larmes précieuses que l'amour fait répandre.

On peut juger dans quelle surprise la dame d'honneur d'Amaside et les dames de compagnie étaient plongées. Dès qu'elles furent rentrées au palais, elles racontèrent toutes à leurs amants cette aventure étrange, et chacune avec des circonstances différentes, qui en augmentaient la singularité, et qui contribuent toujours à la variété de toutes les histoires.

CHAPITRE IV.

Dès qu'Amasis, roi de Tanis, en fut informé, son cœur royal fut saisi d'une juste colère. Tel fut le courroux de Minos, quand il sut que sa fille Pasiphaé prodiguait ses tendres faveurs au père du minotaure. Ainsi frémit Junon lorsqu'elle vit Jupiter son époux caresser la belle vache Io, fille du fleuve Inachus. Amasis fit enfermer la belle Amaside dans sa chambre, et mit une garde d'eunuques noirs à sa porte; puis il assembla son conseil secret.

Le grand mage Mambrès y présidait, mais il n'avait plus le même crédit qu'autrefois. Tous les ministres d'état conclurent que le taureau blanc était un sorcier. C'était tout le contraire, il était ensorcelé; mais on se trompe toujours à la cour dans ces affaires délicates.

On conclut à la pluralité des voix qu'il fallait exorciser la princesse, et sacrifier le taureau blanc et la vieille.

Le sage Mambrès ne voulut point choquer l'opinion du roi et du conseil. C'était à lui qu'appartenait le droit de faire les exorcismes; il pouvait les différer sous un prétexte très plausible. Le dieu Apis venait de mourir à Memphis. Un dieu bœuf meurt comme un autre. Il n'était permis d'exorciser personne en Égypte jusqu'à ce qu'on eût trouvé un autre bœuf qui pût remplacer le défunt.

Il fut donc arrêté dans le conseil qu'on attendrait la nomination qu'on devait faire du nouveau dieu à Memphis.

Le bon vieillard Mambrès sentait à quel péril sa chère princesse était exposée: il voyait quel était son amant. Les syllabes Nabu, qui lui étaient échappées, avaient décelé tout le mystère aux yeux de ce sage.

La dynastie[a] de Memphis appartenait alors aux Babyloniens ; ils conservaient ce reste de leurs conquêtes passées, qu'ils avaient faites sous le plus grand roi du monde, dont Amasis était l'ennemi mortel. Mambrès avait besoin de toute sa sagesse pour se bien conduire parmi tant de difficultés. Si le roi Amasis découvrait l'amant de sa fille, elle était morte, il l'avait juré. Le grand, le jeune, le beau roi dont elle était éprise, avait détrôné son père, qui n'avait repris son royaume de Tanis que depuis près de sept ans qu'on ne savait ce qu'était devenu l'adorable monarque, le vainqueur et l'idole des nations, le tendre et généreux amant de la charmante Amaside. Mais aussi, en sacrifiant le taureau, on fesait mourir infailliblement la belle Amaside de douleur.

Que pouvait faire Mambrès dans des circonstances si épineuses ? Il va trouver sa chère nourrissonne au sortir du conseil, et lui dit : Ma belle enfant, je vous servirai ; mais, je vous le répète, on vous coupera le cou si vous prononcez jamais le nom de votre amant.

Ah ! que m'importe mon cou, dit la belle Amaside,

---

[a] Dynastie signifie proprement puissance. Ainsi on peut se servir de ce mot, malgré les cavillations de Larcher. Dynastie vient du phénicien *dunast;* et Larcher est un ignorant qui ne sait ni le phénicien, ni le syriaque, ni le cophte. — Dans le chapitre vii de la *Défense de mon oncle* (voyez les *Mélanges*, année 1767), Voltaire avait parlé des *dames de la dynastie de Mendès*. Sur quoi Larcher, dans sa *Réponse à la Défense de mon oncle*, avait dit, page 37 : « On n'a jamais pris en grec le terme de *dynastie* pour les états « du dynaste, et encore moins en français. En cette dernière langue, c'est une « suite de rois de la même famille. » B.

si je ne puis embrasser celui de Nabucho...! Mon père est un bien méchant homme! non seulement il refusa de me donner un beau prince que j'idolâtre, mais il lui déclara la guerre; et, quand il a été vaincu par mon amant, il a trouvé le secret de le changer en bœuf. A-t-on jamais vu une malice plus effroyable? si mon père n'était pas mon père, je ne sais pas ce que je lui ferais.

Ce n'est pas votre père qui lui a joué ce cruel tour, dit le sage Mambrès, c'est un Palestin, un de nos anciens ennemis, un habitant d'un petit pays compris dans la foule des états que votre auguste amant a domptés pour les policer. Ces métamorphoses ne doivent point vous surprendre; vous savez que j'en fesais autrefois de plus belles : rien n'était plus commun alors que ces changements qui étonnent aujourd'hui les sages. L'histoire véritable que nous avons lue ensemble nous a enseigné que Lycaon, roi d'Arcadie, fut changé en loup. La belle Calisto, sa fille, fut changée en ourse; Io, fille d'Inachus, notre vénérable Isis, en vache; Daphné, en laurier; Syrinx, en flûte. La belle Édith, femme de Loth, le meilleur, le plus tendre père qu'on ait jamais vu, n'est-elle pas devenue dans notre voisinage une grande statue de sel très belle et très piquante, qui a conservé toutes les marques de son sexe, et qui a régulièrement ses ordinaires [a] chaque

---

[a] Tertullien, dans son poëme de *Sodome*, dit :

Dicitur et vivens alio sub corpore sexus
Munificos solito dispungere sanguine menses.

Saint Irénée, liv. IV, dit : *Per naturalia ea quæ sunt consuetudinis feminæ ostendens.*

mois, comme l'attestent les grands hommes qui l'ont vue? J'ai été témoin de ce changement dans ma jeunesse. J'ai vu cinq puissantes villes, dans le séjour du monde le plus sec et le plus aride, transformées tout-à-coup en un beau lac. On ne marchait dans mon jeune temps que sur des métamorphoses.

Enfin, madame, si les exemples peuvent adoucir votre peine, souvenez-vous que Vénus a changé les Cérastes en bœufs. Je le sais, dit la malheureuse princesse, mais les exemples consolent-ils? Si mon amant était mort, me consolerais-je par l'idée que tous les hommes meurent? Votre peine peut finir, dit le sage; et puisque votre tendre amant est devenu bœuf, vous voyez bien que de bœuf il peut devenir homme. Pour moi, il faudrait que je fusse changé en tigre ou en crocodile, si je n'employais pas le peu de pouvoir qui me reste pour le service d'une princesse digne des adorations de la terre, pour la belle Amaside, que j'ai élevée sur mes genoux, et que sa fatale destinée met à des épreuves si cruelles.

CHAPITRE V.

Comment le sage Mambrès se conduisit sagement.

Le divin Mambrès ayant dit à la princesse tout ce qu'il fallait pour la consoler, et ne l'ayant point consolée, courut aussitôt à la vieille. Ma camarade, lui dit-il, notre métier est beau, mais il est bien dangereux ; vous courez risque d'être pendue, et votre bœuf d'être brûlé, ou noyé, ou mangé. Je ne sais point ce qu'on fera de vos autres bêtes; car, tout prophète que je suis, je sais bien peu de choses; mais cachez soigneusement le serpent et le poisson; que l'un ne mette pas sa tête hors de l'eau, et que l'autre ne sorte pas de son trou. Je placerai le bœuf dans une de mes écuries à la campagne; vous y serez avec lui, puisque vous dites qu'il ne vous est pas permis de l'abandonner. Le bouc émissaire pourra dans l'occasion servir d'expiatoire; nous l'enverrons dans le désert chargé des péchés de la troupe; il est accoutumé à cette cérémonie, qui ne lui fait aucun mal, et l'on sait que tout s'expie avec un bouc qui se promène. Je vous prie seulement de me prêter tout-à-l'heure le chien de Tobie, qui est un lévrier fort agile, l'ânesse de Balaam, qui court mieux qu'un dromadaire, le corbeau et le pigeon de l'arche, qui volent très rapidement. Je veux les envoyer en ambassade à Memphis pour une affaire de la dernière conséquence.

La vieille repartit au mage: Seigneur, vous pouvez disposer à votre gré du chien de Tobie, de l'ânesse de Balaam, du corbeau et du pigeon de l'arche, et du bouc émissaire; mais mon bœuf ne peut coucher dans une écurie. Il est dit qu'il doit être attaché à une chaîne d'acier, « être toujours mouillé de la rosée, et brouter « l'herbe sur la terre[a], et que sa portion sera avec les « bêtes sauvages. » Il m'est confié, je dois obéir. Que penseraient de moi Daniel, Ézéchiel, et Jérémie, si je confiais mon bœuf à d'autres qu'à moi-même? Je vois que vous savez le secret de cet étrange animal : je n'ai

---

[a] Daniel, chap. v.

pas à me reprocher de vous l'avoir révélé. Je vais le conduire loin de cette terre impure, vers le lac Sirbon, loin des cruautés du roi de Tanis. Mon poisson et mon serpent me défendront : je ne crains personne quand je sers mon maître.

Le sage Mambrès repartit ainsi : Ma bonne, la volonté de Dieu soit faite! pourvu que je retrouve notre taureau blanc, il ne m'importe ni du lac de Sirbon, ni du lac de Mœris, ni du lac de Sodome; je ne veux que lui faire du bien et à vous aussi. Mais pourquoi m'avez-vous parlé de Daniel, d'Ézéchiel, et de Jérémie? Ah! seigneur, reprit la vieille, vous savez aussi bien que moi l'intérêt qu'ils ont eu dans cette grande affaire : mais je n'ai point de temps à perdre; je ne veux point être pendue ; je ne veux point que mon taureau soit brûlé, ou noyé, ou mangé. Je m'en vais auprès du lac de Sirbon par Canope, avec mon serpent et mon poisson. Adieu.

Le taureau la suivit tout pensif, après avoir témoigné au bienfesant Mambrès la reconnaissance qu'il lui devait.

Le sage Mambrès était dans une cruelle inquiétude. Il voyait bien qu'Amasis, roi de Tanis, désespéré de la folle passion de sa fille pour cet animal, et la croyant ensorcelée, ferait poursuivre partout le malheureux taureau, et qu'il serait infailliblement brûlé, en qualité de sorcier, dans la place publique de Tanis, ou livré au poisson de Jonas, ou rôti, ou servi sur table. Il voulait, à quelque prix que ce fût, épargner ce désagrément à la princesse.

Il écrivit une lettre au grand-prêtre de Memphis,

son ami, en caractères sacrés, sur du papier d'Égypte qui n'était pas encore en usage. Voici les propres mots de sa lettre :

« Lumière du monde, lieutenant d'Isis, d'Osiris, et
« d'Horus, chef des circoncis, vous dont l'autel est
« élevé, comme de raison, au-dessus de tous les trônes ;
« j'apprends que votre dieu le bœuf Apis est mort.
« J'en ai un autre à votre service. Venez vite avec vos
« prêtres le reconnaître, l'adorer, et le conduire dans
« l'écurie de votre temple. Qu'Isis, Osiris, et Horus,
« vous aient en leur sainte et digne garde : et vous,
« messieurs les prêtres de Memphis, en leur sainte
« garde !

«Votre affectionné ami,

« MAMBRÈS. »

Il fit quatre duplicata de cette lettre, de crainte d'accident, et les enferma dans des étuis de bois d'ébène le plus dur. Puis, appelant à lui quatre courriers qu'il destinait à ce message (c'était l'ânesse, le chien, le corbeau, et le pigeon), il dit à l'ânesse : Je sais avec quelle fidélité vous avez servi Balaam, mon confrère ; servez-moi de même. Il n'y a point d'onocrotale qui vous égale à la course ; allez, ma chère amie, rendez ma lettre en main propre, et revenez. L'ânesse lui répondit : Comme j'ai servi Balaam, je servirai monseigneur ; j'irai et je reviendrai. Le sage lui mit le bâton d'ébène dans la bouche, et elle partit comme un trait.

Puis il fit venir le chien de Tobie, et lui dit : Chien fidèle, et plus prompt à la course qu'Achille aux pieds légers, je sais ce que vous avez fait pour Tobie, fils de Tobie, lorsque vous et l'ange Raphaël vous l'accompagnâtes de Ninive à Ragès en Médie, et de Ragès à Ninive, et qu'il rapporta à son père dix talents[a] que l'esclave Tobie père avait prêtés à l'esclave Gabelus; car ces esclaves étaient fort riches. Portez à son adresse cette lettre, qui est plus précieuse que dix talents d'argent. Le chien lui répondit: Seigneur, si j'ai suivi autrefois le messager Raphaël, je puis tout aussi bien faire votre commission. Mambrès lui mit la lettre dans la gueule: il en dit autant à la colombe. Elle lui répondit: Seigneur, si j'ai rapporté un rameau dans l'arche, je vous apporterai de même votre réponse. Elle prit la lettre dans son bec. On les perdit tous trois de vue en un instant.

Puis il dit au corbeau: Je sais que vous avez nourri le grand prophète Élie[b], lorsqu'il était caché auprès du torrent Carith, si fameux dans toute la terre. Vous lui apportiez tous les jours de bon pain et des poulardes grasses; je ne vous demande que de porter cette lettre à Memphis.

Le corbeau répondit en ces mots: Il est vrai, seigneur, que je portais tous les jours à dîner au grand prophète Élie, le Thesbite, que j'ai vu monter dans l'atmosphère sur un char de feu traîné par quatre chevaux de feu, quoique ce ne soit pas la coutume; mais je prenais toujours la moitié du dîner pour moi. Je veux bien porter votre lettre, pourvu que vous m'as-

---

[a] Vingt mille écus argent de France, au cours de ce jour.
[b] Troisième livre *des Rois*, chap. xvii.

suriez de deux bons repas chaque jour, et que je sois payé d'avance en argent comptant pour ma commission.

Mambrès, en colère, dit à cet animal : Gourmand et malin, je ne suis pas étonné qu'Apollon, de blanc que tu étais comme un cygne, t'ait rendu noir comme une taupe, lorsque dans les plaines de Thessalie tu trahis la belle Coronis, malheureuse mère d'Esculape. Eh! dis-moi donc, mangeais-tu tous les jours des aloyaux et des poulardes quand tu fus dix mois dans l'arche? Monsieur, nous y fesions très bonne chère, repartit le corbeau. On servait du rôti deux fois par jour à tous les volatiles de mon espèce, qui ne vivent que de chair, comme à vautours, milans, aigles, buses, éperviers, ducs, émouchets, faucons, hiboux, et à la foule innombrable des oiseaux de proie. On garnissait avec une profusion bien plus grande les tables des lions, des léopards, des tigres, des panthères, des onces, des hyènes, des loups, des ours, des renards, des fouines, et de tous les quadrupèdes carnivores. Il y avait dans l'arche huit personnes de marque, et les seules qui fussent au monde, continuellement occupées du soin de notre table et de notre garde-robe; savoir, Noé et sa femme, qui n'avaient guère plus de six cents ans, leurs trois fils et leurs trois épouses. C'était un plaisir de voir avec quel soin, quelle propreté nos huit domestiques servaient plus de quatre mille convives du plus grand appétit, sans compter les peines prodigieuses qu'exigeaient dix à douze mille autres personnes, depuis l'éléphant et la girafe jusqu'aux vers à soie et aux mouches. Tout ce qui m'étonne, c'est que notre pourvoyeur Noé soit inconnu à toutes les nations, dont il est la tige; mais je ne m'en soucie guère. Je m'étais déjà trouvé à une pareille fête[a] chez le roi de Thrace Xissutre. Ces choses-là arrivent de temps en temps pour l'instruction des corbeaux. En un mot, je veux faire bonne chère, et être très bien payé en argent comptant.

Le sage Mambrès se garda bien de donner sa lettre à une bête si difficile et si bavarde. Ils se séparèrent fort mécontents l'un de l'autre.

Il fallait cependant savoir ce que deviendrait le beau taureau, et ne pas perdre la piste de la vieille et du serpent. Mambrès ordonna à des domestiques intelligents et affidés de les suivre; et, pour lui, il s'avança en litière sur le bord du Nil, toujours fesant des réflexions.

Comment se peut-il, disait-il en lui-même, que ce serpent soit le maître de presque toute la terre, comme il s'en vante, et comme tant de doctes l'avouent, et que cependant il obéisse à une vieille? Comment est-il quelquefois appelé au conseil de là-haut, tandis qu'il rampe sur la terre? Pourquoi entre-t-il tous les jours dans le corps des gens par sa seule vertu, et que tant de sages prétendent l'en déloger avec des paroles? Enfin comment passe-t-il chez un petit peuple du voisinage pour avoir perdu le genre humain, et comment

---

[a] Bérose, auteur chaldéen, rapporte en effet que la même aventure advint au roi de Thrace Xissutre: elle était même encore plus merveilleuse; car son arche avait cinq stades de long sur deux de large. Il s'est élevé une grande dispute entre les savants pour démêler lequel est le plus ancien du roi Xissutre ou de Noé.

le genre humain n'en sait-il rien? Je suis bien vieux, j'ai étudié toute ma vie : mais je vois là une foule d'incompatibilités que je ne puis concilier. Je ne saurais expliquer ce qui m'est arrivé à moi-même, ni les grandes choses que j'ai faites autrefois, ni celles dont j'ai été témoin. Tout bien pesé, je commence à soupçonner que ce monde-ci subsiste de contradictions : *Rerum concordia discors*, comme disait autrefois mon maître Zoroastre en sa langue[1].

Tandis qu'il était plongé dans cette métaphysique obscure, comme l'est toute métaphysique, un batelier, en chantant une chanson à boire, amarra un petit bateau près de la rive. On en vit sortir trois graves personnages à demi vêtus de lambeaux crasseux et déchirés, mais conservant sous ces livrées de la pauvreté l'air le plus majestueux et le plus auguste. C'étaient Daniel, Ézéchiel, et Jérémie.

CHAPITRE VI.

Comment Mambrès rencontra trois prophètes, et leur donna un bon dîner.

Ces trois grands hommes, qui avaient la lumière prophétique sur le visage, reconnurent le sage Mambrès pour un de leurs confrères, à quelques traits de cette même lumière qui lui restaient encore, et se prosternèrent devant son palanquin. Mambrès les reconnut aussi pour prophètes encore plus à leurs habits qu'aux traits de feu qui partaient de leurs têtes au-

[1] Horace, I, épître XII, vers 19. B.

gustes. Il se douta bien qu'ils venaient savoir des nouvelles du taureau blanc; et, usant de sa prudence ordinaire, il descendit de sa voiture, et avança quelques pas au-devant d'eux avec une politesse mêlée de dignité. Il les releva, fit dresser des tentes et apprêter un dîner dont il jugea que les trois prophètes avaient grand besoin.

Il fit inviter la vieille, qui n'était encore qu'à cinq cents pas. Elle se rendit à l'invitation, et arriva menant toujours le taureau blanc en laisse.

On servit deux potages, l'un de bisque, l'autre à la reine; les entrées furent une tourte de langues de carpes, des foies de lottes et de brochets, des poulets aux pistaches, des innocents aux truffes et aux olives, deux dindonneaux au coulis d'écrevisses, de mousserons, et de morilles, et un chipolata. Le rôti fut composé de faisandeaux, de perdreaux, de gelinottes, de cailles, et d'ortolans, avec quatre salades. Au milieu était un surtout dans le dernier goût. Rien ne fut plus délicat que l'entremets; rien de plus magnifique, de plus brillant, et de plus ingénieux que le dessert.

Au reste le discret Mambrès avait eu grand soin que dans ce repas il n'y eût ni pièce de bouilli, ni aloyau, ni langue, ni palais de bœuf, ni tétines de vache, de peur que l'infortuné monarque, assistant de loin au dîner, ne crût qu'on lui insultât.

Ce grand et malheureux prince broutait l'herbe auprès de la tente. Jamais il ne sentit plus cruellement la fatale révolution qui l'avait privé du trône pour sept années entières. Hélas! disait-il en lui-même, ce Daniel, qui m'a changé en taureau, et cette sorcière de pythonisse, qui me garde, font la meilleure chère du monde; et moi, le souverain de l'Asie, je suis réduit à manger du foin et à boire de l'eau !

On but beaucoup de vin d'Engaddi, de Tadmor, et de Shiras. Quand les prophètes et la pythonisse furent un peu en pointe de vin, on se parla avec plus de confiance qu'aux premiers services. J'avoue, dit Daniel, que je ne fesais pas si bonne chère quand j'étais dans la fosse aux lions. Quoi! monsieur, on vous a mis dans la fosse aux lions? dit Mambrès; et comment n'avez-vous pas été mangé? Monsieur, dit Daniel, vous savez que les lions ne mangent jamais de prophètes. Pour moi, dit Jérémie, j'ai passé toute ma vie à mourir de faim; je n'ai jamais fait un bon repas qu'aujourd'hui. Si j'avais à renaître, et si je pouvais choisir mon état, j'avoue que j'aimerais cent fois mieux être contrôleur-général, ou évêque à Babylone, que prophète à Jérusalem.

Ézéchiel dit : Il me fut ordonné une fois de dormir trois cent quatre-vingt-dix jours de suite sur le côté gauche, et de manger pendant tout ce temps-là du pain d'orge, de millet, de vesces, de fèves, et de froment, couvert de [a]..... je n'ose pas dire. Tout ce que je pus obtenir, ce fut de ne le couvrir que de bouse de vache. J'avoue que la cuisine du seigneur Mambrès est plus délicate. Cependant le métier de prophète a du bon; et la preuve en est que mille gens s'en mêlent.

A propos, dit Mambrès, expliquez-moi ce que vous

[a] Ézéchiel, chap. IV.

entendez par votre Oolla et par votre Ooliba, qui fésaient tant de cas des chevaux et des ânes. Ah! répondit Ézéchiel, ce sont des fleurs de rhétorique.

Après ces ouvertures de cœur, Mambrès parla d'affaires. Il demanda aux trois pèlerins pourquoi ils étaient venus dans les états du roi de Tanis. Daniel prit la parole; il dit que le royaume de Babylone avait été en combustion depuis que Nabuchodonosor avait disparu; qu'on avait persécuté tous les prophètes, selon l'usage de la cour; qu'ils passaient leur vie tantôt à voir des rois à leurs pieds, tantôt à recevoir cent coups d'étrivières; qu'enfin ils avaient été obligés de se réfugier en Égypte, de peur d'être lapidés. Ézéchiel et Jérémie parlèrent aussi très long-temps dans un fort beau style, qu'on pouvait à peine comprendre. Pour la pythonisse, elle avait toujours l'œil sur son animal. Le poisson de Jonas se tenait dans le Nil, vis-à-vis de la tente, et le serpent se jouait sur l'herbe.

Après le café, on alla se promener sur le bord du Nil. Alors le taureau blanc, apercevant les trois prophètes ses ennemis, poussa des mugissements épouvantables; il se jeta impétueusement sur eux, il les frappa de ses cornes : et, comme les prophètes n'ont jamais que la peau sur les os, il les aurait percés d'outre en outre, et leur aurait ôté la vie; mais le maître des choses, qui voit tout et qui remédie à tout, les changea sur-le-champ en pies; et ils continuèrent à parler comme auparavant. La même chose arriva depuis aux Piérides, tant la fable a imité l'histoire.

Ce nouvel incident produisait de nouvelles réflexions dans l'esprit du sage Mambrès. Voilà, disait-il, trois grands prophètes changés en pies; cela doit nous apprendre à ne pas trop parler, et à garder toujours une discrétion convenable. Il concluait que sagesse vaut mieux qu'éloquence, et pensait profondément selon sa coutume, lorsqu'un grand et terrible spectacle vint frapper ses regards.

CHAPITRE VII.

Le roi de Tanis arrive. Sa fille et le taureau vont être sacrifiés.

Des tourbillons de poussière s'élevaient du midi au nord. On entendait le bruit des tambours, des trompettes, des fifres, des psaltérions, des cythares, des sambuques : plusieurs escadrons avec plusieurs bataillons s'avançaient, et Amasis, roi de Tanis, était à leur tête sur un cheval caparaçonné d'une housse écarlate brochée d'or, et les hérauts criaient : Qu'on prenne le taureau blanc, qu'on le lie, qu'on le jette dans le Nil, et qu'on le donne à manger au poisson de Jonas; car le roi mon seigneur, qui est juste, veut se venger du taureau blanc qui a ensorcelé sa fille.

Le bon vieillard Mambrès fit plus de réflexions que jamais. Il vit bien que le malin corbeau était allé tout dire au roi, et que la princesse courait grand risque d'avoir le cou coupé. Il dit au serpent : Mon cher ami, allez vite consoler la belle Amaside, ma nourrissonne; dites-lui qu'elle ne craigne rien, quelque chose qui arrive, et faites-lui des contes pour charmer son inquiétude, car les contes amusent toujours les filles, et ce n'est que par des contes qu'on réussit dans le monde.

Puis il se prosterna devant Amasis, roi de Tanis, et lui dit : O roi! vivez à jamais. Le taureau blanc doit être sacrifié, car votre majesté a toujours raison ; mais le maître des choses a dit : « Ce taureau ne doit « être mangé par le poisson de Jonas qu'après que « Memphis aura trouvé un dieu pour mettre à la place « de son dieu qui est mort. » Alors vous serez vengé, et votre fille sera exorcisée, car elle est possédée. Vous avez trop de piété pour ne pas obéir aux ordres du maître des choses.

Amasis, roi de Tanis, resta tout pensif; puis il dit : Le bœuf Apis est mort; Dieu veuille avoir son ame! Quand croyez-vous qu'on aura trouvé un autre bœuf pour régner sur la féconde Égypte? Sire, dit Mambrès, je ne vous demande que huit jours. Le roi, qui était très dévot, dit : Je les accorde, et je veux rester ici huit jours; après quoi, je sacrifierai le séducteur de ma fille; et il fit venir ses tentes, ses cuisiniers, ses musiciens, et resta huit jours en ce lieu, comme il est dit dans Manéthon.

La vieille était au désespoir de voir que le taureau qu'elle avait en garde n'avait plus que huit jours à vivre. Elle fesait apparaître toutes les nuits des ombres au roi, pour le détourner de sa cruelle résolution; mais le roi ne se souvenait plus le matin des ombres qu'il avait vues la nuit, de même que Nabuchodonosor avait oublié ses songes.

CHAPITRE VIII.

Comment le serpent fit des contes à la princesse pour la consoler.

Cependant le serpent contait des histoires à la belle Amaside pour calmer ses douleurs. Il lui disait comment il avait guéri autrefois tout un peuple de la morsure de certains petits serpents, en se montrant seulement au bout d'un bâton. Il lui apprenait les conquêtes d'un héros qui fit un si beau contraste avec Amphion, architecte de Thèbes en Béotie. Cet Amphion fesait venir les pierres de taille au son du violon : un rigodon et un menuet lui suffisaient pour bâtir une ville; mais l'autre les détruisait au son du cornet à bouquin; il fit pendre trente et un rois très puissants dans un canton de quatre lieues de long et de large; il fit pleuvoir de grosses pierres du haut du ciel sur un bataillon d'ennemis fuyant devant lui; et, les ayant ainsi exterminés, il arrêta le soleil et la lune en plein midi, pour les exterminer encore entre Gabaon et Aïalon sur le chemin de Bethoron, à l'exemple de Bacchus, qui avait arrêté le soleil et la lune dans son voyage aux Indes.

La prudence que tout serpent doit avoir ne lui permit pas de parler à la belle Amaside du puissant bâtard Jephté, qui coupa le cou à sa fille, parcequ'il avait gagné une bataille; il aurait jeté trop de terreur dans le cœur de la belle princesse; mais il lui conta les aventures du grand Samson, qui tuait mille Philistins avec une mâchoire d'âne, qui attachait ensemble trois cents renards par la queue, et qui tomba dans les filets d'une fille moins belle, moins tendre, et moins fidèle que la charmante Amaside.

Il lui raconta les amours malheureux de Sichem et de l'agréable Dina, âgée de six ans, et les amours plus fortunés de Booz et de Ruth, ceux de Juda avec sa bru Thamar, ceux de Loth avec ses deux filles, qui ne voulaient pas que le monde finît, ceux d'Abraham et de Jacob avec leurs servantes, ceux de Ruben avec sa mère, ceux de David et de Bethsabée, ceux du grand roi Salomon : enfin tout ce qui pouvait dissiper la douleur d'une belle princesse.

CHAPITRE IX.

Comment le serpent ne la consola point.

Tous ces contes-là m'ennuient, répondit la belle Amaside, qui avait de l'esprit et du goût. Ils ne sont bons que pour être commentés chez les Irlandais par ce fou d'Abbadie, ou chez les Welches par ce phrasier d'Houteville [1]. Les contes qu'on pouvait faire à la quadrisaïeule de la quadrisaïeule de ma grand'mère ne sont plus bons pour moi qui ai été élevée par le sage Mambrès, et qui ai lu l'*Entendement humain* du philosophe égyptien nommé Locke, et *la Matrone d'É-*

---

[1] On a de l'abbé Houteville un ouvrage intitulé : *La vérité de la religion chrétienne prouvée par les faits*, 1722, in-4°, réimprimé en 1740, trois volumes in-4°. B.

phèse. Je veux qu'un conte soit fondé sur la vraisemblance, et qu'il ne ressemble pas toujours à un rêve. Je desire qu'il n'ait rien de trivial ni d'extravagant. Je voudrais surtout que, sous le voile de la fable, il laissât entrevoir aux yeux exercés quelque vérité fine qui échappe au vulgaire. Je suis lasse du soleil et de la lune dont une vieille dispose à son gré, des montagnes qui dansent, des fleuves qui remontent à leur source, et des morts qui ressuscitent; mais surtout quand ces fadaises sont écrites d'un style ampoulé et inintelligible, cela me dégoûte horriblement. Vous sentez qu'une fille qui craint de voir avaler son amant par un gros poisson, et d'avoir elle-même le cou coupé par son propre père, a besoin d'être amusée; mais tâchez de m'amuser selon mon goût.

Vous m'imposez là une tâche bien difficile, répondit le serpent. J'aurais pu autrefois vous faire passer quelques quarts d'heure assez agréables; mais j'ai perdu depuis quelque temps l'imagination et la mémoire. Hélas! où est le temps où j'amusais les filles! Voyons cependant si je pourrai me souvenir de quelque conte moral pour vous plaire.

Il y a vingt-cinq mille ans que le roi Gnaof et la reine Patra étaient sur le trône de Thèbes aux cent portes. Le roi Gnaof était fort beau, et la reine Patra encore plus belle; mais ils ne pouvaient avoir d'enfants. Le roi Gnaof proposa un prix pour celui qui enseignerait la meilleure méthode de perpétuer la race royale.

La faculté de médecine et l'académie de chirurgie firent d'excellents traités sur cette question importante : pas un ne réussit. On envoya la reine aux eaux ; elle fit des neuvaines; elle donna beaucoup d'argent au temple de Jupiter Ammon, dont vient le sel ammoniac : tout fut inutile. Enfin un jeune prêtre de vingt-cinq ans se présenta au roi, et lui dit : Sire, je crois savoir faire la conjuration qui opère ce que votre majesté desire avec tant d'ardeur. Il faut que je parle en secret à l'oreille de madame votre femme ; et, si elle ne devient féconde, je consens d'être pendu. J'accepte votre proposition, dit le roi Gnaof. On ne laissa la reine et le prêtre qu'un quart d'heure ensemble. La reine devint grosse, et le roi voulut faire pendre le prêtre.

Mon Dieu ! dit la princesse, je vois où cela mène : ce conte est trop commun ; je vous dirai même qu'il alarme ma pudeur. Contez-moi quelque fable bien vraie, bien avérée, et bien morale, dont je n'aie jamais entendu parler, pour achever *de me former l'esprit et le cœur*, comme dit le professeur égyptien Linro [1].

En voici une, madame, dit le beau serpent, qui est des plus authentiques.

Il y avait trois prophètes, tous trois également ambitieux et dégoûtés de leur état. Leur folie était de vouloir être rois ; car il n'y a qu'un pas du rang de prophète à celui de monarque, et l'homme aspire toujours à monter tous les degrés de l'échelle de la fortune. D'ailleurs leurs goûts, leurs plaisirs, étaient absolument différents. Le premier prêchait admirablement ses frères assemblés, qui lui battaient des mains ; le

---

[1] Anagramme de Rolin (Rollin) : voyez ma note, tome XXXIII, page 110. B.

second était fou de la musique, et le troisième aimait passionnément les filles. L'ange Ithuriel vint se présenter à eux un jour qu'ils étaient à table, et qu'ils s'entretenaient des douceurs de la royauté.

Le Maître des choses, leur dit l'ange, m'envoie vers vous pour récompenser votre vertu. Non seulement vous serez rois, mais vous satisferez continuellement vos passions dominantes. Vous, premier prophète, je vous fais roi d'Égypte, et vous tiendrez toujours votre conseil, qui applaudira à votre éloquence et à votre sagesse; vous, second prophète, vous régnerez sur la Perse, et vous entendrez continuellement une musique divine; et vous, troisième prophète, je vous fais roi de l'Inde, et je vous donne une maîtresse charmante, qui ne vous quittera jamais.

Celui qui eut l'Égypte en partage commença par assembler son conseil privé, qui n'était composé que de deux cents sages. Il leur fit, selon l'étiquette, un long discours, qui fut très applaudi, et le monarque goûta la douce satisfaction de s'enivrer de louanges qui n'étaient corrompues par aucune flatterie.

Le conseil des affaires étrangères succéda au conseil privé. Il fut beaucoup plus nombreux; et un nouveau discours reçut encore plus d'éloges. Il en fut de même des autres conseils. Il n'y eut pas un moment de relâche aux plaisirs et à la gloire du prophète roi d'Égypte. Le bruit de son éloquence remplit toute la terre.

Le prophète roi de Perse commença par se faire donner un opéra italien dont les chœurs étaient chantés par quinze cents châtrés. Leurs voix lui remuaient l'âme jusqu'à la moelle des os, où elle réside. A cet opéra en succédait un autre, et à ce second, un troisième, sans interruption.

Le roi de l'Inde s'enferma avec sa maîtresse, et goûta une volupté parfaite avec elle. Il regardait comme le souverain bonheur la nécessité de la caresser toujours, et il plaignait le triste sort de ses deux confrères, dont l'un était réduit à tenir toujours son conseil, et l'autre à être toujours à l'opéra.

Chacun d'eux, au bout de quelques jours, entendit par la fenêtre des bûcherons qui sortaient d'un cabaret pour aller couper du bois dans la forêt voisine, et qui tenaient sous le bras leurs douces amies dont ils pouvaient changer à volonté. Nos rois prièrent Ithuriel de vouloir bien intercéder pour eux auprès du Maître des choses, et de les faire bûcherons.

Je ne sais pas, interrompit la tendre Amaside, si le Maître des choses leur accorda leur requête, et je ne m'en soucie guère ; mais je sais bien que je ne demanderais rien à personne, si j'étais enfermée tête à tête avec mon amant, avec mon cher Nabuchodonosor.

Les voûtes du palais retentirent de ce grand nom. D'abord Amaside n'avait prononcé que Na, ensuite Nabu, puis Nabucho ; mais, à la fin, la passion l'emporta ; elle prononça le nom fatal tout entier, malgré le serment qu'elle avait fait au roi son père. Toutes les dames du palais répétèrent Nabuchodonosor, et le malin corbeau ne manqua pas d'en aller avertir le roi. Le visage d'Amasis, roi de Tanis, fut troublé, parceque son cœur était plein de trouble. Et voilà comment le serpent, qui était le plus prudent et le plus subtil des animaux, fesait toujours du mal aux femmes, en croyant bien faire.

Or Amasis en courroux envoya sur-le-champ chercher sa fille Amaside par douze de ses alguazils, qui sont toujours prêts à exécuter toutes les barbaries que le roi commande, et qui disent pour raison : Nous sommes payés pour cela.

CHAPITRE X.

Comment on voulut couper le cou à la princesse, et comment on ne le lui coupa point.

Dès que la princesse fut arrivée toute tremblante au camp du roi son père, il lui dit : Ma fille, vous savez qu'on fait mourir toutes les princesses qui désobéissent au roi leur père, sans quoi un royaume ne pourrait être bien gouverné. Je vous avais défendu de proférer le nom de votre amant Nabuchodonosor, mon ennemi mortel, qui m'avait détrôné, il y a bientôt sept ans, et qui a disparu de la terre. Vous avez choisi à sa place un taureau blanc, et vous avez crié Nabuchodonosor! il est juste que je vous coupe le cou.

La princesse lui répondit : Mon père, soit fait selon votre volonté; mais donnez-moi du temps pour pleurer ma virginité. Cela est juste, dit le roi Amasis; c'est une loi établie chez tous les princes éclairés et prudents. Je vous donne toute la journée pour pleurer votre virginité, puisque vous dites que vous l'avez. Demain, qui est le huitième jour de mon campement, je ferai avaler le taureau blanc par le poisson, et je vous couperai le cou à neuf heures du matin.

La belle Amaside alla donc pleurer le long du Nil, avec ses dames du palais, tout ce qui lui restait de virginité. Le sage Mambrès réfléchissait à côté d'elle, et comptait les heures et les moments. Eh bien ! mon cher Mambrès, lui dit-elle, vous avez changé les eaux du Nil en sang, selon la coutume, et vous ne pouvez changer le cœur d'Amasis mon père, roi de Tanis ! Vous souffrirez qu'il me coupe le cou demain à neuf heures du matin ! Cela dépendra, répondit le réfléchissant Mambrès, de la diligence de mes courriers.

Le lendemain, dès que les ombres des obélisques et des pyramides marquèrent sur la terre la neuvième heure du jour, on lia le taureau blanc pour le jeter au poisson de Jonas, et on apporta au roi son grand sabre. Hélas ! hélas ! disait Nabuchodonosor dans le fond de son cœur, moi, le roi, je suis bœuf depuis près de sept ans, et à peine j'ai retrouvé ma maîtresse, qu'on me fait manger par un poisson.

Jamais le sage Mambrès n'avait fait des réflexions si profondes. Il était absorbé dans ses tristes pensées, lorsqu'il vit de loin tout ce qu'il attendait. Une foule innombrable approchait. Les trois figures d'Isis, d'Osiris, et d'Horus unies ensemble, avançaient portées sur un brancard d'or et de pierreries par cent sénateurs de Memphis, et précédées de cent filles jouant du sistre sacré. Quatre mille prêtres, la tête rasée et couronnée de fleurs, étaient montés chacun sur un hippopotame. Plus loin paraissaient dans la même pompe la brebis de Thèbes, le chien de Bubaste, le chat de Phœbé, le crocodile d'Arsinoé, le bouc de Mendès, et tous les dieux inférieurs de l'Égypte, qui venaient rendre hommage au grand bœuf, au grand dieu Apis, aussi puissant qu'Isis, Osiris, et Horus réunis ensemble.

Au milieu de tous ces demi-dieux, quarante prêtres portaient une énorme corbeille remplie d'ognons sacrés qui n'étaient pas tout-à-fait des dieux, mais qui leur ressemblaient beaucoup.

Aux deux côtés de cette file de dieux suivis d'un peuple innombrable marchaient quarante mille guerriers, le casque en tête, le cimeterre sur la cuisse gauche, le carquois sur l'épaule, l'arc à la main.

Tous les prêtres chantaient en chœur, avec une harmonie qui élevait l'ame et qui l'attendrissait :

> Notre bœuf est au tombeau,
> Nous en aurons un plus beau.

Et, à chaque pause, on entendait résonner les sistres, les castagnettes, les tambours de basque, les psaltérions, les cornemuses, les harpes, et les sambuques.

CHAPITRE XI.

Comment la princesse épousa son bœuf.

Amasis, roi de Tanis, surpris de ce spectacle, ne coupa point le cou à sa fille : il remit son cimeterre dans son fourreau. Mambrès lui dit : Grand roi ! l'ordre des choses est changé ; il faut que votre majesté donne l'exemple. O roi! déliez vous-même promptement le taureau blanc, et soyez le premier à l'adorer. Amasis obéit et se prosterna avec tout son peuple. Le grand-prêtre de Memphis présenta au nouveau bœuf Apis la première poignée de foin. La princesse Amaside attachait à ses belles cornes des festons de roses, d'anémones, de renoncules, de tulipes, d'œillets, et d'hyacinthes. Elle prenait la liberté de le baiser, mais avec un profond respect. Les prêtres jonchaient de palmes et de fleurs le chemin par lequel on le conduisait à Memphis; et le sage Mambrès, fesant toujours ses réflexions, disait tout bas à son ami le serpent: Daniel a changé cet homme en bœuf, et j'ai changé ce bœuf en dieu.

On s'en retournait à Memphis dans le même ordre. Le roi de Tanis, tout confus, suivait la marche. Mambrès, l'air serein et recueilli, était à son côté. La vieille suivait tout émerveillée; elle était accompagnée du serpent, du chien, de l'ânesse, du corbeau, de la colombe, et du bouc émissaire. Le grand poisson remontait le Nil. Daniel, Ézéchiel, et Jérémie, transformés en pies, fermaient la marche.

Quand on fut arrivé aux frontières du royaume, qui n'étaient pas fort loin, le roi Amasis prit congé du bœuf Apis, et dit à sa fille: Ma fille, retournons dans nos états, afin que je vous y coupe le cou, ainsi qu'il a été résolu dans mon cœur royal, parceque vous avez prononcé le nom de Nabuchodonosor, mon ennemi, qui m'avait détrôné il y a sept ans. Lorsqu'un père a juré de couper le cou à sa fille, il faut qu'il accomplisse son serment, sans quoi il est précipité pour ja-

CHAPITRE XI.

mais dans les enfers, et je ne veux pas me damner pour l'amour de vous. La belle princesse répondit en ces mots au roi Amasis : Mon cher père, allez couper le cou à qui vous voudrez ; mais ce ne sera pas à moi. Je suis sur les terres d'Isis, d'Osiris, d'Horus, et d'Apis ; je ne quitterai point mon beau taureau blanc ; je le baiserai tout le long du chemin, jusqu'à ce que j'aie vu son apothéose dans la grande écurie de la sainte ville de Memphis : c'est une faiblesse pardonnable à une fille bien née.

A peine eut-elle prononcé ces paroles, que le bœuf Apis s'écria : Ma chère Amaside, je t'aimerai toute ma vie ! C'était pour la première fois qu'on avait entendu parler Apis en Égypte depuis quarante mille ans qu'on l'adorait. Le serpent et l'ânesse s'écrièrent : Les sept années sont accomplies ! et les trois pies répétèrent : Les sept années sont accomplies ! Tous les prêtres d'Égypte levèrent les mains au ciel. On vit tout d'un coup le dieu perdre ses deux jambes de derrière ; ses deux jambes de devant se changèrent en deux jambes humaines ; deux beaux bras charnus, musculeux, et blancs, sortirent de ses épaules ; son mufle de taureau fit place au visage d'un héros charmant ; il redevint le plus bel homme de la terre, et dit : J'aime mieux être l'amant d'Amaside que dieu. Je suis Nabuchodonosor, roi des rois.

Cette nouvelle métamorphose étonna tout le monde, hors le réfléchissant Mambrès ; mais, ce qui ne surprit personne, c'est que Nabuchodonosor épousa sur-le-champ la belle Amaside en présence de cette grande assemblée.

Il conserva le royaume de Tanis à son beau-père, et fit de belles fondations pour l'ânesse, le serpent, le chien, la colombe, et même pour le corbeau, les trois pies et le gros poisson; montrant à tout l'univers qu'il savait pardonner comme triompher. La vieille eut une grosse pension. Le bouc émissaire fut envoyé pour un jour dans le désert, afin que tous les péchés passés fussent expiés; après quoi on lui donna douze chèvres pour sa récompense. Le sage Mambrès retourna dans son palais faire des réflexions. Nabuchodonosor, après l'avoir embrassé, gouverna tranquillement le royaume de Memphis, celui de Babylone, de Damas, de Balbec, de Tyr, la Syrie, l'Asie Mineure, la Scythie, les contrées de Shiras, de Mosok, du Tubal, de Madaï, de Gog, de Magog, de Javan, la Sogdiane, la Bactriane, les Indes, et les Iles.

Les peuples de cette vaste monarchie criaient tous les matins : Vive le grand Nabuchodonosor, roi des rois, qui n'est plus bœuf! Et depuis ce fut une coutume dans Babylone que toutes les fois que le souverain, ayant été grossièrement trompé par ses satrapes, ou par ses mages, ou par ses trésoriers, ou par ses femmes, reconnaissait enfin ses erreurs, et corrigeait sa mauvaise conduite, tout le peuple criait à sa porte : Vive notre grand roi, qui n'est plus bœuf!

FIN DE L'HISTOIRE DU TAUREAU BLANC.

ÉLOGE HISTORIQUE
DE LA RAISON,

PRONONCÉ DANS UNE ACADÉMIE DE PROVINCE

PAR M. DE CHAMBON.

1774[1].

Érasme fit, au seizième siècle, l'éloge de la Folie. Vous m'ordonnez de vous faire l'éloge de la Raison. Cette Raison n'est fêtée en effet tout au plus que deux cents ans après son ennemie, souvent beaucoup plus tard ; et il y a des nations chez lesquelles on ne l'a point encore vue.

Elle était si inconnue chez nous du temps de nos druides, qu'elle n'avait pas même de nom dans notre langue. César ne l'apporta ni en Suisse, ni à Autun, ni à Paris, qui n'était alors qu'un hameau de pêcheurs, et lui-même ne la connut guère.

Il avait tant de grandes qualités, que la Raison ne put trouver de place dans la foule. Ce magnanime insensé sortit de notre pays dévasté pour aller dévaster le sien, et pour se faire donner vingt-trois coups de poignard par vingt-trois autres illustres enragés qui ne le valaient pas à beaucoup près.

Le Sicambre Clodvich ou Clovis vint environ cinq cents années après exterminer une partie de notre

---

[1] Voyez ma préface en tête du tome XXXIII. B.

nation, et subjuguer l'autre. On n'entendit parler de raison ni dans son armée ni dans nos malheureux petits villages, si ce n'est de la raison du plus fort.

Nous croupîmes long-temps dans cette horrible et avilissante barbarie. Les croisades ne nous en tirèrent pas. Ce fut à-la-fois la folie la plus universelle, la plus atroce, la plus ridicule, et la plus malheureuse. L'abominable folie de la guerre civile et sacrée qui extermina tant de gens de la langue de *oc* et de la langue de *oil* succéda à ces croisades lointaines. La Raison n'avait garde de se trouver là. Alors la Politique régnait à Rome; elle avait pour ministres ses deux sœurs, la Fourberie et l'Avarice. On voyait l'Ignorance, le Fanatisme, la Fureur, courir sous ses ordres dans l'Europe; la Pauvreté les suivait partout; la Raison se cachait dans un puits avec la Vérité sa fille. Personne ne savait où était ce puits; et, si l'on s'en était douté, on y serait descendu pour égorger la fille et la mère.

Après que les Turcs eurent pris Constantinople, et redoublé les malheurs épouvantables de l'Europe, deux ou trois Grecs, en s'enfuyant, tombèrent dans ce puits, ou plutôt dans cette caverne, demi-morts de fatigue, de faim, et de peur.

La Raison les reçut avec humanité, leur donna à manger sans distinction de viandes; chose qu'ils n'avaient jamais connue à Constantinople. Ils reçurent d'elle quelques instructions en petit nombre; car la Raison n'est pas prolixe. Elle leur fit jurer qu'ils ne découvriraient pas le lieu de sa retraite. Ils partirent, et arrivèrent, après bien des courses, à la cour de Charles-Quint et de François Ier.

On les y reçut comme des jongleurs qui venaient faire des tours de souplesse pour amuser l'oisiveté des courtisans et des dames dans les intervalles de leurs rendez-vous. Les ministres daignèrent les regarder dans les moments de relâche qu'ils pouvaient donner au torrent des affaires. Ils furent même accueillis par l'empereur et par le roi de France, qui jetèrent sur eux un coup d'œil en passant, lorsqu'ils allaient chez leurs maîtresses. Mais ils firent plus de fruit dans de petites villes où ils trouvèrent de bons bourgeois, qui avaient encore, je ne sais comment, quelque lueur de sens commun.

Ces faibles lueurs s'éteignirent dans toute l'Europe parmi les guerres civiles qui la désolèrent. Deux ou trois étincelles de raison ne pouvaient pas éclairer le monde au milieu des torches ardentes et des bûchers que le fanatisme alluma pendant tant d'années. La Raison et sa fille se cachèrent plus que jamais.

Les disciples de leurs premiers apôtres se turent, excepté quelques uns qui furent assez inconsidérés pour prêcher la raison déraisonnablement et à contre-temps : il leur en coûta la vie comme à Socrate ; mais personne n'y fit attention. Rien n'est si désagréable que d'être pendu obscurément. On fut occupé si long-temps des Saint-Barthélemi, des massacres d'Irlande, des échafauds de la Hongrie, des assassinats des rois, qu'on n'avait ni assez de temps ni assez de liberté d'esprit pour penser aux menus crimes et aux calamités secrètes qui inondaient le monde d'un bout à l'autre.

La Raison, informée de ce qui se passait par quelques exilés qui se réfugièrent dans sa retraite, fut touchée de pitié, quoiqu'elle ne passe pas pour être fort tendre. Sa fille, qui est plus hardie qu'elle, l'encouragea à voir le monde, et à tâcher de le guérir. Elles parurent, elles parlèrent; mais elles trouvèrent tant de méchants intéressés à les contredire, tant d'imbéciles aux gages de ces méchants, tant d'indifférents uniquement occupés d'eux-mêmes et du moment présent, qui ne s'embarrassaient ni d'elles ni de leurs ennemis, qu'elles regagnèrent sagement leur asile.

Cependant quelques semences des fruits qu'elles portent toujours avec elles, et qu'elles avaient répandues, germèrent sur la terre, et même sans pourrir [1].

Enfin il y a quelque temps qu'il leur prit envie d'aller à Rome en pélerinage, déguisées, et cachant leur nom, de peur de l'inquisition. Dès qu'elles furent arrivées, elles s'adressèrent au cuisinier du pape Ganganelli, Clément XIV. Elles savaient que c'était le cuisinier de Rome le moins occupé. On peut dire même qu'il était, après vos confesseurs, messieurs, l'homme le plus désœuvré de sa profession.

Ce bon-homme, après avoir donné aux deux pélerines un dîner presque aussi frugal que celui du pape, les introduisit chez sa Sainteté, qu'elles trouvèrent lisant les *Pensées de Marc-Aurèle*. Le pape reconnut les masques, les embrassa cordialement, malgré l'étiquette. Mesdames, leur dit-il, si j'avais pu imaginer que vous fussiez sur la terre, je vous aurais fait la première visite.

[1] Voyez ma note, page 390, chapitre VIII de l'*Histoire de Jenni*. B.

Après les compliments, on parla d'affaires. Dès le lendemain Ganganelli abolit la bulle *In cœnâ Domini*, l'un des plus grands monuments de la folie humaine, qui avait si long-temps outragé tous les potentats [1]. Le surlendemain il prit la résolution de détruire la compagnie [2] de Garasse, de Guignard, de Garnet, de Busembaum, de Malagrida, de Paulian, de Patouillet, de Nonotte; et l'Europe battit des mains. Le surlendemain il diminua les impôts, dont le peuple se plaignait. Il encouragea l'agriculture et tous les arts; il se fit aimer de tous ceux qui passaient pour les ennemis de sa place. On eût dit alors dans Rome qu'il n'y avait qu'une nation et qu'une loi dans le monde.

Les deux pèlerines, très étonnées et très satisfaites, prirent congé du pape, qui leur fit présent non d'agnus et de reliques, mais d'une bonne chaise de poste pour continuer leur voyage. La Raison et la Vérité n'avaient pas été jusque-là dans l'habitude d'avoir leurs aises.

Elles visitèrent toute l'Italie, et furent surprises d'y trouver, au lieu du machiavélisme, une émulation entre les princes et les républiques, depuis Parme jusqu'à Turin, à qui rendrait ses sujets plus gens de bien, plus riches, et plus heureux.

Ma fille, disait la Raison à la Vérité, voici, je crois,

---

[1] Tous les ans, le jeudi-saint, on publiait à Rome la bulle *In cœna Domini* (voyez tome XXVII, page 434). Clément XIV supprima cette publication. B.

[2] Le bref de Clément XIV, qui prononce la dissolution de la société des jésuites, est du 21 juillet 1773. Une bulle de Pie VII, du 7 auguste 1814, l'a rétablie. B.

notre règne, qui pourrait bien commencer à advenir après notre longue prison. Il faut que quelques uns des prophètes qui sont venus nous visiter dans notre puits aient été bien puissants en paroles et en œuvres, pour changer ainsi la face de la terre. Vous voyez que tout vient tard; il fallait passer par les ténèbres de l'ignorance et du mensonge avant de rentrer dans votre palais de lumière, dont vous avez été chassée avec moi pendant tant de siècles. Il nous arrivera ce qui est arrivé à la Nature; elle a été couverte d'un méchant voile, et toute défigurée pendant des siècles innombrables. A la fin il est venu un Galilée, un Copernic, un Newton, qui l'ont montrée presque nue, et qui en ont rendu les hommes amoureux.

En conversant ainsi, elles arrivèrent à Venise. Ce qu'elles y considérèrent avec le plus d'attention, ce fut un procurateur de Saint-Marc, qui tenait une grande paire de ciseaux devant une table toute couverte de griffes, de becs, et de plumes noires. Ah! s'écria la Raison, Dieu me pardonne, *illustrissimo Signore*, je crois que voilà une de mes paires de ciseaux que j'avais apportés dans mon puits, lorsque je m'y réfugiai avec ma fille! comment votre excellence les a-t-elle eus, et qu'en faites-vous? *Illustrissima Signora*, lui répondit le procurateur, il se peut que les ciseaux aient appartenu autrefois à votre excellence; mais ce fut un nommé Fra-Paolo qui nous les apporta il y a long-temps, et nous nous en servons pour couper les griffes de l'inquisition, que vous voyez étalées sur cette table.

Ces plumes noires appartenaient à des harpies qui

venaient manger le dîner de la république; nous leur rognons tous les jours les ongles et le bout du bec. Sans cette précaution elles auraient fini par tout avaler; il ne serait rien resté pour les sages grands, ni pour les *pregadi,* ni pour les citadins.

Si vous passez par la France, vous trouverez peut-être à Paris votre autre paire de ciseaux chez un ministre espagnol[1] qui s'en servait au même usage que nous dans son pays, et qui sera un jour béni du genre humain.

Les voyageuses, après avoir assisté à l'opéra vénitien, partirent pour l'Allemagne. Elles virent avec satisfaction ce pays, qui du temps de Charlemagne n'était qu'une forêt immense, entrecoupée de marais, maintenant couvert de villes florissantes et tranquilles; ce pays peuplé de souverains autrefois barbares et pauvres, devenus tous polis et magnifiques; ce pays qui n'avait eu dans les temps antiques que des sorcières pour prêtres, immolant alors des hommes sur des pierres grossièrement creusées; ce pays qui ensuite avait été inondé de son sang, pour savoir au juste si la chose était *in, cum, sub,* ou non; ce pays qui enfin recevait dans son sein trois religions ennemies, étonnées de vivre paisiblement ensemble. Dieu soit béni! dit la Raison; ces gens-ci sont venus enfin à moi, à force de démence. On les introduisit chez une

---

[1] Le comte d'Aranda (D. Pierre-Paul Abarca de Bolea), ministre espagnol de 1765 à 1775, ambassadeur en France de 1775 à 1784, mort en 1794. Voltaire lui avait donné, en 1770, un article dans ses *Questions sur l'Encyclopédie:* voyez tome XXVI, page 524. B.

impératrice qui était bien plus que raisonnable, car elle était bienfesante. Les pèlerines furent si contentes d'elle, qu'elles ne prirent pas garde à quelques usages qui les choquèrent; mais elles furent toutes deux amoureuses de l'empereur son fils.

Leur étonnement redoubla quand elles furent en Suède. Quoi! disaient-elles, une révolution si difficile, et cependant si prompte! si périlleuse, et pourtant si paisible! et depuis ce grand jour pas un seul jour perdu sans faire du bien, et tout cela dans l'âge qui est si rarement celui de la raison! Que nous avons bien fait de sortir de notre cache quand ce grand événement saisissait d'admiration l'Europe entière!

De là elles passèrent vite par la Pologne. Ah! ma mère, quel contraste! s'écria la Vérité. Il me prend envie de regagner mon puits. Voilà ce que c'est que d'avoir écrasé toujours la portion du genre humain la plus utile, et d'avoir traité les cultivateurs plus mal qu'ils ne traitent leurs animaux de labourage. Ce chaos de l'anarchie ne pouvait se débrouiller autrement que par une ruine; on l'avait assez clairement prédite. Je plains un monarque vertueux, sage, et humain [1]; et j'ose espérer qu'il sera heureux, puisque les autres rois commencent à l'être, et que vos lumières se communiquent de proche en proche.

Allons voir, continua-t-elle, un changement plus favorable et plus surprenant. Allons dans cette immense région hyperborée qui était si barbare il y a

---

[1] Stanislas Auguste, roi en 1764, et sous le règne duquel eut lieu, en 1795, le partage de la Pologne. B.

quatre-vingts ans, et qui est aujourd'hui si éclairée et si invincible. Allons contempler celle [1] qui a achevé le miracle d'une création nouvelle.... Elles y coururent, et avouèrent qu'on ne leur en avait pas assez dit.

Elles ne cessaient d'admirer combien le monde était changé depuis quelques années. Elles en concluaient que peut-être un jour le Chili et les Terres Australes seraient le centre de la politesse et du bon goût, et qu'il faudrait aller au pôle antarctique pour apprendre à vivre.

Quand elles furent en Angleterre, la Vérité dit à sa mère : Il me semble que le bonheur de cette nation n'est point fait comme celui des autres ; elle a été plus folle, plus fanatique, plus cruelle, et plus malheureuse qu'aucune de celles que je connais ; et la voilà qui s'est fait un gouvernement unique, dans lequel on a conservé tout ce que la monarchie a d'utile, et tout ce qu'une république a de nécessaire. Elle est supérieure dans la guerre, dans les lois, dans les arts, dans le commerce. Je la vois seulement embarrassée de l'Amérique septentrionale, qu'elle a conquise à un bout de l'univers, et des plus belles provinces de l'Inde, subjuguées à l'autre bout. Comment portera-t-elle ces deux fardeaux de sa félicité ? Le poids est lourd, dit la Raison ; mais, pour peu qu'elle m'écoute, elle trouvera des leviers qui le rendront très léger.

Enfin la Raison et la Vérité passèrent par la France : elles y avaient déjà fait quelques apparitions, et en

---

[1] L'impératrice Catherine II, avec qui Voltaire était en correspondance. B.

avaient été chassées. Vous souvient-il, disait la Vérité à sa mère, de l'extrême envie que nous eûmes de nous établir chez les Français dans les beaux jours de Louis XIV? mais les querelles impertinentes des jésuites et des jansénistes nous firent enfuir bientôt. Les plaintes continuelles des peuples ne nous rappelèrent pas. J'entends à présent les acclamations de vingt millions d'hommes qui bénissent le ciel. Les uns disent: « Cet avénement est d'autant plus joyeux que nous « n'en payons pas la joie[1]. » Les autres crient : « Le « luxe n'est que vanité. Les doubles emplois, les dé- « penses superflues, les profits excessifs, vont être re- « tranchés: » — et ils ont raison. — « Tout impôt va « être aboli: » — et ils ont tort, car il faut que chaque particulier paie pour le bonheur général.

« Les lois vont être uniformes. » — Rien n'est plus à desirer; mais rien n'est plus difficile. — « On va ré- « partir aux indigents qui travaillent, et surtout aux « pauvres officiers, les biens immenses de certains oi- « sifs qui ont fait vœu de pauvreté. Ces gens de main- « morte n'auront plus eux-mêmes des esclaves de « mainmorte. On ne verra plus des huissiers de moines « chasser de la maison paternelle des orphelins ré- « duits à la mendicité, pour enrichir de leurs dé- « pouilles un couvent jouissant des droits seigneu- « riaux, qui sont les droits des anciens conquérants. « On ne verra plus des familles entières demandant

---

[1] Louis XVI, dès le mois de mai 1774, rendit une ordonnance par laquelle il fesait remise du *droit de joyeux avénement.* On appelait ainsi certaines impositions extraordinaires qui se percevaient à l'avénement d'un roi. B.

« vainement l'aumône à la porte de ce couvent qui les
« dépouille. » — Plût à Dieu ! rien n'est plus digne
d'un roi. Le roi de Sardaigne a détruit chez lui cet
abus abominable. Fasse le ciel que cet abus soit exterminé en France!

N'entendez-vous pas, ma mère, toutes ces voix qui
disent : « Les mariages de cent mille familles utiles à
« l'état ne seront plus réputés concubinages; et les en-
« fants ne seront plus déclarés bâtards par la loi? » —
La nature, la justice, et vous, ma mère, tout demande
sur ce grand objet un réglement sage qui soit compatible avec le repos de l'état et avec les droits de tous
les hommes.

« On rendra la profession de soldat si honorable,
« que l'on ne sera plus tenté de déserter. » — La chose
est possible, mais délicate.

« Les petites fautes ne seront point punies comme
« de grands crimes, parcequ'il faut de la proportion
« à tout. Une loi barbare[1], obscurément énoncée, mal
« interprétée, ne fera plus périr sous des barres de fer
« et dans les flammes des enfants indiscrets et impru-
« dents, comme s'ils avaient assassiné leurs pères et
« leurs mères. » — Ce devrait être le premier axiome
de la justice criminelle.

« Les biens d'un père de famille ne seront plus con-
« fisqués, parceque les enfants ne doivent point mou-
« rir de faim pour les fautes de leur père, et que le roi

---

[1] L'édit de Louis XIV, de décembre 1666, contre les blasphémateurs, sur lequel fut basée la condamnation de La Barre: voyez dans les *Mélanges*, année 1766, la *Relation de la mort du chevalier de La Barre*; et dans la *Correspondance*, la note des éditeurs de Kehl sur la lettre du roi de Prusse, du 7 auguste 1766. B.

« n'a nul besoin de cette misérable confiscation. » — A merveille! et cela est digne de la magnanimité du souverain.

« La torture, inventée autrefois par les voleurs de
« grands chemins pour forcer les volés à découvrir
« leurs trésors, et employée aujourd'hui chez un pe-
« tit nombre de nations pour sauver le coupable ro-
« buste, et pour perdre l'innocent faible de corps et
« d'esprit, ne sera plus en usage que dans les crimes
« de lèse-société au premier chef, et seulement pour
« avoir révélation des complices. Mais ces crimes ne
« se commettront jamais. » — On ne peut mieux.

Voilà les vœux que j'entends faire partout; et j'écrirai tous ces grands changements dans mes annales, moi qui suis la Vérité.

J'entends encore proférer autour de moi, dans tous les tribunaux, ces paroles remarquables : « Nous ne
« citerons plus jamais les deux puissances, parcequ'il
« ne peut en exister qu'une : celle du roi ou de la loi
« dans une monarchie; celle de la nation dans une
« république. La puissance divine est d'une nature si
« différente et si supérieure, qu'elle ne doit pas être
« compromise par un mélange profane avec les lois
« humaines. L'infini ne peut se joindre au fini. Gré-
« goire VII fut le premier qui osa appeler l'infini à son
« secours dans ses guerres jusqu'alors inouïes contre
« Henri IV, empereur trop fini; j'entends trop borné.
« Ces guerres ont ensanglanté l'Europe bien long-
« temps; mais enfin on a séparé ces deux êtres véné-
« rables qui n'ont rien de commun, et c'est le seul
« moyen d'être en paix. »

Ces discours, que tiennent tous les ministres des lois, me paraissent bien forts. Je sais qu'on ne reconnaît deux puissances ni à la Chine, ni dans l'Inde, ni en Perse, ni à Constantinople, ni à Moscou, ni à Londres, etc.... Mais je m'en rapporte à vous, ma mère. Je n'écrirai rien que ce que vous aurez dicté.

La Raison lui répondit : Ma fille, vous sentez bien que je desire à peu près les mêmes choses et bien d'autres. Tout cela demande du temps et de la réflexion. J'ai toujours été très contente, quand, dans mes chagrins, j'ai obtenu une partie des soulagements que je voulais. Je suis aujourd'hui trop heureuse.

Vous souvenez-vous du temps où presque tous les rois de la terre, étant dans une profonde paix, s'amusaient à jouer aux énigmes; et où la belle reine de Saba venait proposer tête à tête des logogriphes à Salomon? — Oui, ma mère; c'était un bon temps, mais il n'a pas duré. Eh bien! reprit la mère, celui-ci est infiniment meilleur. On ne songeait alors qu'à montrer un peu d'esprit; et je vois que depuis dix à douze ans on s'est appliqué dans l'Europe aux arts et aux vertus nécessaires, qui adoucissent l'amertume de la vie. Il semble en général qu'on se soit donné le mot pour penser plus solidement qu'on n'avait fait pendant des milliers de siècles. Vous, qui n'avez jamais pu mentir, dites-moi quel temps vous auriez choisi ou préféré au temps où nous sommes pour vous habituer en France.

J'ai la réputation, répondit la fille, d'aimer à dire des choses assez dures aux gens chez qui je me trouve; et vous savez bien que j'y ai toujours été forcée; mais j'avoue que je n'ai que du bien à dire du temps présent, en dépit de tant d'auteurs qui ne louent que le passé.

Je dois instruire la postérité que c'est dans cet âge que les hommes ont appris à se garantir d'une maladie affreuse et mortelle, en se la donnant moins funeste [1]; à rendre la vie à ceux qui la perdent dans les eaux [2]; à gouverner et à braver le tonnerre [3]; à suppléer au point fixe qu'on desire en vain d'occident en orient. On a fait plus en morale; on a osé demander justice aux lois contre des lois qui avaient condamné la vertu au supplice; et cette justice a été quelquefois obtenue. Enfin on a osé prononcer le mot de tolérance.

Eh bien ! ma chère fille, jouissons de ces beaux jours; restons ici, s'ils durent; et, si les orages surviennent, retournons dans notre puits.

---

[1] Louis XVI, peu après son avénement au trône, se fit inoculer, ainsi que ses frères le comte de Provence, depuis Louis XVIII, et le comte d'Artois, aujourd'hui Charles X (voyez, tome XXI, le chapitre XLI du *Précis du Siècle de Louis XV*). L'inoculation fut alors tellement en vogue, que les inoculateurs ne pouvaient suffire au nombre de ceux qui les appelaient. B.

[2] C'est à Philippe-Nicolas Pia, né en 1721, mort en 1799, que l'on doit l'établissement des secours pour les noyés. B.

[3] L'invention des paratonnerres est de Benjamin Franklin, qui se trouvait à Paris quand Voltaire y vint en 1778; voyez, dans le tome I, la *Vie de Voltaire*, par Condorcet. B.

FIN DE L'ÉLOGE DE LA RAISON.

HISTOIRE DE JENNI,

OU

L'ATHÉE ET LE SAGE,

PAR M. SHERLOC;

TRADUIT PAR M. DE LA CAILLE [1].

1775 [2].

---

[1] Nous n'avons cru devoir faire aucune remarque sur cet ouvrage, par des raisons que devineront sans peine ceux qui connaissent le but que l'auteur avait en l'écrivant. K.

[2] Voyez ma préface en tête du tome XXXIII. B.

HISTOIRE DE JENNI,

ou

L'ATHÉE ET LE SAGE.

CHAPITRE I.

Vous me demandez, monsieur, quelques détails sur notre ami le respectable Freind, et sur son étrange fils. Le loisir dont je jouis enfin après la retraite de milord Peterborough me permet de vous satisfaire. Vous serez aussi étonné que je l'ai été, et vous partagerez tous mes sentiments.

Vous n'avez guère vu ce jeune et malheureux Jenni, ce fils unique de Freind, que son père mena avec lui en Espagne lorsqu'il était chapelain de notre armée, en 1705. Vous partîtes pour Alep avant que milord assiégeât Barcelone; mais vous avez raison de me dire que Jenni était de la figure la plus aimable et la plus engageante, et qu'il annonçait du courage et de l'esprit. Rien n'est plus vrai; on ne pouvait le voir sans l'aimer. Son père l'avait d'abord destiné à l'Église; mais le jeune homme ayant marqué de la répugnance pour cet état, qui demande tant d'art, de ménagement, et de finesse, ce père sage aurait cru faire un crime et une sottise de forcer la nature.

Jenni n'avait pas encore vingt ans. Il voulut absolument servir en volontaire à l'attaque du Mont-Joui, que nous emportâmes, et où le prince de Hesse fut tué. Notre pauvre Jenni, blessé, fut prisonnier et mené dans la ville. Voici un récit très fidèle de ce qui lui arriva depuis l'attaque de Mont-Joui jusqu'à la prise de Barcelone. Cette relation est d'une Catalane un peu trop libre et trop naïve; de tels écrits ne vont point jusqu'au cœur du sage. Je pris cette relation chez elle lorsque j'entrai dans Barcelone à la suite de milord Peterborough. Vous la lirez sans scandale comme un portrait fidèle des mœurs du pays.

Aventure d'un jeune Anglais nommé JENNI, écrite de la main de dona Las Nalgas.

Lorsqu'on nous dit que les mêmes sauvages qui étaient venus, par l'air, d'une île inconnue nous prendre Gibraltar, venaient assiéger notre belle ville de Barcelone, nous commençâmes par faire des neuvaines à la sainte Vierge de Manrèze; ce qui est assurément la meilleure manière de se défendre.

Ce peuple, qui venait nous attaquer de si loin, s'appelle d'un nom qu'il est difficile de prononcer, car c'est *English*. Notre révérend père inquisiteur don Jeronimo Bueno Caracucarador prêcha contre ces brigands. Il lança contre eux une excommunication majeure dans Notre-Dame d'Elpino[1]. Il nous assura que les English avaient des queues de singes, des pattes d'ours, et des têtes de perroquets; qu'à la vérité ils parlaient quelquefois comme les hommes,

[1] Titre de la cathédrale de Barcelone. B.

mais qu'ils sifflaient presque toujours; que de plus ils étaient notoirement hérétiques; que la sainte Vierge, qui est très favorable aux autres pécheurs et pécheresses, ne pardonnait jamais aux hérétiques, et que par conséquent ils seraient tous infailliblement exterminés, surtout s'ils se présentaient devant le Mont-Joui. A peine avait-il fini son sermon que nous apprîmes que le Mont-Joui était pris d'assaut.

Le soir on nous conta qu'à cet assaut nous avions blessé un jeune English, et qu'il était entre nos mains. On cria dans toute la ville, *vittoria, vittoria*, et on fit des illuminations.

La dona Boca Vermeja, qui avait l'honneur d'être maîtresse du révérend père inquisiteur, eut une extrême envie de voir comment un animal english et hérétique était fait. C'était mon intime amie : j'étais aussi curieuse qu'elle. Mais il fallut attendre qu'il fût guéri de sa blessure; ce qui ne tarda pas.

Nous sûmes bientôt après qu'il devait prendre les bains chez mon cousin germain Elvob, le baigneur, qui est, comme on sait, le meilleur chirurgien de la ville. L'impatience de voir ce monstre redoubla dans mon amie Boca Vermeja. Nous n'eûmes point de cesse, point de repos, nous n'en donnâmes point à mon cousin le baigneur, jusqu'à ce qu'il nous eût cachées dans une petite garde-robe, derrière une jalousie par laquelle on voyait la baignoire. Nous y entrâmes sur la pointe du pied, sans faire aucun bruit, sans parler, sans oser respirer, précisément dans le temps que l'English sortait de l'eau. Son visage n'était pas tourné vers nous; il ôta un petit bonnet sous lequel étaient renoués ses cheveux blonds, qui descendirent en grosses boucles sur la plus belle chute de reins que j'aie vue de ma vie; ses bras, ses cuisses, ses jambes, me parurent d'un charnu, d'un fini, d'une élégance qui approche, à mon gré, l'Apollon du Belvédère de Rome, dont la copie est chez mon oncle le sculpteur.

Dona Boca-Vermeja était extasiée de surprise et d'enchantement. J'étais saisie comme elle; je ne pus m'empêcher de dire, *Oh che hermoso muchacho*[1]! Ces paroles, qui m'échappèrent, firent tourner le jeune homme. Ce fut bien pis alors; nous vîmes le visage d'Adonis sur le corps d'un jeune Hercule[2]. Il s'en fallut peu que dona Boca Vermeja ne tombât à la renverse, et moi aussi. Ses yeux s'allumèrent et se couvrirent d'une légère rosée, à travers laquelle on entrevoyait des traits de flamme. Je ne sais ce qui arriva aux miens.

Quand elle fut revenue à elle : Saint Jacques, me dit-elle, et sainte Vierge! est-ce ainsi que sont faits les hérétiques? Eh! qu'on nous a trompées!

Nous sortîmes le plus tard que nous pûmes. Boca Vermeja fut bientôt éprise du plus violent amour pour le monstre hérétique. Elle est plus belle que moi, je l'avoue; et j'avoue aussi que je me sentis doublement jalouse. Je lui représentai qu'elle se damnait en trahissant le révérend père inquisiteur don Jeronimo Bueno Caracucarador pour un English. Ah! ma chère Las Nalgas, me dit-elle (car Las Nalgas est mon nom), je trahirais Melchisedech pour ce beau jeune homme. Elle n'y manqua pas, et, puisqu'il faut tout

---

[1] « Oh quel beau petit garçon! » B. — [2] Voyez ma note, page 107. B.

dire, je donnai secrètement plus de la dîme des offrandes.

Un des familiers de l'inquisition, qui entendait quatre messes par jour pour obtenir de Notre-Dame de Manrèze la destruction des English, fut instruit de nos actes de dévotion. Le révérend P. don Caracucarador nous donna le fouet à toutes deux. Il fit saisir notre cher English par vingt-quatre alguazils de la sainte hermandad. Jenni en tua cinq, et fut pris par les dix-neuf qui restaient. On le fit reposer dans un caveau bien frais. Il fut destiné à être brûlé le dimanche suivant en cérémonie, orné d'un grand san-benito et d'un bonnet en pain de sucre, en l'honneur de notre Sauveur et de la vierge Marie sa mère. Don Caracucarador prépara un beau sermon; mais il ne put le prononcer, car le dimanche même la ville fut prise à quatre heures du matin.

Ici finit le récit de dona Las Nalgas. C'était une femme qui ne manquait pas d'un certain esprit que les Espagnols appellent *agudezza*.

CHAPITRE II.

Suite des aventures du jeune Anglais Jenni et de celles de monsieur son père, docteur en théologie, membre du parlement et de la société royale.

Vous savez quelle admirable conduite tint le comte de Peterborough dès qu'il fut maître de Barcelone; comme il empêcha le pillage; avec quelle sagacité prompte il mit ordre à tout; comme il arracha la duchesse de Popoli des mains de quelques soldats allemands ivres, qui la volaient et qui la violaient. Mais vous peindrez-vous bien la surprise, la douleur, l'anéantissement, la colère, les larmes, les transports de notre ami Freind, quand il apprit que Jenni était dans les cachots du saint-office, et que son bûcher était préparé? Vous savez que les têtes les plus froides sont les plus animées dans les grandes occasions. Vous eussiez vu ce père, que vous avez connu si grave et si imperturbable, voler à l'antre de l'inquisition plus vite que nos chevaux de race ne courent à Newmarket. Cinquante soldats, qui le suivaient hors d'haleine, étaient toujours à deux cents pas de lui. Il arrive, il entre dans la caverne. Quel moment! que de pleurs et que de joie! vingt victimes destinées à la même cérémonie que Jenni sont délivrées. Tous ces prisonniers s'arment; tous se joignent à nos soldats; ils démolissent le saint-office en dix minutes, et déjeunent sur ses ruines avec le vin et les jambons des inquisiteurs.

Au milieu de ce fracas, et des fanfares, et des tambours, et du retentissement de quatre cents canons qui annonçaient notre victoire à la Catalogne, notre ami Freind avait repris la tranquillité que vous lui connaissez. Il était calme comme l'air dans un beau jour après un orage. Il élevait à Dieu un cœur aussi serein que son visage, lorsqu'il vit sortir du soupirail d'une cave un spectre noir en surplis qui se jeta à ses pieds, et qui lui criait miséricorde. Qui es-tu? lui dit notre ami; viens-tu de l'enfer? A peu près, répondit l'autre; je suis don Jeronimo Bueno Caracucarador, inquisiteur pour la foi; je vous demande très humblement pardon d'avoir voulu cuire monsieur votre fils en place publique; je le prenais pour un juif.

Eh! quand il serait juif, répondit notre ami avec son sang froid ordinaire, vous sied-il bien, M. Caracucarador, de cuire des gens, parcequ'ils sont descendus d'une race qui habitait autrefois un petit canton pierreux tout près du désert de Syrie? Que vous importe qu'un homme ait un prépuce ou qu'il n'en ait pas, et qu'il fasse sa pâque dans la pleine lune rousse, ou le dimanche d'après? Cet homme est juif; donc il faut que je le brûle, et tout son bien m'appartient: voilà un très mauvais argument; on ne raisonne point ainsi dans la société royale de Londres.

Savez-vous bien, M. Caracucarador, que Jésus-Christ était juif, qu'il naquit, vécut, et mourut juif, qu'il fit sa pâque en juif dans la pleine lune; que tous ses apôtres étaient juifs, qu'ils allèrent dans le temple juif après son malheur, comme il est dit expressément; que les quinze premiers évêques secrets de Jérusalem étaient juifs [1]? mon fils ne l'est pas, il est anglican : quelle idée vous a passé par la tête de le brûler?

L'inquisiteur Caracucarador, épouvanté de la science de M. Freind, et toujours prosterné à ses pieds, lui dit : Hélas! nous ne savions rien de tout cela dans l'université de Salamanque. Pardon, encore une fois; mais la véritable raison est que monsieur votre fils m'a pris ma maîtresse Boca Vermeja. Ah! s'il vous a pris votre maîtresse, repartit Freind, c'est

[1] Voyez, tome XXXII, page 484. B.

autre chose; il ne faut jamais prendre le bien d'autrui. Il n'y a pourtant pas là une raison suffisante, comme dit Leibnitz, pour brûler un jeune homme: il faut proportionner les peines aux délits. Vous autres chrétiens de delà la mer britannique, en tirant vers le sud, vous avez plus tôt fait cuire un de vos frères, soit le conseiller Anne Dubourg, soit Michel Servet, soit tous ceux qui furent ards sous Philippe II, surnommé *le Discret*, que nous ne fesons rôtir un roast-beef à Londres. Mais qu'on m'aille chercher mademoiselle Boca Vermeja, et que je sache d'elle la vérité.

Boca Vermeja fut amenée pleurante, et embellie par ses larmes, comme c'est l'usage. Est-il vrai, mademoiselle, que vous aimiez tendrement don Caracucarador, et que mon fils Jenni vous ait prise à force? — A force! M. l'Anglais! c'était assurément du meilleur de mon cœur. Je n'ai jamais rien vu de si beau et de si aimable que M. votre fils; et je vous trouve bien heureux d'être son père. C'est moi qui lui ai fait toutes les avances; il les mérite bien : je le suivrai jusqu'au bout du monde, si le monde a un bout. J'ai toujours, dans le fond de mon ame, détesté ce vilain inquisiteur; il m'a fouettée presque jusqu'au sang moi et mademoiselle Las Nalgas. Si vous voulez me rendre la vie douce, vous ferez pendre ce scélérat de moine à ma fenêtre, tandis que je jurerai à M. votre fils un amour éternel : heureuse si je pouvais jamais lui donner un fils qui vous ressemble !

En effet, pendant que Boca Vermeja prononçait ces paroles naïves, milord Peterborough envoyait chercher l'inquisiteur Caracucarador pour le faire pendre. Vous ne serez pas surpris quand je vous dirai que M. Freind s'y opposa fortement. Que votre juste colère, dit-il, respecte votre générosité; il ne faut jamais faire mourir un homme que quand la chose est absolument nécessaire pour le salut du prochain. Les Espagnols diraient que les Anglais sont des barbares qui tuent tous les prêtres qu'ils rencontrent. Cela pourrait faire grand tort à M. l'archiduc, pour lequel vous venez de prendre Barcelone. Je suis assez content que mon fils soit sauvé, et que ce coquin de moine soit hors d'état d'exercer ses fonctions inquisitoriales. Enfin le sage et charitable Freind en dit tant que milord se contenta de faire fouetter Caracucarador, comme ce misérable avait fouetté miss Boca Vermeja et miss Las Nalgas.

Tant de clémence toucha le cœur des Catalans. Ceux qui avaient été délivrés des cachots de l'inquisition conçurent que notre religion valait infiniment mieux que la leur. Ils demandèrent presque tous à être reçus dans l'église anglicane; et même quelques bacheliers de l'université de Salamanque, qui se trouvaient dans Barcelone, voulurent être éclairés. La plupart le furent bientôt. Il n'y en eut qu'un seul, nommé don Inigo y Medroso y Comodios y Papalamiendo, qui fut un peu rétif.

Voici le précis de la dispute honnête que notre cher ami Freind et le bachelier don Papalamiendo eurent ensemble en présence de milord Peterborough. On appela cette conversation familière le dialogue des *Mais*. Vous verrez aisément pourquoi, en le lisant.

CHAPITRE III.

Précis de la controverse des Mais entre M. Freind et don Inigo y Medroso y Comodios y Papalamiendo, bachelier de Salamanque.

LE BACHELIER.

Mais, monsieur, malgré toutes les belles choses que vous venez de me dire, vous m'avouerez que votre église anglicane, si respectable, n'existait pas avant don Luther et avant don Oecolampade. Vous êtes tout nouveaux, donc vous n'êtes pas de la maison.

FREIND.

C'est comme si on me disait que je ne suis pas le petit-fils de mon grand-père, parcequ'un collatéral, demeurant en Italie, s'était emparé de son testament et de mes titres. Je les ai heureusement retrouvés, et il est clair que je suis le petit-fils de mon grand-père. Nous sommes vous et moi de la même famille, à cela près que nous autres Anglais nous lisons le testament de notre grand-père dans notre propre langue, et qu'il vous est défendu de le lire dans la vôtre. Vous êtes esclaves d'un étranger, et nous ne sommes soumis qu'à notre raison.

LE BACHELIER.

Mais si votre raison vous égare?.... car enfin vous ne croyez point à notre université de Salamanque, laquelle a déclaré l'infaillibilité du pape, et son droit incontestable sur le passé, le présent, le futur, et le paulo-post-futur.

FREIND.

Hélas ! les apôtres n'y croyaient pas non plus. Il est écrit que ce Pierre, qui renia son maître Jésus, fut sévèrement tancé par Paul. Je n'examine point ici lequel des deux avait tort; ils l'avaient peut-être tous deux, comme il arrive dans presque toutes les querelles; mais enfin il n'y a pas un seul endroit dans les Actes des apôtres, où Pierre soit regardé comme le maître de ses compagnons et du paulo-post-futur.

LE BACHELIER.

Mais certainement saint Pierre fut archevêque de Rome; car Sanchez nous enseigne que ce grand homme y arriva du temps de Néron, et qu'il y occupa le trône archiépiscopal pendant vingt-cinq ans sous ce même Néron qui n'en régna que treize. De plus il est de foi, et c'est don Grillandus[1], le prototype de l'inquisition, qui l'affirme (car nous ne lisons jamais la sainte *Bible*), il est de foi, dis-je, que saint Pierre était à Rome une certaine année; car il date une de ses lettres de Babylone; car, puisque Babylone est visiblement l'anagramme de Rome, il est clair que le pape est de droit divin le maître de toute la terre; car, de plus, tous les licenciés de Salamanque ont démontré que Simon Vertu-Dieu, premier sorcier, conseiller d'état de l'empereur Néron, envoya faire des compliments par son chien à saint Simon Barjone, autrement dit saint Pierre, dès qu'il fut à Rome; que saint Pierre, n'étant pas moins poli, envoya aussi son chien com-

---

[1] Paul Grillandus (beau nom pour un inquisiteur, dit Voltaire, tome XXVI, page 527) est auteur d'un *Tractatus de hæreticis et sortilegiis*, Lyon, 1536, in-8°. B.

plimenter Simon Vertu-Dieu; qu'ensuite ils jouèrent à qui ressusciterait le plus tôt un cousin germain de Néron[1]; que Simon Vertu-Dieu ne ressuscita son mort qu'à moitié, et que Simon Barjone gagna la partie en ressuscitant le cousin tout-à-fait; que Vertu-Dieu voulut avoir sa revanche en volant dans les airs comme saint Dédale, et que saint Pierre lui cassa les deux jambes en le fesant tomber. C'est pourquoi saint Pierre reçut la couronne du martyre, la tête en bas et les jambes en haut[a] : donc il est démontré *a posteriori* que notre saint-père le pape doit régner sur tous ceux qui ont des couronnes sur la tête, et qu'il est le maître du passé, du présent, et de tous les futurs du monde.

FREIND.

Il est clair que toutes ces choses arrivèrent dans le temps où Hercule, d'un tour de main, sépara les deux montagnes, Calpé et Abila, et passa le détroit de Gibraltar dans son gobelet[2]; mais ce n'est pas sur ces histoires, tout authentiques qu'elles sont, que nous fondons notre religion : c'est sur l'Évangile.

LE BACHELIER.

Mais, monsieur, sur quels endroits de l'Évangile ? car j'ai lu une partie de cet Évangile dans nos cahiers de théologie. Est-ce sur l'ange descendu des nuées pour annoncer à Marie qu'elle sera engrossée par le

---

[1] Voyez tome XV, page 350. B.

[a] Toute cette histoire est racontée par Abdias, Marcel, et Hégésippe; Eusèbe en rapporte une partie. — Voyez la *Relation de Marcel*, dans la *Collection d'anciens évangiles* (*Mélanges*, année 1769). B.

[2] Voyez, dans les *Mélanges*, année 1769, *les Adorateurs*. B.

CHAPITRE III. 351

Saint-Esprit? est-ce sur le voyage des trois rois et d'une étoile? sur le massacre de tous les enfants du pays? sur la peine que prit le diable d'emporter Dieu dans le désert, au faîte du temple et à la cime d'une montagne, dont on découvrait tous les royaumes de la terre? sur le miracle de l'eau changée en vin à une noce de village? sur le miracle de deux mille cochons que le diable noya dans un lac par ordre de Jésus? sur...

FREIND.

Monsieur, nous respectons toutes ces choses, parcequ'elles sont dans l'Évangile, et nous n'en parlons jamais, parcequ'elles sont trop au-dessus de la faible raison humaine.

LE BACHELIER.

Mais on dit que vous n'appelez jamais la sainte Vierge mère de Dieu?

FREIND.

Nous la révérons, nous la chérissons; mais nous croyons qu'elle se soucie peu des titres qu'on lui donne ici-bas. Elle n'est jamais nommée mère de Dieu dans l'Évangile. Il y eut une grande dispute, en 431, à un concile d'Éphèse, pour savoir si Marie était *théotocos*, et si Jésus-Christ étant Dieu à-la-fois et fils de Marie, il se pouvait que Marie fût à-la-fois fille de Dieu le père, et mère de Dieu le fils, qui ne font qu'un Dieu. Nous n'entrons point dans ces querelles d'Éphèse, et la société royale de Londres ne s'en mêle pas.

LE BACHELIER.

Mais, monsieur, vous me donnez là du théotocos! qu'est-ce que théotocos, s'il vous plaît?

FREIND.

Cela signifie mère de Dieu. Quoi! vous êtes bachelier de Salamanque, et vous ne savez pas le grec?

LE BACHELIER.

Mais le grec, le grec! de quoi cela peut-il servir à un Espagnol? Mais, monsieur, croyez-vous que Jésus ait une nature, une personne, et une volonté? ou deux natures, deux personnes, et deux volontés? ou une volonté, une nature, et deux personnes? ou deux volontés, deux personnes, et une nature? ou....

FREIND.

Ce sont encore les affaires d'Éphèse; cela ne nous importe en rien.

LE BACHELIER.

Mais qu'est-ce donc qui vous importe? Pensez-vous qu'il n'y ait que trois personnes en Dieu, ou qu'il y ait trois dieux en une personne? la seconde personne procède-t-elle de la première personne, et la troisième procède-t-elle des deux autres, ou de la seconde *intrinsecus*, ou de la première seulement? le fils a-t-il tous les attributs du père, excepté la paternité? et cette troisième personne vient-elle par infusion, ou par identification, ou par spiration?

FREIND.

L'Évangile n'agite pas cette question, et jamais saint Paul n'écrit le nom de Trinité.

LE BACHELIER.

Mais vous me parlez toujours de l'Évangile, et jamais de saint Bonaventure, ni d'Albert-le-Grand, ni de Tambourini, ni de Grillandus, ni d'Escobar.

CHAPITRE III.

FREIND.

C'est que je ne suis ni dominicain, ni cordelier, ni jésuite; je me contente d'être chrétien.

LE BACHELIER.

Mais si vous êtes chrétien, dites-moi, en conscience, croyez-vous que le reste des hommes soit damné éternellement?

FREIND.

Ce n'est point à moi à mesurer la justice de Dieu et sa miséricorde.

LE BACHELIER.

Mais enfin, si vous êtes chrétien, que croyez-vous donc?

FREIND.

Je crois, avec Jésus-Christ, qu'il faut aimer Dieu et son prochain, pardonner les injures et réparer ses torts. Croyez-moi, adorez Dieu, soyez juste et bienfesant; voilà tout l'homme. Ce sont là les maximes de Jésus. Elles sont si vraies, qu'aucun législateur, aucun philosophe n'a jamais eu d'autres principes avant lui, et qu'il est impossible qu'il y en ait d'autres. Ces vérités n'ont jamais eu et ne peuvent avoir pour adversaires que nos passions.

LE BACHELIER.

Mais..... ah! ah! à propos de passions, est-il vrai que vos évêques, vos prêtres, et vos diacres, vous êtes tous mariés?

FREIND.

Cela est très vrai. Saint Joseph qui passa pour être père de Jésus était marié. Il eut pour fils Jacques-le-Mineur, surnommé *Oblia*, frère de Notre-Seigneur;

lequel, après la mort de Jésus, passa sa vie dans le temple. Saint Paul, le grand saint Paul, était marié.

LE BACHELIER.

Mais Grillandus et Molina disent le contraire.

FREIND.

Molina et Grillandus diront tout ce qu'ils voudront, j'aime mieux croire saint Paul lui-même; car il dit dans sa première aux Corinthiens[a] : « N'avons-
« nous pas le droit de boire et de manger à vos dé-
« pens? n'avons-nous pas le droit de mener avec nous
« nos femmes, notre sœur, comme font les autres
« apôtres et les frères de Notre-Seigneur et Céphas?
« Va-t-on jamais à la guerre à ses dépens? Quand on a
« planté une vigne, n'en mange-t-on pas le fruit? etc. »

LE BACHELIER.

Mais, monsieur, est-il bien vrai que saint Paul ait dit cela?

FREIND.

Oui, il a dit cela, et il en a dit bien d'autres.

LE BACHELIER.

Mais quoi! ce prodige, cet exemple de la grace efficace!...

FREIND.

Il est vrai, monsieur, que sa conversion était un grand prodige. J'avoue que, suivant les Actes des apôtres, il avait été le plus cruel satellite des ennemis de Jésus. Les Actes disent qu'il servit à lapider saint Étienne; il dit lui-même que, quand les Juifs fesaient mourir un suivant de Jésus, c'était lui qui portait la sentence, *detuli sententiam*[b]. J'avoue qu'Abdias, son

[a] Chap. ix. — [b] *Actes*, ch. xxvi.

disciple, et Jules Africain, son traducteur, l'accusent aussi d'avoir fait mourir Jacques Oblia, frère de Notre-Seigneur[a]; mais ses fureurs rendent sa conversion plus admirable, et ne l'ont pas empêché de trouver une femme. Il était marié, vous dis-je, comme saint Clément d'Alexandrie le déclare expressément.

LE BACHELIER.

Mais c'était donc un digne homme, un brave homme que saint Paul ! je suis fâché qu'il ait assassiné saint Jacques et saint Étienne, et fort surpris qu'il ait voyagé au troisième ciel : mais poursuivez, je vous prie.

FREIND.

Saint Pierre, au rapport de saint Clément d'Alexandrie, eut des enfants; et même on compte parmi eux une sainte Pétronille. Eusèbe, dans son Histoire de l'Église, dit que saint Nicolas, l'un des premiers disciples, avait une très belle femme, et que les apôtres lui reprochèrent d'en être trop occupé, et d'en paraître jaloux... « Messieurs, leur dit-il, la prenne qui « voudra; je vous la cède[b]. »

Dans l'économie juive, qui devait durer éternellement, et à laquelle cependant a succédé l'économie chrétienne, le mariage était non seulement permis, mais expressément ordonné aux prêtres, puisqu'ils devaient être de la même race; et le célibat était une espèce d'infamie.

Il faut bien que le célibat ne fût pas regardé comme un état bien pur et bien honorable par les premiers chrétiens, puisque parmi les hérétiques anathématisés

---

[a] Histoire apostolique d'Abdias. Traduction de Jules Africain, livre VI, page 595 et suiv. — [b] Eusèbe, liv. III, chap. xxx.

dans les premiers conciles on trouve principalement ceux qui s'élevaient contre le mariage des prêtres, comme saturniens, basilidiens, montanistes, encratistes, et autres *ens* et *istes* [1]. Voilà pourquoi la femme d'un saint Grégoire de Nazianze accoucha d'un autre saint Grégoire de Nazianze, et qu'elle eut le bonheur inestimable d'être femme et mère d'un canonisé, ce qui n'est pas même arrivé à sainte Monique, mère de saint Augustin.

Voilà pourquoi je pourrais vous nommer autant et plus d'anciens évêques mariés, que vous n'avez autrefois eu d'évêques et de papes concubinaires, adultères, ou pédérastes; ce qu'on ne trouve plus aujourd'hui en aucun pays. Voilà pourquoi l'Église grecque, mère de l'Église latine, veut encore que les curés soient mariés. Voilà enfin pourquoi, moi qui vous parle, je suis marié, et j'ai le plus bel enfant du monde.

Et dites-moi, mon cher bachelier, n'avez-vous pas dans votre église sept sacrements de compte fait, qui sont tous des signes visibles d'une chose invisible? Or un bachelier de Salamanque jouit des agréments du baptême dès qu'il est né; de la confirmation dès qu'il a des culottes; de la confession dès qu'il a fait quelques fredaines; de la communion, quoique un peu différente de la nôtre, dès qu'il a treize ou quatorze ans; de l'ordre quand il est tondu sur le haut de la tête, et qu'on lui donne un bénéfice de vingt, ou

---

[1] C'est ce qu'on lit dans une édition de 1776 et dans les éditions de Kehl. Une édition de 1775 porte: Autres *ens* et *ites*.» C'est d'après l'erratum, quelquefois téméraire, de Kehl, que les éditeurs récents ont mis: *autres en istes et en ites*. B.

trente, ou quarante mille piastres de rente; enfin de l'extrême-onction quand il est malade. Faut-il le priver du sacrement de mariage quand il se porte bien? surtout après que Dieu lui-même a marié Adam et Ève; Adam, le premier des bacheliers du monde, puisqu'il avait la science infuse, selon votre école; Ève, la première bachelière, puisqu'elle tâta de l'arbre de la science avant son mari.

LE BACHELIER.

Mais, s'il est ainsi, je ne dirai plus *mais*. Voilà qui est fait, je suis de votre religion; je me fais anglican. Je veux me marier à une femme honnête qui fera toujours semblant de m'aimer, tant que je serai jeune, qui aura soin de moi dans ma vieillesse, et que j'enterrerai proprement si je lui survis; cela vaut mieux que de cuire des hommes et de déshonorer des filles, comme a fait mon cousin don Caracucarador, inquisiteur pour la foi.

Tel est le précis fidèle de la conversation qu'eurent ensemble le docteur Freind et le bachelier don Papalamiendo, nommé depuis par nous Papa Dexando. Cet entretien curieux fut rédigé par Jacob Hulf, l'un des secrétaires de milórd.

Après cet entretien, le bachelier me tira à part et me dit : Il faut que cet Anglais, que j'avais cru d'abord anthropophage, soit un bien bon-homme, car il est théologien, et il ne m'a point dit d'injures. Je lui appris que M. Freind était tolérant, et qu'il descendait de la fille de Guillaume Penn, le premier des tolérants, et le fondateur de Philadelphie. Tolérant et Philadelphie! s'écria-t-il; je n'avais jamais entendu parler de ces sectes-là. Je le mis au fait, il ne pouvait me croire, il pensait être dans un autre univers, et il avait raison.

CHAPITRE IV.

Retour à Londres; Jenni commence à se corrompre.

Tandis que notre digne philosophe Freind éclairait ainsi les Barcelonais, et que son fils Jenni enchantait les Barcelonaises, milord Peterborough fut perdu dans l'esprit de la reine Anne, et dans celui de l'archiduc, pour leur avoir donné Barcelone. Les courtisans lui reprochèrent d'avoir pris cette ville contre toutes les règles, avec une armée moins forte de moitié que la garnison. L'archiduc en fut d'abord très piqué, et l'ami Freind fut obligé d'imprimer l'apologie du général. Cependant cet archiduc, qui était venu conquérir le royaume d'Espagne, n'avait pas de quoi payer son chocolat. Tout ce que la reine Anne lui avait donné était dissipé. Montecuculli dit dans ses mémoires qu'il faut trois choses pour faire la guerre : 1° de l'argent; 2° de l'argent; 3° de l'argent. L'archiduc écrivit de Guadalaxara, où il était le 11 auguste 1706, à milord Peterborough, une grande lettre signée *yo el rey*, par laquelle il le conjurait d'aller sur-le-champ à Gênes lui chercher, sur son crédit, cent mille livres sterling pour régner[a]. Voilà

[a] Elle est imprimée dans l'apologie du comte de Peterborough, par le docteur Freind, page 143, chez Jonas Bourer.

donc notre Sertorius devenu banquier génois de général d'armée. Il confia sa détresse à l'ami Freind : tous deux allèrent à Gênes; je les suivis, car vous savez que mon cœur me mène. J'admirai l'habileté et l'esprit de conciliation de mon ami dans cette affaire délicate. Je vis qu'un bon esprit peut suffire à tout; notre grand Locke était médecin : il fut le seul métaphysicien de l'Europe, et il rétablit les monnaies d'Angleterre.

Freind, en trois jours, trouva les cent mille livres sterling, que la cour de Charles VI mangea en moins de trois semaines. Après quoi il fallut que le général, accompagné de son théologien, allât se justifier à Londres, en plein parlement, d'avoir conquis la Catalogne contre les règles, et de s'être ruiné pour le service de la cause commune. L'affaire traîna en longueur et en aigreur, comme toutes les affaires de parti.

Vous savez que M. Freind avait été député en parlement avant d'être prêtre, et qu'il est le seul à qui l'on ait permis d'exercer ces deux fonctions incompatibles. Or, un jour que Freind méditait un discours qu'il devait prononcer dans la chambre des communes, dont il était un digne membre, on lui annonça une dame espagnole qui demandait à lui parler pour affaire pressante. C'était doña Boca Vermeja elle-même. Elle était tout en pleurs; notre bon ami lui fit servir à déjeuner. Elle essuya ses larmes, déjeuna, et lui parla ainsi :

Il vous souvient, mon cher monsieur, qu'en allant à Gênes vous ordonnâtes à M. votre fils Jenni de partir de Barcelone pour Londres, et d'aller s'installer dans l'emploi de clerc de l'échiquier, que votre crédit lui a fait obtenir. Il s'embarqua sur le *Triton* avec le jeune bachelier don Papa Dexando, et quelques autres que vous aviez convertis. Vous jugez bien que je fus du voyage avec ma bonne amie Las Nalgas. Vous savez que vous m'avez permis d'aimer monsieur votre fils, et que je l'adore.....

— Moi, mademoiselle! je ne vous ai point permis ce petit commerce, je l'ai toléré : cela est bien différent. Un bon père ne doit être ni le tyran de son fils ni son mercure. La fornication entre deux personnes libres a été peut-être autrefois une espèce de droit naturel dont Jenni peut jouir avec discrétion sans que je m'en mêle; je ne le gêne pas plus sur ses maîtresses que sur son dîner et sur son souper; s'il s'agissait d'un adultère, j'avoue que je serais plus difficile, parceque l'adultère est un larcin; mais pour vous, mademoiselle, qui ne faites tort à personne, je n'ai rien à vous dire.

— Eh bien! monsieur, c'est d'adultère qu'il s'agit. Le beau Jenni m'abandonne pour une jeune mariée qui n'est pas si belle que moi. Vous sentez bien que c'est une injure atroce. Il a tort, dit alors M. Freind. Boca Vermeja en versant quelques larmes lui conta comment Jenni avait été jaloux, ou fait semblant d'être jaloux du bachelier; comment madame Clive-Hart, jeune mariée très effrontée, très emportée, très masculine, très méchante, s'était emparée de son esprit; comment il vivait avec des libertins non craignant Dieu; comment enfin il méprisait sa fidèle Boca

CHAPITRE IV. 361

Vermeja pour la coquine de Clive-Hart, parceque la Clive-Hart avait une nuance ou deux de blancheur et d'incarnat au-dessus de la pauvre Boca Vermeja.

J'examinerai cette affaire-là à loisir, dit le bon Freind; il faut que j'aille en parlement pour celle de milord Peterborough. Il alla donc en parlement : je l'y entendis prononcer un discours ferme et serré, sans aucun lieu commun, sans épithète, sans ce que nous appelons des phrases; il n'*invoquait* point un témoignage, une loi; il les attestait, il les citait, il les réclamait : il ne disait point qu'on avait *surpris la religion* de la cour en accusant milord Peterborough d'avoir hasardé les troupes de la reine Anne, parceque ce n'était pas une affaire de religion : il ne prodiguait pas à une conjecture le nom de démonstration; il ne manquait pas de respect à l'auguste assemblée du parlement par de fades plaisanteries bourgeoises : il n'appelait pas milord Peterborough son client, parceque le mot de client signifie un homme de la bourgeoisie protégé par un sénateur. Freind parlait avec autant de modestie que de fermeté : on l'écoutait en silence; on ne l'interrompait qu'en disant, *Hear him, hear him*, écoutez-le, écoutez-le. La chambre des communes vota qu'on remercierait le comte de Peterborough, au lieu de le condamner. Milord obtint la même justice de la cour des pairs, et se prépara à repartir avec son cher Freind pour aller donner le royaume d'Espagne à l'archiduc; ce qui n'arriva pourtant pas, par la raison que rien n'arrive dans ce monde précisément comme on le veut.

Au sortir du parlement nous n'eûmes rien de plus pressé que d'aller nous informer de la conduite de Jenni. Nous apprîmes en effet qu'il menait une vie débordée et crapuleuse avec madame Clive-Hart, et une troupe de jeunes athées, d'ailleurs gens d'esprit, à qui leurs débauches avaient persuadé « que l'homme « n'a rien au-dessus de la bête; qu'il naît et meurt « comme la bête; qu'ils sont également formés de « terre; qu'ils retournent également à la terre; et « qu'il n'y a rien de bon et de sage que de se réjouir « dans ses œuvres, et de vivre avec celle que l'on « aime, comme le conclut Salomon à la fin de son « chapitre troisième du *Coheleth*, que nous nommons « *Ecclésiaste*. »

Ces idées leur étaient principalement insinuées par un nommé Wirburton [1], méchant garnement très impudent. J'ai lu quelque chose des manuscrits de ce fou : Dieu nous préserve de les voir imprimés un jour! Wirburton prétend que Moïse ne croyait pas à l'immortalité de l'ame; et comme en effet Moïse n'en parla jamais, il en conclut que c'est la seule preuve que sa mission était divine. Cette conclusion absurde fait malheureusement conclure que la secte juive était fausse : les impies en concluent par conséquent que la nôtre, fondée sur la juive, est fausse aussi, et que cette nôtre, qui est la meilleure de toutes, étant fausse, toutes les autres sont encore plus fausses, qu'ainsi il n'y a point de religion. De là quelques gens viennent à conclure qu'il n'y a point

---

[1] Il n'est pas difficile de deviner qui Voltaire désigne ici. Il n'a changé qu'une lettre; voyez la note suivante. B.

de Dieu; ajoutez à ces conclusions que ce petit Wirburton est un intrigant et un calomniateur. Voyez quel danger!

Un autre fou nommé Needham, qui est en secret jésuite, va bien plus loin. Cet animal, comme vous le savez d'ailleurs, et comme on vous l'a tant dit [1], s'imagine qu'il a créé des anguilles avec de la farine de seigle et du jus de mouton; que sur-le-champ ces anguilles en ont produit d'autres sans accouplement. Aussitôt nos philosophes décident qu'on peut faire des hommes avec de la farine de froment et du jus de perdrix, parcequ'ils doivent avoir une origine plus noble que celle des anguilles : ils prétendent que ces hommes en produiront d'autres incontinent; qu'ainsi ce n'est point Dieu qui a fait l'homme; que tout s'est fait de soi-même; qu'on peut très bien se passer de Dieu; qu'il n'y a point de Dieu. Jugez quels ravages le *Coheleth* mal entendu, et Wirburton [2] et Needham bien entendus, peuvent faire dans de jeunes cœurs tout pétris de passions, et qui ne raisonnent que d'après elles.

Mais, ce qu'il y avait de pis, c'est que Jenni avait des dettes par-dessus les oreilles; il les payait d'une étrange façon. Un de ses créanciers était venu le jour même lui demander cent guinées pendant que nous

---

[1] Voyez ci-dessus, page 47 ; et dans les *Mélanges*, année 1768, le chapitre XIII des *Singularités de la nature*. B.

[2] Warburton, évêque de Glocester, auteur d'un livre intitulé *la Légation de Moïse*; il en est beaucoup question dans plusieurs ouvrages de M. de Voltaire, contre qui Warburton a écrit avec ce ton de supériorité que les érudits, qui ne savent que ce qu'ont pensé les autres, ne manquent jamais de prendre avec les hommes de génie. K.

étions en parlement. Le beau Jenni, qui jusque-là paraissait très doux et très poli, s'était battu avec lui, et lui avait donné pour tout paiement un bon coup d'épée. On craignait que le blessé n'en mourût : Jenni allait être mis en prison et risquait d'être pendu, malgré la protection de milord Peterborough.

CHAPITRE V.

On veut marier Jenni.

Il vous souvient, mon cher ami, de la douleur et de l'indignation qu'avait ressenties le vénérable Freind, quand il apprit que son cher Jenni était à Barcelone dans les prisons du saint-office; croyez qu'il fut saisi d'un plus violent transport en apprenant les déportements de ce malheureux enfant, ses débauches, ses dissipations, sa manière de payer ses créanciers, et son danger d'être pendu. Mais Freind se contint. C'est une chose étonnante que l'empire de cet excellent homme sur lui-même. Sa raison commande à son cœur, comme un bon maître à un bon domestique. Il fait tout à propos, et agit prudemment avec autant de célérité que les imprudents se déterminent. Il n'est pas temps, dit-il, de prêcher Jenni, il faut le tirer du précipice.

Vous saurez que notre ami avait touché la veille une très grosse somme de la succession de Georges Hubert son oncle. Il va chercher lui-même notre grand chirurgien Cheselden[1]. Nous le trouvons heureusement, nous

---

[1] Voyez ce que Voltaire dit de Cheselden, tomes XXVIII, page 429; XXXII, page 347; et dans le tome XX, le chapitre XXXIII du *Siècle de Louis XIV*. B.

allons ensemble chez le créancier blessé. M. Freind fait visiter sa plaie, elle n'était pas mortelle. Il donne au patient les cent guinées pour premier appareil, et cinquante autres en forme de réparation; il lui demande pardon pour son fils; il lui exprime sa douleur avec tant de tendresse, avec tant de vérité, que ce pauvre homme, qui était dans son lit, l'embrasse en versant des larmes, et veut lui rendre son argent. Ce spectacle étonnait et attendrissait le jeune M. Cheselden, qui commence à se faire une grande réputation, et dont le cœur est aussi bon que son coup d'œil et sa main sont habiles. J'étais ému, j'étais hors de moi; je n'avais jamais tant révéré, tant aimé notre ami.

Je lui demandai, en retournant à sa maison, s'il ne ferait pas venir son fils chez lui, s'il ne lui représenterait pas ses fautes. Non, dit-il; je veux qu'il les sente avant que je lui en parle. Soupons ce soir tous deux; nous verrons ensemble ce que l'honnêteté m'oblige de faire. Les exemples corrigent bien mieux que les réprimandes.

J'allai, en attendant le souper, chez Jenni; je le trouvai, comme je pense que tout homme est après son premier crime, pâle, l'œil égaré, la voix rauque et entrecoupée, l'esprit agité, répondant de travers à tout ce qu'on lui disait. Enfin je lui appris ce que son père venait de faire. Il resta immobile, me regarda fixement, puis se détourna un moment pour verser quelques larmes. J'en augurai bien; je conçus une grande espérance que Jenni pourrait être un jour très honnête homme. J'allais me jeter à son cou, lorsque madame Clive-Hart entra avec un jeune étourdi de ses amis, nommé Birton.

Eh bien! dit la dame en riant, est-il vrai que tu as tué un homme aujourd'hui? C'était apparemment quelque ennuyeux; il est bon de délivrer le monde de ces gens-là. Quand il te prendra envie d'en tuer quelque autre, je te prie de donner la préférence à mon mari; car il m'ennuie furieusement.

Je regardais cette femme des pieds jusqu'à la tête. Elle était belle; mais elle me parut avoir quelque chose de sinistre dans la physionomie. Jenni n'osait répondre, et baissait les yeux, parceque j'étais là. Qu'as-tu donc, mon ami? lui dit Birton; il semble que tu aies fait quelque mal; je viens te remettre ton péché. Tiens, voici un petit livre que je viens d'acheter chez Lintot; il prouve, comme deux et deux font quatre, qu'il n'y a ni Dieu, ni vice, ni vertu: cela est consolant. Buvons ensemble.

A cet étrange discours je me retirai au plus vite. Je fis sentir discrètement à M. Freind combien son fils avait besoin de sa présence et de ses conseils. Je le conçois comme vous, dit ce bon père; mais commençons par payer ses dettes. Toutes furent acquittées dès le lendemain matin. Jenni vint se jeter à ses pieds. Croiriez-vous bien que le père ne lui fit aucun reproche? Il l'abandonna à sa conscience, et lui dit seulement: Mon fils, souvenez-vous qu'il n'y a point de bonheur sans la vertu.

Ensuite il maria Boca Vermeja avec le bachelier de Catalogne, pour qui elle avait un penchant secret, malgré les larmes qu'elle avait répandues pour Jenni ; car tout cela s'accorde merveilleusement chez les femmes. On dit que c'est dans leurs cœurs que toutes les contradictions se rassemblent. C'est, sans doute, parcequ'elles ont été pétries originairement d'une de nos côtes.

Le généreux Freind paya la dot des deux mariés ; il plaça bien tous ses nouveaux convertis, par la protection de milord Peterborough ; car ce n'est pas assez d'assurer le salut des gens, il faut les faire vivre.

Ayant dépêché toutes ces bonnes actions avec ce sang froid actif qui m'étonnait toujours, il conclut qu'il n'y avait d'autre parti à prendre pour remettre son fils dans le chemin des honnêtes gens que de le marier avec une personne bien née qui eût de la beauté, des mœurs, de l'esprit, et même un peu de richesse ; que c'était le seul moyen de détacher Jenni de cette détestable Clive-Hart, et des gens perdus qu'il fréquentait.

J'avais entendu parler de mademoiselle Primerose, jeune héritière, élevée par mylady Hervey, sa parente. Milord Peterborough m'introduisit chez mylady Hervey. Je vis miss Primerose, et je jugeai qu'elle était bien capable de remplir toutes les vues de mon ami Freind. Jenni, dans sa vie débordée, avait un profond respect pour son père, et même de la tendresse. Il était touché principalement de ce que son père ne lui fesait aucun reproche de sa conduite passée. Ses dettes payées sans l'en avertir, des conseils sages donnés à propos et sans réprimandes, des marques d'amitié échappées de temps en temps sans aucune familiarité qui eût pu les avilir; tout cela pénétrait Jenni, né sensible et avec beaucoup d'esprit. J'avais toutes les raisons de croire que la fureur de ses désordres céderait aux charmes de Primerose et aux étonnantes vertus de mon ami.

Milord Peterborough lui-même présenta d'abord le père, et ensuite Jenni chez mylady Hervey. Je remarquai que l'extrême beauté de Jenni fit d'abord une impression profonde sur le cœur de Primerose; car je la vis baisser les yeux, les relever, et rougir. Jenni ne parut que poli, et Primerose avoua à mylady Hervey qu'elle eût bien souhaité que cette politesse fût de l'amour.

Peu-à-peu notre beau jeune homme démêla tout le mérite de cette incomparable fille, quoiqu'il fût subjugué par l'infame Clive-Hart. Il était comme cet Indien invité par un ange à cueillir un fruit céleste, et retenu par les griffes d'un dragon. Ici le souvenir de ce que j'ai vu me suffoque. Mes pleurs mouillent mon papier. Quand j'aurai repris mes sens, je reprendrai le fil de mon histoire.

CHAPITRE VI.

Aventure épouvantable.

L'on était prêt à conclure le mariage de la belle Primerose avec le beau Jenni. Notre ami Freind n'avait jamais goûté une joie plus pure; je la partageais. Voici comment elle fut changée en un désastre que je puis à peine comprendre.

La Clive-Hart aimait Jenni en lui fesant continuellement des infidélités. C'est le sort, dit-on, de toutes les femmes qui, en méprisant trop la pudeur, ont renoncé à la probité. Elle trahissait surtout son cher Jenni pour son cher Birton et pour un autre débauché de la même trempe. Ils vivaient ensemble dans la crapule; et, ce qui ne se voit peut-être que dans notre nation, c'est qu'ils avaient tous de l'esprit et de la valeur. Malheureusement ils n'avaient jamais plus d'esprit que contre Dieu. La maison de madame Clive-Hart était le rendez-vous des athées. Encore s'ils avaient été des athées gens de bien, comme Épicure et Leontium, comme Lucrèce et Memmius, comme Spinosa, qu'on dit avoir été un des plus honnêtes hommes de la Hollande; comme Hobbes, si fidèle à son infortuné monarque Charles Ier.... Mais !......

Quoi qu'il en soit, Clive-Hart, jalouse avec fureur de la tendre et innocente Primerose, sans être fidèle à Jenni, ne put souffrir cet heureux mariage. Elle médite une vengeance dont je ne crois pas qu'il y ait d'exemple dans notre ville de Londres, où nos pères cependant ont vu tant de crimes de tant d'espèces.

Elle sut que Primerose devait passer devant sa porte en revenant de la cité, où cette jeune personne était allée faire des emplettes avec sa femme de chambre. Elle prend ce temps pour faire travailler à un petit canal souterrain qui conduisait l'eau dans ses offices.

Le carrosse de Primerose fut obligé, en revenant, de s'arrêter vis-à-vis cet embarras. La Clive-Hart se présente à elle, la prie de descendre, de se reposer, d'accepter quelques rafraîchissements, en attendant que le chemin soit libre. La belle Primerose tremblait à cette proposition; mais Jenni était dans le vestibule. Un mouvement involontaire, plus fort que la réflexion, la fit descendre. Jenni courait au-devant d'elle, et lui donnait déjà la main. Elle entre; le mari de la Clive-Hart était un ivrogne imbécile, odieux à sa femme autant que soumis, à charge même par ses complaisances. Il présente d'abord, en balbutiant, des rafraîchissements à la demoiselle qui honore sa maison, il en boit après elle. La dame Clive-Hart les emporte sur-le-champ, et en fait présenter d'autres. Pendant ce temps la rue est débarrassée. Primerose remonte en carrosse et rentre chez sa mère.

Au bout d'un quart d'heure elle se plaint d'un mal de cœur et d'un étourdissement. On croit que ce petit dérangement n'est que l'effet du mouvement du carrosse: mais le mal augmente de moment en moment; et le lendemain elle était à la mort. Nous courûmes chez elle, M. Freind et moi. Nous trouvâmes cette charmante créature pâle, livide, agitée de convulsions, les lèvres retirées, les yeux tantôt éteints, tantôt étincelants, et toujours fixes. Des taches noires défiguraient sa belle gorge et son beau visage. Sa mère était évanouie à côté de son lit. Le secourable Cheselden prodiguait en vain toutes les ressources de son art. Je ne vous peindrai point le désespoir de Freind, il était inexprimable. Je vole au logis de la Clive-Hart. J'apprends que son mari vient de mourir, et que la femme a déserté la maison. Je cherche Jenni, on ne le trouve pas. Une servante me dit que sa maîtresse s'est jetée aux pieds de Jenni, et l'a conjuré de ne la pas abandonner dans son malheur; qu'elle est partie avec Jenni et Birton, et qu'on ne sait où elle est allée.

Écrasé de tant de coups si rapides et si multipliés, l'esprit bouleversé par des soupçons horribles que je chassais et qui revenaient, je me traîne dans la maison de la mourante. Cependant, me disais-je à moi-même, si cette abominable femme s'est jetée aux genoux de Jenni, si elle l'a prié d'avoir pitié d'elle, il n'est donc point complice. Jenni est incapable d'un crime si lâche, si affreux, qu'il n'a eu nul intérêt, nul motif de commettre, qui le priverait d'une femme adorable et de sa fortune, qui le rendrait exécrable au genre humain : faible, il se sera laissé subjuguer par une malheureuse dont il n'aura pas connu les noirceurs. Il n'a point vu comme moi Primerose expirante; il n'aurait pas quitté le chevet de son lit pour suivre l'empoisonneuse de sa femme. Dévoré de ces pensées, j'entre en frissonnant chez celle que je craignais de ne plus trouver en vie : elle respirait; le vieux Clive-Hart avait succombé en un moment, parceque son corps était usé par les débauches; mais la jeune Primerose était soutenue par un tempérament aussi robuste que son ame était pure. Elle m'aperçut, et d'une voix tendre elle me demanda où était Jenni. A ce mot, j'avoue qu'un torrent de larmes coula de mes yeux. Je ne pus lui répondre. Je ne pus parler au père. Il fallut la laisser enfin entre les mains fidèles qui la servaient.

Nous allâmes instruire milord de ce désastre. Vous connaissez son cœur: il est aussi tendre pour ses amis que terrible pour ses ennemis. Jamais homme ne fut plus compatissant avec une physionomie plus dure. Il se donna autant de peine pour secourir la mourante, pour découvrir l'asile de Jenni et de sa scélérate, qu'il en avait pris pour donner l'Espagne à l'archiduc. Toutes nos recherches furent inutiles. Je crus que Freind en mourrait. Nous volions tantôt chez Primerose, dont l'agonie était longue, tantôt à Rochester, à Douvres, à Portsmouth : on envoyait des courriers partout, on était partout, on errait à l'aventure, comme des chiens de chasse qui ont perdu la voie; et cependant la mère infortunée de l'infortunée Primerose voyait d'heure en heure mourir sa fille.

Enfin nous apprenons qu'une femme assez jeune et assez belle, accompagnée de trois jeunes gens et de quelques valets, s'est embarquée à Newport dans le comté de Pembroke, sur un petit vaisseau qui était à la rade, plein de contrebandiers, et que ce bâtiment est parti pour l'Amérique septentrionale.

Freind, à cette nouvelle, poussa un profond soupir; puis tout-à-coup se recueillant et me serrant la main : Il faut, dit-il, que j'aille en Amérique. Je lui répondis en l'admirant et en pleurant : Je ne vous quitterai pas; mais que pourrez-vous faire? Ramener mon fils unique, dit-il, à sa patrie et à la vertu, ou m'ensevelir auprès de lui. Nous ne pouvions douter en effet, aux indices qu'on nous donna, que ce ne fût Jenni qui s'était embarqué avec cette horrible femme et Birton, et les garnements de son cortége.

Le bon père, ayant pris son parti, dit adieu à milord Peterborough, qui retourna bientôt en Catalogne; et nous allâmes fréter à Bristol un vaisseau pour la ri-

CHAPITRE VI.

vière de Delaware et pour la baie de Maryland. Freind concluait que ces parages étant au milieu des possessions anglaises, il fallait y diriger sa navigation, soit que son fils fût vers le sud, soit qu'il eût marché vers le septentrion. Il se munit d'argent, de lettres-de-change, et de vivres, laissant à Londres un domestique affidé, chargé de lui donner des nouvelles par les vaisseaux qui allaient toutes les semaines dans le Maryland, ou dans la Pensylvanie.

Nous partîmes; les gens de l'équipage, en voyant la sérénité sur le visage de Freind, croyaient que nous fesions un voyage de plaisir; mais, quand il n'avait que moi pour témoin, ses soupirs m'expliquaient assez sa douleur profonde. Je m'applaudissais quelquefois en secret de l'honneur de consoler une si belle ame. Un vent d'ouest nous retint long-temps à la hauteur des Sorlingues. Nous fûmes obligés de diriger notre route vers la Nouvelle-Angleterre. Que d'informations nous fîmes sur toute la côte! que de temps et de soins perdus! Enfin, un vent de nord-est s'étant levé, nous tournâmes vers Maryland. C'est là qu'on nous dépeignit Jenni, la Clive-Hart, et leurs compagnons.

Ils avaient séjourné sur la côte pendant plus d'un mois, et avaient étonné toute la colonie par des débauches et des magnificences inconnues jusqu'alors dans cette partie du globe; après quoi ils étaient disparus, et personne ne savait de leurs nouvelles.

Nous avançâmes dans la baie avec le dessein d'aller jusqu'à Baltimore prendre de nouvelles informations.

CHAPITRE VII.

Ce qui arriva en Amérique.

Nous trouvâmes dans la route, sur la droite, une habitation très bien entendue. C'était une maison basse, commode, et propre, entre une grange spacieuse et une vaste étable, le tout entouré d'un jardin où croissaient tous les fruits du pays. Cet enclos appartenait à un vieillard qui nous invita à descendre dans sa retraite. Il n'avait pas l'air d'un Anglais, et nous jugeâmes bientôt à son accent qu'il était étranger. Nous ancrâmes; nous descendîmes; ce bonhomme nous reçut avec cordialité, et nous donna le meilleur repas qu'on puisse faire dans le Nouveau-Monde.

Nous lui insinuâmes discrètement notre desir de savoir à qui nous avions l'obligation d'être si bien reçus. Je suis, dit-il, un de ceux que vous appelez sauvages : je naquis sur une des montagnes bleues qui bordent cette contrée, et que vous voyez à l'occident. Un gros vilain serpent à sonnette m'avait mordu dans mon enfance sur une de ces montagnes; j'étais abandonné; j'allais mourir. Le père de milord Baltimore d'aujourd'hui me rencontra, me mit entre les mains de son médecin, et je lui dus la vie. Je lui rendis bientôt ce que je lui devais; car je lui sauvai la sienne dans un combat contre une horde voisine. Il me donna pour récompense cette habitation, où je vis heureux.

M. Freind lui demanda s'il était de la religion du lord Baltimore. Moi! dit-il, je suis de la mienne : pourquoi voudriez-vous que je fusse de la religion d'un autre homme? Cette réponse courte et énergique nous fit rentrer un peu en nous-mêmes. Vous avez donc, lui dis-je, votre dieu et votre loi? Oui, nous répondit-il avec une assurance qui n'avait rien de la fierté; mon dieu est là, et il montra le ciel; ma loi est là-dedans, et il mit la main sur son cœur.

M. Freind fut saisi d'admiration, et, me serrant la main : Cette pure nature, me dit-il, en sait plus que tous les bacheliers qui ont raisonné avec nous dans Barcelone.

Il était pressé d'apprendre, s'il se pouvait, quelque nouvelle certaine de son fils Jenni. C'était un poids qui l'oppressait. Il demanda si on n'avait pas entendu parler de cette bande de jeunes gens qui avaient fait tant de fracas dans les environs. Comment! dit le vieillard, si on m'en a parlé! je les ai vus, je les ai reçus chez moi, et ils ont été si contents de ma réception, qu'ils sont partis avec une de mes filles.

Jugez quel fut le frémissement et l'effroi de mon ami à ce discours. Il ne put s'empêcher de s'écrier dans son premier mouvement : Quoi! votre fille a été enlevée par mon fils! Bon Anglais, lui repartit le vieillard, ne te fâche point; je suis très aise que celui qui est parti de chez moi avec ma fille soit ton fils; car il est beau, bien fait, et paraît courageux. Il ne m'a point enlevé ma chère Parouba; car il faut que tu saches que Parouba est son nom, parceque Parouba est le mien. S'il m'avait pris ma Parouba, ce serait un vol; et mes cinq enfants mâles, qui sont à présent à la chasse dans le voisinage, à quarante ou cinquante milles d'ici, n'auraient pas souffert cet affront. C'est un grand péché de voler le bien d'autrui. Ma fille s'en est allée de son plein gré avec ces jeunes gens; elle a voulu voir le pays; c'est une petite satisfaction qu'on ne doit pas refuser à une personne de son âge. Ces voyageurs me la rendront avant qu'il soit un mois, j'en suis sûr; car ils me l'ont promis. Ces paroles m'auraient fait rire, si la douleur où je voyais mon ami plongé n'avait pas pénétré mon ame, qui en était tout occupée.

Le soir, tandis que nous étions prêts à partir et à profiter du vent, arrive un des fils de Parouba tout essoufflé, la pâleur, l'horreur, et le désespoir sur le visage. Qu'as-tu donc, mon fils? d'où viens-tu? je te croyais à la chasse; que t'est-il arrivé? es-tu blessé par quelque bête sauvage? — Non, mon père, je ne suis point blessé, mais je me meurs. — Mais d'où viens-tu, encore une fois, mon cher fils? — De quarante milles d'ici sans m'arrêter; mais je suis mort.

Le père, tout tremblant, le fait reposer. On lui donne des restaurants; nous nous empressons autour de lui, ses petits frères, ses petites sœurs, M. Freind, et moi, et nos domestiques. Quand il eut repris ses sens, il se jeta au cou du bon vieillard Parouba. Ah! dit-il en sanglotant, ma sœur Parouba est prisonnière de guerre, et probablement va être mangée.

Le bon-homme Parouba tomba par terre à ces paroles. M. Freind, qui était père aussi, sentit ses entrailles s'émouvoir. Enfin Parouba le fils nous apprit qu'une troupe de jeunes Anglais fort étourdis avaient attaqué par passe-temps des gens de la montagne bleue. Ils avaient, dit-il, avec eux une très belle femme et sa suivante; et je ne sais comment ma sœur se trouvait dans cette compagnie. La belle Anglaise a été tuée et mangée; ma sœur a été prise, et sera mangée tout de même. Je viens ici chercher du secours contre les gens de la montagne bleue; je veux les tuer, les manger à mon tour, reprendre ma chère sœur, ou mourir.

Ce fut alors à M. Freind de s'évanouir; mais l'habitude de se commander à lui-même le soutint. Dieu m'a donné un fils, me dit-il; il reprendra le fils et le père quand le moment d'exécuter ses décrets éternels sera venu. Mon ami, je serais tenté de croire que Dieu agit quelquefois par une providence particulière, soumise à ses lois générales, puisqu'il punit en Amérique des crimes commis en Europe, et que la scélérate Clive-Hart est morte comme elle devait mourir. Peut-être le souverain fabricateur de tant de mondes aura-t-il arrangé les choses de façon que les grands forfaits commis dans un globe sont expiés quelquefois dans ce globe même. Je n'ose le croire, mais je le souhaite; et je le croirais si cette idée n'était pas contre toutes les règles de la bonne métaphysique.

Après des réflexions si tristes sur de si fatales aventures, fort ordinaires en Amérique, Freind prit son parti incontinent selon sa coutume. J'ai un bon vaisseau, dit-il à son hôte, il est bien approvisionné; remontons le golfe avec la marée le plus près que nous pourrons des montagnes bleues. Mon affaire la plus pressée est à présent de sauver votre fille. Allons vers vos anciens compatriotes; vous leur direz que je viens leur apporter le calumet de la paix, et que je suis le petit-fils de Penn : ce nom seul suffira.

A ce nom de Penn, si révéré dans toute l'Amérique boréale, le bon Parouba, et son fils, sentirent les mouvements du plus profond respect et de la plus chère espérance. Nous nous embarquons, nous mettons à la voile, nous abordons en trente-six heures auprès de Baltimore.

A peine étions-nous à la vue de cette petite place, alors presque déserte, que nous découvrîmes de loin une troupe nombreuse d'habitants des montagnes bleues qui descendaient dans la plaine, armés de casse-têtes, de haches, et de ces mousquets que les Européans leur ont si sottement vendus pour avoir des pelleteries. On entendait déjà leurs hurlements effroyables. D'un autre côté s'avançaient quatre cavaliers suivis de quelques hommes de pied. Cette petite troupe nous prit pour des gens de Baltimore qui venaient les combattre. Les cavaliers courent sur nous à bride abattue, le sabre à la main. Nos compagnons se préparaient à les recevoir. M. Freind, ayant regardé fixement les cavaliers, frissonna un moment; mais, reprenant tout-à-coup son sang froid ordinaire : Ne bougez, mes amis, nous dit-il d'une voix attendrie; laissez-moi agir seul. Il s'avance en effet seul, sans armes, à pas lents, vers la troupe. Nous voyons en un moment le chef abandonner la bride de son cheval, se jeter à terre, et tomber prosterné. Nous poussons un cri d'étonnement; nous approchons; c'était Jenni

CHAPITRE VII.

lui-même qui baignait de larmes les pieds de son père, qu'il embrassait de ses mains tremblantes. Ni l'un ni l'autre ne pouvait parler. Birton et les deux jeunes cavaliers qui l'accompagnaient descendirent de cheval. Mais Birton, conservant son caractère, lui dit : Pardieu! notre cher Freind, je ne t'attendais pas ici. Toi et moi nous sommes faits pour les aventures; pardieu! je suis bien aise de te voir.

Freind, sans daigner lui répondre, se tourna vers l'armée des montagnes bleues qui s'avançait. Il marche à elle avec le seul Parouba, qui lui servait d'interprète. Compatriotes, leur dit Parouba, voici le descendant de Penn qui vous apporte le calumet de la paix.

A ces mots, le plus ancien du peuple répondit, en élevant les mains et les yeux au ciel : Un fils de Penn! que je baise ses pieds et ses mains, et ses parties sacrées de la génération [1]! Qu'il puisse faire une longue race de Penn! que les Penn vivent à jamais! le grand Penn est notre Manitou, notre dieu. Ce fut presque le seul des gens d'Europe qui ne nous trompa point, qui ne s'empara point de nos terres par la force. Il acheta le pays que nous lui cédâmes; il le paya libéralement; il entretint chez nous la concorde; il apporta des remèdes pour le peu de maladies que notre commerce avec les gens d'Europe nous communiquait; il nous enseigna des arts que nous ignorions. Jamais nous ne fumâmes contre lui ni contre ses enfants le calumet de la guerre; nous n'avons avec les Penn que le calumet de l'adoration.

[1] Voyez tome XXVI, page 68. B.

Ayant parlé ainsi au nom de son peuple, il courut en effet baiser les pieds et les mains de M. Freind; mais il s'abstint de parvenir aux parties sacrées, dès qu'on lui dit que ce n'était pas l'usage en Angleterre, et que chaque pays a ses cérémonies.

Freind fit apporter sur-le-champ une trentaine de jambons, autant de grands pâtés et de poulardes à la daube, deux cents gros flacons de vin de Pontac qu'on tira du vaisseau; il plaça à côté de lui le commandant des montagnes bleues. Jenni et ses compagnons furent du festin; mais Jenni aurait voulu être cent pieds sous terre. Son père ne lui disait mot; et ce silence augmentait encore sa honte.

Birton, à qui tout était égal, montrait une gaîté évaporée. Freind, avant qu'on se mît à manger, dit au bon Parouba : Il nous manque ici une personne bien chère, c'est votre fille. Le commandant des montagnes bleues la fit venir sur-le-champ; on ne lui avait fait aucun outrage; elle embrassa son père et son frère, comme si elle fût revenue de la promenade.

Je profitai de la liberté du repas pour demander par quelle raison les guerriers des montagnes bleues avaient tué et mangé madame Clive-Hart, et n'avaient rien fait à la fille de Parouba. C'est parceque nous sommes justes, répondit le commandant. Cette fière Anglaise était de la troupe qui nous attaqua; elle tua un des nôtres d'un coup de pistolet par derrière. Nous n'avons rien fait à la Parouba, dès que nous avons su qu'elle était la fille d'un de nos anciens camarades, et qu'elle n'était venue ici que pour s'amuser; il faut rendre à chacun selon ses œuvres.

Freind fut touché de cette maxime, mais il représenta que la coutume de manger des femmes était indigne de si braves gens, et qu'avec tant de vertu on ne devait pas être anthropophage.

Le chef des montagnes nous demanda alors ce que nous fesions de nos ennemis lorsque nous les avions tués. Nous les enterrons, lui répondis-je. J'entends, dit-il, vous les faites manger par les vers. Nous voulons avoir la préférence; nos estomacs sont une sépulture plus honorable.

Birton prit plaisir à soutenir l'opinion des montagnes bleues. Il dit que la coutume de mettre son prochain au pot ou à la broche était la plus ancienne et la plus naturelle, puisqu'on l'avait trouvée établie dans les deux hémisphères; qu'il était par conséquent démontré que c'était là une idée innée; qu'on avait été à la chasse aux hommes avant d'aller à la chasse aux bêtes, par la raison qu'il était bien plus aisé de tuer un homme que de tuer un loup; que si les Juifs, dans leurs livres si long-temps ignorés, ont imaginé qu'un nommé Caïn tua un nommé Abel, ce ne put être que pour le manger; que ces Juifs eux-mêmes avouent nettement s'être nourris plusieurs fois de chair humaine [1]; que, selon les meilleurs historiens, les Juifs dévorèrent les chairs sanglantes des Romains assassinés par eux en Égypte, en Chypre, en Asie, dans leurs révoltes contre les empereurs Trajan et Adrien.

Nous lui laissâmes débiter ces dures plaisanteries,

---

[1] Voyez dans les *Mélanges*, année 1761, la *Lettre* de M. Clocpitre à M. Eratou. B.

dont le fond pouvait malheureusement être vrai, mais qui n'avaient rien de l'atticisme grec et de l'urbanité romaine.

Le bon Freind, sans lui répondre, adressa la parole aux gens du pays. Parouba l'interprétait phrase à phrase. Jamais le grave Tillotson ne parla avec tant d'énergie; jamais l'insinuant Smaldrige[1] n'eut des graces si touchantes. Le grand secret est de démontrer avec éloquence. Il leur démontra donc que ces festins où l'on se nourrit de la chair de ses semblables sont des repas de vautours, et non pas d'hommes; que cette exécrable coutume inspire une férocité destructive du genre humain; que c'était la raison pour laquelle ils ne connaissaient ni les consolations de la société, ni la culture de la terre; enfin ils jurèrent par leur grand Manitou qu'ils ne mangeraient plus ni hommes ni femmes.

Freind, dans une seule conversation, fut leur législateur; c'était Orphée qui apprivoisait les tigres. Les jésuites ont beau s'attribuer des miracles dans leurs Lettres curieuses et édifiantes, qui sont rarement l'un et l'autre, ils n'égaleront jamais notre ami Freind.

Après avoir comblé de présents les seigneurs des montagnes bleues, il ramena dans son vaisseau le bon-homme Parouba vers sa demeure. Le jeune Parouba fut du voyage avec sa sœur; les autres frères avaient poursuivi leur chasse du côté de la Caroline. Jenni, Birton, et leurs camarades, s'embarquèrent

---

[1] Tillotson et Smaldrige sont deux prédicateurs anglais: Voltaire en a déjà parlé; voyez tome XXIX, page 264. B.

dans le vaisseau; le sage Freind persistait toujours dans sa méthode de ne faire aucun reproche à son fils, quand ce garnement avait fait quelque mauvaise action; il le laissait s'examiner lui-même et dévorer son cœur, comme dit Pythagore. Cependant il reprit trois fois la lettre qu'on lui avait apportée d'Angleterre; et, en la relisant, il regardait son fils, qui baissait toujours les yeux; et on lisait sur le visage de ce jeune homme le respect et le repentir.

Pour Birton, il était aussi gai et aussi désinvolte[1] que s'il était revenu de la comédie; c'était un caractère à peu près dans le goût du feu comte de Rochester, extrême dans la débauche, dans la bravoure, dans ses idées, dans ses expressions, dans sa philosophie épicurienne, n'étant attaché à rien, sinon aux choses extraordinaires dont il se dégoûtait bien vite; ayant cette sorte d'esprit qui tient les vraisemblances pour des démonstrations; plus savant, plus éloquent qu'aucun jeune homme de son âge, mais ne s'étant jamais donné la peine de rien approfondir.

Il échappa à M. Freind, en dînant avec nous dans le vaisseau, de me dire: En vérité, mon ami, j'espère que Dieu inspirera des mœurs plus honnêtes à ces jeunes gens, et que l'exemple terrible de la Clive-Hart les corrigera.

Birton, ayant entendu ces paroles, lui dit d'un ton un peu dédaigneux: J'étais depuis long-temps très mécontent de cette méchante Clive-Hart, je ne me soucie pas plus d'elle que d'une poularde grasse qu'on aurait mise à la broche: mais, en bonne foi,

---

[1] De l'italien *disinvolto*, dégagé; *disinvoltura*, bonne grace. B.

pensez-vous qu'il existe, je ne sais où, un être continuellement occupé à faire punir toutes les méchantes femmes, et tous les hommes pervers qui peuplent et dépeuplent les quatre parties de notre petit monde? Oubliez-vous que notre détestable Marie, fille de Henri VIII, fut heureuse jusqu'à sa mort? et cependant elle avait fait périr dans les flammes plus de huit cents citoyens et citoyennes, sur le seul prétexte qu'ils ne croyaient ni à la transsubstantiation ni au pape. Son père, presque aussi barbare qu'elle, et son mari, plus profondément méchant, vécurent dans les plaisirs. Le pape Alexandre VI, plus criminel qu'eux tous, fut aussi le plus fortuné; tous ses crimes lui réussirent, et il mourut à soixante et douze ans, puissant, riche, courtisé de tous les rois. Où est donc le dieu juste et vengeur? non, pardieu! il n'y a point de dieu.

M. Freind, d'un air austère, mais tranquille, lui dit : Monsieur, vous ne devriez pas, ce me semble, jurer par Dieu même que ce Dieu n'existe pas. Songez que Newton et Locke n'ont prononcé jamais ce nom sacré sans un air de recueillement et d'adoration secrète qui a été remarqué de tout le monde.

Pox [1]! repartit Birton; je me soucie bien de la mine que deux hommes ont faite. Quelle mine avait donc Newton quand il commentait l'apocalypse? et quelle grimace fesait Locke lorsqu'il racontait la longue conversation d'un perroquet avec le prince Maurice? Alors Freind prononça ces belles paroles d'or qui se gravèrent dans mon cœur : « Oublions les rêves des

---

[1] Espèce d'exclamation, sale et grossière, des libertins. (Note de M. Decroix.) — Voyez page 399. B.

« grands hommes, et souvenons-nous des vérités
« qu'ils nous ont enseignées. » Cette réponse engagea
une dispute réglée, plus intéressante que la conversation avec le bachelier de Salamanque; je me mis
dans un coin, j'écrivis en notes tout ce qui fut dit:
on se rangea autour des deux combattants; le bonhomme Parouba, son fils, et surtout sa fille, les compagnons des débauches de Jenni, écoutaient, le cou
tendu, les yeux fixés; et Jenni, la tête baissée, les
deux coudes sur ses genoux, les mains sur ses yeux,
semblait plongé dans la plus profonde méditation.

Voici mot à mot la dispute.

CHAPITRE VIII.

Dialogue de Freind et de Birton sur l'athéisme.

FREIND.

Je ne vous répéterai pas, monsieur, les arguments
métaphysiques de notre célèbre Clarke. Je vous exhorte seulement à les relire; ils sont plus faits pour
vous éclairer que pour vous toucher : je ne veux vous
apporter que des raisons qui peut-être parleront plus
à votre cœur.

BIRTON.

Vous me ferez plaisir; je veux qu'on m'amuse et
qu'on m'intéresse; je hais les sophismes : les disputes
métaphysiques ressemblent à des ballons remplis de

vent que les combattants se renvoient. Les vessies crèvent, l'air en sort, il ne reste rien.

FREIND.

Peut-être, dans les profondeurs du respectable arien Clarke, y a-t-il quelques obscurités, quelques vessies; peut-être s'est-il trompé sur la réalité de l'infini actuel et de l'espace, etc.; peut-être, en se fesant commentateur de Dieu, a-t-il imité quelquefois les commentateurs d'Homère, qui lui supposent des idées auxquelles Homère ne pensa jamais.

(A ces mots d'infini, d'espace, d'Homère, de commentateurs, le bon-homme Parouba et sa fille, et quelques Anglais même, voulurent aller prendre l'air sur le tillac; mais Freind ayant promis d'être intelligible, ils demeurèrent; et moi j'expliquais tout bas à Parouba quelques mots un peu scientifiques que des gens nés sur les montagnes bleues ne pouvaient entendre aussi commodément que des docteurs d'Oxford et de Cambridge.)

L'ami Freind continua donc ainsi : Il serait triste que, pour être sûr de l'existence de Dieu, il fût nécessaire d'être un profond métaphysicien : il n'y aurait tout au plus en Angleterre qu'une centaine d'esprits bien versés ou renversés dans cette science ardue du pour et du contre qui fussent capables de sonder cet abîme; et le reste de la terre entière croupirait dans une ignorance invincible, abandonné en proie à ses passions brutales, gouverné par le seul instinct, et ne raisonnant passablement que sur les grossières notions de ses intérêts charnels. Pour savoir s'il est un dieu, je ne vous demande qu'une chose, c'est d'ouvrir les yeux.

BIRTON.

Ah! je vous vois venir; vous recourez à ce vieil argument tant rebattu que le soleil tourne sur son axe en vingt-cinq jours et demi, en dépit de l'absurde inquisition de Rome; que la lumière nous arrive réfléchie de Saturne en quatorze minutes, malgré les suppositions absurdes de Descartes; que chaque étoile fixe est un soleil comme le nôtre, environné de planètes; que tous ces astres innombrables, placés dans les profondeurs de l'espace, obéissent aux lois mathématiques découvertes et démontrées par le grand Newton; qu'un catéchiste annonce Dieu aux enfants, et que Newton le prouve aux sages, comme le dit un philosophe *frenchman*, persécuté dans son drôle de pays pour l'avoir dit[1].

Ne vous tourmentez pas à m'étaler cet ordre constant qui règne dans toutes les parties de l'univers; il faut bien que tout ce qui existe soit dans un ordre quelconque; il faut bien que la matière plus rare s'élève sur la plus massive, que le plus fort en tout sens presse le plus faible, que ce qui est poussé avec plus de mouvement coure plus vite; tout s'arrange ainsi de soi-même. Vous auriez beau, après avoir bu une pinte de vin comme Esdras, me parler comme lui

[1] M. de Voltaire. C'est un anachronisme. K.—Les événements se passent au commencement du dix-huitième siècle, et c'est plus tard que Voltaire a dit ce qu'il rapporte ici: voyez tome XXVII, pages 161 et 189; tome XXXII, page 349; et dans les *Mélanges*, année 1767, la dixième des *Lettres à son altesse le prince de****; année 1768, le paragraphe v des *Remontrances à A.-J. Ruslan*. B.

neuf cent soixante heures de suite sans fermer la bouche, je ne vous en croirais pas davantage. Voudriez-vous que j'adoptasse un Être éternel, infini, et immuable, qui s'est plu, dans je ne sais quel temps, à créer de rien des choses qui changent à tout moment, et à faire des araignées pour éventrer des mouches? voudriez-vous que je disse, avec ce bavard impertinent de Nieuwentyt, que « Dieu nous a donné « des oreilles pour avoir la foi, parceque la foi vient « par ouï-dire? » Non, non, je ne croirai point à des charlatans qui ont vendu cher leurs drogues à des imbéciles; je m'en tiens au petit livre d'un *frenchman*, qui dit que rien n'existe et ne peut exister, sinon la nature; que la nature fait tout, que la nature est tout, qu'il est impossible et contradictoire qu'il existe quelque chose au-delà du tout; en un mot, je ne crois qu'à la nature [1].

FREIND.

Et si je vous disais qu'il n'y a point de nature, et que dans nous, autour de nous, et à cent mille millions de lieues, tout est art sans aucune exception.

BIRTON.

Comment! tout est art! en voici bien d'une autre!

FREIND.

Presque personne n'y prend garde; cependant rien n'est plus vrai. Je vous dirai toujours : Servez-vous de vos yeux, et vous reconnaîtrez, vous adorerez un dieu. Songez comment ces globes immenses, que vous voyez rouler dans leur immense carrière, observent

---

[1] Il s'agit du *Système de la nature*, fort postérieur au siége de Barcelone et aux aventures de Jenni. K.—Voyez la note, page 408. B.

CHAPITRE VIII.   389

les lois d'une profonde mathématique ; il y a donc un grand Mathématicien que Platon appelait l'éternel Géomètre. Vous admirez ces machines d'une nouvelle invention, qu'on appelle *oreri*, parceque milord Orery les a mises à la mode en protégeant l'ouvrier par ses libéralités ; c'est une très faible copie de notre monde planétaire et de ses révolutions. La période même du changement des solstices et des équinoxes, qui nous amène de jour en jour une nouvelle étoile polaire, cette période, cette course si lente d'environ vingt-six mille ans, n'a pu être exécutée par des mains humaines dans nos oreri. Cette machine est très imparfaite ; il faut la faire tourner avec une manivelle ; cependant c'est un chef-d'œuvre de l'habileté de nos artisans. Jugez donc quelle est la puissance, quel est le génie de l'éternel Architecte, si l'on peut se servir de ces termes impropres si mal assortis à l'Être suprême.

(Je donnai une légère idée d'un oreri à Parouba. Il dit : S'il y a du génie dans cette copie, il faut bien qu'il y en ait dans l'original : je voudrais voir un oreri ; mais le ciel est plus beau. Tous les assistants, anglais et américains, entendant ces mots, furent également frappés de la vérité, et levèrent les mains au ciel. Birton demeura tout pensif, puis il s'écria : Quoi ! tout serait art, et la nature ne serait que l'ouvrage d'un suprême Artisan ! serait-il possible ? Le sage Freind continua ainsi :)

Portez à présent vos yeux sur vous-même ; examinez avec quel art étonnant, et jamais assez connu, tout y est construit en-dedans et en-dehors pour tous vos usages et pour tous vos desirs ; je ne prétends pas faire ici une leçon d'anatomie ; vous savez assez qu'il n'y a pas un viscère qui ne soit nécessaire, et qui ne soit secouru dans ses dangers par le jeu continuel des viscères voisins. Les secours dans le corps sont si artificieusement préparés de tous côtés, qu'il n'y a pas une seule veine qui n'ait ses valvules, ses écluses, pour ouvrir au sang des passages. Depuis la racine des cheveux jusqu'aux orteils des pieds, tout est art, tout est préparation, moyen, et fin. Et, en vérité, on ne peut que se sentir de l'indignation contre ceux qui osent nier les véritables causes finales, et qui ont assez de mauvaise foi ou de fureur pour dire que la bouche n'est pas faite pour parler et pour manger ; que ni les yeux ne sont merveilleusement disposés pour voir, ni les oreilles pour entendre, ni les parties de la génération pour engendrer [1] : cette audace est si folle, que j'ai peine à la comprendre.

Avouons que chaque animal rend témoignage au suprême Fabricateur.

La plus petite herbe suffit pour confondre l'intelligence humaine, et cela est si vrai, qu'il est impossible aux efforts de tous les hommes réunis de produire un brin de paille, si le germe n'est pas dans la terre ; et il ne faut pas dire que les germes pourrissent pour produire [2] ; car ces bêtises ne se disent plus.

(L'assemblée sentit la vérité de ces preuves plus vivement que tout le reste, parcequ'elles étaient plus

---

[1] Voyez tome XXVII, pages 527-29. B.

[2] C'est ce que disent, saint Paul dans son *Épître aux Corinthiens*, xv, 36, et saint Jean, xii, 24. B.

CHAPITRE VIII.

palpables. Birton disait entre ses dents : Faudra-t-il se soumettre à reconnaître un dieu? Nous verrons cela, pardieu! c'est une affaire à examiner. Jenni rêvait toujours profondément, et était touché, et notre Freind acheva sa phrase :)

Non, mes amis, nous ne faisons rien; nous ne pouvons rien faire : il nous est donné d'arranger, d'unir, de désunir, de nombrer, de peser, de mesurer; mais faire! quel mot! il n'y a que l'Être nécessaire, l'Être existant éternellement par lui-même, qui fasse; voilà pourquoi les charlatans qui travaillent à la pierre philosophale sont de si grands imbéciles, ou de si grands fripons. Ils se vantent de créer de l'or, et ils ne pourraient pas créer de la crotte.

Avouons donc, mes amis, qu'il est un Être suprême, nécessaire, incompréhensible, qui nous a faits.

BIRTON.

Et où est-il cet Être? s'il y en a un, pourquoi se cache-t-il? Quelqu'un l'a-t-il jamais vu? doit-on se cacher quand on a fait du bien?

FREIND.

Avez-vous jamais vu Christophe Wren, qui a bâti Saint-Paul de Londres? Cependant il est démontré que cet édifice est l'ouvrage d'un architecte très habile.

BIRTON.

Tout le monde conçoit aisément que Wren a bâti avec beaucoup d'argent ce vaste édifice, où Burgess nous endort quand il prêche. Nous savons bien pourquoi et comment nos pères ont élevé ce bâtiment; mais pourquoi et comment un dieu aurait-il créé de rien cet univers? Vous savez l'ancienne maxime de toute l'antiquité : *Rien ne peut rien créer, rien ne retourne à rien*[1]. C'est une vérité dont personne n'a jamais douté. Votre *Bible* même dit expressément que votre dieu fit le ciel et la terre[2], quoique le ciel, c'est-à-dire l'assemblage de tous les astres, soit beaucoup plus supérieur à la terre que cette terre ne l'est au plus petit des grains de sable; mais votre *Bible* n'a jamais dit que Dieu fit le ciel et la terre avec rien du tout : elle ne prétend point que le Seigneur ait fait la femme de rien. Il la pétrit fort singulièrement d'une côte qu'il arracha à son mari. Le chaos existait, selon la *Bible* même, avant la terre : donc la matière était aussi éternelle que votre dieu.

(Il s'éleva alors un petit murmure dans l'assemblée; on disait : Birton pourrait bien avoir raison; mais Freind répondit :)

Je vous ai, je pense, prouvé qu'il existe une intelligence suprême, une puissance éternelle à qui nous devons une vie passagère : je ne vous ai point promis de vous expliquer le pourquoi et le comment. Dieu m'a donné assez de raison pour comprendre qu'il existe; mais non assez pour savoir au juste si la matière lui a été éternellement soumise, ou s'il l'a fait naître dans le temps. Que vous importe l'éternité ou la création de la matière, pourvu que vous reconnaissiez un dieu, un maître de la matière et de vous? Vous me demandez où Dieu est; je n'en sais rien; et je ne le

---

[1] C'est le vers de Perse, III, 84,

    Ex nihilo nihil, in nihilum nil posse reverti;

qui est le résumé de la doctrine de Lucrèce. B.

[2] *Genèse*, I, 1. B.

dois pas savoir. Je sais qu'il est; je sais qu'il est notre maître, qu'il fait tout, que nous devons tout attendre de sa bonté.

BIRTON.

De sa bonté! vous vous moquez de moi. Vous m'avez dit: Servez-vous de vos yeux; et moi je vous dis: Servez-vous des vôtres. Jetez seulement un coup d'œil sur la terre entière, et jugez si votre dieu serait bon.

(M. Freind sentit bien que c'était là le fort de la dispute, et que Birton lui préparait un rude assaut; il s'aperçut que les auditeurs, et surtout les Américains, avaient besoin de prendre haleine pour écouter, et lui pour parler. Il se recommanda à Dieu : on alla se promener sur le tillac : on prit ensuite du thé dans le yacht, et la dispute réglée recommença.)

CHAPITRE IX.

Sur l'athéisme.

BIRTON.

Pardieu! monsieur, vous n'aurez pas si beau jeu sur l'article de la bonté que vous l'avez eu sur la puissance et sur l'industrie; je vous parlerai d'abord des énormes défauts de ce globe, qui sont précisément l'opposé de cette industrie tant vantée; ensuite je mettrai sous vos yeux les crimes et les malheurs perpétuels des habitants, et vous jugerez de l'affection paternelle que, selon vous, le maître a pour eux.

Je commence par vous dire que les gens de Glocestershire, mon pays, quand ils ont fait naître des chevaux dans leurs haras, les élèvent dans de beaux pâturages, leur donnent ensuite une bonne écurie, et de l'avoine et de la paille à foison; mais, s'il vous plaît, quelle nourriture et quel abri avaient tous ces pauvres Américains du Nord quand nous les avons découverts après tant de siècles? Il fallait qu'ils courussent trente et quarante milles pour avoir de quoi manger. Toute la côte boréale de notre ancien monde languit à peu près sous la même nécessité; et depuis la Laponie suédoise jusqu'aux mers septentrionales du Japon, cent peuples traînent leur vie, aussi courte qu'insupportable, dans une disette affreuse, au milieu de leurs neiges éternelles.

Les plus beaux climats sont exposés sans cesse à des fléaux destructeurs. Nous y marchons sur des précipices enflammés, recouverts de terrains fertiles qui sont des piéges de mort. Il n'y a point d'autres enfers, sans doute, et ces enfers se sont ouverts mille fois sous nos pas.

On nous parle d'un déluge universel, physiquement impossible, et dont tous les gens sensés rient; mais du moins on nous console en nous disant qu'il n'a duré que dix mois : il devait éteindre ces feux qui depuis ont détruit tant de villes florissantes. Votre saint Augustin nous apprend qu'il y eut cent villes entières d'embrasées et d'abîmées en Libye par un seul tremblement de terre; ces volcans ont bouleversé toute la belle Italie. Pour comble de maux, les tristes habitants de la zone glaciale ne sont pas exempts de ces gouffres souterrains; les Islandais, toujours me-

CHAPITRE IX. 395

nacés, voient la faim devant eux, cent pieds de glace, et cent pieds de flamme à droite et à gauche sur leur mont Hécla; car tous les grands volcans sont placés sur ces montagnes hideuses.

On a beau nous dire que ces montagnes de deux mille toises de hauteur ne sont rien par rapport à la terre, qui a trois mille lieues de diamètre; que c'est un grain de la peau d'une orange sur la rondeur de ce fruit, que ce n'est pas un pied sur trois mille. Hélas! qui sommes-nous donc, si les hautes montagnes ne font sur la terre que la figure d'un pied sur trois mille pieds, et de quatre pouces sur mille pieds? Nous sommes donc des animaux absolument imperceptibles; et cependant nous sommes écrasés par tout ce qui nous environne, quoique notre infinie petitesse, si voisine du néant, semblât devoir nous mettre à l'abri de tous les accidents. Après cette innombrable quantité de villes détruites, rebâties, et détruites encore comme des fourmilières, que dirons-nous de ces mers de sable qui traversent le milieu de l'Afrique, et dont les vagues brûlantes, amoncelées par les vents, ont englouti des armées entières? A quoi servent ces vastes déserts à côté de la belle Syrie? déserts si affreux, si inhabitables, que ces animaux féroces appelés *Juifs* se crurent dans le paradis terrestre, quand ils passèrent de ces lieux d'horreur dans un coin de terre dont on pouvait cultiver quelques arpents.

Ce n'est pas encore assez que l'homme, cette noble créature, ait été si mal logé, si mal vêtu, si mal nourri pendant tant de siècles, il naît entre de l'urine et de la matière fécale pour respirer deux jours; et pendant ces deux jours, composés d'espérances trompeuses et de chagrins réels, son corps, formé avec un art inutile, est en proie à tous les maux qui résultent de cet art même; il vit entre la peste et la vérole; la source de son être est empoisonnée; il n'y a personne qui puisse mettre dans sa mémoire la liste de toutes les maladies qui nous poursuivent; et le médecin des urines en Suisse prétend les guérir toutes!

(Pendant que Birton parlait ainsi, la compagnie était tout attentive et tout émue; le bon-homme Parouba disait : Voyons comme notre docteur se tirera de là; Jenni même laissa échapper ces paroles à voix basse : Ma foi, il a raison; j'étais bien sot de m'être laissé toucher des discours de mon père. M. Freind laissa passer cette première bordée, qui frappait toutes les imaginations, puis il dit :)

Un jeune théologien répondrait par des sophismes à ce torrent de tristes vérités, et vous citerait saint Basile et saint Cyrille, qui n'ont que faire ici; pour moi, messieurs, je vous avouerai sans détour qu'il y a beaucoup de mal physique sur la terre; je n'en diminue pas l'existence; mais M. Birton l'a trop exagérée. Je m'en rapporte à vous, mon cher Parouba; votre climat est fait pour vous, et il n'est pas si mauvais, puisque ni vous ni vos compatriotes n'avez jamais voulu le quitter. Les Esquimaux, les Islandais, les Lapons, les Ostiaks, les Samoïèdes, n'ont jamais voulu sortir du leur. Les rangifères, ou rennes, que Dieu leur a donnés pour les nourrir, les vêtir, et les traîner, meurent quand on les transporte dans une autre zone. Les Lapons mêmes aussi meurent dans les climats un peu méridionaux ; le climat de la Sibérie est trop chaud pour eux ; ils se trouveraient brûlés dans le parage où nous sommes.

Il est clair que Dieu a fait chaque espèce d'animaux et de végétaux pour la place dans laquelle ils se perpétuent. Les nègres, cette espèce d'hommes si différente de la nôtre, sont tellement nés pour leur patrie, que des milliers de ces animaux noirs se sont donné la mort, quand notre barbare avarice les a transportés ailleurs. Le chameau et l'autruche vivent commodément dans les sables de l'Afrique ; le taureau et ses compagnes bondissent dans les pays gras où l'herbe se renouvelle continuellement pour leur nourriture ; la cannelle, et le girofle ne croissent qu'aux Indes ; le froment n'est bon que dans le peu de pays où Dieu le fait croître. On a d'autres nourritures dans toute votre Amérique, depuis la Californie jusqu'au détroit de Lemaire : nous ne pouvons cultiver la vigne dans notre fertile Angleterre, non plus qu'en Suède et en Canada. Voilà pourquoi ceux qui fondent dans quelques pays l'essence de leurs rites religieux sur du pain et du vin n'ont consulté que leur climat ; ils font très bien eux de remercier Dieu de l'aliment et de la boisson qu'ils tiennent de sa bonté ; et vous ferez très bien, vous Américains, de lui rendre grace de votre maïs, de votre manioc et de votre cassave. Dieu, dans toute la terre, a proportionné les organes et les facultés des animaux, depuis l'homme jusqu'au limaçon, au lieu où il leur a donné la vie : n'accusons donc pas toujours la Providence, quand nous lui devons souvent des actions de graces.

Venons aux fléaux, aux inondations, aux volcans, aux tremblements de terre. Si vous ne considérez que ces calamités, si vous ne ramassez qu'un assemblage affreux de tous les accidents qui ont attaqué quelques roues de la machine de cet univers, Dieu est un tyran à vos yeux; si vous faites attention à ses innombrables bienfaits, Dieu est un père. Vous me citez saint Augustin le rhéteur, qui, dans son livre des miracles, parle de cent villes englouties à-la-fois en Libye; mais songez que cet Africain, qui passa sa vie à se contredire, prodiguait dans ses écrits la figure de l'exagération: il traitait les tremblements de terre comme la grace efficace, et la damnation éternelle de tous les petits enfants morts sans baptême. N'a-t-il pas dit, dans son trente-septième sermon, avoir vu en Éthiopie des races d'hommes pourvues d'un grand œil au milieu du front, comme les cyclopes, et des peuples entiers sans tête?

Nous, qui ne sommes pas Pères de l'Église, nous ne devons aller ni au-delà ni en-deçà de la vérité: cette vérité est que, sur cent mille habitations, on en peut compter tout au plus une détruite chaque siècle par les feux nécessaires à la formation de ce globe.

Le feu est tellement nécessaire à l'univers entier, que sans lui il n'y aurait sur la terre ni animaux, ni végétaux, ni minéraux : il n'y aurait ni soleil ni étoiles dans l'espace. Ce feu, répandu sous la première écorce de la terre, obéit aux lois générales établies par Dieu même : il est impossible qu'il n'en résulte quelques désastres particuliers : or on ne peut

CHAPITRE IX.

pas dire qu'un artisan soit un mauvais ouvrier, quand une machine immense, formée par lui seul, subsiste depuis tant de siècles sans se déranger. Si un homme avait inventé une machine hydraulique qui arrosât toute une province et la rendît fertile, lui reprocheriez-vous que l'eau qu'il vous donnerait noyât quelques insectes?

Je vous ai prouvé que la machine du monde est l'ouvrage d'un être souverainement intelligent et puissant : vous, qui êtes intelligents, vous devez l'admirer; vous, qui êtes comblés de ses bienfaits, vous devez l'aimer.

Mais les malheureux, dites-vous, condamnés à souffrir toute leur vie, accablés de maladies incurables, peuvent-ils l'admirer et l'aimer? Je vous dirai, mes amis, que ces maladies si cruelles viennent presque toutes de notre faute, ou de celle de nos pères, qui ont abusé de leurs corps; et non de la faute du grand Fabricateur. On ne connaissait guère de maladie que celle de la décrépitude dans toute l'Amérique septentrionale, avant que nous vous y eussions apporté cette eau de mort que nous appelons *eau-de-vie*, et qui donne mille maux divers à quiconque en a trop bu. La contagion secrète des Caraïbes, que vous autres jeunes gens appelez *pox*, n'était qu'une indisposition légère dont nous ignorons la source, et qu'on guérissait en deux jours, soit avec du gaïac, soit avec du bouillon de tortue; l'incontinence des Européans transplanta dans le reste du monde cette incommodité, qui prit parmi nous un caractère si funeste, et qui est devenue un fléau si abominable. Nous lisons que le pape Léon X, un archevêque de Mayence, nommé Henneberg, le roi de France François Ier, en moururent.

La petite-vérole, née dans l'Arabie-Heureuse, n'était qu'une faible éruption, une ébullition passagère sans danger, une simple dépuration du sang : elle est devenue mortelle en Angleterre, comme dans tant d'autres climats; notre avarice l'a portée dans ce Nouveau-Monde; elle l'a dépeuplé.

Souvenons-nous que, dans le poëme de Milton, ce benêt d'Adam demande à l'ange Gabriel s'il vivra long-temps. Oui, lui répond l'ange, si tu observes la grande règle *Rien de trop.* Observez tous cette règle, mes amis; oseriez-vous exiger que Dieu vous fît vivre sans douleur des siècles entiers pour prix de votre gourmandise, de votre ivrognerie, de votre incontinence, de votre abandonnement à d'infames passions qui corrompent le sang, et qui abrégent nécessairement la vie?

(J'approuvai cette réponse; Parouba en fut assez content; mais Birton ne fut pas ébranlé; et je remarquai dans les yeux de Jenni qu'il était encore très indécis. Birton répliqua en ces termes :)

Puisque vous vous êtes servi de lieux communs mêlés avec quelques réflexions nouvelles, j'emploierai aussi un lieu commun auquel on n'a jamais pu répondre que par des fables et du verbiage. S'il existait un dieu si puissant, si bon, il n'aurait pas mis le mal sur la terre; il n'aurait pas dévoué ses créatures à la douleur et au crime. S'il n'a pu empêcher le mal, il est impuissant; s'il l'a pu et ne l'a pas voulu, il est barbare [1].

Nous n'avons des annales que d'environ huit mille années, conservées chez les brachmanes; nous n'en avons que d'environ cinq mille ans chez les Chinois; nous ne connaissons rien que d'hier; mais dans cet hier tout est horreur. On s'est égorgé d'un bout de la terre à l'autre, et on a été assez imbécile pour donner le nom de grands hommes, de héros, de demi-dieux, de dieux même, à ceux qui ont fait assassiner le plus grand nombre des hommes leurs semblables.

Il restait dans l'Amérique deux grandes nations civilisées [2] qui commençaient à jouir des douceurs de la paix : les Espagnols arrivent, et en massacrent douze millions; ils vont à la chasse aux hommes avec des chiens [3]; et Ferdinand, roi de Castille, assigne une pension à ces chiens, pour l'avoir si bien servi. Les héros vainqueurs du Nouveau-Monde, qui massacrent tant d'innocents désarmés et nus, font servir sur leur table des gigots d'hommes et de femmes, des fesses, des avant-bras, des mollets en ragoût; ils font rôtir sur des brasiers le roi Gatimozin au Mexique [4]; ils courent au Pérou convertir le roi Atabalipa [5]. Un nommé Almagro, prêtre, fils de prêtre, condamné à être pendu en Espagne pour avoir

[1] Ce dilemme est d'Épicure : voyez dans les *Mélanges,* année 1772, le paragraphe XVIII de : *Il faut prendre un parti;* Voltaire a souvent cité ce dilemme: voyez tome XV, page 147; tome XXXII, pages 26-27; et dans les *Mélanges,* année 1777, le second des *Dialogues d'Evhémère.* B.

[2] Les Péruviens et les Mexicains. B.—[3] Voyez tome XVII, page 399. B. — [4] Ibidem, pages 416-418. B. — [5] Ibidem, pages 421-24. B.

été voleur de grand chemin, vient, avec un nommé Pizarro, signifier au roi, par la voix d'un autre prêtre, qu'un troisième prêtre, nommé Alexandre VI, souillé d'incestes, d'assassinats, et d'homicides, a donné, de son plein gré, *proprio motu*, et de sa pleine puissance, non seulement le Pérou, mais la moitié du Nouveau-Monde, au roi d'Espagne; qu'Atabalipa doit sur-le-champ se soumettre, sous peine d'encourir l'indignation des apôtres saint Pierre et saint Paul. Et, comme ce roi n'entendait pas la langue latine plus que le prêtre qui lisait la bulle, il fut déclaré sur-le-champ incrédule et hérétique : on fit pendre Atabalipa, comme on avait brûlé Gatimozin : on massacra sa nation, et tout cela pour ravir de la boue jaune endurcie, qui n'a servi qu'à dépeupler l'Espagne et à l'appauvrir; car elle lui a fait négliger la véritable boue, qui nourrit les hommes quand elle est cultivée.

Çà, mon cher monsieur Freind, si l'être fantastique et ridicule qu'on appelle le diable avait voulu faire des hommes à son image, les aurait-il formés autrement? Cessez donc d'attribuer à un dieu un ouvrage si abominable.

(Cette tirade fit revenir toute l'assemblée au sentiment de Birton. Je voyais Jenni en triompher en secret; il n'y eut pas jusqu'à la jeune Parouba qui ne fût saisie d'horreur contre le prêtre Almagro, contre le prêtre qui avait lu la bulle en latin, contre le prêtre Alexandre VI, contre tous les chrétiens qui avaient commis tant de crimes inconcevables par dévotion, et pour voler de l'or. J'avoue que je tremblai pour l'ami Freind; je désespérais de sa cause : voici pourtant comme il répondit sans s'étonner :)

Mes amis, souvenez-vous toujours qu'il existe un Être suprême; je vous l'ai prouvé, vous en êtes convenus; et, après avoir été forcés d'avouer qu'il est, vous vous efforcez de lui trouver des imperfections, des vices, des méchancetés.

Je suis bien loin de vous dire, comme certains raisonneurs, que les maux particuliers forment le bien général. Cette extravagance est trop ridicule. Je conviens avec douleur qu'il y a beaucoup de mal moral et de mal physique; mais, puisque l'existence de Dieu est certaine, il est aussi très certain que tous ces maux ne peuvent empêcher que Dieu existe. Il ne peut être méchant, car quel intérêt aurait-il à l'être? Il y a des maux horribles, mes amis; eh bien! n'en augmentons pas le nombre. Il est impossible qu'un Dieu ne soit pas bon; mais les hommes sont pervers : ils font un détestable usage de la liberté que ce grand Être leur a donnée et dû leur donner, c'est-à-dire de la puissance d'exécuter leurs volontés, sans quoi ils ne seraient que de pures machines formées par un être méchant pour être brisées par lui.

Tous les Espagnols éclairés conviennent qu'un petit nombre de leurs ancêtres abusa de cette liberté jusqu'à commettre des crimes qui font frémir la nature. Don Carlos, second du nom (de qui M. l'archiduc puisse être le successeur!), a réparé autant qu'il a pu les atrocités auxquelles les Espagnols s'abandonnèrent sous Ferdinand et sous Charles-Quint.

Mes amis, si le crime est sur la terre, la vertu y est aussi.

BIRTON.

Ha! ha! ha! la vertu! voilà une plaisante idée; pardieu! je voudrais bien savoir comment la vertu est faite, et où l'on peut la trouver.

(A ces paroles je ne me contins pas; j'interrompis Birton à mon tour. Vous la trouverez chez M. Freind, lui dis-je, chez le bon Parouba, chez vous-même, quand vous aurez nettoyé votre cœur des vices qui le couvrent. Il rougit, Jenni aussi : puis Jenni baissa les yeux, et parut sentir des remords. Son père le regarda avec quelque compassion, et poursuivit ainsi son discours :)

FREIND.

Oui, mes chers amis, il y eut toujours des vertus, s'il y eut des crimes. Athènes vit des Socrate, si elle vit des Anitus; Rome eut des Caton, si elle eut des Sylla; Caligula, Néron, effrayèrent la terre par leurs atrocités; mais Titus, Trajan, Antonin-le-Pieux, Marc-Aurèle, la consolèrent par leur bienfesance : mon ami Sherloc dira en peu de mots au bon Parouba ce qu'étaient les gens dont je parle. J'ai heureusement mon Épictète dans ma poche : cet Épictète n'était qu'un esclave, mais égal à Marc-Aurèle par ses sentiments. Écoutez, et puissent tous ceux qui se mêlent d'enseigner les hommes écouter ce qu'Épictète se dit à lui-même! « C'est Dieu qui m'a créé, je le
« porte dans moi; oserais-je le déshonorer par des
« pensées infames, par des actions criminelles, par

CHAPITRE IX. 405

« d'indignes desirs? » Sa vie fut conforme à ses discours. Marc-Aurèle, sur le trône de l'Europe et de deux autres parties de notre hémisphère, ne pensa pas autrement que l'esclave Épictète; l'un ne fut jamais humilié de sa bassesse; l'autre ne fut jamais ébloui de sa grandeur : et, quand ils écrivirent leurs pensées, ce fut pour eux-mêmes et pour leurs disciples, et non pour être loués dans des journaux. Et, à votre avis, Locke, Newton, Tillotson, Penn, Clarke, le bon-homme qu'on appelle *the man of Ross*[1], tant d'autres dans notre île et hors de notre île, que je pourrais vous citer, n'ont-ils pas été des modèles de vertu?

Vous m'avez parlé, monsieur Birton, des guerres aussi cruelles qu'injustes dont tant de nations se sont rendues coupables; vous avez peint les abominations des chrétiens au Mexique et au Pérou, vous pouvez y ajouter la Saint-Barthélemi de France, et les massacres d'Irlande; mais n'est-il pas des peuples entiers qui ont toujours eu l'effusion du sang en horreur? les brachmanes n'ont-ils pas donné de tout temps cet exemple au monde? et, sans sortir du pays où nous sommes, n'avons-nous pas auprès de nous la Pensylvanie, où nos primitifs, qu'on défigure en vain par le nom de quakers, ont toujours détesté la guerre? n'avons-nous pas la Caroline, où le grand Locke a dicté ses lois? Dans ces deux patries de la vertu, tous les citoyens sont égaux, toutes les consciences sont libres, toutes les religions sont bonnes, pourvu qu'on

---

[1] Jean Kyrl, né en 1634, mort en 1724, que Pope (troisième épître) appelle l'*Homme de Ross*. B.

adore un dieu; tous les hommes y sont frères. Vous avez vu, monsieur Birton, comme au seul nom d'un descendant de Penn les habitants des montagnes bleues, qui pouvaient vous exterminer, ont mis bas les armes. Ils ont senti ce que c'est que la vertu, et vous vous obstinez à l'ignorer! Si la terre produit des poisons comme des aliments salutaires, voudrez-vous ne vous nourrir que de poisons?

BIRTON.

Ah! monsieur, pourquoi tant de poisons? Si Dieu a tout fait, ils sont son ouvrage; il est le maître de tout; il fait tout, il dirige la main de Cromwell qui signe la mort de Charles Ier; il conduit le bras du bourreau qui lui tranche la tête : non, je ne puis admettre un dieu homicide.

FREIND.

Ni moi non plus. Écoutez, je vous prie; vous conviendrez avec moi que Dieu gouverne le monde par des lois générales. Selon ces lois, Cromwell, monstre de fanatisme et d'hypocrisie, résolut la mort de Charles Ier pour son intérêt, que tous les hommes aiment nécessairement, et qu'ils n'entendent pas tous également. Selon les lois du mouvement établies par Dieu même, le bourreau coupa la tête de ce roi; mais certainement Dieu n'assassina pas Charles Ier par un acte particulier de sa volonté. Dieu ne fut ni Cromwell, ni Jeffreys, ni Ravaillac, ni Balthazar Gérard, ni le frère prêcheur Jacques Clément. Dieu ne commet, ni n'ordonne, ni ne permet le crime; mais il a fait l'homme, et il a fait les lois du mouvement; ces lois éternelles du mouvement sont également exécutées par la main de l'homme charitable, qui secourt le pauvre, et par la main du scélérat, qui égorge son frère. De même que Dieu n'éteignit point son soleil et n'engloutit point l'Espagne sous la mer pour punir Cortez, Almagro, et Pizarro, qui avaient inondé de sang humain la moitié d'un hémisphère; de même aussi il n'envoie point une troupe d'anges à Londres, et ne fait point descendre du ciel cent mille tonneaux de vin de Bourgogne, pour faire plaisir à ses chers Anglais, quand ils ont fait une bonne action. Sa providence générale serait ridicule, si elle descendait dans chaque moment à chaque individu; et cette vérité est si palpable, que jamais Dieu ne punit sur-le-champ un criminel par un coup éclatant de sa toute-puissance : il laisse luire son soleil sur les bons et sur les méchants. Si quelques scélérats sont morts immédiatement après leurs crimes, ils sont morts par les lois générales qui président au monde. J'ai lu dans le gros livre d'un *frenchman*, nommé Mézeray, que Dieu avait fait mourir notre grand Henri V de la fistule à l'anus, parcequ'il avait osé s'asseoir sur le trône du roi très chrétien; non, il mourut parceque les lois générales émanées de la toute-puissance avaient tellement arrangé la matière, que la fistule à l'anus devait terminer la vie de ce héros. Tout le physique d'une mauvaise action est l'effet des lois générales imprimées par la main de Dieu à la matière : tout le mal moral de l'action criminelle est l'effet de la liberté dont l'homme abuse.

Enfin, sans nous plonger dans les brouillards de la métaphysique, souvenons-nous que l'existence de

Dieu est démontrée; il n'y a plus à disputer sur son existence. Otez Dieu au monde, l'assassinat de Charles Ier en devient-il plus légitime? son bourreau vous en sera-t-il plus cher? Dieu existe, il suffit: s'il existe, il est juste: soyez donc justes.

BIRTON.

Votre petit argument sur le concours de Dieu a de la finesse et de la force, quoiqu'il ne disculpe pas Dieu entièrement d'être l'auteur du mal physique et du mal moral. Je vois que la manière dont vous excusez Dieu fait quelque impression sur l'assemblée; mais ne pouvait-il pas faire en sorte que ses lois générales n'entraînassent pas tant de malheurs particuliers? Vous m'avez prouvé un Être éternel et puissant; et, Dieu me pardonne! j'ai craint un moment que vous ne me fissiez croire en Dieu; mais j'ai de terribles objections à vous faire: allons, Jenni, prenons courage; ne nous laissons point abattre [1].

Et vous, monsieur Freind, qui parlez si bien, avez-vous lu le livre intitulé *le Bon Sens* [2]?

FREIND.

Oui, je l'ai lu, et je ne suis point de ceux qui condamnent tout dans leurs adversaires. Il y a dans ce livre des vérités bien exposées; mais elles sont gâtées

---

[1] C'est ici que finit ce chapitre dans les éditions de 1775 et 1776. B.

[2] Ouvrage qui parut en même temps que le *Système de la nature*. M. de Voltaire a grande raison. L'auteur de cet ouvrage prouve très bien que la plupart des philosophes, en voulant pénétrer la nature de Dieu, en ont donné des idées absurdes; mais cela ne détruit point les preuves de son existence, qui peuvent être tirées de l'ordre de l'univers. K. — Le *Système de la nature* est de 1770; voyez tome XXVII, page 527; tome XXVIII, pages 376-77. Le *Bon sens, ou idées naturelles opposées aux idées surnaturelles*, 1772, in-12, est aussi attribué au baron d'Holbach. B.

par un grand défaut. L'auteur veut continuellement détruire le dieu de Scot, d'Albert, de Bonaventure, le dieu des ridicules scolastiques et des moines. Remarquez qu'il n'ose pas dire un mot contre le dieu de Socrate, de Platon, d'Épictète, de Marc-Aurèle; contre le dieu de Newton et de Locke, j'ose dire contre le mien. Il perd son temps à déclamer contre des superstitions absurdes et abominables dont tous les honnêtes gens sentent aujourd'hui le ridicule et l'horreur. C'est comme si on écrivait contre la nature, parceque les tourbillons de Descartes l'ont défigurée; c'est comme si on disait que le bon goût n'existe pas, parceque la plupart des auteurs n'ont point de goût. Celui qui a fait le livre du *Bon Sens* croit avoir attaqué Dieu; et, en cela, il manque tout-à-fait de bon sens; il n'a écrit que contre certains prêtres anciens et modernes. Croit-il avoir anéanti le maître pour avoir redit qu'il a été souvent servi par des fripons?

BIRTON.

Écoutez, nous pourrions nous rapprocher. Je pourrais respecter le maître, si vous m'abandonniez les valets. J'aime la vérité; faites-la-moi voir, et je l'embrasse.

CHAPITRE X.

Sur l'athéisme.

La nuit était venue, elle était belle, l'atmosphère était une voûte d'azur transparent, semée d'étoiles d'or; ce spectacle touche toujours les hommes, et leur inspire une douce rêverie : le bon Parouba admirait le ciel, comme un Allemand admire Saint-Pierre de Rome, ou l'opéra de Naples, quand il le voit pour la première fois. Cette voûte est bien hardie, disait Parouba à Freind ; et Freind lui disait : Mon cher Parouba, il n'y a point de voûte ; ce cintre bleu n'est autre chose qu'une étendue de vapeurs, de nuages légers que Dieu a tellement disposés et combinés avec la mécanique de vos yeux, qu'en quelque endroit que vous soyez, vous êtes toujours au centre de votre promenade, et vous voyez ce qu'on nomme le ciel, et qui n'est point le ciel, arrondi sur votre tête. Et ces étoiles, monsieur Freind ? Ce sont, comme je vous l'ai déjà dit [1], autant de soleils autour desquels tournent d'autres mondes ; loin d'être attachées à cette voûte bleue, souvenez-vous qu'elles en sont à des distances différentes et prodigieuses : cette étoile, que vous voyez, est à douze cents millions de mille pas de notre soleil. Alors il lui montra le télescope qu'il avait apporté : il lui fit voir nos planètes, Jupiter avec ses quatre lunes, Saturne avec ses cinq lunes [2] et son inconcevable anneau lumineux ; c'est la même lumière, lui disait-il, qui part de tous ces globes, et qui arrive à nos yeux ; de cette planète-ci en un quart d'heure, de cette étoile-ci en six mois. Parouba se mit à genoux et dit : Les cieux annoncent Dieu. Tout l'équipage était autour du vénérable Freind, regardait, et admirait. Le coriace Birton avança sans rien regarder, et parla ainsi :

---

[1] Voyez page 387. B. — [2] Depuis l'époque où écrivait M. de Voltaire, Herschel, en 1789, a découvert deux nouveaux satellites ou lunes à Saturne. K.

BIRTON.

Eh bien soit! il y a un Dieu, je vous l'accorde; mais qu'importe à vous et à moi? qu'y a-t-il entre l'Être infini et nous autres vers de terre? quel rapport peut-il exister de son essence à la nôtre? Épicure, en admettant des dieux dans les planètes, avait bien raison d'enseigner qu'ils ne se mêlaient nullement de nos sottises et de nos horreurs; que nous ne pouvions ni les offenser ni leur plaire; qu'ils n'avaient nul besoin de nous, ni nous d'eux : vous admettez un dieu plus digne de l'esprit humain que les dieux d'Épicure, et que tous ceux des Orientaux et des Occidentaux. Mais si vous disiez, comme tant d'autres, que ce dieu a formé le monde et nous pour sa gloire; qu'il exigea autrefois des sacrifices de bœufs pour sa gloire; qu'il apparut, pour sa gloire, sous notre forme de bipèdes, etc.; vous diriez, ce me semble, une chose absurde, qui ferait rire tous les gens qui pensent. L'amour de la gloire n'est autre chose que de l'orgueil, et l'orgueil n'est que de la vanité : un orgueilleux est un fat que Shakespeare jouait sur son théâtre : cette épithète ne peut pas plus convenir à Dieu que celle d'injuste, de cruel, d'inconstant. Si Dieu a daigné faire, ou plutôt arranger l'univers, ce ne doit être que dans la vue d'y faire des heureux. Je vous laisse à penser s'il est venu à bout de ce dessein, le seul pourtant qui pût convenir à la nature divine.

FREIND.

Oui, sans doute, il y a réussi avec toutes les ames honnêtes; elles seront heureuses un jour, si elles ne le sont pas aujourd'hui.

BIRTON.

Heureuses! quel rêve! quel conte de Peau d'âne! où? quand? comment? qui vous l'a dit?

FREIND.

Sa justice.

BIRTON.

N'allez-vous pas me dire, après tant de déclamateurs, que nous vivrons éternellement quand nous ne serons plus; que nous possédons une ame immortelle, ou plutôt qu'elle nous possède, après nous avoir avoué que les Juifs eux-mêmes, les Juifs, auxquels vous vous vantez d'avoir été subrogés, n'ont jamais soupçonné seulement cette immortalité de l'ame jusqu'au temps d'Hérode? Cette idée d'une ame immortelle avait été inventée par les brachmanes, adoptée par les Perses, les Chaldéens, les Grecs, ignorée très long-temps de la malheureuse petite horde judaïque, mère des plus infames superstitions. Hélas! monsieur, savons-nous seulement si nous avons une ame? savons-nous si les animaux, dont le sang fait la vie, comme il fait la nôtre, qui ont comme nous des volontés, des appétits, des passions, des idées, de la mémoire, de l'industrie; savez-vous, dis-je, si ces êtres, aussi incompréhensibles que nous, ont une ame, comme on prétend que nous en avons une?

J'avais cru jusqu'à présent qu'il est dans la nature une force active dont nous tenons le don de vivre dans tout notre corps, de marcher par nos pieds, de prendre par nos mains, de voir par nos yeux, d'entendre par nos oreilles, de sentir par nos nerfs, de penser par notre tête, et que tout cela était ce que nous appelons l'ame ; mot vague qui ne signifie au fond que le principe inconnu de nos facultés. J'appellerai Dieu, avec vous, ce principe intelligent et puissant qui anime la nature entière ; mais a-t-il daigné se faire connaître à nous ?

FREIND.

Oui, par ses œuvres.

BIRTON.

Nous a-t-il dicté ses lois? nous a-t-il parlé?

FREIND.

Oui, par la voix de votre conscience. N'est-il pas vrai que si vous aviez tué votre père et votre mère, cette conscience vous déchirerait par des remords aussi affreux qu'involontaires? Cette vérité n'est-elle pas sentie et avouée par l'univers entier? Descendons maintenant à de moindres crimes. Y en a-t-il un seul qui ne vous effraie au premier coup d'œil, qui ne vous fasse pâlir la première fois que vous le commettez, et qui ne laisse dans votre cœur l'aiguillon du repentir?

BIRTON.

Il faut que je l'avoue.

FREIND.

Dieu vous a donc expressément ordonné, en parlant à votre cœur, de ne vous souiller jamais d'un crime évident. Et quant à toutes ces actions équivoques, que les uns condamnent et que les autres justifient, qu'avons-nous de mieux à faire que de suivre cette grande loi du premier des Zoroastres, tant remarquée de nos jours par un auteur français[1]? « Quand

[1] Voltaire lui-même: voyez tome XXVII, pages 315-316; tome XXVIII,

« tu ne sais si l'action que tu médites est bonne ou
« mauvaise, abstiens-toi. »

BIRTON.

Cette maxime est admirable; c'est sans doute ce
qu'on a jamais dit de plus beau, c'est-à-dire de plus
utile en morale; et cela me ferait presque penser que
Dieu a suscité de temps en temps des sages qui ont
enseigné la vertu aux hommes égarés. Je vous demande pardon d'avoir raillé de la vertu.

FREIND.

Demandez-en pardon à l'Être éternel, qui peut la
récompenser éternellement, et punir les transgresseurs.

BIRTON.

Quoi! Dieu me punirait éternellement de m'être
livré à des passions qu'il m'a données!

FREIND.

Il vous a donné des passions avec lesquelles on peut
faire du bien et du mal. Je ne vous dis pas qu'il vous
punira à jamais, ni comment il vous punira; car personne n'en peut rien savoir : je vous dis qu'il le peut.
Les brachmanes furent les premiers qui imaginèrent
une prison éternelle pour les substances célestes qui
s'étaient révoltées contre Dieu dans son propre palais; il les enferma dans une espèce d'enfer qu'ils appelaient *ondera ;* mais, au bout de quelques milliers
de siècles, il adoucit leurs peines, les mit sur la terre,
et les fit hommes; c'est de là que vint notre mélange

---

page 172; tome XXX, page 506; tome XXXII, pages 100 et 520; et dans
les *Mélanges,* année 1768, une des notes sur le *Discours de l'empereur
Julien,* et le dialogue A B C, dixième entretien; année 1771, *Lettres de
Memmius,* n° 19. B.

CHAPITRE X.

de vices et de vertus, de plaisirs et de calamités. Cette imagination est ingénieuse ; la fable de *Pandore* et de *Prométhée* l'est encore davantage. Des nations grossières ont imité grossièrement la belle fable de *Pandore*; ces inventions sont des rêves de la philosophie orientale; tout ce que je puis vous dire, c'est que, si vous avez commis des crimes en abusant de votre liberté, il vous est impossible de prouver que Dieu soit incapable de vous en punir ; je vous en défie.

BIRTON.

Attendez ; vous pensez que je ne peux pas vous démontrer qu'il est impossible au grand Être de me punir : par ma foi, vous avez raison ; j'ai fait ce que j'ai pu pour me prouver que cela était impossible, et je n'en suis jamais venu à bout. J'avoue que j'ai abusé de ma liberté, et que Dieu peut m'en châtier; mais, pardieu! je ne serai pas puni quand je ne serai plus.

FREIND.

Le meilleur parti que vous ayez à prendre est d'être honnête homme tandis que vous existez.

BIRTON.

D'être honnête homme pendant que j'existe?...oui, je l'avoue; oui, vous avez raison; c'est le parti qu'il faut prendre.

(Je voudrais, mon cher ami, que vous eussiez été témoin de l'effet que firent les discours de Freind sur tous les Anglais et sur tous les Américains. Birton, si évaporé et si audacieux, prit tout-à-coup un air recueilli et modeste; Jenni, les yeux mouillés de larmes, se jeta aux genoux de son père, et son père l'embrassa : voici enfin la dernière scène de cette dispute si épineuse et si intéressante.)

CHAPITRE XI.

De l'athéisme.

BIRTON.

Je conçois bien que le grand Être, le maître de la nature, est éternel ; mais nous, qui n'étions pas hier, pouvons-nous avoir la folle hardiesse de prétendre à une éternité future ? Tout périt sans retour autour de nous, depuis l'insecte dévoré par l'hirondelle jusqu'à l'éléphant mangé des vers.

FREIND.

Non, rien ne périt, tout change; les germes impalpables des animaux et des végétaux subsistent, se développent, et perpétuent les espèces. Pourquoi ne voudriez-vous pas que Dieu conservât le principe qui vous fait agir et penser, de quelque nature qu'il puisse être ? Dieu me garde de faire un système, mais certainement il y a dans nous quelque chose qui pense et qui veut : ce quelque chose, que l'on appelait autrefois une monade, ce quelque chose est imperceptible. Dieu nous l'a donnée, ou peut-être, pour parler plus juste, Dieu nous a donnés à elle. Êtes-vous bien sûr qu'il ne peut la conserver ? Songez, examinez ; pouvez-vous m'en fournir quelque démonstration ?

BIRTON.

Non ; j'en ai cherché dans mon entendement, dans tous les livres des athées, et surtout dans le troisième chant de Lucrèce; j'avoue que je n'ai jamais trouvé que des vraisemblances.

FREIND.

Et, sur ces simples vraisemblances, nous nous abandonnerions à toutes nos passions funestes ! nous vivrions en brutes ! n'ayant pour règle que nos appétits, et pour frein que la crainte des autres hommes rendus éternellement ennemis les uns des autres par cette crainte mutuelle; car on veut toujours détruire ce qu'on craint : pensez-y bien, monsieur Birton; réfléchissez-y sérieusement, mon fils Jenni : n'attendre de Dieu ni châtiment ni récompense, c'est être véritablement athée. A quoi servirait l'idée d'un dieu qui n'aurait sur vous aucun pouvoir? C'est comme si l'on disait: Il y a un roi de la Chine qui est très puissant : je réponds, Grand bien lui fasse; qu'il reste dans son manoir, et moi dans le mien : je ne me soucie pas plus de lui qu'il ne se soucie de moi; il n'a pas plus de juridiction sur ma personne qu'un chanoine de Windsor n'en a sur un membre de notre parlement : alors je suis mon dieu à moi-même, je sacrifie le monde entier à mes fantaisies, si j'en trouve l'occasion; je suis sans loi, je ne regarde que moi. Si les autres êtres sont moutons, je me fais loup; s'ils sont poules, je me fais renard.

Je suppose, ce qu'à Dieu ne plaise, que toute notre Angleterre soit athée par principes; je conviens qu'il pourra se trouver plusieurs citoyens qui, nés tranquilles et doux, assez riches pour n'avoir pas besoin d'être injustes, gouvernés par l'honneur, et par conséquent attentifs à leur conduite, pourront vivre ensemble en société; ils cultiveront les beaux-arts, par qui les mœurs s'adoucissent; ils pourront vivre dans la paix, dans l'innocente gaîté des honnêtes gens ; mais l'athée pauvre et violent, sûr de l'impunité, sera un sot s'il ne vous assassine pas pour voler votre argent. Dès-lors tous les liens de la société sont rompus, tous les crimes secrets inondent la terre, comme les sauterelles, à peine d'abord aperçues, viennent ravager les campagnes : le bas peuple ne sera qu'une horde de brigands, comme nos voleurs, dont on ne pend pas la dixième partie à nos sessions; ils passent leur misérable vie dans des tavernes avec des filles perdues, ils les battent, ils se battent entre eux; ils tombent ivres au milieu de leurs pintes de plomb dont ils se sont cassé la tête; ils se réveillent pour voler et pour assassiner; ils recommencent chaque jour ce cercle abominable de brutalités.

Qui retiendra les grands et les rois dans leurs vengeances, dans leur ambition à laquelle ils veulent tout immoler? Un roi athée est plus dangereux qu'un Ravaillac fanatique.

Les athées fourmillaient en Italie au quinzième siècle; qu'en arriva-t-il? Il fut aussi commun d'empoisonner que de donner à souper, et d'enfoncer un stylet dans le cœur de son ami que de l'embrasser; il y eut des professeurs du crime, comme il y a aujourd'hui des maîtres de musique et de mathématiques. On choisissait exprès les temples pour y assassiner les princes aux pieds des autels. Le pape Sixte IV et un archevêque de Florence [1] firent assassiner ainsi les deux princes les plus accomplis de l'Europe. (Mon cher Sherloc, dites, je vous prie, à Parouba et à ses

---

[1] Salviati : voyez tome XVII, page 60 et suiv. B.

enfants ce que c'est qu'un pape et un archevêque, et dites-leur surtout qu'il n'est plus de pareils monstres.) Mais continuons. Un duc de Milan fut assassiné de même au milieu d'une église [1]. On ne connaît que trop les étonnantes horreurs d'Alexandre VI [2]. Si de telles mœurs avaient subsisté, l'Italie aurait été plus déserte que ne l'a été le Pérou après son invasion.

La croyance d'un dieu rémunérateur des bonnes actions, punisseur des méchantes, pardonneur des fautes légères, est donc la croyance la plus utile au genre humain; c'est le seul frein des hommes puissants qui commettent insolemment les crimes publics; c'est le seul frein des hommes qui commettent adroitement les crimes secrets. Je ne vous dis pas, mes amis, de mêler à cette croyance nécessaire des superstitions qui la déshonoreraient, et qui même pourraient la rendre funeste : l'athée est un monstre qui ne dévorera que pour apaiser sa faim; le superstitieux est un autre monstre qui déchirera les hommes par devoir. J'ai toujours remarqué qu'on peut guérir un athée; mais on ne guérit jamais le superstitieux radicalement : l'athée est un homme d'esprit qui se trompe, mais qui pense par lui-même; le superstitieux est un sot brutal qui n'a jamais eu que les idées des autres : l'athée violera Iphigénie prête d'épouser Achille; mais le fanatique l'égorgera pieusement sur l'autel, et croira que Jupiter lui en aura beaucoup d'obligation : l'athée dérobera un vase d'or dans une église, pour donner à souper à des filles de joie; mais le fanatique célébrera

---

[1] Voyez tome XVII, page 59. B.— [2] Voyez ibid., page 83; et dans les *Mélanges*, année 1768, l'opuscule intitulé : *Les droits des hommes*, etc. B.

un auto-da-fé dans cette église, et chantera un cantique juif à plein gosier, en fesant brûler des Juifs. Oui, mes amis, l'athéisme et le fanatisme sont les deux pôles d'un univers de confusion et d'horreur. La petite zone de la vertu est entre ces deux pôles : marchez d'un pas ferme dans ce sentier ; croyez un dieu bon, et soyez bons. C'est tout ce que les grands législateurs Locke et Penn demandent à leurs peuples.

Répondez-moi, monsieur Birton, vous et vos amis : Quel mal peut vous faire l'adoration d'un dieu jointe au bonheur d'être honnête homme? Nous pouvons tous être attaqués d'une maladie mortelle au moment où je vous parle : qui de nous alors ne voudrait pas avoir vécu dans l'innocence? Voyez comme notre méchant Richard III meurt dans Shakespeare ; comme les spectres de tous ceux qu'il a tués viennent épouvanter son imagination. Voyez comme expire Charles IX de France après sa Saint-Barthélemi! Son chapelain a beau lui dire qu'il a bien fait, son crime le déchire, son sang jaillit par ses pores[1], et tout le sang qu'il fit couler crie contre lui. Soyez sûr que de tous ces monstres il n'en est aucun qui n'ait vécu dans les tourments du remords, et qui n'ait fini dans la rage du désespoir.

CHAPITRE XII.

Retour en Angleterre. Mariage de Jenni.

Birton et ses amis ne purent tenir davantage ; ils se

[1] Voyez tome XVIII, page 99. B.

CHAPITRE XII. 421

jetèrent aux genoux de Freind. Oui, dit Birton, je crois en Dieu et en vous.

On était déjà près de la maison de Parouba : on y soupa; mais Jenni ne put souper : il se tenait à l'écart, il fondait en larmes; son père alla le chercher pour le consoler. Ah! lui dit Jenni, je ne méritais pas d'avoir un père tel que vous; je mourrai de douleur d'avoir été séduit par cette abominable Clive-Hart : je suis la cause, quoique innocente, de la mort de Primerose; et tout-à-l'heure, quand vous nous avez parlé d'empoisonnement, un frisson m'a saisi; j'ai cru voir Clive-Hart présentant le breuvage horrible à Primerose. O ciel! ô Dieu! comment ai-je pu avoir l'esprit assez aliéné pour suivre une créature si coupable! mais elle me trompa; j'étais aveugle; je ne fus détrompé que peu de temps avant qu'elle fût prise par les sauvages : elle me fit presque l'aveu de son crime dans un mouvement de colère; depuis ce moment je l'eus en horreur; et, pour mon supplice, l'image de Primerose est sans cesse devant mes yeux; je la vois, je l'entends; elle me dit : Je suis morte, parceque je t'aimais.

M. Freind se mit à sourire d'un sourire de bonté dont Jenni ne put comprendre le motif; son père lui dit qu'une vie irréprochable pouvait seule réparer les fautes passées : il le ramena à table comme un homme qu'on vient de retirer des flots où il se noyait; je l'embrassai, je le flattai, je lui donnai du courage : nous étions tous attendris. Nous appareillâmes le lendemain pour retourner en Angleterre, après avoir fait des présents à toute la famille de Parouba : nos adieux furent mêlés de larmes sincères; Birton et ses camarades, qui n'avaient jamais été qu'évaporés, semblaient déjà raisonnables.

Nous étions en pleine mer quand Freind dit à Jenni en ma présence : Eh bien ! mon fils, le souvenir de la belle, de la vertueuse et tendre Primerose, vous est donc toujours cher? Jenni se désespéra à ces paroles; les traits d'un repentir inutile et éternel perçaient son cœur, et je craignis qu'il ne se précipitât dans la mer. Eh bien ! lui dit Freind, consolez-vous; Primerose est vivante, et elle vous aime.

Freind en effet en avait reçu des nouvelles sûres de son domestique affidé qui lui écrivait par tous les vaisseaux qui partaient pour le Maryland. M. Mead, qui a depuis acquis une si grande réputation pour la connaissance de tous les poisons, avait été assez heureux pour tirer Primerose des bras de la mort. M. Freind fit voir à son fils cette lettre qu'il avait relue tant de fois, et avec tant d'attendrissement.

Jenni passa en un moment de l'excès du désespoir à celui de la félicité. Je ne vous peindrai point les effets de ce changement si subit : plus j'en fus saisi, moins je puis les exprimer; ce fut le plus beau moment de la vie de Jenni. Birton et ses camarades partagèrent une joie si pure. Que vous dirai-je enfin? l'excellent Freind leur a servi de père à tous; les noces du beau Jenni et de la belle Primerose se sont faites chez le docteur Mead; nous avons marié aussi Birton, qui était tout changé. Jenni et lui sont aujourd'hui les plus honnêtes gens de l'Angleterre. Vous conviendrez qu'un sage peut guérir des fous.

FIN DE L'HISTOIRE DE JENNI.

LES OREILLES

DU COMTE

DE CHESTERFIELD,

ET

LE CHAPELAIN GOUDMAN.

1775[1].

---

[1] Voyez ma préface en tête du tome XXXIII. B.

LES OREILLES

DU COMTE

DE CHESTERFIELD,

ET

LE CHAPELAIN GOUDMAN.

CHAPITRE I.

Ah! la fatalité gouverne irrémissiblement toutes les choses de ce monde. J'en juge, comme de raison, par mon aventure.

Milord Chesterfield, qui m'aimait fort, m'avait promis de me faire du bien. Il vaquait un bon *preferment*[a] à sa nomination. Je cours du fond de ma province à Londres; je me présente à milord; je le fais souvenir de ses promesses; il me serre la main avec amitié, et me dit qu'en effet j'ai bien mauvais visage. Je lui réponds que mon plus grand mal est la pauvreté. Il me réplique qu'il veut me faire guérir, et me donne sur-le-champ une lettre pour M. Sidrac, près de Guildhall.

Je ne doute pas que M. Sidrac ne soit celui qui doit m'expédier les provisions de ma cure. Je vole chez lui. M. Sidrac, qui était le chirurgien de milord, se met

---

[a] *Preferment* signifie *bénéfice* en anglais.

incontinent en devoir de me sonder, et m'assure que, si j'ai la pierre, il me taillera très heureusement.

Il faut savoir que milord avait entendu que j'avais un grand mal à la vessie, et qu'il avait voulu, selon sa générosité ordinaire, me faire tailler à ses dépens. Il était sourd, aussi bien que monsieur son frère, et je n'en étais pas encore instruit.

Pendant le temps que je perdis à défendre ma vessie contre M. Sidrac, qui voulait me sonder à toute force, un des cinquante-deux compétiteurs qui prétendaient au même bénéfice arriva chez milord, demanda ma cure, et l'emporta.

J'étais amoureux de miss Fiilder, que je devais épouser dès que je serais curé; mon rival eut ma place et ma maîtresse.

Le comte, ayant appris mon désastre et sa méprise, me promit de tout réparer : mais il mourut deux jours après.

M. Sidrac me fit voir, clair comme le jour, que mon bon protecteur ne pouvait pas vivre une minute de plus, vu la constitution présente de ses organes, et me prouva que sa surdité[1] ne venait que de l'extrême sécheresse de la corde et du tambour de son oreille. Il m'offrit même d'endurcir mes deux oreilles avec de l'esprit-de-vin, de façon à me rendre plus sourd qu'aucun pair du royaume.

Je compris que M. Sidrac était un très savant homme. Il m'inspira du goût pour la science de la nature. Je voyais d'ailleurs que c'était un homme cha-

---

[1] Voyez, dans la *Correspondance*, la lettre de Voltaire à Chesterfield, du 24 septembre 1771. B.

ritable qui me taillerait gratis dans l'occasion, et qui me soulagerait dans tous les accidents qui pourraient m'arriver vers le col de la vessie.

Je me mis donc à étudier la nature sous sa direction, pour me consoler de la perte de ma cure et de ma maîtresse.

CHAPITRE II.

Après bien des observations sur la nature, faites avec mes cinq sens, des lunettes, des microscopes, je dis un jour à M. Sidrac : On se moque de nous ; il n'y a point de nature, tout est art. C'est par un art admirable que toutes les planètes dansent régulièrement autour du soleil, tandis que le soleil fait la roue sur lui-même. Il faut assurément que quelqu'un d'aussi savant que la société royale de Londres ait arrangé les choses de manière que le carré des révolutions de chaque planète soit toujours proportionnel à la racine du cube de leur distance à leur centre ; et il faut être sorcier pour le deviner.

Le flux et le reflux de notre Tamise me paraît l'effet constant d'un art non moins profond et non moins difficile à connaître.

Animaux, végétaux, minéraux, tout me paraît arrangé avec poids, mesure, nombre, mouvement. Tout est ressort, levier, poulie, machine hydraulique, laboratoire de chimie, depuis l'herbe jusqu'au chêne, depuis la puce jusqu'à l'homme, depuis un grain de sable jusqu'à nos nuées.

Certainement il n'y a que de l'art, et la nature est une chimère. Vous avez raison, me répondit M. Sidrac, mais vous n'en avez pas les gants; cela a déjà été dit par un rêveur delà la Manche[a], mais on n'y a pas fait attention. Ce qui m'étonne, et ce qui me plaît le plus, c'est que, par cet art incompréhensible, deux machines en produisent toujours une troisième; et je suis bien fâché de n'en avoir pas fait une avec miss Fidler; mais je vois bien qu'il était arrangé de toute éternité que miss Fidler emploierait une autre machine que moi.

Ce que vous dites, me répliqua M. Sidrac, a été encore dit, et tant mieux; c'est une probabilité que vous pensez juste. Oui, il est fort plaisant que deux êtres en produisent un troisième; mais cela n'est pas vrai de tous les êtres. Deux roses ne produisent point une troisième rose en se baisant; deux cailloux, deux métaux, n'en produisent pas un troisième; et cependant un métal, une pierre, sont des choses que toute l'industrie humaine ne saurait faire. Le grand, le beau miracle continuel, est qu'un garçon et une fille fassent un enfant ensemble, qu'un rossignol fasse un rossignolet à sa rossignole, et non pas à une fauvette. Il faudrait passer la moitié de sa vie à les imiter, et l'autre moitié à bénir celui qui inventa cette méthode. Il y a dans la génération mille secrets tout-à-fait curieux. Newton dit que la nature se ressemble partout: *Natura est ubique sibi consona*. Cela est faux en amour; les poissons, les reptiles, les oiseaux, ne font point l'amour comme nous: c'est une variété infinie. La fa-

---

[a] *Dictionnaire philosophique*, article NATURE.

brique des êtres sentants et agissants me ravit. Les végétaux ont aussi leur prix. Je m'étonne toujours qu'un grain de blé jeté en terre en produise plusieurs autres.

Ah! lui dis-je comme un sot que j'étais encore, c'est que le blé doit mourir pour naître, comme on l'a dit dans l'école[1].

M. Sidrac me reprit en riant avec beaucoup de circonspection. Cela était vrai du temps de l'école, dit-il; mais le moindre laboureur sait bien aujourd'hui que la chose est absurde. Ah! M. Sidrac, je vous demande pardon; mais j'ai été théologien; et on ne se défait pas tout d'un coup de ses habitudes.

CHAPITRE III.

Quelque temps après ces conversations entre le pauvre prêtre Goudman et l'excellent anatomiste Sidrac, ce chirurgien le rencontra dans le parc Saint-James, tout pensif, tout rêveur, et l'air plus embarrassé qu'un algébriste qui vient de faire un faux calcul. Qu'avez-vous? lui dit Sidrac; est-ce la vessie ou le côlon qui vous tourmente? Non, dit Goudman, c'est la vésicule du fiel. Je viens de voir passer dans un bon carrosse l'évêque de Glocester[a], qui est un pédant bavard et insolent; j'étais à pied, et cela m'a irrité. J'ai songé que si je voulais avoir un évêché dans ce royaume, il y a dix mille à parier contre un que je

---

[1] Saint Paul, *aux Corinthiens*, xv, 36; et saint Jean, xii, 24. B.
[a] Warburton.

ne l'aurais pas, attendu que nous sommes dix mille, prêtres en Angleterre. Je suis sans aucune protection depuis la mort de milord Chesterfield qui était sourd. Posons que les dix mille prêtres anglicans aient chacun deux protecteurs, il y aurait en ce cas vingt mille à parier contre un que je n'aurais pas l'évêché. Cela fâche quand on y fait attention.

Je me suis souvenu qu'on m'avait proposé autrefois d'aller aux grandes Indes en qualité de mousse ; on m'assurait que j'y ferais une grande fortune, mais je ne me sentis pas propre à devenir un jour amiral. Et, après avoir examiné toutes les professions, je suis resté prêtre sans être bon à rien.

Ne soyez plus prêtre, lui dit Sidrac, et faites-vous philosophe. Ce métier n'exige ni ne donne des richesses. Quel est votre revenu ? — Je n'ai que trente guinées de rente, et, après la mort de ma vieille tante, j'en aurai cinquante. — Allons, mon cher Goudman, c'est assez pour vivre libre et pour penser. Trente guinées font six cent trente schellings ; c'est près de deux schellings par jour. Philips n'en voulait qu'un seul. On peut, avec ce revenu assuré, dire tout ce qu'on pense de la compagnie des Indes, du parlement, de nos colonies, du roi, de l'être en général, de l'homme, et de Dieu, ce qui est un grand amusement. Venez dîner avec moi, cela vous épargnera de l'argent ; nous causerons, et votre faculté pensante aura le plaisir de se communiquer à la mienne par le moyen de la parole ; ce qui est une chose merveilleuse que les hommes n'admirent pas assez.

CHAPITRE IV.

Conversation du docteur Goudman et de l'anatomiste Sidrac
sur l'ame et sur quelque autre chose.

GOUDMAN.

Mais, mon cher Sidrac, pourquoi dites-vous toujours *ma faculté pensante?* que ne dites-vous mon ame, tout court? cela serait plus tôt fait, et je vous entendrais tout aussi bien.

SIDRAC.

Et moi, je ne m'entendrais pas. Je sens bien, je sais bien que Dieu m'a donné la faculté de penser et de parler; mais je ne sens ni ne sais s'il m'a donné un être qu'on appelle ame.

GOUDMAN.

Vraiment, quand j'y réfléchis, je vois que je n'en sais rien non plus, et que j'ai été long-temps assez hardi pour croire le savoir. J'ai remarqué que les peuples orientaux appelèrent l'ame d'un nom qui signifiait la vie. A leur exemple, les Latins entendirent d'abord par *anima* la vie de l'animal. Chez les Grecs on disait la respiration de l'ame. Cette respiration est un souffle. Les Latins traduisirent le mot *souffle* par *spiritus* : de là le mot qui répond à *esprit* chez presque toutes les nations modernes. Comme personne n'a jamais vu ce souffle, cet esprit, on en a fait un être que personne ne peut voir ni toucher. On a dit qu'il logeait dans notre corps sans y tenir de place, qu'il remuait

nos organes sans les atteindre. Que n'a-t-on pas dit?
tous nos discours, à ce qu'il me semble, ont été fondés sur des équivoques. Je vois que le sage Locke
a bien senti dans quel chaos ces équivoques de toutes
les langues avaient plongé la raison humaine. Il n'a
fait aucun chapitre sur l'ame dans le seul livre de métaphysique raisonnable qu'on ait jamais écrit. Et si,
par hasard, il prononce ce mot en quelques endroits,
ce mot ne signifie chez lui que notre intelligence.

En effet tout le monde sent bien qu'il a une intelligence, qu'il reçoit des idées, qu'il en assemble, qu'il
en décompose; mais personne ne sent qu'il ait dans
lui un autre être qui lui donne du mouvement, des
sensations, et des pensées. Il est, au fond, ridicule de
prononcer des mots qu'on n'entend pas, et d'admettre
des êtres dont on ne peut avoir la plus légère connaissance.

SIDRAC.

Nous voilà donc déjà d'accord sur une chose qui a
été un objet de dispute pendant tant de siècles.

GOUDMAN.

Et j'admire que nous soyons d'accord.

SIDRAC.

Cela n'est pas étonnant, nous cherchons le vrai de
bonne foi. Si nous étions sur les bancs de l'école, nous
argumenterions comme les personnages de Rabelais.
Si nous vivions dans les siècles de ténèbres affreuses
qui enveloppèrent si long-temps l'Angleterre, l'un de
nous deux ferait peut-être brûler l'autre. Nous sommes
dans un siècle de raison; nous trouvons aisément ce
qui nous paraît la vérité, et nous osons la dire.

GOUDMAN.

Oui, mais j'ai peur que cette vérité ne soit bien peu de chose. Nous avons fait en mathématiques des prodiges qui étonneraient Apollonius et Archimède, et qui les rendraient nos écoliers : mais en métaphysique qu'avons-nous trouvé ? notre ignorance.

SIDRAC.

Et n'est-ce rien ? Vous convenez que le grand Être vous a donné une faculté de sentir et de penser, comme il a donné à vos pieds la faculté de marcher, à vos mains le pouvoir de faire mille ouvrages, à vos viscères le pouvoir de digérer, à votre cœur le pouvoir de pousser votre sang dans vos artères. Nous tenons tout de lui ; nous n'avons rien pu nous donner, et nous ignorerons toujours la manière dont le maître de l'univers s'y prend pour nous conduire. Pour moi, je lui rends grace de m'avoir appris que je ne sais rien des premiers principes.

On a toujours recherché comment l'ame agit sur le corps. Il fallait d'abord savoir si nous en avions une. Ou Dieu nous a fait ce présent, ou il nous a communiqué quelque chose qui en est l'équivalent. De quelque manière qu'il s'y soit pris, nous sommes sous sa main. Il est notre maître, voilà tout ce que je sais.

GOUDMAN.

Mais au moins dites-moi ce que vous en soupçonnez. Vous avez disséqué des cerveaux, vous avez vu des embryons et des fœtus ; y avez-vous découvert quelque apparence d'ame ?

SIDRAC.

Pas la moindre, et je n'ai jamais pu comprendre

comment un être immatériel, immortel, logeait pendant neuf mois inutilement caché dans une membrane puante entre de l'urine et des excréments. Il m'a paru difficile de concevoir que cette prétendue ame simple existât avant la formation de son corps ; car à quoi aurait-elle servi pendant des siècles sans être ame humaine? Et puis comment imaginer un être simple, un être métaphysique, qui attend pendant une éternité le moment d'animer de la matière pendant quelques minutes? Que devient cet être inconnu si le fœtus qu'il doit animer meurt dans le ventre de sa mère?

Il m'a paru encore plus ridicule que Dieu créât une ame au moment qu'un homme couche avec une femme. Il m'a semblé blasphématoire que Dieu attendît la consommation d'un adultère, d'un inceste, pour récompenser ces turpitudes en créant des ames en leur faveur. C'est encore pis quand on me dit que Dieu tire du néant des ames immortelles pour leur faire souffrir éternellement des tourments incroyables. Quoi ! brûler des êtres simples, des êtres qui n'ont rien de brûlable ! Comment nous y prendrions-nous pour brûler un son de voix, un vent qui vient de passer? encore ce son, ce vent, étaient matériels dans le petit moment de leur passage ; mais un esprit pur, une pensée, un doute? je m'y perds. De quelque côté que je me tourne, je ne trouve qu'obscurité, contradiction, impossibilité, ridicule, rêveries, impertinence, chimères, absurdité, bêtise, charlatanerie.

Mais je suis à mon aise quand je me dis, Dieu est le maître. Celui qui fait graviter des astres innombrables

les uns vers les autres, celui qui fit la lumière est bien assez puissant pour nous donner des sentiments et des idées, sans que nous ayons besoin d'un petit atome étranger, invisible, appelé *ame*.

Dieu a donné certainement du sentiment, de la mémoire, de l'industrie à tous les animaux. Il leur a donné la vie, et il est bien aussi beau de faire présent de la vie que de faire présent d'une ame. Il est assez reçu que les animaux vivent; il est démontré qu'ils ont le sentiment, puisqu'ils ont les organes du sentiment. Or, s'ils ont tout cela sans ame, pourquoi voulons-nous à toute force en avoir une?

GOUDMAN.

Peut-être c'est par vanité. Je suis persuadé que si un paon pouvait parler, il se vanterait d'avoir une ame, et il dirait que son ame est dans sa queue. Je me sens très enclin à soupçonner avec vous que Dieu nous a faits mangeants, buvants, marchants, dormants, sentants, pensants, pleins de passions, d'orgueil, et de misère, sans nous dire un mot de son secret. Nous n'en savons pas plus sur cet article que ce paon dont je parle; et celui qui a dit que nous naissons, vivons, et mourons sans savoir comment, a dit une grande vérité.

Celui qui nous appelle les marionnettes de la Providence me paraît nous avoir bien définis; car enfin, pour que nous existions, il faut une infinité de mouvements. Or nous n'avons pas fait le mouvement; ce n'est pas nous qui en avons établi les lois. Il y a quelqu'un qui, ayant fait la lumière, la fait mouvoir du soleil à nos yeux, et y arriver en sept minutes. Ce n'est que par le mouvement que mes cinq sens sont remués ; ce n'est que par mes cinq sens que j'ai des idées ; donc c'est l'Auteur du mouvement qui me donne mes idées. Et, quand il me dira de quelle manière il me les donne, je lui rendrai de très humbles actions de graces. Je lui en rends déjà beaucoup de m'avoir permis de contempler pendant quelques années le magnifique spectacle de ce monde, comme disait Épictète. Il est vrai qu'il pouvait me rendre plus heureux, et me faire avoir un bon bénéfice et ma maîtresse miss Fidler ; mais enfin, tel que je suis avec mes six cent trente schellings de rente, je lui ai encore bien de l'obligation.

SIDRAC.

Vous dites que Dieu pouvait vous donner un bon bénéfice, et qu'il pouvait vous rendre plus heureux que vous n'êtes. Il y a des gens qui ne vous passeraient pas cette proposition. Eh ! ne vous souvenez-vous pas que vous-même vous vous êtes plaint de la fatalité ? il n'est pas permis à un homme qui a voulu être curé de se contredire. Ne voyez-vous pas que, si vous aviez eu la cure et la femme que vous demandiez, ce serait vous qui auriez fait un enfant à miss Fidler, et non pas votre rival ? L'enfant dont elle aurait accouché aurait pu être mousse, devenir amiral, gagner une bataille navale à l'embouchure du Gange, et achever de détrôner le grand-mogol. Cela seul aurait changé la constitution de l'univers. Il aurait fallu un monde tout différent du nôtre pour que votre compétiteur n'eût pas la cure, pour qu'il n'épousât pas miss Fidler, pour que vous ne fussiez pas réduit à six cent trente schellings, en attendant la mort de votre tante. Tout est enchaîné; et Dieu n'ira pas rompre la chaîne éternelle pour mon ami Goudman.

GOUDMAN.

Je ne m'attendais pas à ce raisonnement, quand je parlais de fatalité; mais enfin, si cela est ainsi, Dieu est donc esclave tout comme moi?

SIDRAC.

Il est esclave de sa volonté, de sa sagesse, des propres lois qu'il a faites, de sa nature nécessaire. Il ne peut les enfreindre, parcequ'il ne peut être faible, inconstant, volage comme nous, et que l'Être nécessairement éternel ne peut être une girouette.

GOUDMAN.

M. Sidrac, cela pourrait mener tout droit à l'irréligion; car, si Dieu ne peut rien changer aux affaires de ce monde, à quoi bon chanter ses louanges, à quoi bon lui adresser des prières?

SIDRAC.

Eh! qui vous dit de prier Dieu et de le louer? il a vraiment bien affaire de vos louanges et de vos placets! On loue un homme parcequ'on le croit vain; on le prie quand on le croit faible, et qu'on espère le faire changer d'avis. Fesons notre devoir envers Dieu, adorons-le, soyons justes; voilà nos vraies louanges, nos vraies prières.

GOUDMAN.

M. Sidrac, nous avons embrassé bien du terrain; car, sans compter miss Fidler, nous examinons si nous avons une ame, s'il y a un Dieu, s'il peut changer, si nous sommes destinés à deux vies, si... ce sont là de profondes études, et peut-être je n'y aurais jamais pensé si j'avais été curé. Il faut que j'approfondisse ces choses nécessaires et sublimes, puisque je n'ai rien à faire.

SIDRAC.

Eh bien ! demain le docteur Grou vient dîner chez moi ; c'est un médecin fort instruit ; il a fait le tour du monde avec MM. Banks et Solander [1] ; il doit certainement connaître Dieu et l'ame, le vrai et le faux, le juste et l'injuste, bien mieux que ceux qui ne sont jamais sortis de Covent-Garden. De plus, le docteur Grou a vu presque toute l'Europe dans sa jeunesse ; il a été témoin de cinq ou six révolutions en Russie ; il a fréquenté le bacha comte de Bonneval, qui était devenu, comme on sait, un parfait musulman à Constantinople. Il a été lié avec le prêtre papiste Mac-Carthy, irlandais, qui se fit couper le prépuce à l'honneur de Mahomet, et avec notre presbytérien écossais, Ramsay, qui en fit autant, et qui ensuite servit en Russie, et fut tué dans une bataille contre les Suédois en Finlande. Enfin il a conversé avec le révérend P. Malagrida, qui a été brûlé depuis à Lisbonne, parceque la sainte Vierge lui avait révélé tout ce qu'elle avait fait lorsqu'elle était dans le ventre de sa mère sainte Anne.

Vous sentez bien qu'un homme comme M. Grou, qui a vu tant de choses, doit être le plus grand mé-

---

[1] Daniel Solander, compatriote et élève de Linnée ; est mort en 1781. Il avait avec Joseph Banks, mort en 1820, accompagné Cook dans son premier voyage autour du monde. B.

taphysicien du monde. A demain donc chez moi à dîner.

GOUDMAN.

Et après-demain encore, mon cher Sidrac; car il faut plus d'un dîner pour s'instruire.

CHAPITRE V.

Le lendemain, les trois penseurs dînèrent ensemble; et comme ils devenaient un peu plus gais sur la fin du repas, selon la coutume des philosophes qui dînent, on se divertit à parler de toutes les misères, de toutes les sottises, de toutes les horreurs qui affligent le genre animal, depuis les terres australes jusqu'auprès du pôle arctique, et depuis Lima jusqu'à Méaco. Cette diversité d'abominations ne laisse pas d'être fort amusante. C'est un plaisir que n'ont point les bourgeois casaniers et les vicaires de paroisse, qui ne connaissent que leur clocher, et qui croient que tout le reste de l'univers est fait comme *exchange-alley* à Londres, ou comme la rue de la Huchette à Paris.

Je remarque, dit le docteur Grou, que, malgré la variété infinie répandue sur ce globe, cependant tous les hommes que j'ai vus, soit noirs à laine, soit noirs à cheveux, soit bronzés, soit rouges, soit bis, qui s'appellent blancs, ont également deux jambes, deux yeux, et une tête sur leurs épaules, quoi qu'en ait dit saint Augustin, qui, dans son trente-septième sermon, assure qu'il a vu des acéphales, c'est-à-dire des hommes sans tête, des monocules qui n'ont qu'un œil, et des monopèdes qui n'ont qu'une jambe. Pour des anthropophages, j'avoue qu'on en regorge, et que tout le monde l'a été.

On m'a souvent demandé si les habitants de ce pays immense nommé la Nouvelle-Zélande, qui sont aujourd'hui les plus barbares de tous les barbares, étaient baptisés. J'ai répondu que je n'en savais rien, que cela pouvait être; que les Juifs, qui étaient plus barbares qu'eux, avaient eu deux baptêmes au lieu d'un, le baptême de justice et le baptême de domicile.

Vraiment, je les connais, dit M. Goudman, et j'ai eu sur cela de grandes disputes avec ceux qui croient que nous avons inventé le baptême. Non, messieurs, nous n'avons rien inventé, nous n'avons fait que rapetasser. Mais dites-moi, je vous prie, M. Grou, de quatre-vingts ou cent religions que vous avez vues en chemin, laquelle vous a paru la plus agréable, est-ce celle des Zélandais ou celle des Hottentots?

M. GROU.

C'est celle de l'île d'Otaïti, sans aucune comparaison. J'ai parcouru les deux hémisphères; je n'ai rien vu comme Otaïti et sa religieuse reine. C'est dans Otaïti que la nature habite. Je n'ai vu ailleurs que des masques; je n'ai vu que des fripons qui trompent des sots, des charlatans qui escamotent l'argent des autres pour avoir de l'autorité, et qui escamotent de l'autorité pour avoir de l'argent impunément; qui vous vendent des toiles d'araignées pour manger vos perdrix; qui vous promettent richesses et plaisirs quand il n'y aura plus personne, afin que vous tourniez la broche pendant qu'ils existent.

Pardieu ! il n'en est pas de même dans l'île d'Aïti, ou d'Otaïti. Cette île est bien plus civilisée que celle de Zélande et que le pays des Cafres, et, j'ose dire, que notre Angleterre, parceque la nature l'a favorisée d'un sol plus fertile ; elle lui a donné l'arbre à pain, présent aussi utile qu'admirable, qu'elle n'a fait qu'à quelques îles de la mer du Sud. Otaïti possède d'ailleurs beaucoup de volailles, de légumes, et de fruits. On n'a pas besoin dans un tel pays de manger son semblable ; mais il y a un besoin plus naturel, plus doux, plus universel, que la religion d'Otaïti ordonne de satisfaire en public. C'est de toutes les cérémonies religieuses la plus respectable sans doute ; j'en ai été témoin, aussi bien que tout l'équipage de notre vaisseau. Ce ne sont point ici des fables de missionnaires, telles qu'on en trouve quelquefois dans les *Lettres édifiantes et curieuses* des révérends pères jésuites. Le docteur Jean Hawkesworth [1] achève actuellement de faire imprimer nos découvertes dans l'hémisphère méridional. J'ai toujours accompagné M. Banks, ce jeune homme si estimable, qui a consacré son temps et son bien à observer la nature vers le pôle antarctique, tandis que MM. Dakins et Wood revenaient des ruines de Palmyre et de Balbek [2], où ils avaient fouillé les

---

[1] J. Hawkesworth, né en 1715 ou 1719, mort en 1773, a été le rédacteur du premier *Voyage de Cook*, qui parut en 1773. B.

[2] Robert Wood et Dawkins ont publié les *Ruines de Palmyre*, Londres, 1753, in-folio, réimprimées à Paris, 1819, in-4°, et les *Ruines de Balbec*, Londres, 1757, in-folio. B.

plus anciens monuments des arts, et que M. Hamilton apprenait aux Napolitains étonnés l'histoire naturelle de leur mont Vésuve [1]. Enfin j'ai vu avec MM. Banks, Solander, Cook, et cent autres, ce que je vais vous raconter.

La princesse Obéira, reine de l'île Otaïti.... Alors on apporta le café, et, dès qu'on l'eut pris, M. Grou continua ainsi son récit.

CHAPITRE VI.

La princesse Obéira, dis-je, après nous avoir comblés de présents, avec une politesse digne d'une reine d'Angleterre, fut curieuse d'assister un matin à notre service anglican. Nous le célébrâmes aussi pompeusement que nous pûmes. Elle nous invita au sien l'après-dîner; c'était le 14 mai 1769. Nous la trouvâmes entourée d'environ mille personnes des deux sexes rangées en demi-cercle, et dans un silence respectueux. Une jeune fille très jolie, simplement parée d'un déshabillé galant, était couchée sur une estrade qui servait d'autel. La reine Obéira ordonna à un beau garçon d'environ vingt ans d'aller sacrifier. Il prononça une espèce de prière, et monta sur l'autel. Les deux sacrificateurs étaient à demi nus. La reine, d'un air majestueux, enseignait à la jeune victime la manière la plus convenable de consommer le sacrifice. Tous les Otaïtiens étaient si attentifs et si respectueux, qu'au-

[1] Voyez, dans la *Correspondance*, la lettre du 17 juin 1773, au chevalier Hamilton. B.

cun de nos matelots n'osa troubler la cérémonie par un rire indécent. Voilà ce que j'ai vu, vous dis-je; voilà tout ce que notre équipage a vu : c'est à vous d'en tirer les conséquences.

Cette fête sacrée ne m'étonne pas, dit le docteur Goudman. Je suis persuadé que c'est la première fête que les hommes aient jamais célébrée, et je ne vois pas pourquoi on ne prierait pas Dieu lorsqu'on va faire un être à son image, comme nous le prions avant les repas qui servent à soutenir notre corps. Travailler à faire naître une créature raisonnable est l'action la plus noble et la plus sainte. C'est ainsi que pensaient les premiers Indiens, qui révérèrent le Lingam, symbole de la génération; les anciens Égyptiens, qui portaient en procession le Phallus; les Grecs, qui érigèrent des temples à Priape. S'il est permis de citer la misérable petite nation juive, grossière imitatrice de tous ses voisins, il est dit dans ses livres que ce peuple adora Priape, et que la reine mère du roi juif Asa fut sa grande prêtresse[a].

Quoi qu'il en soit, il est très vraisemblable que jamais aucun peuple n'établit ni ne put établir un culte par libertinage. La débauche s'y glisse quelquefois dans la suite des temps; mais l'institution en est toujours innocente et pure. Nos premières agapes, dans lesquelles les garçons et les filles se baisaient modestement sur la bouche, ne dégénérèrent qu'assez tard en rendez-vous et en infidélités; et plût à Dieu que je pusse sacrifier avec miss Fidler devant la reine Obéira en tout bien et en tout honneur! ce serait

---

[a] Troisième livre *des Rois*, ch. xv; et Paralipomènes, II, ch. xv.

assurément le plus beau jour et la plus belle action de ma vie.

M. Sidrac, qui avait jusque-là gardé le silence, parceque MM. Goudman et Grou avaient toujours parlé, sortit enfin de sa taciturnité, et dit : Tout ce que je viens d'entendre me ravit en admiration. La reine Obéira me paraît la première reine de l'hémisphère méridional; je n'ose dire des deux hémisphères; mais parmi tant de gloire et tant de félicité, il y a un article qui me fait frémir, et dont M. Goudman vous a dit un mot auquel vous n'avez pas répondu. Est-il vrai, M. Grou, que le capitaine Wallis, qui mouilla dans cette île fortunée avant vous, y porta les deux plus horribles fléaux de la terre, les deux véroles? Hélas! reprit M. Grou, ce sont les Français qui nous en accusent, et nous en accusons les Français. M. Bougainville dit que ce sont ces maudits Anglais qui ont donné la vérole à la reine Obéira; et M. Cook prétend que cette reine ne l'a acquise que de M. Bougainville lui-même. Quoi qu'il en soit, la vérole ressemble aux beaux-arts : on ne sait point qui en fut l'inventeur; mais, à la longue, ils font le tour de l'Europe, de l'Asie, de l'Afrique, et de l'Amérique.

Il y a long-temps que j'exerce la chirurgie, dit Sidrac, et j'avoue que je dois à cette vérole la plus grande partie de ma fortune; mais je ne la déteste pas moins. Madame Sidrac me la communiqua dès la première nuit de ses noces; et, comme c'est une femme excessivement délicate sur ce qui peut entamer son honneur, elle publia dans tous les papiers publics de Londres qu'elle était à la vérité attaquée du mal immonde, mais qu'elle l'avait apporté du ventre de madame sa mère, et que c'était une ancienne habitude de famille.

A quoi pensa ce qu'on appelle *la nature*, quand elle versa ce poison dans les sources de la vie? On l'a dit, et je le répète, c'est la plus énorme et la plus détestable de toutes les contradictions. Quoi! l'homme a été fait, dit-on, à l'image de Dieu,

« Finxit in effigiem moderantum cuncta deorum[1] »;

et c'est dans les vaisseaux spermatiques de cette image qu'on a mis la douleur, l'infection, et la mort! Que deviendra ce beau vers de milord Rochester: « L'a-« mour ferait adorer Dieu dans un pays d'athées? »

Hélas! dit alors le bon Goudman, j'ai peut-être à remercier la Providence de n'avoir pas épousé ma chère miss Fidler; car sait-on ce qui serait arrivé? on n'est jamais sûr de rien dans ce monde. En tout cas, M. Sidrac, vous m'avez promis votre aide dans tout ce qui concernerait ma vessie. Je suis à votre service, répondit Sidrac; mais il faut chasser ces mauvaises pensées. Goudman, en parlant ainsi, semblait prévoir sa destinée.

CHAPITRE VII.

Le lendemain, les trois philosophes agitèrent la grande question: Quel est le premier mobile de toutes les actions des hommes? Goudman, qui avait toujours

[1] Ovide, *Métam.*, I, 83. B.

sur le cœur la perte de son bénéfice et de sa bien-aimée, dit que le principe de tout était l'amour et l'ambition. Grou, qui avait vu plus de pays, dit que c'était l'argent; et le grand anatomiste Sidrac assura que c'était la chaise percée. Les deux convives demeurèrent tout étonnés; et voici comme le savant Sidrac prouva sa thèse.

J'ai toujours observé que toutes les affaires de ce monde dépendaient de l'opinion et de la volonté d'un principal personnage, soit roi, soit premier ministre, soit premier commis : or cette opinion et cette volonté sont l'effet immédiat de la manière dont les esprits animaux se filtrent dans le cervelet, et de là dans la moelle allongée : ces esprits animaux dépendent de la circulation du sang; ce sang dépend de la formation du chyle; ce chyle s'élabore dans le réseau du mésentère; ce mésentère est attaché aux intestins par des filets très déliés; ces intestins, s'il m'est permis de le dire, sont remplis de merde : or, malgré les trois fortes tuniques dont chaque intestin est vêtu, il est percé comme un crible; car tout est à jour dans la nature, et il n'y a grain de sable si imperceptible qui n'ait plus de cinq cents pores. On ferait passer mille aiguilles à travers un boulet de canon, si on en trouvait d'assez fines et d'assez fortes. Qu'arrive-t-il donc à un homme constipé? les éléments les plus ténus, les plus délicats de sa merde se mêlent au chyle dans les veines d'Azellius, vont à la veine-porte et dans le réservoir de Pecquet; elles passent dans la sous-clavière; elles entrent dans le cœur de l'homme le plus galant, de la femme la plus coquette. C'est une rosée d'étron desséchée qui court dans tout son corps. Si cette rosée inonde les parenchymes, les vaisseaux, et les glandes d'un atrabilaire, sa mauvaise humeur devient férocité; le blanc de ses yeux est d'un sombre ardent; ses lèvres sont collées l'une sur l'autre; la couleur de son visage a des teintes brouillées; il semble qu'il vous menace : ne l'approchez pas; et, si c'est un ministre d'état, gardez-vous de lui présenter une requête; il ne regarde tout papier que comme un secours dont il voudrait bien se servir selon l'ancien et abominable usage des gens d'Europe. Informez-vous adroitement de son valet de chambre favori, si monseigneur a poussé sa selle le matin.

Ceci est plus important qu'on ne pense. La constipation a produit quelquefois les scènes les plus sanglantes. Mon grand-père, qui est mort centenaire, était apothicaire de Cromwell; il m'a conté souvent que Cromwell n'avait pas été à la garde-robe depuis huit jours lorsqu'il fit couper la tête à son roi.

Tous les gens un peu instruits des affaires du continent savent que l'on avertit souvent le duc de Guise-le-Balafré de ne pas fâcher Henri III en hiver pendant un vent de nord-est. Ce monarque n'allait alors à la garde-robe qu'avec une difficulté extrême. Ses matières lui montaient à la tête; il était capable, dans ces temps-là, de toutes les violences. Le duc de Guise ne crut pas un si sage conseil : que lui en arriva-t-il? son frère et lui furent assassinés.

Charles IX, son prédécesseur, était l'homme le plus constipé de son royaume. Les conduits de son côlon et de son rectum étaient si bouchés, qu'à la fin son sang jaillit par ses pores. On ne sait que trop que ce tempérament aduste fut une des principales causes de la Saint-Barthélemi.

Au contraire les personnes qui ont de l'embonpoint, les entrailles veloutées, le cholédoque[1] coulant, le mouvement péristaltique aisé et régulier, qui s'acquittent tous les matins, dès qu'elles ont déjeuné, d'une bonne selle aussi aisément qu'on crache; ces personnes favorites de la nature sont douces, affables, gracieuses, prévenantes, compatissantes, officieuses. Un non dans leur bouche a plus de grace qu'un oui dans la bouche d'un constipé.

La garde-robe a tant d'empire, qu'un dévoiement rend souvent un homme pusillanime. La dyssenterie ôte le courage. Ne proposez pas à un homme affaibli par l'insomnie, par une fièvre lente, et par cinquante déjections putrides, d'aller attaquer une demi-lune en plein jour. C'est pourquoi je ne puis croire que toute notre armée eut la dyssenterie à la bataille d'Azincourt, comme on le dit, et qu'elle remporta la victoire culottes bas. Quelques soldats auront eu le dévoiement pour s'être gorgés de mauvais raisins dans la route, et les historiens auront dit que toute l'armée malade se battit à cul nu; et que, pour ne pas le montrer aux petits-maîtres français, elle les battit *à plate couture*, selon l'expression du jésuite Daniel.

Et voilà justement comme on écrit l'histoire[2].

C'est ainsi que les Français ont tous répété, les uns

---

[1] Canal sécrétoire de la bile. B.
[2] Vers de Voltaire dans *Charlot*, acte Ier, scène 7. B.

après les autres, que notre grand Édouard III se fit livrer six bourgeois de Calais, la corde au cou, pour les faire pendre, parcequ'ils avaient osé soutenir le siége avec courage, et que sa femme obtint enfin leur pardon par ses larmes. Ces romanciers ne savent pas que c'était la coutume dans ces temps barbares que les bourgeois se présentassent devant leur vainqueur, la corde au cou, quand ils l'avaient arrêté trop long-temps devant une bicoque. Mais certainement le généreux Édouard n'avait nulle envie de serrer le cou de ces six otages, qu'il combla de présents et d'honneurs. Je suis las de toutes les fadaises dont tant d'historiens prétendus ont farci leurs chroniques, et de toutes les batailles qu'ils ont si mal décrites. J'aime autant croire que Gédéon remporta une victoire signalée avec trois cents cruches. Je ne lis plus, Dieu merci, que l'histoire naturelle, pourvu qu'un Burnet, et un Wiston, et un Woodward, ne m'ennuient plus de leurs maudits systèmes; qu'un Maillet ne me dise plus que la mer d'Irlande a produit le mont Caucase, et que notre globe est de verre; pourvu qu'on ne me donne pas de petits joncs aquatiques pour des animaux voraces, et le corail pour des insectes[1]; pourvu que des charlatans ne me donnent pas insolemment leurs rêveries pour des vérités. Je fais plus de cas d'un bon régime qui entretient mes humeurs en équilibre, et qui me procure une digestion louable et un sommeil plein. Buvez chaud quand il gèle, buvez frais dans la ca-

---

[1] Voyez les notes des *Singularités de la nature*. K. — Chapitres II et XX; dans les *Mélanges*, année 1768. B.

nicule; rien de trop ni de trop peu en tout genre; digérez, dormez, ayez du plaisir; et moquez-vous du reste.

CHAPITRE VIII.

Comme M. Sidrac proférait ces sages paroles, on vint avertir M. Goudman que l'intendant du feu comte de Chesterfield était à la porte dans son carrosse, et demandait à lui parler pour une affaire très pressante. Goudman court pour recevoir les ordres de M. l'intendant, qui, l'ayant prié de monter, lui dit:

Monsieur, vous savez sans doute ce qui arriva à M. et à Mme Sidrac la première nuit de leurs noces?

Oui, monsieur; il me contait tout-à-l'heure cette petite aventure.

Eh bien! il en est arrivé autant à la belle mademoiselle Fidler et à M. le curé, son mari. Le lendemain ils se sont battus; le surlendemain ils se sont séparés, et on a ôté à M. le curé son bénéfice. J'aime la Fidler, je sais qu'elle vous aime; elle ne me hait pas. Je suis au-dessus de la petite disgrace qui est cause de son divorce; je suis amoureux et intrépide. Cédez-moi miss Fidler, et je vous fais avoir la cure, qui vaut cent cinquante guinées de revenu. Je ne vous donne que dix minutes pour y rêver.

Monsieur, la proposition est délicate: je vais consulter mes philosophes Sidrac et Grou; je suis à vous sans tarder.

Il revole à ses deux conseillers. Je vois, dit-il, que la digestion ne décide pas seule des affaires de ce monde, et que l'amour, l'ambition, l'argent, y ont beaucoup de part. Il leur expose le cas, les prie de le déterminer sur-le-champ. Tous deux conclurent qu'avec cent cinquante guinées il aurait toutes les filles de sa paroisse, et encore miss Fidler par-dessus le marché.

Goudman sentit la sagesse de cette décision; il eut la cure, il eut miss Fidler en secret, ce qui était bien plus doux que de l'avoir pour femme. M. Sidrac lui prodigua ses bons offices dans l'occasion : il est devenu un des plus terribles prêtres de l'Angleterre, et il est plus persuadé que jamais de la fatalité qui gouverne toutes les choses de ce monde.

FIN DES OREILLES DU COMTE DE CHESTERFIELD.

AVENTURE INDIENNE.

17..¹

Pythagore, dans son séjour aux Indes, apprit, comme tout le monde sait, à l'école des gymnosophistes, le langage des bêtes et celui des plantes. Se promenant un jour dans une prairie assez près du rivage de la mer, il entendit ces paroles : Que je suis malheureuse d'être née herbe! à peine suis-je parvenue à deux pouces de hauteur que voilà un monstre dévorant, un animal horrible qui me foule sous ses larges pieds; sa gueule est armée d'une rangée de faux tranchantes, avec laquelle il me coupe, me déchire, et m'engloutit. Les hommes nomment ce monstre un *mouton*. Je ne crois pas qu'il y ait au monde une plus abominable créature.

Pythagore avança quelques pas; il trouva une huître qui bâillait sur un petit rocher; il n'avait point encore embrassé cette admirable loi par laquelle il est défendu de manger les animaux nos semblables. Il allait avaler l'huître, lorsqu'elle prononça ces mots attendrissants : O nature! que l'herbe, qui est comme moi ton ouvrage, est heureuse! Quand on l'a coupée, elle renaît, elle est immortelle; et nous, pauvres huîtres, en vain sommes-nous défendues par une double cuirasse; des scélérats nous mangent par douzaines à leur déjeuner, et c'en est fait pour jamais. Quelle épou-

[1] Voyez ma préface en tête du tome XXXIII. B.

vantable destinée que celle d'une huître, et que les hommes sont barbares !

Pythagore tressaillit; il sentit l'énormité du crime qu'il allait commettre : il demanda pardon à l'huître en pleurant, et la remit bien proprement sur son rocher.

Comme il rêvait profondément à cette aventure en retournant à la ville, il vit des araignées qui mangeaient des mouches, des hirondelles qui mangeaient des araignées, des éperviers qui mangeaient des hirondelles. Tous ces gens-là, dit-il, ne sont pas philosophes.

Pythagore, en entrant, fut heurté, froissé, renversé par une multitude de gredins et de gredines qui couraient en criant : C'est bien fait, c'est bien fait, ils l'ont bien mérité! Qui? quoi? dit Pythagore en se relevant; et les gens couraient toujours en disant : Ah! que nous aurons de plaisir à les voir cuire !

Pythagore crut qu'on parlait de lentilles ou de quelques autres légumes ; point du tout, c'était de deux pauvres Indiens. Ah ! sans doute, dit Pythagore, ce sont deux grands philosophes qui sont las de la vie; ils sont bien aises de renaître sous une autre forme; il y a du plaisir à changer de maison, quoiqu'on soit toujours mal logé : il ne faut pas disputer des goûts.

Il avança avec la foule jusqu'à la place publique, et ce fut là qu'il vit un grand bûcher allumé, et vis-à-vis de ce bûcher, un banc qu'on appelait *un tribunal*, et sur ce banc, des juges, et ces juges tenaient tous une queue de vache à la main, et ils avaient sur la tête un bonnet ressemblant parfaitement aux deux oreilles de l'animal qui porta Silène quand il vint autrefois au pays avec Bacchus, après avoir traversé la mer Érythrée à pied sec, et avoir arrêté le soleil et la lune, comme on le raconte fidèlement dans les Orphiques.

Il y avait parmi ces juges un honnête homme fort connu de Pythagore. Le sage de l'Inde expliqua au sage de Samos de quoi il était question dans la fête qu'on allait donner au peuple indou.

Les deux Indiens, dit-il, n'ont nulle envie d'être brûlés; mes graves confrères les ont condamnés à ce supplice, l'un pour avoir dit que la substance de Xaca n'est pas la substance de Brama; et l'autre, pour avoir soupçonné qu'on pouvait plaire à l'Être suprême par la vertu, sans tenir en mourant une vache par la queue; parceque, disait-il, on peut être vertueux en tout temps, et qu'on ne trouve pas toujours une vache à point nommé. Les bonnes femmes de la ville ont été si effrayées de ces deux propositions hérétiques, qu'elles n'ont point donné de repos aux juges, jusqu'à ce qu'ils aient ordonné le supplice de ces deux infortunés.

Pythagore jugea que depuis l'herbe jusqu'à l'homme il y avait bien des sujets de chagrin. Il fit pourtant entendre raison aux juges, et même aux dévotes; et c'est ce qui n'est arrivé que cette seule fois.

Ensuite il alla prêcher la tolérance à Crotone; mais un intolérant mit le feu à sa maison: il fut brûlé, lui qui avait tiré deux Indous des flammes. *Sauve qui peut.*

FIN DE L'AVENTURE INDIENNE.

LES AVEUGLES
JUGES DES COULEURS.

17..[1]

Dans les commencements de la fondation des Quinze-Vingts, on sait qu'ils étaient tous égaux, et que leurs petites affaires se décidaient à la pluralité des voix. Ils distinguaient parfaitement au toucher la monnaie de cuivre de celle d'argent; aucun d'eux ne prit jamais du vin de Brie pour du vin de Bourgogne. Leur odorat était plus fin que celui de leurs voisins, qui avaient deux yeux. Ils raisonnèrent parfaitement sur les quatre sens, c'est-à-dire qu'ils en connurent tout ce qu'il est permis d'en savoir; et ils vécurent paisibles et fortunés autant que des Quinze-Vingts peuvent l'être. Malheureusement un de leurs professeurs prétendit avoir des notions claires sur le sens de la vue; il se fit écouter, il intrigua, il forma des enthousiastes : enfin on le reconnut pour le chef de la communauté. Il se mit à juger souverainement des couleurs, et tout fut perdu.

Ce premier dictateur des Quinze-Vingts se forma d'abord un petit conseil, avec lequel il se rendit le maître de toutes les aumônes. Par ce moyen personne n'osa lui résister. Il décida que tous les habits des Quinze-Vingts étaient blancs; les aveugles le crurent; ils ne parlaient que de leurs beaux habits blancs,

[1] Voyez ma préface en tête du tome XXXIII. B.

quoiqu'il n'y en eût pas un seul de cette couleur. Tout le monde se moqua d'eux; ils allèrent se plaindre au dictateur, qui les reçut fort mal; il les traita de novateurs, d'esprits forts, de rebelles, qui se laissaient séduire par les opinions erronées de ceux qui avaient des yeux, et qui osaient douter de l'infaillibilité de leur maître. Cette querelle forma deux partis.

Le dictateur, pour les apaiser, rendit un arrêt par lequel tous leurs habits étaient rouges. Il n'y avait pas un habit rouge aux Quinze-Vingts. On se moqua d'eux plus que jamais : nouvelles plaintes de la part de la communauté. Le dictateur entra en fureur, les autres aveugles aussi; on se battit long-temps, et la concorde ne fut rétablie que lorsqu'il fut permis à tous les Quinze-Vingts de suspendre leur jugement sur la couleur de leurs habits.

Un sourd, en lisant cette petite histoire, avoua que les aveugles avaient eu tort de juger des couleurs; mais il resta ferme dans l'opinion qu'il n'appartient qu'aux sourds de juger de la musique.

FIN

DU TOME SECOND ET DERNIER DES ROMANS.

TABLE

DES MATIÈRES DU SECOND VOLUME

DES ROMANS.

L'HOMME AUX QUARANTE ÉCUS. 1768. Page	1
AVERTISSEMENT des éditeurs de l'édition de Kehl.	3
I. Désastre de l'homme aux quarante écus.	9
II. Entretien avec un géomètre.	13
III. Aventure avec un carme.	33
IV. Audience de M. le contrôleur-général.	35
V. Lettre à l'homme aux quarante écus.	38
VI. Nouvelles douleurs occasionées par les nouveaux systèmes.	43
VII. Mariage de l'homme aux quarante écus.	49
VIII. L'homme aux quarante écus, devenu père, raisonne sur les moines.	58
IX. Des impôts payés à l'étranger.	65
X. Des proportions.	68
XI. De la vérole.	76
XII. Grande querelle.	84
XIII. Scélérat chassé.	87
XIV. Le bon sens de M. André.	89
XV. D'un bon souper chez M. André.	92
LA PRINCESSE DE BABYLONE. 1768.	101
LES LETTRES D'AMABED, traduites par l'abbé Tamponet. 1769.	199
LETTRE Ire d'Amabed à Shastasid, grand brame de Maduré.	201
RÉPONSE de Shastasid.	203
LETTRE II d'Amabed à Shastasid.	205
RÉPONSE de Shastasid.	208
LETTRE III d'Amabed à Shastasid.	209
IV d'Amabed à Shastasid.	210
LETTRE Ire d'Adaté à Shastasid.	211
II d'Adaté à Shastasid ; écrite de la prison de l'inquisition.	212
III d'Adaté à Shastasid.	216
IV d'Adaté à Shastasid.	218
RÉPONSE du brame Shastasid aux trois lettres précédentes d'Adaté.	221

Lettre V d'Adaté au grand brame Shastasid.	223
VI d'Adaté.	226
VII d'Adaté.	227
Lettre Ire d'Amabed à Shastasid; après sa captivité.	229
II d'Amabed, pendant sa route.	231
III du journal d'Amabed.	232
IV d'Amabed à Shastasid.	236
V d'Amabed.	238
VI d'Amabed, pendant sa route.	240
VII d'Amabed.	242
VIII d'Amabed.	244
IX d'Amabed.	245
X d'Amabed.	246
XI d'Amabed.	248
XII d'Amabed.	250
XIII d'Amabed.	252
XIV d'Amabed.	254
XV d'Amabed.	256
XVI d'Amabed.	260
XVII d'Amabed.	262
XVIII d'Amabed.	264
XIX d'Amabed.	265
XX d'Amabed.	267
AVENTURE DE LA MÉMOIRE.	269
LE TAUREAU BLANC. 1774.	275
Chap. I. Comment la princesse Amaside rencontre un bœuf.	277
II. Comment le sage Mambrès, ci-devant sorcier de Pharaon, reconnut une vieille, et comme il fut reconnu par elle.	281
III. Comment la belle Amaside eut un secret entretien avec un beau serpent.	286
IV. Comment on voulut sacrifier le bœuf et exorciser la princesse.	293
V. Comment le sage Mambrès se conduisit sagement.	298
VI. Comment Mambrès rencontra trois prophètes, et leur donna un bon dîner.	305
VII. Le roi de Tanis arrive. Sa fille et le taureau vont être sacrifiés.	309
VIII. Comment le serpent fit des contes à la princesse pour la consoler.	311
IX. Comment le serpent ne la consola point.	312
X. Comment on voulut couper le cou à la princesse, et comment on ne le lui coupa point.	317
XI. Comment la princesse épousa son bœuf.	319

TABLE DES MATIÈRES.

ÉLOGE HISTORIQUE DE LA RAISON. 1774. 323
HISTOIRE DE JENNI, ou L'ATHÉE ET LE SAGE. 1775. 337
   Chap. I. 339
      Aventure d'un jeune Anglais nommé Jenni, écrite de la main de dona Las Nalgas. 340
   II. Suite des aventures du jeune Anglais Jenni, et de celles de monsieur son père, docteur en théologie, membre du parlement et de la société royale. 343
   III. Précis de la controverse des Mais, entre M. Freind et don Inigo y Medroso y Comodios y Papalamiendo, bachelier de Salamanque. 348
   IV. Retour à Londres; Jenni commence à se corrompre. 358
   V. On veut marier Jenni. 364
   VI. Aventure épouvantable. 368
   VII. Ce qui arriva en Amérique. 374
   VIII. Dialogue de Freind et de Birton sur l'athéisme. 385
   IX. Sur l'athéisme. 393
   X. Sur l'athéisme. 409
   XI. De l'athéisme. 416
   XII. Retour en Angleterre. Mariage de Jenni. 420
LES OREILLES DU COMTE DE CHESTERFIELD, et LE CHAPELAIN GOUDMAN. 1775. 423
   Chap. I. 425
   II. 427
   III. 429
   IV. Conversation du docteur Goudman et de l'anatomiste Sidrac, sur l'ame et sur quelque autre chose. 431
   V. 439
   VI. 442
   VII. 445
   VIII. 450
AVENTURE INDIENNE. 452
LES AVEUGLES JUGES DES COULEURS. 455

FIN DE LA TABLE.

www.ingramcontent.com/pod-product-compliance
Lightning Source LLC
Chambersburg PA
CBHW070541230426
43665CB00014B/1770